UTB **3086**

**Eine Arbeitsgemeinschaft der Verlage**

Böhlau Verlag · Köln · Weimar · Wien
Verlag Barbara Budrich · Opladen · Farmington Hills
facultas.wuv · Wien
Wilhelm Fink · München
A. Francke Verlag · Tübingen und Basel
Haupt Verlag Bern · Stuttgart · Wien
Julius Klinkhardt Verlagsbuchhandlung · Bad Heilbrunn
Lucius & Lucius Verlagsgesellschaft · Stuttgart
Mohr Siebeck · Tübingen
C. F. Müller Verlag · Heidelberg
Orell Füssli Verlag · Zürich
Verlag Recht und Wirtschaft · Frankfurt am Main
Ernst Reinhardt Verlag · München · Basel
Ferdinand Schöningh · Paderborn · München · Wien · Zürich
Eugen Ulmer Verlag · Stuttgart
UVK Verlagsgesellschaft · Konstanz
Vandenhoeck & Ruprecht · Göttingen
vdf Hochschulverlag AG an der ETH Zürich

Ronald G. Asch

# Europäischer Adel
# in der Frühen Neuzeit

Eine Einführung

BÖHLAU VERLAG KÖLN WEIMAR WIEN · 2008

Ronald G. Asch ist Professor für Neuere Geschichte an der
Universität Freiburg.

Bibliografische Information der Deutschen Bibliothek:

Die Deutsche Nationalbibliothek verzeichnet diese Publikation in der
Deutschen Nationalbibliografie; detaillierte bibliografische Daten sind
im Internet über http://dnb.ddb.de abrufbar.
ISBN 978-3-8252-3086-9 (UTB)
ISBN 978-3-412-20069-5 (Böhlau)

© 2008 by Böhlau Verlag GmbH & Cie, Köln Weimar Wien
Ursulaplatz 1, D-50668 Köln, www.boehlau.de
Alle Rechte vorbehalten. Dieses Werk ist urheberrechtlich geschützt.
Jede Verwertung außerhalb der engen Grenzen des Urheberrechtsgesetzes
ist unzulässig.

Einbandgestaltung: Atelier Reichert, Stuttgart
Satz: Peter Kniesche Mediendesign, Tönisvorst
Druck und Bindung: AALEXX Druck GmbH, Großburgwedel
Gedruckt auf chlor- und säurefreiem Papier
Printed in Germany

ISBN 978-3-8252-3086-9

# Inhalt

Vorbemerkung ........................................................................... VII
Abgekürzt zitierte Literatur ..................................................... IX

Einleitung ................................................................................. 1

1. **Der Adel als Stand zwischen sozialer Konvention und juristischer Norm** ............................................................. 14
   Was ist Adel? .................................................................... 14
   Einheit oder Heterogenität des Adels in Europa? ............ 22
   Neudefinitionen von Adel seit dem 16. Jahrhundert ....... 32
   Nobilitierungen und Standeserhöhungen ........................ 43

2. **Ländliche Herrschaft, wirtschaftliche Ressourcen und kooperative Rechte** ........................................................... 52
   Herrschaft über Land und Leute ...................................... 52
   Die Beziehungen zur bäuerlichen Bevölkerung:
   paternalistischer Schutz oder struktureller Konflikt? ...... 64
   Wirtschaftliche Ressourcen und ökonomische Krisen ..... 71
   Der arme Adel ................................................................... 81
   Ständeversammlungen und Adelskorporationen ............. 85

3. **Das adlige Haus und seine Angehörigen** .......................... 97
   Ehe und Familie ................................................................ 97
   Gönner, Freunde und Klienten ........................................ 112
   Das Haus als Symbol adliger Macht und Mittelpunkt
   adliger Existenz ................................................................ 124

## 4. Adelsbildung und kulturelle Hegemonie ... 132
Adlige Bildungsdefizite und ihre Überwindung ... 132
Galante Bildung und Politesse gegen gelehrte Pedanterie ... 142
Praktiken der männlichen und weiblichen Adelserziehung ... 151
Der Kampf um die kulturelle Hegemonie ... 156

## 5. Adel, Religion und Kirche ... 163
Konfessionelle Indifferenz und demonstrative Frömmigkeit ... 163
Reformation und Konfessionalisierung ... 167
Religionskriege und konfessionelle Konflikte ... 175
Das späte 17. und das 18. Jahrhundert ... 186

## 6. Wirkungsfelder des Adels: Schlachtfeld und höfisches Parkett ... 193
Vom Ritter zum Militärunternehmer ... 193
Die stehenden Heere des Ancien Régime und der Adel ... 207
Ein Gegenentwurf zum adligen Krieger? Der Hof und das Ideal des Hofmannes ... 218
Der Hof als Ort der Domestizierung des Adels? ... 225

## 7. Staatsbildung und adelige Selbstbehauptung ... 235
Staatliche Autorität und Adelsmacht ... 235
Gewaltmonopol und Bürokratisierung oder Nutzung staatlicher Machtmittel durch den Adel? ... 239
Ein Sieg über den Adel? Der französische Absolutismus ... 252
Die Entwicklung in Nord- und Mitteleuropa ... 261

## 8. Ausblick: Der Adel am Ende des Ancien Régime ... 275
Adelskritik und Adelskrise im 18. Jahrhundert ... 275
Der Angriff auf die adeligen Privilegien: die Steuerpolitik ... 286
Strukturelle Veränderungen des Adels im 18. Jahrhundert ... 290

**Literatur und Quellen** ... 301

**Orts- und Personenregister** ... 319

Liberae rei publicae academicae amissae

## Vorbemerkung

Einmal betretene Pfade ein zweites Mal zu beschreiten, ist nicht immer eine einfache Aufgabe. Vor einigen Jahren habe ich auf Englisch ein knappes Werk über den europäischen Adel zwischen 1550 und 1700 veröffentlicht, Nobilities in Transition (2003). Nach einem gewissen Zögern habe ich mich entschlossen, diesem Buch eine deutsche Fassung an die Seite zu stellen. Es handelt sich jedoch um keine Übersetzung, sondern um eine Darstellung, die versucht, das Thema aufbauend auf der englischen Publikation neu zu fassen, nicht nur durch die Einbeziehung des frühen 16. und des 18. Jahrhunderts, sondern auch durch neue Akzentuierungen, etwa mit Blick auf die Rolle des adligen Hauses und der Familie oder auch des Militärs, aber auch an vielen anderen Punkten. Die Darstellung konzentriert sich dabei über weite Strecken auf Mittel- und Westeuropa, d. h. insbesondere auf Deutschland, Frankreich und England. Von Fall zu Fall werden die Entwicklungen in Südeuropa einerseits und Skandinavien und Ostmitteleuropa andererseits miteinbezogen. Rußland hingegen wurde nicht berücksichtigt, da sein Adel vor dem 18. Jahrhundert, doch nur sehr begrenzt zur Adelslandschaft Europas gehört, mag sie auch recht vielgestaltig sein. Manch ein Leser wird auch detailliertere Ausführungen zum Beispiel zu Polen oder Ungarn, aber auch zu Italien vermissen. Ich will nicht leugnen, daß die Darstellung sich auch an meinen eigenen Forschungsinteressen und fachlichen sowie sprachlichen Kompetenzen orientiert; sie erhebt nicht den Anspruch darauf, enzyklopädisch zu sein. Ich hoffe, daß dennoch eine vergleichende Darstellung entstanden ist, die es erlaubt Wesenszüge adliger Existenz in der frühen Neuzeit zu erkennen.

Für die Unterstützung bei der Arbeit an diesem Buch danke ich meinen Mitarbeitern, insbesondere meiner Sekretärin Frau Helga Hilmes und meinem Assistenten Herrn Christian Wieland, der mir während der Erstellung des Manuskriptes viele wichtige Hinweise gegeben hat, aber auch Herrn Johannes Schnurr und Frau Sarah-Lena Schmidt, die sich bei der Korrektur des Manuskriptes große Verdienste erworben haben.

Dieses Buch entstand gegen Ende jenes sehr langen Abschnitts der deutschen Hochschulgeschichte, in der sich die Universität mit der Unterbrechung mancher historischer Umbruchszeiten als kollegial verfaßte Korporation ihrer Mitglieder verstand und ist dem Andenken an diese Form akademischen Lebens mit all ihren Licht- und Schattenseiten gewidmet. Manet imago quaedam rei publicae.

Freiburg, am Dreikönigstage 2008

## Abgekürzt zitierte Literatur

| | |
|---|---|
| Adel im Wandel | Adel im Wandel. Politik, Kultur, Konfession, 1500–1700, Niederösterreichische Landesausstellung, Rosenburg 1990, hg. vom Amt der Niederösterreichischen Landesregierung, Wien 1990. |
| Asch, Adel | Asch, Ronald G. (Hg.), Der europäische Adel im Ancien Régime: Von der Krise der ständischen Monarchien bis zur Revolution (1600–1789), Köln 2001. |
| Brunner, Landleben | Brunner, Otto, Adeliges Landleben und europäischer Geist, Salzburg 1959. |
| Bush, Noble Privilege | Bush, M. L., The European Nobility, Bd. 1: Noble Privilege, Manchester 1983 |
| Bush, Rich Noble | Ders., The European Nobility, Bd. 2: Rich Noble – Poor Noble, Manchester 1988. |
| Chaussinand-Nogaret, Noblesse | Chaussinand-Nogaret, Guy, La Noblesse au XVIIIe siècle. De la féodalité aux Lumières, Brüssel 1984. |
| Dewald, European Nobility | Dewald, Jonathan, The European Nobility, 1400–1800, Cambridge 1996. |
| Dewald, Experience | Ders., Aristocratic Experience and the Origins of Modern Culture, France 1570–1715, Berkeley, Cal. 1993. |
| Figeac, L'Automne | Figeac, Michel, L'automne des gentilshommes, noblesse d'Aquitaine, noblesse française au siècle des Lumières, Paris 2002. |

| | |
|---|---|
| Heal/Holmes, Gentry | Heal, Felicity und Clive Holmes, The Gentry in England and Wales 1500–1700, Basingstoke 1994. |
| Jouanna, Devoir | Jouanna, Arlette, Le devoir de révolte. La noblesse française et la gestation de l'État moderne, 1559–1661, Paris 1989. |
| Lukowski, Nobility | Lukowski, Jerzy, The European Nobility in the Eighteenth Century, Basingstoke 2003. |
| Marraud, Noblesse | Marraud, Mathieu, La Noblesse de Paris au XVIIIe siècle, Paris 2000. |
| Scott, Nobilities | Scott, Hamish M. (Hg.), The European Nobilities in the Seventeenth and Eighteenth Centuries, 2 Bde., 1. Aufl. London 1995. |
| Winkelbauer, Fürst und Fürstendiener | Winkelbauer, Thomas, Fürst und Fürstendiener. Gundaker von Liechtenstein, ein österreichischer Aristokrat des konfessionellen Zeitalters, Wien 1999. |

*Le respect pour certaines races
et par conséquent pour la noblesse,
est un des préjugés le plus universellement
répandus; il existe parmi les nations les plus sauvages. ...
Il y aura donc toujours des nobles.*

Gabriel Sénac de Meilhan[1]

## Einleitung: Kontinuitäten und Diskontinuitäten in der Adelsgeschichte der Frühen Neuzeit

Bis vor wenigen Jahrzehnten wurde die Auseinandersetzung mit der Geschichte des frühneuzeitlichen Adels weithin von der Vorstellung beherrscht, diese Geschichte sei vor allem durch Verfall und Dekadenz beherrscht. Die zeitweilig namentlich in Ländern wie England und Frankreich einflußreiche marxistische Geschichtsschreibung, aber auch eine eher von Max Weber beeinflußte Perspektive, die im bürokratischen Anstaltsstaat und im Bürgertum die eigentlichen Sieger der Geschichte sah, ließen den Adel als eine soziale Gruppe erscheinen, deren kontinuierlicher Verlust an Macht und Einfluß sich

---

1 „Der Respekt für bestimmte Rassen und damit auch für den Adel ist eines der am weitesten verbreiteten Vorurteile; es existiert selbst unter den unzivilisiertesten Völkern ... Es wird daher immer Adlige geben." Sénac de Meilhan, Du Gouvernement, des Moeurs et des Conditions en France avant la Révolution, in: Pierre Escourbe, Sénac de Meilhan, Paris 1984, S. 331–377, hier S. 347.

schon zu Beginn der Neuzeit abzeichnete.[2] Dies war freilich eine Vorstellung, die zeitweilig auch in Kreisen des Adels selbst in der frühen Neuzeit verbreitet war. Eine Elite, die sich so sehr über die Vergangenheit definierte, neigte naturgemäß dazu, diese Vergangenheit zu verherrlichen; dagegen konnte die Gegenwart nur verblassen oder als Verfall erscheinen. Der Herzog von Saint-Simon, der in Ludwig XIV. den Zerstörer der Freiheit des Adels sah, ist nur ein besonders eklatantes Beispiel für eine solche Geschichtsbetrachtung (siehe unten, S. 229 f.). Diese pessimistische Selbstreflexion des Adels wurde von Historikern des 19. und 20. Jahrhunderts nur zu gern aufgegriffen und als Beweis für den Niedergang einer Elite gesehen, die ihre Glanzzeit, wie es schien, in der fernen Epoche des Rittertums erlebt hatte.

Wenn sich in den letzten Jahren diese Perspektive gewandelt hat und damit auch der Weg frei wurde für eine unbefangenere Auseinandersetzung mit dem historischen Phänomen des Adels und eine angemessene Würdigung seiner zentralen Rolle in der Sozial- und Politik-, aber auch in der Kulturgeschichte der frühen Neuzeit, so ist dies recht eindeutig auch dem vermehrten Interesse der historischen Forschung für die Rolle des Adels im 19. und im 20. Jahrhundert zu verdanken.[3] Zwar mag man für diese beiden Jahrhunderte dann tatsächlich von einem allmählichen Niedergang des Adels sprechen,

---

2   Siehe zur Entstehung solcher Vorstellungen jetzt Sarah C. Maza, The Myth of the French Bourgeoisie: An Essay on the Social Imaginary 1750–1850, London 2003; immer noch lesenswert ist auch Jack Hexter, The Myth of the Middle Class in Tudor England, in: ders., Reappraisals in History, Chicago 1979, S. 71–116. Eine klassisches Beispiel für eine Verfallsperspektive ist Lawrence Stone, The Crisis of The Aristocracy, 1558–1641, Oxford 1965.
3   Monika Wienfort, Ader Adel in der Moderne, Göttingen 2006; Elie Wasson, Aristocracy and the Modern World, Basingstoke 2006; Heinz Reif, Adel im 19. und 20. Jahrhundert (EDG 55), München 1999; Eckart Conze und Monika Wienfort (Hg.), Adel und Moderne, Deutschland im europäischen Vergleich im 19. und 20. Jahrhundert, Köln 2004. Siehe jetzt auch Josef Matzerath, Adelsprobe an der Moderne. Sächsischer Adel 1763–1866. Entkonkretisierung einer traditionalen Sozialformation, Stuttgart 2006.

namentlich seit dem letzten Drittel des 19. Jahrhunderts, als sich der Verfall der Getreidepreise mit dem unaufhaltsamen Bedeutungsverlust der Landwirtschaft insgesamt verband, aber auffällig bleibt doch, wie lange der Adel diesen Tendenzen trotzte. In England konnte eine relativ kleine Elite von Familien, die schon im 17. und 18. Jahrhundert die Mehrzahl der Parlamentsabgeordneten gestellt hatten, sich auch noch im Zeitalter der Demokratie einen überproportional starken Einfluß auf die Politik sichern, mochte dieser auch gegen Ende der viktorianischen Zeit zunehmend umstritten sein.[4] Dennoch, der Lebensstil der Aristokratie und der „landed gentry" prägte die Kultur der Oberschicht und derjenigen, die gerne zur Oberschicht gerechnet werden wollten, noch lange, und sei es auch bisweilen in Form einer verfremdenden und eklektischen Rezeption des aristokratischen Habitus durch soziale Aufsteiger, wie sie sich noch heute bisweilen sogar bei bekannten Figuren der Sport- und Unterhaltungsmusikszene in England beobachten läßt.[5]

In Deutschland, namentlich in Preußen, wußte sich der Adel im Militär, aber auch im Umkreis des Monarchen bis zum ersten Weltkrieg eine dominierende Position zu sichern. Auch in den konservativen Parteien blieb er tonangebend, auch wenn diese für ihre Wahlerfolge auf Formen des Zensuswahlrechts angewiesen waren, die zunehmend obsolet erschienen. Ähnlich ist das Bild, das sich für viele andere Länder ergibt. Selbst im post-revolutionären Frankreich konnte der alte Adel innerhalb einer neuen Führungsschicht, zu der nun auch die von Napoleon nobilitierten Familien gehörten, zumindest in einigen eher konservativ strukturierten Regionen weiter eine nicht unbedeutende Rolle im sozialen und politischen Leben spielen,

---

4   Elie Wasson, Born to Rule: British Political Elites, Stroud 2000.
5   Vor einigen Jahren war der Sohn des britischen Musikers und Popstars Brian Ferry an einem Sturm auf das Unterhaus beteiligt, bei dem es darum ging, gegen das Verbot der Fuchsjagd zu protestieren. Ein Paradox vielleicht, das aber doch zeigt, wie groß die Anziehungskraft eines aristokratischen Lebensstils immer noch ist. (siehe The Independent on Sunday, 20. Febr. 2005)

obwohl ihm dies auf der nationalen Ebene nach 1830 zunehmend schwerer fiel.[6]

Daß der Adel selbst im Zeitalter der Demokratisierung der Politik und der beginnenden Industrialisierung seine soziale Position und seinen politischen Einfluß zumindest partiell zu verteidigen wußte, spricht nicht unbedingt für die These, er sei vor 1789 bereits dem Untergang geweiht gewesen oder habe sich gar seit dem frühen 16. Jahrhundert im Niedergang befunden, sondern verdeutlicht vielmehr, wie stark auch noch die eigentliche Moderne durch soziale Strukturen und kulturelle Traditionen geprägt blieb, die weit in die frühe Neuzeit zurückreichen. Die Fähigkeit des Adels Krisen zu überleben und auch unter widrigen Umständen „oben zu bleiben", erscheint dabei als eine seiner hervorstechendsten Eigenschaften.[7] Dabei ließe sich freilich einwenden, daß im 19. Jahrhundert Adel und „Adeligkeit" zunehmend nur noch zur „Selbstbeschreibung" einer sozialen Gruppe wurden, die unabhängig von dieser Selbstbeschreibung gar nicht definierbar ist; daß also Adel zu einer bloßen Metapher geworden sei, der keine „sozialhistorisch abbildbare Realität" mehr zu Grund gelegen habe.[8] Bei näherem Betrachten ist freilich auch die soziale Identität des Adels in der frühen Neuzeit nicht so klar zu umreißen, wie es auf den ersten Blick scheinen mag (siehe unten, Kapitel 1); auch hier ist eine von der Selbstbeschreibung ablösbare soziale Realität nicht immer ganz leicht zu greifen. Allerdings, und hier mag doch ein wesentlicher Unterschied liegen, die Selbstbeschreibung als adlig mußte in der frühen Neuzeit eine relativ weite

---

6   Natalie Petiteau, Élites et mobilités: la noblesse d'Empire au XIXe siècle (1808–1914), Paris 1997; Claude-Isabelle Brélot, La noblesse rêinventée: nobles de Franche-Comté de 1814–1870, 2 Bde, Paris 1992.
7   Hans-Ulrich Wehler (Hg.), Europäischer Adel 1750–1950 (Geschichte und Gesellschaft, Sonderheft 13), Göttingen 1990, darin insbes. Rudolf Braun, Konzeptionelle Bemerkungen zum Obenbleiben: Adel im 19. Jahrhundert, S. 87–95.
8   So Ewald Frie, Adel um 1800: Oben bleiben?, http://www.zeitenblicke. de/2005/3Frie/index_html (13. 12. 2005), Absatz 24.

soziale Akzeptanz in einer relevanten Öffentlichkeit finden, wenn sie nicht einfach als Anmaßung oder als lächerlich erscheinen sollte. Eine in diesem Sinne relevante Öffentlichkeit stellten etwa der Hof des Herrschers dar, oder die Versammlungen der Landstände, im 16. Jahrhundert auch noch die großen Turniere. Eine wichtige Rolle spielten in manchen Regionen auch die patrizischen Ratsgremien und Trinkstuben der Städte oder die Ritterorden und Domkapitel der katholischen Kirche, gegebenenfalls im 18. Jahrhundert auch das Offizierskorps der Gardeeinheiten und Eliteregimenter der großen Armeen. In der frühen Neuzeit ist adlig sein daher dann doch mehr als nur ein individueller Lebensstil oder eine Metapher, und kaum zu leugnen, ist, daß die Führungsposition des Adels zumindest vor der Mitte des 18. Jahrhunderts in kaum einem Land Europas wirklich offen und fundamental in Frage gestellt wurde, mochten seine Privilegien auch im Zeitalter der Aufklärung durchaus kritisiert werden, bisweilen sogar von Adligen selber.

Dennoch stellt sich die Frage, ob sich hinter der scheinbar erfolgreichen Selbstbehauptung des Adels in der frühen Neuzeit nicht soziale Umbrüche verbergen, die diese Kontinuität zur bloßen Illusion machen. Zwar waren auch die maßgebenden Eliten des späten 18. Jahrhunderts noch „adlig", aber waren sie es auch in dem Sinne, wie die entsprechenden Führungsschichten des späten Mittelalters und des frühen 16. Jahrhunderts? Was hatten ein nobilitierter Finanzier oder Steuerpächter gemein mit einem spätmittelalterlichen Magnaten, der die Herrschaft über ganze Landstriche ausübte und in Lage war, unter seinen Vasallen gegebenenfalls ein Heer aufzustellen, um seine Rechtsansprüche zu verteidigen; notfalls auch gegen seinen Lehnsherren, den König selber? Oder kann man einen in den Adelsstand erhobenen Domänenrat oder Juristen der gleichen sozialen Schicht zuordnen wie einen Landadligen des 16. Jahrhunderts, der im Dorf neben und mit seinen Bauern lebte, oder wie einen adligen Gewaltunternehmer, der sein Einkommen daraus bezog, daß er größeren Herren Soldaten und Kämpfer gegen Geld oder Beute zur Verfügung stellte?
  Dem mag man entgegenhalten, daß während der frühen Neuzeit bis weit in das 18. Jahrhundert hinein soziale Aufsteiger kontinuier-

lich die Lebensformen und die Selbststilisierung der etablierten Familien übernahmen. Die Söhne von nobilitierten Richtern waren zumindest in Frankreich überglücklich in der Armee des Königs zu dienen und gegebenenfalls für den König zu sterben, um damit zu zeigen, daß sie wahre Adlige waren.[9] Auch Männer und Frauen, die aus der städtischen Elite stammten, eigneten sich im Zeitalter des Barock fast überall in Europa höfische Umgangsformen an, um als Adlige zu erscheinen, und selbst die Regenten (so wurden die Mitglieder der dortigen städtischen Oligarchien genannt) der scheinbar so bürgerlichen Niederlande bauten sich im späten 17. und 18. Jahrhundert Landsitze, die von den Schlössern des Adel in anderen Ländern kaum zu unterscheiden waren.[10] In ähnlicher Weise läßt sich in Norditalien beobachten, wie Angehörige städtischer Eliten sich Lehen kauften und sich als Feudalherren stilisierten, um so ihren Adelsstatus zu demonstrieren. Oft verband sich damit seit dem 17. Jahrhundert auch ein Rückzug aus dem Handel und aktiven Finanzgeschäften.[11] Durch solche Assimilationsprozesse wurde die Identität des Adels als auch kulturell dominierender Elite gewahrt. Selbst erfundene Genealogien konnten noch ein Tribut an die Vorstellung sein, daß Adel nicht neu sein dürfe, sondern bis in eine nicht mehr klar erkennbare ferne Vergangenheit zurückreichen müsse.[12]

---

9  Marraud, Noblesse, S. 264–279.
10 John L. Price, The Dutch Noblility in the Seventeenth and Eighteenth Centuries, in Scott, Nobilities, Bd. 2, S. 82–113, hier S. 107–113; O. Kooijmans, Patriciaat en aristocratisering in Holland tijdens de zeventiendes en achttiendes eeuw, in Johan Aalbers und Maarten Prak (Hg.) De Bloem der Natie. Adel en patriciaat en de Nordelijke Nederlanden. Amsterdam 1987, S. 93–103; John L. Price, Dutch Society 1588–1713, Harlow 2000, S. 163–186.
11 Claudio Donati, The Italian Nobilities in the Seventeenth and Eighteenth Centuries, in Hamish Scott (Hg.), The European Nobilities in the Seventeenth and Eighteenth Centuries, 2 Bde. 2. Aufl. Basingstoke 2006, Bd. 1, S. 286–321, hier S. 293 und 299, vergl. Christopher F. Black, Early Modern Italy. A Social History, London 2001, S. 139.
12 Claudio Donati, L'idea di nobiltà in Italia, secoli XIV–XVIII, Rom 1995, S. 281; vergl. Rosario Villari, The Revolt of Naples, Cambridge, 1993, S. 187.

Auf den ersten Blick waren es in diesem Prozeß der Rezeption ständischer Traditionen vor allem gemeinsame Werte und Verhaltensnormen und die damit verbundenen Mentalitäten, die der Adelskultur ihr spezifisches Gepräge gaben und die Integration der einzelne Angehörigen des Adels in die ständische Gemeinschaft ebenso gewährleisteten wie die soziale Distinktion gegenüber anderen sozialen Gruppen. Eine zentrale Rolle spielte in diesem Kontext vor allem die Idee einer standesspezifischen Ehre des Adligen oder auch der weiblichen Adligen. Indes, wenn man das Ideal der adligen Ehre näher analysiert, dann handelt es sich hier eher um ein „kommunikatives Regelsystem" als um ein festgefügtes System von Werten.[13] Ehre läßt sich so fassen als eine Sprache der Kommunikation, ein Code der Verständigung über soziale Geltungsansprüche, weniger als die klar definierbare Eigenschaft einer Person, eine objektive Qualität, die unauflösbar zusammenhängt mit ihrem Platz in der sozialen Hierarchie.

Wer von Ehre sprach, und an die eigene Ehre oder die anderer appellierte, nötigte sein Gegenüber sich auf einen bestimmten Diskurs einzulassen, es war dann nicht mehr einfach möglich, z. b. ausschließlich mit den eigenen Interessen und seien sie noch so berechtigt zu argumentieren. Der Einsatz in einer Auseinandersetzung unabhängig davon, ob es sich um eine Fehde oder um einen Prozeß vor Gericht handelte, wurde durch den Appell an die Ehre der Beteiligten deutlich erhöht und auch bislang Neutrale wurden unter Umständen genötigt Stellung zu nehmen, denn Ansprüche auf Ehre bedurften der Bestätigung durch die Standesgenossen oder durch die Inhaber fürstlicher Herrschaftsrechte, eine Bestätigung, die keineswegs grundlos verweigert werden konnte. Dennoch blieb adelige Ehre stets ein vieldeutiges Ideal. Männlichkeit – demonstriert auch in der Herr-

---

13 Klaus Schreiner und Gerd Schwerhoff, Verletzte Ehre – Überlegungen zu einem Forschungskonzept, in: dies. (Hg.), Verletzte Ehre. Ehrkonflikte in Gesellschaften des Mittelalters und der Frühen Neuzeit, Köln 1995, S. 1–28, hier S. 9; vergl. Ralf-Peter Fuchs, Um die Ehre. Westfälische Beleidigungsprozesse vor dem Reichskammergericht (1525-1805). Paderborn 1999.

schaft über die eigene Familie und die eigene Ehefrau – und Mut, auch Aufrichtigkeit gegenüber Standesgleichen konnten ebenso Voraussetzungen von Ehre sein, wie edle Herkunft oder die in der Praxis nachgewiesene Fähigkeit, wichtige Ämter am Hof oder in der territorialen Verwaltung auszuüben. Die Sprache der Ehre ließ sich manipulieren und so zurechtbiegen,[14] daß sie den eigenen Interessen dienlich war, dennoch anerkannte derjenige, der sich auf dieses Vokabular einließ, gewisse Spielregeln der Kommunikation und keineswegs jeder war überhaupt dazu in der Lage an dieser Form des Dialogs teilzunehmen. Die wird vielleicht am stärksten an jenen Ehrenhändeln deutlich, die durch ein Duell entschieden wurden, denn hier war die Satisfaktionsfähigkeit Voraussetzung der Zugehörigkeit zu einer exklusiven Ehrgemeinschaft, einer „community of honour".

Die angestrebte Exklusivität inneradliger Kommunikation war jedoch nicht immer leicht zu gewährleisten. Aufsteiger konnten die Sprache der standesspezifischen Kommunikation durchaus erlernen, von den Manieren bis hin zur Selbstinszenierung der eigenen Person und der eigenen Familie mit den Mitteln der Kunst und Architektur. Adelseliten versuchten daher ihre Exklusivität immer wieder durch die Betonung der – eben nicht erlernbaren – „Natürlichkeit" des Auftretens und der Selbstdarstellung, die von Affektiertheit frei sein sollte, zu wahren. Das von Castiglione in der Renaissance in seinem Cortegiano skizzierte Verhaltensideal der Nonchalance, der „sprezzatura" (siehe unten, S. 218–220) zeigte diese Tendenz ebenso wie die Darstellung von Adligen in der bildenden Kunst. Die betonte Lässigkeit wie sie der flämische Maler van Dyck zur Zeit Karls I. in seinen Adelsporträts ebenso betonte wie Darstellungen des 18. Jahrhunderts, die den Porträtierten, wenn er ein Aristokrat oder Edelmann war, gern nach dem Vorbild antiker Statuen in gelöster Haltung, zum Beispiel mit übergeschlagenen Beinen oder mit der Hand in der Weste

---

14 Ian Atherton, Ambition and Failure in Stuart England. The Career of John, first Viscount Scudamore. Manchester 1999, S. 15.

abbildeten, war ein wichtiges Kennzeichen des adligen Habitus.[15] Aufsteiger wurden aber auch durch ein scheinbar regelwidriges oder nachlässiges Verhalten der etablierten Eliten immer wieder auf ihren Platz verwiesen, da sich nur derjenige, der von Geburt zum Adel gehörte, und über die notwendige Sicherheit des Auftretens verfügte, solche kalkulierten Regelverstöße leisten konnte, und damit das ganze mühsame, zum Teil nach Handbüchern erlernte, vornehme Benehmen des Parvenü ad absurdum führte. In diesem Sinne gehörten Höflichkeit und Zivilisiertheit auf der einen Seite und ein gewisser selektiver, nunmehr freilich im Vergleich zur Vergangenheit doch sublimierter Grobianismus respektive die Neigung zu Gewalttätigkeit und Libertinage beim Adel auch im späteren 17. und im 18. Jahrhundert durchaus zusammen.[16]

Freilich konnte der Adel in der frühen Neuzeit seine soziale Position nur behaupten, indem er sich auch Formen der Selbstdarstellung und der sozialen Kommunikation übernahm, die ursprünglich in anderen sozialen Milieus entwickelt worden war. Die gilt sowohl für die Kultur der Gelehrsamkeit als auch für die Sprache des Rechtes. Zu Beginn des 16. Jahrhundert stand der Adel der Welt der gelehrten Bildung, wenn nicht der des gedruckten Wortes überhaupt meist noch recht fern. Ein Studium und erst recht der Erwerb eines akademischen Abschlusses galten zumindest für Laien nicht als standesgemäß. Im Laufe des späteren 16. und des frühen 17. Jahrhunderts wurde diese

---

15 Arline Meyer, Re-dressing Classical Statuary: The Eighteenth-Century „Hand-in-Waistcoat" Portrait, in: The Art Bulletin 77 (1995), 45–63; Vergl. Dimitri Zakharine, Von Angesicht zu Angesicht. Der Wandel direkter Kommunikation in der ost- und westeuropäischen Neuzeit, Konstanz 2005, S. 184–194.

16 Anna Bryson, From Courtesy to Civility: Changing Codes of Conduct in Early Modern England, Oxford 1998, S. 243–275, bes. S. 249 f; vergl. Norbert Schindler, Ein inszenierter Jugendkrawall. Hegemoniespiele zwischen Adels- und Volkskultur im 16. Jahrhundert, in ders., Widerspenstige Leute. Studien zur Volkskultur in der frühen Neuzeit, Frankfurt/M. 1992, S. 245-257. Für den Hinweis auf diesen Punkt bin ich Herrn Christian Wieland dankbar.

Zurückhaltung zumindest partiell aufgegeben, auch wenn das genuin gelehrte Bildungsideal mit dem Schlagwort der Pedanterie zugleich relativiert und unterminiert wurde (siehe unten, S. 143-146). Dennoch entstand schrittweise eine Symbiose zwischen gelehrter Bildung und Adelskultur. Sogar das Ehrverständnis des Adels war ganz wesentlich durch gelehrte Abhandlungen über das Verhalten in der höfisch-aristokratischen Welt geprägt. Traktate, die in Italien im 16. Jahrhundert unter der Rubrik „scienza cavalleresca" eingeordnet wurden, erklärten dem Edelmann sehr genau, nicht nur, welche Höflichkeitsbezeugungen er seiner Umgebung schuldete, sondern auch, wann er sich beleidigt fühlen mußte, wenn ihm selber nicht respektvoll begegnet wurde. Damit war auch das adelige Duell Teil einer Kultur, die durch das geschriebene Wort und durch einen hoch komplexen konsequent systematisierten Ehrenkodex, der ohne eine quasi wissenschaftliche Interpretation gar nicht verständlich gewesen wäre, geprägt war.[17]

Der Adel konnte im 17. Jahrhundert nach einer Zeit der Schwächung seiner Position im Zeitalter der Reformation und der Renaissance, aber auch des Ausbaus der staatlichen Verwaltung seine kulturelle Hegemonie auch deshalb wieder festigen, weil er selektiv Elemente des Humanismus und generell der städtischen Kultur übernommen hatte, aber geschickt in sein eigenes Wertesystem einbaute. Guter Geschmack in Fragen der Kunst und Architektur galt nun als etwas spezifisch Aristokratisches, als etwas, was man nur durch „breeding", um hier einen englischen Ausdruck, der schwer ins Deutsche zu übersetzen ist, zu verwenden, erwerben konnte.[18] Schwerer tat sich

---

17 François Billacois. Le Duel dans la société française des XVIe-XVIIe siècles: essai de psychologie historique. Paris 1986; David Quint, Duelling and Civility in Sixteenth-Century Italy, in: I Tatti Studies 7 (1997), S. 231-75, bes. S. 265. Vergl. Francesco Erspamer, La biblioteca de Don Ferrante. Duello e onore nella cultura del cinquecento. Rom 1982, S. 55-71, sowie Donati, L'idea (wie Anm. 12), S. 94-112.
18 Dana Arnold, The Illusion of Grandeur? Antiquity, Grand Tourism and the Country House, in: dies., (Hg.), The Georgian Country House, Stroud

der Adel anfänglich mit der Dominanz des gelehrten Rechtes, das die Domäne bürgerlicher Juristen war.[19] Aber indem der Adel zum Beispiel seine eigenen Statusansprüche, die ursprünglich eher mit informellen Mitteln durchgesetzt worden waren, selber verrechtlichte und wie etwa beim deutschen Stiftsadel strenge, gerichtlich nachprüfbare Aufschwörungen und Ahnenproben an die Stelle einer eher informellem Übereinkunft über die Zugehörigkeit zum Adel setzte (siehe unten S. 38 f.), machte er sich selbst die Vorteile der juristischen Argumentation zu Nutze um seine Position zu festigen. Gerade für jene Gruppen, die sich am unteren Rande des Adels befanden und wenig Vermögen oder Macht besaßen, wurde der juristisch einklagbare Anspruch auf soziale Geltung zunehmend unentbehrlich, und sie verfochten ihn auch im 18. Jahrhundert zum Teil mit erheblicher Aggressivität.

Waren humanistisch-gelehrte Bildung und das gelehrte Recht Sprachen der Verständigung über soziale Ansprüche, die ursprünglich von anderen sozialen Gruppen und nicht vom Adel selbst entwickelt worden waren, so gilt diese für den Verhaltens- und Verständigungscode des Rittertums und der Ritterlichkeit nicht. Hier, so scheint es, haben wir es mit einem System von Regeln und Werten zu tun, das ganz spezifisch adlig und den Angehörigen anderer Gruppen nur sehr begrenzt zugänglich war. Dabei hielten sich Formen der Selbstdarstellung, die der Tradition des Rittertums entnommen waren, bis weit ins 17. und zum Teil ins 18. Jahrhundert hinein, also in einer Epoche, als der ritterliche Einzelkämpfer nicht nur aus der Kriegführung verschwunden war, sondern auch das Turnier seine Bedeutung längst verloren hatte.[20] Die ritterlichen Traditi-

---

1998, S. 100–117, hier S. 116; vergl. Gerrit Walther, Adel und Antike. Zur politischen Bedeutung gelehrter Kultur für die Führungselite der Frühen Neuzeit, in: Historische Zeitschrift 266 (1998), S. 359–385.

19 Zum Verhältnis von Adel und Recht siehe demnächst die Freiburger Habilitationsschrift von Christian Wieland.

20 Siehe dazu Martin Wrede, „...ohne Furcht und Tadel?" Der frühneuzeitliche Adel zwischen Familienehre, Ritterideal und Fürstendienst. Habilitationsschrift, Universität Gießen, 2008.

onen wurden sicherlich beständig neu interpretiert, wenn nicht geradezu neu erfunden, bis hin zur Mittelalterbegeisterung der Romantik,[21] aber der Bezug auf eine ferne Blütezeit adliger Standeskultur und adliger Macht stellte doch ein Element adliger Identität dar, das ihn in vielen Ländern deutlich von anderen ständischen Gruppen unterschied, mochte die konkrete Bedeutung dieser Vergangenheit für die Gegenwart sich auch kontinuierlich wandeln.

Der Adel war in der Frühen Neuzeit und darüber hinaus beides, eine soziale Gruppe, die sich über die Erinnerung definierte, eine Erinnerungsgemeinschaft, und eine Elite, die die Fähigkeit besaß, sich in Krisensituationen ganz neu zu erfinden. Wirkliche Kontinuitäten verbanden sich unauflöslich mit Kontinuitätsfiktionen, und gerade darin bestand das Erfolgrezept der sozialen Selbstbehauptung des Adels in der frühen Neuzeit. Dies wird in der Ausübung adliger Herrschaftsrechte (Kapitel 2) ebenso deutlich wie in der Entwicklung der Adelskultur (Kapitel 4) oder im Funktionswandel des adligen Hauses, nicht zuletzt aber auch in der erfolgreichen Anpassung des Adels an die Herausforderungen der höfischen Welt oder die Normen einer professionalisierten Kriegführung mit festen Laufbahnstrukturen und in seiner Nutzung staatlicher Ressourcen für eigene Zwecke. Nicht zu leugnen ist, daß der Adel dabei im Laufe der frühen Neuzeit in den meisten europäischen Ländern stärker vom monarchischen Staat abhängig wurde, der seine ererbten Rechte zu Privilegien umdeutete, auch wenn er sie verteidigte, und der regulierend die Definition adliger Identität bestimmte, die er durch Nobilitierungen und Standeserhöhungen auch tiefgreifend verändern konnte. Doch kaum ein Monarch kam ohne Adel aus, mochte es im Extremfall auch ein von der Monarchie selbst neu geschaffener Adel sein

---

21 Mark Girouard, The Return to Camelot, Chivalry and the English Gentleman, New Haven, Conn. 1981; siehe auch Claudia Schnitzer, Adlige Selbstbehauptung in einer bürgerlichen Festform. Der Turnierzug des sächsischen Adels im Huldigungszug anläßlich der Wettiner-Jubelfeier 1889 in Dresden, in: Katrin Keller und Josef Matzerath (Hg.), Geschichte des sächsischen Adels, Köln 1997, S. 167–186.

wie noch nach der Revolution im napoleonischen Frankreich. Die Voraussage des französischen Adligen Sénac de Meilhan, es werde immer einen Adel als dominierende Elite geben, erwies sich zwar mit Blick auf das 20. Jahrhundert als falsch, aber die Langlebigkeit adeliger Lebens- und Herrschaftsformen in der Neuzeit auch über die Französische Revolution hinaus, bleibt dennoch bemerkenswert. Dieses Buch will auch versuchen eine Antwort auf die Frage nach den Gründen für diese Überlebensfähigkeit des Adels, nicht so sehr als einer klar definierten über lange Zeit identischen Gruppe von Geschlechtern und Familien – auch dafür gab es durchaus markante Beispiele, die aber nicht unbedingt den Normalfall darstellen – sondern als sozialer Institution, die bestimmte soziale Praktiken und Selbstdeutungen einer Elite legitimierte, zu finden.

## 1. Der Adel als Stand zwischen sozialer Konvention und juristischer Norm

Was ist Adel?

Im Jahre 1735 erschien eine um 1700 entstandene Abhandlung über den Adel, der „Essais sur la noblesse de France" des Grafen Henri de Boulainvilliers (1658–1722), der zu Beginn des 18. Jahrhunderts durch eine Reihe von zunächst in Manuskriptform verbreiteten Denkschriften hervorgetreten war, mit denen er versucht hatte, den alten Adel Frankreichs zu verteidigen. Boulainvilliers behauptete in dieser Abhandlung – und das war zunächst einmal keine sehr originelle oder ausgefallene Position – Adel beruhe vor allem auf Tugend, also etwa auf militärischen Leistungen und persönlichen Vorzügen des Charakters, aber diese Tugend könne ihren Glanz nur entfalten, wenn sie sich mit der *fortune* verbinde, und *fortune*, der Ort, den das Schicksal einem Menschen zugewiesen habe, das sei in diesem Fall vor allem die vornehme Geburt: „Une naissance noble est donc le moien le plus commun de faire valoir et de faire honorer la vertu."[22] Damit war es in erster Linie die Herkunft, verbunden mit einem spezifischen Standesbewußtsein, das nicht zuletzt durch die Erinnerung an die Geschichte des eigenen Geschlechtes begründet wurde, die den wahren Adligen von anderen Menschen unterschied. Ein amerikanischer Historiker hat Boulainvilliers' Position auf den Nenner gebracht: „Bou-

---

22 Henri de Boulainvilliers, Essais sur la noblesse de France, Amsterdam [= Rouen] 1732, S. 7. („Eine edle Geburt ist daher das am meisten verbreitete Mittel die Tugend zur Geltung zu bringen und ihr Anerkennung zu verschaffen").

lainvilliers may be said to have understood nobility as a social elite constituted by its own social self-consciousness and by the comportments that it authorized."[23] Damit wandte sich Boulainvilliers gegen eine zumindest seit dem späten 16. und 17. Jahrhundert weit verbreitete Position, Adel werde vor allem durch die Privilegien und Statusvorrechte definiert, die der König einzelnen Familien verliehen habe. Zwar war Boulainvilliers bereit, der Krone ein gewisses Recht einzuräumen, bei der genauen Definition dessen, was Adel sei mitzuwirken, aber in letzter Instanz bestand für den Grafen der Kern des Adels aus Familien, die schon immer adlig gewesen waren, jedenfalls seit der Eroberung Galliens durch die Franken und der Konstituierung eines französischen Königreiches auf der Basis feudaler Herrschaftsstrukturen. Der Adel, das waren jene Familien, die zusammen mit der Königsdynastie Frankreich geschaffen hatten, und nicht jene, die der König irgendwann einmal aus der Masse der Bevölkerung, der sie eigentlich angehörten, herausgehoben hatte, um sie auszuzeichnen.[24]

Mit seiner anti-etatistischen Definition des Adels nahm Boulainvilliers in Frankreich zu diesem Zeitpunkt bereits eine gewisse, wenn auch in bestimmten Krisen durchaus einflußreiche Außenseiterposition ein; die zahlreichen Kronjuristen, die Abhandlungen über den Adel schrieben, sahen die Dinge naturgemäß etwas anders und betonten weitaus stärker das Recht des Königs, kraft seiner souveränen Herrschaftsgewalt zu definieren, wer adlig war und wer nicht. Aus ihrer Sicht beruhte letztlich jeder Anspruch auf Adel auf einem Akt der expliziten oder impliziten Nobilitierung durch den König, mochte dieser auch in vielen Fällen recht weit zurückliegen und nicht mehr

---

23 Harold A. Ellis, Boulainvilliers and the French Monarchy. Aristocratic Politics in Early Eighteenth-Century France, Ithaca, New York 1988, S. 107. Vergl. zu Boulainvilliers auch Olivier Tholozan, Henri de Boulainvilliers. L'anti-absolutisme aristocratique légitimé par l'histoire, Aix-en Provence 1999.
24 Boulainvilliers, Essais (wie Anm. 22), S. 10 f.

genau rekonstruierbar sein.[25] Faktisch war im 18. Jahrhundert in Frankreich in der Tat derjenige adlig, den die königlichen Behörden als Mitglied des zweiten Standes anerkannten und dem sie daher auch bestimmte Privilegien gewährten, wie etwa das Recht sich der Zahlung direkter persönlicher Steuern ganz oder teilweise zu entziehen oder das Recht, königliche Lehen zu besitzen, ohne dafür Sonderabgaben, die in Frankreich *droit de franc-fief* hießen, zu zahlen, wie sie von Bürgerlichen (*roturiers*) routinemäßig verlangt wurden. Freilich gab es innerhalb des Adels eine starke Hierarchie, die keineswegs nur von den Titeln, Ehrenvorrechten und Auszeichnungen abhing, die der König verlieh, sondern auch von der wirklichen oder plausibel behaupteten Herkunft, dem Reichtum und dem Ansehen einer Familie; dem Ruhm, der durch besondere Leistungen und Erfolge in Krieg und Frieden, aber auch beispielsweise durch Eheverbindungen mit anderen etablierten und bekannten Familien konstituiert wurde.

In anderen europäischen Ländern war auch noch im 18. Jahrhundert der Einfluß des Monarchen oder Fürsten auf die Zusammensetzung und Definition des Adel geringer als in Frankreich; das galt insbesondere für Republiken wie Venedig, die Niederlande oder auch Polen. Letzteres besaß zwar einen gewählten König, der Adel sah sich aber insgesamt als Inhaber der Staatsgewalt und den König nur als seinen Beauftragten, daher war hier das königliche Nobilitierungsrecht seit dem späten 16. Jahrhundert weitgehend aufgehoben.[26] Auch in Schweden erreichte es der Adel im 18. Jahrhundert, daß königliche Nobilitierungen nur dann wirklich rechtskräftig wurden,

---

25 André Belleguise, Traité de la noblesse suivant les prejugez, rendus par les commissaires deputez ... pour la verification des titres de noblesse en provence, Toulouse 1688, S. 1–7. Zu den rivalisierenden französischen Adelstheorien siehe auch André Devyer, Le sang épuré. Les préjugés de race chez les gentilshommes français de l'Ancien Régime, 1560–1720, Brüssel 1973.
26 Robert Frost, The Nobility of Poland-Lithuania, 1569–1795, in: Scott, Nobilities, Bd. 1, S. 183–222, hier S. 193; vergl. auch Maria Bogucka, The Lost World of the „Sarmatians": Custom as Regulator of Polish Social Life in Early Modern Times, Warschau 1996, S. 24 f.

wenn die Adelskurie des Reichstages sie registrierte, sonst blieben neue Adelsfamilien von der Beteiligung am ständischen Leben ausgeschlossen.[27] Eher unübersichtlich war die Lage in Deutschland: Der Kaiser besaß in der Theorie auch ein nach 1648 noch uneingeschränktes Nobilitierungsrecht und die Reichsgerichte, das Reichskammergericht und der kaiserliche Reichshofrat, entschieden in letzter Instanz über Streitigkeiten, die sich aus dem Anspruch auf adlige Privilegien ergaben. Trotzdem wurde ein vom Kaiser verliehener Adelstitel – insgesamt wurden zwischen 1519 und 1740 rund 10.000 Personen in den Reichsadel erhoben oder innerhalb des Adels standeserhöht –[28] keineswegs automatisch von den Landesherren anerkannt. Auch die einschlägigen Adelskorporationen wie die territorialen Landstände oder die Reichsritterschaft sahen eine kaiserliche Nobilitierung nicht unbedingt als vollgültigen Nachweis über den adligen Status des so Ausgezeichneten. Selbst in den habsburgischen Erblanden besaßen etliche ständische Korporationen wie etwa der Herren- und Ritterstand von Nieder- und Oberösterreich das Recht, nur diejenigen in ihre Reihen aufzunehmen, denen sie zuvor das sogenannte Inkolat verliehen hatten, und das erhielt keineswegs jeder, der neu nobilitiert worden war.[29]

---

27 Anthony F. Upton, The Swedish Nobility, 1600–1772, in: Scott, Nobilities, Bd. 2, S. 11–40, hier S. 30.
28 Erwin Riedenauer, Kaiserliche Standeserhebungen für reichsstädtische Bürger 1519–1740, in: Helmuth Rössler (Hg.), Deutsches Patriziat, 1430–1740, Limburg/L. 1968, S. 27–98, hier S. 29 und S. 89 f. Riedenauer geht hier von 5.007 Adelsverleihungen und Standeserhöhungen, 1.382 Adelbestätigungen (die zum Teil auch Nobilitierungen waren) und 5.469 Wappenbriefen (diese fungierten im 16. Jahrhundert u. U. auch noch als Nobilitierungen) für den gesamten Zeitraum aus, die von der dt. Expedition der Reichskanzlei ausgefertigt wurden, von denen dann zum Teil auch noch unterschiedliche Personen oder unterschiedliche Zweige derselben Familien profitierten.
29 Dazu Petr Mat'a, Landstände und Landtage in den böhmischen und österreichischen Ländern 1620–1740. Von der Niedergangsgeschichte zur Interaktionsanalyse, in: ders. u. Thomas Winkelbauer (Hg.), Die Habsburgermonarchie 1620 bis 1740, Leistungen und Grenzen des Absolutismusparadigmas, Wien 2006, S. 345–400, hier S. 362 f. und Christine Lebeau

Letztlich konnte in der frühen Neuzeit derjenige als adlig gelten, dem es mit Erfolg gelang, bestimmte Privilegien, die als spezifische Vorrechte des Adels galten, für sich in Anspruch zu nehmen, unabhängig davon, ob er sich dafür auf seine Herkunft und das Herkommen, das unbestreitbare soziale Ansehen seiner Familie oder eine vom jeweiligen Souverän in der jüngeren oder ferneren Vergangenheit vorgenommene Nobilitierung oder Bestätigung des Adelsstatus berief. Solche Privilegien unterschieden sich allerdings von Land zu Land erheblich. In vielen Ländern war es wie in den meisten Provinzen Frankreichs ein elementares Privileg des Adels, keine direkten Steuern entrichten zu müssen oder zumindest nicht jene Kopfsteuern, die die Masse der Bevölkerung zahlte. Da Adlige als Inhaber von Lehen zumindest in der Theorie das Land im Kriege in eigener Person verteidigten, waren sie von Steuern, die ja ursprünglich vor allem der Finanzierung von Kriegen dienten, befreit: Das zumindest war die Logik, die diese Steuerfreiheit begründete. Ein weiteres wichtiges Privileg des Adels war es vielfach, bestimmte als adlig geltende Güter zu erwerben, von deren Besitz Bürgerliche ganz oder teilweise ausgeschlossen waren; zum Teil war wie in Polen sogar der Erwerb von Grundeigentum an sich (zumindest außerhalb der Städte) ausschließlich Adligen vorbehalten, auch wenn solche Bestimmungen gerade dort schwer durchsetzbar waren.[30] Mit dem Besitz dieser Güter hing oft das Recht von Adligen zusammen, Herrschaftsrechte auszuüben, etwa Recht zu sprechen oder im eigenen Namen sprechen zu lassen oder in der jeweiligen Adelskurie an den Versammlungen der Stände teilzunehmen. Schließlich war meist die Bekleidung bestimmter Ämter oder der höheren Offiziersstellen im Heer dem Adel vorbehalten, und gleiches galt für bestimmte kirchliche Pfründen, etwa in den Domkapiteln. Adelige besaßen zum Teil einen eigenen Gerichtsstand, mußten also nicht vor jenen Gerichten erscheinen, vor denen sich Bauern und Bürger in erster Instanz zu verantworten hatten, sie wurden bei

---

Aristocrates et grands commis à la cour de Vienne, 1748–1791. Le modèle francais, Paris 1996, S. 38 f.
30 Frost, Nobility (wie Anm. 26), S. 195.

Kapitalverbrechen nicht auf entehrende Weise – wie durch den Strang oder das Rad – hingerichtet und sie hatten fast überall den exklusiven Anspruch auf das Jagdrecht, zumindest was die Jagd auf Hochwild wie Hirsche und Rehe betraf.

Im Alltag wichtig waren das Recht auf eine standesspezifische Anrede, das allerdings trotz zahlreicher Kleiderordnungen juristisch nur unklar definierte Recht eine bestimmte besonders aufwendig gestaltete Kleidung zu tragen, das sowohl Frauen wie Männer betraf, oder das Recht ein Wappen, das durch seinen Schmuck (etwa einen spezifischen Helm) als adlig gekennzeichnet war, zu führen. In der Dorfkirche besaßen Adlige in der frühen Neuzeit oft abgetrennte, logenartig ausgebaute Ehrensitze und eigene, aufwendig gestaltete Grabmäler. Eigene Erbfolgeregelungen, die sich zum Teil aus dem Lehensrecht ergaben, auch das Recht, den eigenen Besitz vor Verkauf und Verschuldung durch Maiorate und Fideikommisse zu schützen (siehe unten, S. 78–81) waren ebenfalls ein spezifisches Adelsprivileg.

In Südeuropa lebte der Adel oft in der Stadt und war zum Teil mit jener Schicht identisch, die einen erblichen Anspruch auf Beteiligung am Stadtregiment besaß, oder dieses ganz für sich in Anspruch nahm, er bildete also ein städtisches Patriziat. Die Aufzählung dieser Privilegien ließe sich noch verlängern, allerdings gab es kaum ein Privileg, mit Ausnahme vielleicht des Jagdrechtes, das aber auch jeweils ganz unterschiedlich ausgestaltet war, das in ganz Europa als spezifisch adlig galt, und es gab auch durchaus soziale Eliten, die über ein Selbstverständnis verfügten, das dem des Adels entsprach, die aber kaum greifbare juristische Privilegien vorweisen konnten. Die englische Gentry wäre dafür ein eklatantes Beispiel. Dennoch konnte der Autor eines englischen Adelstraktates um 1660 nicht nur schreiben, „But this distinction of gentleman and peasant is not only authorized in scripture, as coming under the notion of old age, but also as coming under the rule of decency, it being ornamental to humane societies, and beautiful in itself," sondern kam auch zu dem Schluß, daß jeder englische *gentleman* auch ein *nobleman* sei („nobleman being the proper title of every gentleman") und daß die Zugehörigkeit zum

Stand des *gentleman* überall in Europa auf ähnlichen Kriterien beruhe, während förmliche Adelstitel, wie sie in England nur die Hochadligen sowie die *knights* und *baronets* besaßen, keine Geltung außerhalb ihres eigenen Landes hätten („titles being but as accompanying jurisdiction, and are confined within the narrow limits of particular Kingdomes").[31] Ihrem Selbstverständnis nach war die englische *gentry* trotz ihrer fehlenden juristischen Privilegien zumindest im 16. und 17. Jahrhundert und mit gewissen Einschränkungen auch noch im 18. Jahrhundert offenbar durchaus eine adlige Elite. Was sie konstituierte war der trotz einer gewissen Offenheit gegenüber Aufsteigern im Normalfall zusammen mit dem Besitz und Vermögen vererbbare (und trotz sozialer Mobilität vielfach auch in der Vergangenheit bereits ererbte) Anspruch auf soziales Prestige und eine standesspezifische Ehre, der sich mit der Ausübung von lokalen Herrschaftsrechten als Amtsträger und mit einer typisch „adligen" Lebensführung verband. Der englische *gentleman* war wie der französische *gentilhomme campagnard* oder der deutsche Landadlige im Normalfall ein leidlich wohlhabender, wenn auch nicht notwendigerweise reicher Landbesitzer, der ein repräsentatives Anwesen besaß, wenn schon kein Schloß, so doch ein Haus, das sich in Bauweise und Stil deutlich von einem bloßen Bauernhof unterschied. Er führte dort ein Leben in relativer Muße, jedenfalls ohne sich allzu sichtbar ökonomisch – über die Verpachtung und Bewirtschaftung von Land hinaus – zu betätigen, wenn er nicht seinem König am Hof, in der Verwaltung oder im Krieg diente. Neben diesem Normalfall gab es natürlich genügend Ausnahmefälle, etwa Angehörige der *gentry*, die vor allem als Juristen tätig waren, oder ihr Geld in großangelegte Wirtschaftsunternehmen investierten, aber der Typus des *landed gentleman* weist dennoch genügend Ähnlichkeiten mit dem kontinentaleuropäischen Landadligen auf, um ihn dem Adel zuzurechnen.

---

31 Anon., A Vindication of the Degree of Gentry, in Opposition to Titular Honours and the Honour of Riches, Being the Measure of Honours, London 1663, S. 9 und 36 f. Vergl. auch Edward Chamberlayne, Anglie Notitia or the Present State of England, London 1669, S. 475 f.

Dagegen könnte freilich eingewandt werden, daß in letzter Instanz die Vielgestaltigkeit adliger oder adelsähnlicher Eliten in Europa so groß war, daß man gar nicht von einem europäischen Adel sprechen könne, daß dieser Begriff an sich schon eine Einheit suggeriere, die sozialgeschichtlich gar nicht gegeben war. Auf den ersten Blick hat ein besitzloser polnischer Kleinadliger, der sich mühsam als Diener eines Magnaten durchschlagen mußte, und nicht klagen durfte, wenn er von seinem Herren gelegentlich verprügelt wurde, wenig gemein mit einem englischen *squire* des 17. oder 18. Jahrhunderts, der als wohlhabender Grundbesitzer selbstbewußt am politischen Geschehen teilnahm und es als Beleidigung empfunden hätte, wenn man ihn als Klienten eines Magnaten bezeichnet hätte,[32] oder auch mit einem westfälischen Freiherren, dessen Familie Dutzende von Domherren und etliche Bischöfe gestellt hatte. Wir stellen, wenn wir die europäischen Adelslandschaften mustern, nicht nur enorme Unterschiede in Lebensstil und sozialer Stellung zwischen den Magnaten und Latifundienbesitzern, mochte es sich nun um Mitglieder des böhmischen Herrenstandes, spanische *Granden* oder englische *peers* handeln, auf der einen Seite und den vielen ländlichen und städtischen Kleinadligen auf der anderen Seite fest, auch die Kriterien für die Zugehörigkeit zum Adelsstand als solchem waren zumindest auf den ersten Blick sehr unterschiedlich. In eigentlich allen europäischen Ländern war der soziale Status einer Familie auch von ihrem Besitz und Wohlstand abhängig, so daß etwa eine Verarmung auch die Zugehörigkeit zum Adel gefährdete, aber das Gewicht dieses Faktors war sehr unterschiedlich. In England etwa, wo die *gentry* keine wirklich juristisch einklagbaren Standesprivilegien besaß und die Zugehörigkeit zu dieser Schicht eher durch soziale Konventionen als durch juristische Normen bestimmt wurde, führte der Verlust von Land und Besitz über kurz oder lang unweigerlich auch zum sozialen Abstieg. Dies war ganz offensichtlich in vielen anderen europäischen Ländern nicht oder nicht in gleicher Weise der Fall. Gerade an der

---

32 Dazu Philip Jenkins, The Making of a Ruling Class: The Glamorgan Gentry 1640–1790, Cambridge 1983, S. 199.

europäischen Peripherie etwa in Polen, Ungarn und Kastilien, stellte der Adel deutlich über 5 % und sogar bis zu 10 % der Bevölkerung. Zum Adelsstand gehörten daher auch viele Familien, die nur über wenig Besitz verfügten oder gar in regelrechter Armut lebten.[33] War es ihnen einmal gelungen, ihren Anspruch auf den Adelsstatus in juristisch relevanter Weise zu dokumentieren, indem sie ihn sich von der Krone bestätigen ließen, oder indem sie bestimmte Ämter bekleideten und politische oder andere Reche wahrnahmen, die dem Adel vorbehalten waren, oder sich auch nur erfolgreich gegen die Zahlung direkter Steuern wehrten, dann konnten sie ihren Status mit etwas Glück auch dann noch über einige Generationen verteidigen, wenn der einstige Besitz verloren gegangen war. Herkunft und soziales Ansehen, das etwa auf dem Militärdienst beruhte, den Angehörige der Familie früher geleistet hatten oder noch leisteten, waren wichtiger als Wohlstand und Reichtum. Auch der Lebensstil hatte eine erhebliche Bedeutung, hier galt es notfalls auch mit geringen Mitteln etwa durch relativen Luxus bei wenigen wichtigen Anlässen verbunden mit großer Sparsamkeit im Alltag den Anspruch auf eine standesspezifische Ehre zu dokumentieren. Zum Wahren des Status war es überdies wichtig, sich nicht in Gewerbe und Kleinhandel zu betätigen – was in vielen Ländern, wenn auch keineswegs überall, als unvereinbar mit dem Adelsstand galt – oder bei Provokationen im Duell mit der Waffe in der Hand die eigene Ehre zu verteidigen, was freilich wiederum voraussetzte, daß man tendenziell bereits als Mitglied des Adels anerkannte wurde, da man sonst nicht satisfaktionsfähig war.

## Einheit oder Heterogenität des Adels in Europa?

Ländern und Regionen mit einem zahlreichen Adel standen in Europa andere gegenüber, in denen der Adel eine relativ exklusive Korpora-

---

33 Zur Adelsdichte in den verschiedenen europäischen Adelslandschaften siehe Anm. 35.

tion darstellte, der zumindest als vollberechtigte Mitglieder nur diejenigen angehörten, die bestimmte, genau registrierte Rittergüter oder Lehen besaßen und die entsprechenden Herrschaftsrechte ausübten. Hierzu waren etwa nach 1648 Böhmen und Mähren zu rechnen, in denen die einst zahlreichere Ritterschaft durch die Umwälzungen der 1620er Jahre stark dezimiert worden war, und ein sehr exklusiver kleiner Herrenstand – also eine hochadlige Elite – den eigentlichen Kern des Adels stellte. Der Adel machte deutlich weniger als 0,5 %, ja wohl sogar Ende des 18. Jahrhunderts nur ca. 0,1 % der Bevölkerung aus,[34] während im europäischen Durchschnitt der Adel im späten 17. Jahrhundert einen Bevölkerungsanteil von etwa 1 bis 1,5 % zum Teil auch bis zu 2 % stellte (diese Zahlen galten etwa für Frankreich, die südlichen Niederlande, weite Teil Deutschlands und England). Geringer war die Adelsdichte in Skandinavien mit etwa 0,25 % (Dänemark zu Beginn des 17. Jahrhunderts) bis 0,5 % (Schweden im späten 17. und im 18. Jahrhundert), aber auch in Italien, wo sie in vielen Regionen auch nicht über 0,5 % lag. Doch auch in den einzelnen Ländern gab es starke regionalen Schwankungen.[35] So waren in Frankreich die Bretagne und der Südwesten (die Gascogne) besonders adelsreiche Landschaften, da hier schon im Laufe der zahlreichen Kriege des Mittelalter nicht wenige reiche Bauern oder andere Landbesitzer in den Adelsstand aufgestiegen war und diesen Status vielfach über die Wechselfälle der Geschichte hinweg hatten behaupten können. Die relativ schwache Kontrolle der Krone über diese

---

34 Milan Myška, Der Adel der böhmischen Länder, seine wirtschaftliche Basis und Entwicklung, in: Armgard v. Reden-Dohna u. Ralph Melville (Hg.), Der Adel an der Schwelle des Bürgerlichen Zeitalters, Stuttgart 1988, S. 168–191, hier S. 169–170.

35 Zu diesen Zahlen Bush, Rich Noble, S. 7–10. Zu Frankreich, wo wie in anderen Ländern Europas die Zahl der Adligen zwischen 1550–1650 anstieg, um dann bis 1789 wieder erheblich zu fallen – auf deutlich unter 1 % der Bevölkerung – Figeac, L'Automne, S. 98–102; zu Polen Frost, Nobility (wie Anm. 26), S. 192. Zu Dänemark auch Peter Brandt, Von der Adelsmonarchie zur Königlichen „Eingewalt". Der Umbau der Ständegesellschaft in der Vorbereitungs- und Frühphase des dänischen Absolutismus, in: Historische Zeitschrift 250 (1990), S. 33–72.

Gebiete im späten 16. Jahrhunderts dürfte Usurpationen des Adelsstatus in dieser Epoche ebenfalls begünstigt haben. Ähnlich verhielt es sich im Norden Spaniens, in Asturien und Kantabrien sowie in Altkastilien, Provinzen, deren Geschichte im frühen und hohen Mittelalter durch die jahrhundertelangen Kämpfe gegen die Araber gekennzeichnet war. An diesen Kämpfen hatten viele Landbesitzer und Wehrbauern auf eigene Kosten teilgenommen. Sie erwarben auf diese Weise ein Anrecht auf den Adelsstatus. In einigen Regionen galten sogar alle Bewohner ganzer Dörfer oder Kleinstädte als adlig oder, im Ausnahmefall sogar kollektiv die gesamte Bevölkerung kleinerer Provinzen wie des Baskenlandes, auch wenn solche Ansprüche seit der zweiten Hälfte des 18. Jahrhunderts zunehmend weniger von Seiten des Staates anerkannt wurden, so daß die Zahl der Adligen zurückging.[36]

Man mag argumentieren, daß in solchen Fällen der Begriff des Adels seinen Sinn völlig verlor, da man ja keinerlei Privilegien oder Statusvorrechte gegenüber anderen Schichten in Anspruch nehmen konnte, die normalerweise mit der Zugehörigkeit zum Adelsstand verbunden waren. Ganz richtig ist dieses Argument allerdings nicht, denn man konnte sehr wohl kollektiv Privilegien gegenüber anderen Provinzen beanspruchen, wie etwa eine relative oder absolute Steuerfreiheit, oder auch versuchen, als Einzelner, wenn man sich außerhalb der Heimat aufhielt, für sich den Adelsstand in Anspruch zu nehmen, auch wenn solche Versuche nicht immer erfolgreich waren. Was diese Sonderfälle jedoch deutlich machen, ist, wie groß der Unterschied zwischen einem kastilischen *hidalgo*, der vielleicht in einer Stadt lebte, in der sich 30 % der Bürger zum Adel (im Sinne der kastilischen *hidalguía*) rechneten, und dem Mitglied einer exklusiven Adelskorporation in Deutschland oder Böhmen war. So stellt sich erneut die Frage, ob man von einem „europäischen" Adel sprechen kann, eine Frage, der auch die Zeitgenossen nicht ganz ausweichen konnten, wenn etwa Einwanderer, die behaupteten, adliger Herkunft zu

---

36 I. A. A. Thompson, The Nobility in Spain, in: Scott, Nobilities, Bd. 1, S. 174–236, hier S. 183 f.

sein, sich in einem fremden Land niederließen, oder wenn es galt, eine Heirat mit einer Ausländerin oder einem Ausländer zu schließen, und man die Gefahr eine Mesalliance, also eines nicht ebenbürtigen Konnubiums vermeiden wollte.[37]

Abhandlungen aus dem 17. und 18. Jahrhundert erörterten daher auch dieses Problem: Der französische Jurist Charles Loyseau etwa schrieb in seinem „Traité des Ordres" von 1613, man könne eigentlich nur den Adel jener Ausländer anerkennen, die aus Ländern kämen, in denen Adlige ähnliche Rechte und Privilegien hätten wie in Frankreich. Er hatte offenbar die Abhandlung von Sir Thomas Smith „De re publica Anglorum" aus der elisabethanischen Zeit gelesen, in der der Autor die Ansicht vertrat, in England reichten Vermögen und angemessene Lebensweise ohne weiteres aus, um als *gentleman* und damit als adlig zu gelten.[38] Einen solchen Adel wollte Loyseau freilich nicht anerkannt wissen, zumal englische Adlige ja auch nicht von Steuern befreit waren, kam dann am Ende aber doch zu dem Schluß, jeder souveräne Herrscher könne selbst definieren, was er unter Adel verstehen wolle, und solange die Kriterien nicht ganz und gar von den in Frankreich üblichen abwichen, spreche nichts dagegen ausländische Adlige auch in Frankreich als solche anzuerkennen. Noch stärker sprach sich für die Rezeption ausländischer Adlige ein Nachfolger Loyseaus, Gilles André de la Roque, gegen Ende des 17. Jahrhunderts aus; er meinte, „La noblesse est donc une qualité adherante à la personne, qui se port part tout" („der Adel ist also eine persönliche Qualität, die man überall hin mitnimmt"), so

---

37 Zu diesen Fragen siehe auch Walter Demel, European Nobility oder European Nobilities? Betrachtungen anhand genealogischer Verflechtungen innerhalb des europäischen Hochadels (ca. 1650–1800), in: Wolf D. Gruner and Markus Völkel (Hg.), Region – Territorium – Nationalstaat – Europa, Rostock 1998, S. 81–104.
38 Sir Thomas Smith De Republica Anglorum, hg. von Mary Dewar, Cambridge 1982, S. 71 f; Vergl. John P. Cooper, Ideas of Gentility in Early Modern England, in: ders. (Hg.), Land, Men and Beliefs. Studies in Early-Modern History, London 1983, S. 43–77.

daß Ausländer ohne allzu viele Formalitäten auch in Frankreich als adlig anerkannt werden könnten und sollten, wenn sie adliger Herkunft seien.[39] Faktisch stellt die französische Krone seit Beginn des 18. Jahrhunderts förmliche Bestätigungen über die Anerkennung des ausländischen Adelsstatus aus. In der Praxis hing die Anerkennung nicht nur von den entsprechenden genealogischen Nachweisen ab, sondern auch den Verbindungen und dem Einfluß des Einwanderers sowie seinen wirtschaftlichen Ressourcen. Bezeichnend war aber für Frankreich dann doch, daß adlige Einwanderer aus Großbritannien und Irland bis zu einem gewissen Grade an ihren Adelsidealen festhielten und sich etwa stärker im Handel und in der Wirtschaft engagierten als die entsprechenden einheimischen Familien.[40]

In Deutschland stellte sich das Problem der Anerkennung kaiserlicher Gnadenakte durch die Landesherren, die in der Regel durch sogenannte „Ausschreibungen", eine Übertragung der kaiserlichen Diplome in landesherrliche Urkunden, vorgenommen wurde, und durchaus noch mit einer genaueren Untersuchung der Herkunft der Familie und der Voraussetzungen für den kaiserlichen Titel einhergehen konnte.[41] Die weltlichen Kurfürsten, die ein Nobilitierungsrecht für sich in Anspruch nahmen, so zum Beispiel Bayern, waren in der Regel bis ins frühe 18. Jahrhundert mit der Verleihung neuer Titel aus eigenem Recht zurückhaltend und beschränkten sich meist dar-

---

39 Charles Loyseau, Traicte des ordres et simples dignitez, in: ders., Cinq livres du droict des offices avec le livre des seigneuries et celuy des ordres, Paris 1614, S. 63 und Gilles André de la Roque, Chevalier Seigneur de la Lontiere. Traité de la noblesse et de ses differentes especes, Paris 1678, S. 289 f.
40 P. Clarke de Dromartin, De l'integration des nobles étrangers dans le Second Ordre del'ancien Régime, in: Revue historique de droit français et étranger 77 (1999), S. 223–240.
41 Martin Sagebiel, Die Problematik bei den bayerischen Standeserhebungen zwischen 1651 und 1799, Diss. phil. Marburg/L. 1984, S. 74–90, zur Zahl der Nobilitierungen Riedenauer, Standeserhebungen (wie Anm. 28). Siehe auch Erwin Riedenauer, Zur Entstehung und Ausformung des landesfürstlichen Briefadels in Bayern, in: Zeitschrift für Bayerische Landesgeschichte 47 (1984), S. 609–673.

auf, bereits bestehende gewohnheitsrechtliche oder vom Kaiser verliehene Titel anzuerkennen. Danach, vor allem in der zweiten. Hälfte des 18. Jahrhunderts wurden solche Hemmungen immer geringer und man schuf bewußt einen Adel aus eigenem Recht.[42]

Für einen ausländischen Adligen war es – ein hinreichendes Ansehen vorausgesetzt – nicht immer gar so schwer die Anerkennung seines Titels durch einen fremden Herrscher zu erreichen. Problematischer war dieser Vorgang jedoch dort, wo der Adel über funktionsfähige korporative Interessenvertretungen in Form der Adelskurien der Landstände verfügte, insbesondere dann, wenn die Mitgliedschaft in solchen Korporationen mit der Anwartschaft auf einträgliche kirchliche Pfründen oder andere Ämter und Sinekuren verbunden war, wie das für die Landstände der westfälischen Bistümer, aber auch in etwas anderer Weise für die Ritterkurien der Stände der niederländischen Provinzen galt.[43] Hier legte man Wert darauf, ausländische Adelstitel sehr genau zu überprüfen, und schon die kleinste Abweichung von den eigenen Adelsnormen führte dazu, daß man neu hinzugekommenen Familien die Aufnahme in die eigene Gemeinschaft verweigerte. Der Osnabrücker Jurist Justus Möser schrieb daher Ende des 18. Jahrhundert in einem Fall, in dem es um den Status einer Familie ging, die den Fehler gemacht hatte, in den niederländischen Adel einzuheiraten, einen niederländischen Adelstitel, der nicht auf einem

---

42 Sagebiel, Problematik (wie Anm. 41), S. 50–53; vergl. Christian Wieland, Edelmannsfreiheit aus fürstlicher Gnade – Alter und neuer bayerischer Adel im 16. und 17. Jahrhundert, in: Kurt Andermann und Sönke Lorenz (Hg.), Zwischen Stagnation und Innovation. Landsässiger Adel und Reichsritterschaft im 17. und 18. Jahrhundert, Sigmaringen 2005, S. 41–56.

43 Jean Cornelis Streng, Le Métier du Noble. De Overijsselse Ridderschap tussen 1622 en 1795, in: Albertus Jan Mensema, Jos Mooijweer und Jean Cornelis Streng (Hg.), De Ridderschap von Oberijssel: Le Métier du Noble, Zwolle 2000, S. 49–110, bes. S. 51–52 und Johan Aalbers, Geboorte en Geld, Adel in Gelderland, Utrecht en Holland tijdens de eerste helf van de achttiende eeuw, in: ders. und Maarten Prak (Hg.), De Bloem der Natie. Adel en patriciaat en de Nordelijke Nederlanden, Amsterdam 1987, S. 56–78, hier S. 73.

kaiserlichen Adelsprivileg beruhe, könnte man im Heiligen Römischen Reich unter keinen Umständen anerkennen. Genauso wenig könne ja der Kaiser beanspruchen, wenn er sich in England aufhalte, in das englische Oberhaus aufgenommen zu werden, selbst wenn er nicht bloß 16 adlige Ahnen in der Generation der Ururgroßeltern habe – wie in Westfalen erforderlich – sondern, bis zu seinen frühesten Vorfahren zurückgerechnet, 16.000.[44]

Solche Bemerkungen deuten erneut auf die Heterogenität der europäischen Adelslandschaften, ja bis zu einem gewissen Grade sogar auf die Unvergleichbarkeit der Adelsbegriffe in den einzelnen europäischen Ländern hin. Allerdings gab es offenbar dennoch Faktoren und Institutionen, die die unterschiedlichen Adelslandschaften ansatzweise mit einander zu einem Ganzen verbanden. Dies galt ganz besonders für den Hochadel, dessen politischer und sozialer Horizont in der Regel ein gesamteuropäischer war, und der daher leidlich brauchbare Maßstäbe dafür entwickeln mußte, wie man den Status einer Familie, die einer anderen Adelsgesellschaft angehörte, einschätzen konnte, namentlich dann, wenn es um die Möglichkeit einer Eheschließung über die regionalen oder nationalen Grenzen hinaus ging. Hier bildeten sich Konventionen heraus, die auch die Integration von Aufsteigern durchaus möglich machte, zu denen etwa nicht wenige italienische Fürstenfamilien wie die Medici gehörten. Die Medici waren ursprünglich im 15. Jahrhundert Kaufleute und Bankiers gewesen, aber das hinderte sie nicht daran, sich später auch mit den Herzögen von Lothringen, den Valois oder den Bourbonen zu verbinden. Der Erwerb eines souveränen oder halbsouveränen (auch ein Kleinstbesitz mochte hier am Ende ausreichen) Fürstentums konnte letztlich längerfristig fast jeden Makel der Herkunft heilen. Für einen bloßen Hochadelstitel ohne souveräne Herrschaftsrechte konnte das nicht in gleicher Weise gelten, aber auch dieser kompensierte vieles, ob es sich nun um manche französische *ducs et pairs*, de-

---

44 Friedrich von Klocke, Justus Möser und die deutsche Ahnenprobe des 18. Jahrhunderts, Leipzig 1941, S. 29 und S. 39–40.

ren Vorfahren dem Dritten Stand angehört hatten, oder um sizilianische Fürsten handelte, deren Familien ursprünglich als Finanziers, Steuerpächter und Heereslieferanten aufgestiegen waren. Lediglich deutsche Reichsfürsten wie die Herzöge von Lothringen, die freilich darauf achten mußten, daß ihre Familienmitglieder weiter Aufnahme in deutsche Domkapitel fanden (wofür eben in Deutschland anders als in Frankreich und vielen anderen Teilen Europas auch der Status der weiblichen Vorfahren wichtig war) und die ja durchaus Eheverbindungen mit Königsdynastien eingingen, mochten Vorbehalte dagegen haben, sich mit französischen *pairs* wie den Herzögen von Villeroy durch Eheschließungen zu verbinden, die als Finanzbeamte im 16. und frühen 17. Jahrhundert Einfluß und Adelstitel erworben hatten, ursprünglich aber von Pariser Fischhändlern des späten Mittelalters abstammten.[45] Auch ist auffällig, daß die französischen *ducs et pairs*, die Abkömmlinge fremder souveräner Fürstenhäuser waren, es in der Regel strikt vermieden, Töchter aus der *noblesse de robe*, also eigentlich nicht-adliger Herkunft zu heiraten, während die anderen Herzöge solche Hemmungen nicht in gleicher Weise kannten.[46] Außerhalb Frankreichs versuchten vermögende adlige Magnaten, die in ihrer eigenen Heimat nicht jene Adelstitel als Grafen oder Herzöge erwerben konnten, die ihnen auch international Ansehen verschafften, zum Teil diese Titel im Ausland zu erhalten, wie etwa große polnische Adlige, für die die formal gesehen egalitäre polnische Adelsgesellschaft keine Titel bereithielt. Ein kaiserlicher oder päpstlicher Fürsten- oder Grafentitel besaß zumindest vor der letzten großen Titelinflation des späten 18. Jahrhunderts durchaus europaweit

---

45 Sénac de Meilhan, Du Gouvernement des Mœurs et des Condition en France avant la Révolution, in: Pierre Escourbe, Sénac de Meilhan, Paris 1984, S. 331–377, hier S. 347; zu den Villeroy Jean-Pierre Labatut, Les Ducs et pairs de France au XVIIe siècle, Paris 1972, S. 101. Labatut macht aber auch deutlich, daß Familien aus alten ritterschaftlichem Adel in Frankreich selbst nicht zögerten, Töchter zu heiraten, die aus der *noblesse de robe* stammten, ihre eigenen Töchter heirateten hingegen fast nie Söhne aus der *noblesse de robe*; Labatut, Ducs, S. 186–191.
46 Labatut, Ducs (wie Anm. 45).

Ansehen, wenn man das Vermögen und die soziale Stellung besaß, die mit einem solchen Titel normalerweise einhergehen mußten.[47]

Komplizierter lagen die Dinge beim niederen Adel. Kontakte, die über das engere regionale Umfeld und das eigene Land hinausreichten, waren hier im Alltag nicht die Regel, so daß die Unterschiede zwischen den einzelnen Adelslandschaften auch noch im 18. Jahrhundert nicht unerheblich waren, auch wenn Dienste in fremden Armeen, Kavalierstouren und Reisen an fremde Höfe, doch einen gewissen Austausch zwischen den unterschiedlichen Adelsgesellschaften Europas gewährleisteten und namentlich in Kreisen des Militärs über die Fronten kriegerischer Auseinandersetzungen hinweg ein Gefühl der ständischen Zusammengehörigkeit bestand.[48] Ein Berner Patrizier etwa, der als Offizier in Frankreich oder den Niederlanden diente, paßte sich nicht selten einem höfisch-soldatischen Adelsideal an, wie es einer städtischen Elite eigentlich eher fremd war.[49] Gemeinsame und leidlich verbindliche Maßstäbe für das, was als Adel gelten konnte, schufen im katholischen Europa überdies bis zu einem gewissen Grade die großen Ritterorden, allen voran der Orden der Malteser, die allgemeinverbindliche Prinzipien für die Anerkennung von Adelstiteln entwickeln mußten. (siehe unten, S. 38 f)

---

47 Zu der Vergabe von Fürstentiteln durch den Kaiser siehe Thomas Klein, Die Erhebungen in den weltlichen Reichsfürstenstand 1550–1806, in: Blätter für deutsche Landesgeschichte 122 (1986), S. 137–192. Zur Bedeutung fremder Titel für den polnischen Adel siehe Frost, Nobility (wie Anm. 26), S. 204.

48 Dazu Marraud, Noblesse, S. 56–59, auch allgemein zum Adel fremder Herkunft in Paris.

49 Kurt Messmer und Peter Hoppe (Hg.), Luzerner Patriziat. Sozial- und verfassungsgeschichtliche Studien zur Entstehung und Entwicklung im 16. und 17. Jahrhundert, Luzern 1976; vergl. auch Peter Guyer, Politische Führungsschichten der Stadt Zürich vom 13. bis 18. Jahrhundert, in Rössler, Patriziat (wie Anm. 28), S. 395–417, und Hans Braun, Die Familie von Wattenwyl, Murten 2004. – Für Hinweise zu dieser Problematik bin ich Herrn Kollegen Chr. Windler (Bern) zu Dank verpflichtet.

Aber in der Praxis gab es in dynastischen Großreichen, zu denen ganz unterschiedliche Adelslandschaften gehörten, nicht selten Konflikte zwischen den verschiedenen regionalen oder nationalen Adelsbegriffen. So verlief der Versuch Englands Irland im 16. Jahrhundert in die Stuart-Monarchie zu integrieren auch deshalb so konfliktträchtig, weil die keltische Oberschicht weiter Teile Irlands mit ihren ganz anderen und, wie es aus englischer Sicht schien, eher chaotischen Erbfolgeregelungen sowie der weitgehend fehlenden Diskriminierung von unehelichen Nachkommen völlig anders strukturiert war als die entsprechende adlige Schicht in England. Auch die Vereinigung von Schottland und England, die 1603 vollzogen wurde, warf Probleme auf, denn der schottische Adel war – im Vergleich zur gesamten Bevölkerungszahl – viel zahlreicher als der englische und deutlich ärmer; die *beggarly blue caps*, die nach 1603 angeblich in gewaltiger Zahl an den englischen Hof zogen, waren dort alles andere als beliebt.[50]

Ähnlich kompliziert war im 18. Jahrhundert die Integration des zahlreichen ungarischen Kleinadels in die exklusive Adelsgesellschaft der Habsburgermonarchie,[51] und als schwierig wenn nicht sogar zum Teil unmöglich erwies es sich für die vielen wenig vermögenden polnischen Adligen, die nach den unterschiedlichen polnischen Teilungen ab 1772 zu Untertanen des preußischen Staates wurden, einen angemessenen Platz in der sozialen Hierarchie Preußens zu finden.[52] Dies waren Umstände, die sowohl im Falle Ungarns als auch der ur-

---

50 Zu Schottland Keith M. Brown, The Scottish Aristocracy, Anglicisation, and the Court, 1603–1638, in: Historical Journal 36 (1993), S. 553–581, und ders., The Origins of a British Aristocracy: Integration and its Limitations before the Treaty of Union, in: Steven G. Ellis und Sarah Barber (Hg.), Conquest and Union. Fashioning a British State, 1485–1725, Harlow 1995, S. 222–249. Zu Irland siehe Ronald G. Asch, Die Englische Herrschaft in Irland und die Krise der Stuart-Monarchie im 17. Jahrhundert, in: Historisches Jahrbuch 110 (1990), S. 370–408.
51 Siehe Robert J. W. Evans, Der Adel Ungarns in der Habsburgermonarchie im 18. Jahrhundert, in: Asch, Adel, S. 345–362.
52 Dazu jetzt Hans-Jürgen Bömelburg, Zwischen polnischer Ständegesellschaft und preußischem Obrigkeitsstaat. Vom Königlichen Preußen zu Westpreußen (1756–1806), München 1995, S. 339 ff.

sprünglich polnischen Provinzen Preußens erheblich dazu beitrugen, den Adel der peripheren Regionen in seiner nationalen Abwehrhaltung gegenüber dem Gesamtstaat zu bestärken.

Was dem Adel sowohl innerhalb der einzelnen Staaten und Herrschaftsgebiete Europas als auch ansatzweise über die politischen Grenzen hinweg eine gewisse, wenn auch stets recht fragile Kohärenz gab, das war die Abgrenzung gegen andere Schichten: die einfachen Bauern oder auch die potentiell adelsfeindlichen städtischen Handwerker und kleinen Bürger, die die adligen Vorstellungen von Ehre und standesgemäßer Lebensführung nicht teilten und denen auch alle Voraussetzungen fehlten, um diesen Idealen zu folgen. Eine solche gemeinsame Abgrenzung vom „gewöhnlichen Volk" so wichtig sie war, konnte freilich nur eine prekäre Einheit herstellen.[53]

## Neudefinitionen von Adel seit dem 16. Jahrhundert

Auf die sehr unterschiedlichen Möglichkeiten Adel zu definieren und von anderen Ständen und Bevölkerungsschichten abzugrenzen, wurde bereits hingewiesen. Eine allgemeine Entwicklung läßt sich in den meisten europäischen Ländern seit dem späten Mittelalter feststellen, nämlich die Tendenz, die stillschweigende Usurpation des Adelsstatus zu erschweren. In Spätmittelalter war es nicht ungewöhnlich für Nichtadlige, durch eine adlige Lebensweise, etwa den Kriegsdienst, den Erwerb eines Rittersitzes und die richtigen Eheverbindungen stillschweigend in den Adel aufzusteigen. Beispiele für wohlhabende städtische Bürger oder auch die Söhne von nicht-adligen Landbesitzern, denen dies schrittweise, und sei es im Laufe von zwei oder drei Generationen, gelang, waren nicht selten. Auch die Ausübung von Herrschaft in jeder Form, und sei es als Bergwerksbesitzer – größere Bergwerke waren nicht selten mit eigenen Gerichten verbunden –

---

53 Dazu auch James S. Amelang, Honored Citizens of Barcelona: Patrician Culture and Class Relations, 1490–1714, Princeton, New Jersey 1986, S. 151.

oder als Inhaber fürstlicher Ämter oder gegen ein Darlehen verpfändeter Domänen, konnte einem den Weg in den Adel ebnen, wie umgekehrt natürlich auch stets die Möglichkeit des Niedergangs und Abstiegs bestand; oder wie es eine deutsche Historikerin formuliert hat. „Adlig sein' war demnach kein Zustand, sondern das Resultat permanenter Anstrengung, jede Ermittlung des Adelsbestandes kann somit nur eine Momentaufnahme darstellen."[54] Freilich waren nicht alle Adelsgesellschaften gleich offen. In Franken etwa, einer Landschaft, die sich in der frühen Neuzeit durch eine mitgliederstarke Reichsritterschaft auszeichnete, hatte sich schon um 1400 eine stärkere Differenzierung zwischen adligen Lehen und anderem Landbesitz, der in der Form der bäuerlichen Grundleihe vergeben wurde, herausgebildet. Dies führte tendenziell zu einer Abschließung des Adels als Stand. In Bayern hingegen blieb der niedere Adel im 15. Jahrhundert relativ offen, doch grenzte sich eine Spitzenschicht, die durch Reichtum, Herkunft und den Besitz von Hochgerichtsbarkeitsrechten ausgezeichnet war, von den anderen Adligen ab. Nur die Mitglieder dieser Elite nahmen an den großen überregionalen Turnieren teil, sie betonten ihre eigene Exklusivität durch die Anlage von Turnierbüchern, die ihre Namen verzeichneten.[55] Generell trifft man andernorts ebenfalls auf den Sachverhalt, daß dort, wo ein relativ exklusiver höherer Adel sich erfolgreich gegen weniger mächtige und vornehme Familien abgrenzte – wie in England z. B. die *peerage* – der Kleinadel (in England also die unteren Ränge der *gentry*) eher offen für Aufstei-

---

54 Christine Reinle, Wappengenossen und Landleute. Der bayerische Niederadel zwischen Aufstieg und Ausgrenzung, in: Kurt Andermann (Hg.), Zwischen Nicht-Adel und Adel, Stuttgart 2001, S. 105–156, hier S. 140; vergl. Joachim Schneider, Spätmittelalterlicher deutscher Niederadel. Ein landschaftlicher Vergleich, Stuttgart 2003.
55 Schneider, Niederadel (wie Anm. 54), S. 539–545; vergl. zu Franken auch Joseph Morsel, Die Erfindung des Adels: Zur Soziogenese des Adels am Ende des Mittelalters – das Beispiel Frankens, in: Otto G. Oexle and Werner Paravicini (Hg.), Nobilitas: Funktion und Repräsentation des Adels in Alteuropa, Göttingen 1997, S. 312–375.

ger war, während eine stärkere Homogenität des gesamten Adels den Aufstieg insgesamt erschwerte.

Ausschlaggebend für die Zugehörigkeit zum Adel war im späten Mittelalter und frühen 16. Jahrhundert meist noch primär die informell vollzogene Akzeptanz durch die Standesgenossen und nicht so sehr durch die Krone respektive den Fürsten und seine Amtsträger, die eher von sekundärer Bedeutung war; dies sollte sich in vielen europäischen Ländern schrittweise ändern. In Frankreich wurde 1579 ein Gesetz erlassen, das Nicht-Adlige, die adligen Besitz erwarben, ausdrücklich aus dem zweiten Stand ausschloß und dem dritten Stand, also den Bürgern und Bauern zuwies.[56] Damit reagierte die Krone sicherlich auch auf die sozialen Veränderungen, die die Wirren der Religionskriege, die 1562 ausgebrochen waren, hervorriefen. Im allgemeinen Chaos gab sich manch ein militärischer Führer, der durch Beutezüge reich geworden war, als Adliger aus, und kam damit oft auch durch; eine Entwicklung, die im Übrigen auch durch gesetzgeberische Maßnahmen allenfalls gebremst, aber nicht verhindert wurde.[57] Auf Seiten der *roturiers* führte dies naturgemäß zu einer Gegenreaktion, denn je mehr wohlhabende Grundbesitzer sich in den privilegierten zweiten Stand absetzten und damit der Zahlung der wichtigsten direkten Steuer, der *Taille,* entgingen, desto höher war die Steuerlast, die die verbleibenden Mitglieder des Dritten Standes zu tragen hatten. Zwei Jahre nach Ende der Französischen Religionskriege im Jahre 1600 hatte eine königliche Ordonnanz relativ großzügig bestimmt, daß diejenigen Landbesitzer, die schon in dritter

---

56 Arlette Jouanna, Des „gros et gras" aux „gens d'honneur", in: Guy Chaussinand-Nogaret u. a. (Hg.), Histoire des élites en France du XVIe au XXe siècle, Paris 1991, S. 17–144, hier S. 40–48. Zum informellen Aufstieg in den Adel siehe auch Michel Cassan, Les temps des Guerres de Religion. Le cas du Limousin (vers 1530– vers 1630), Paris 1996, S. 50–55.
57 Neuere Untersuchungen gehen für Frankreich von einem erheblichen Wachstum des Adels zwischen 1550 und 1650 aus, von maximal 150.000 Adligen (samt Familienangehörigen) für 1550 auf 240.000 (!) um 1650 (Figeac, L'automne, S. 98), und dies bei einer nur mäßig gewachsenen Bevölkerung von etwa 18 bis 20 Millionen Menschen.

Generation als adlig galten und die selber ebenso wie ihre Vorfahren im Krieg gedient hatten, die allgemeine Kopfsteuer, die *Taille*, nicht zu zahlen brauchten. Der Jurist Loyseau betrachtete diese Regelungen freilich als Fehler, denn er sah eine „nouvelle noblesse des portes-epées" entstehen, einen neuen Adel der „Degenträger", die auf Kosten der normalen Steuerzahler Privilegien in Anspruch nähmen.[58] In der Tat nötigte die wachsende Belastung aller Untertanen durch Steuern die französische Krone dazu, den Adel juristisch genauer zu definieren und gegen Aufsteiger im Rahmen des Möglichen abzuriegeln, zumal die Tatsache, daß das alte Aufgebot der Lehensleute des Königs kaum noch mobilisiert wurde, die Zugehörigkeit zum Adelsstand, die noch im Spätmittelalter mit großen Lasten verbunden gewesen war, attraktiver gemacht hatte. In der Regierungszeit Ludwigs XIV. ließ der Finanzminister Colbert seit den späten 1660er Jahren in allen Provinzen sogenannte *recherches de noblesse* durchführen. Königliche Kommissare untersuchten die Ansprüche aller wirklich oder vermeintlich adligen Familien auf die Zugehörigkeit zum zweiten Stand. Familien, die nicht die notwendigen Nachweise für ihren Adel vorlegen konnten (das konnte allerdings auch der bloße Beweis sein, daß man seinen Grundbesitz stets nach adeligem, nicht nach bäuerlichem Erbrecht vererbt hatte) wurden aus dem Adel ausgeschlossen. In ganz Frankreich wurden je nach Region zwischen ca. 15 und 30 % aller bisherigen Adelsfamilien aus dem zweiten Stand verbannt.[59] Allerdings gelang es nicht wenigen, später doch wieder aufgenommen zu werden. Ausschlaggebend dafür war nicht nur die Bereitschaft, den König und seine Amtsträger als Richter über alle Statusfragen anzuerkennen und die notwendigen Gebühren zu zahlen, sondern auch die

---

58 Loyseau, Traicte (wie Anm. 39), S. 51 f.
59 Jean Meyer, La Noblesse française à l'époque moderne (XVIe–XVIIIe siècles), Paris 1991, S. 69–74; Jean-Marie Constant, Absolutisme et modernité, in: Chaussinand-Nogaret, Histoire des élites (wie Anm. 56), S. 145–216, hier S. 196–200, und Francois-Joseph Ruggiu, Les Élites et les villes moyennes en France et en Angleterre, XVIIe–XVIIIe siècles, Paris/Montreal 1997, S. 68–72.

Unterstützung, die man in der eigenen Heimatprovinz fand.⁶⁰ Galt eine Familie weithin als adlig, und wurde ihr Status sowohl von den etablierten Familien als auch von weiteren Kreisen der Bevölkerung akzeptiert, dann folgten auch die Kommissare des Königs diesem Urteil. Sogar Familien, die über längere Zeit einer nicht standesgemäßen Tätigkeit nachgegangen waren, indem sie sich etwa aus wirtschaftlicher Not an Handelsgeschäften beteiligt hatten, konnten ihren latenten Anspruch auf den Adelsstatus später unter Umständen wieder reaktivieren.⁶¹ Dennoch hatte sich der Charakter des Adels gewandelt. An die Stelle der Selbstregulierung der Gesellschaft war der Gedanke getreten, daß die Krone der Quell aller Statusvorrechte sei.⁶²

Die französischen *recherches de noblesse* fanden 1729 ein Ende.⁶³ Zweifelhafte Ansprüche auf den Adelsstatus wurden jetzt im Einzelfall durch die Finanzgerichte, die *cours des aides*, untersucht. Allerdings gab es gegen Ende des Ancien Régime Stimmen, die die Wiederaufnahme der *recherches* verlangten, um die verloren gegangene Einheitlichkeit des Adels wiederherzustellen.⁶⁴ Die *recherches* hatten in dieser Form und in diesem Ausmaß kein wirkliches Gegenstück in anderen europäischen Ländern, doch auch dort gab es Maßnahmen des Staa-

---

60 Jean-Marie Constant, Art. ‚Recherches de noblesse', in: Lucien Bély (Hg.): Dictionnaire de l'Ancien Régime, Paris 1996, S. 1052; Jean-Marie Constant, Les structures sociales et mentales de l'annoblissement: analyse comparative d'études récentes XVIe–XVIIe siècles, in: Bernard Guillemain (Hg.), L'annoblissement en France XVe–XVIIIe siècles, Bordeaux 1985, S. 37–67, hier S. 44. Siehe auch Ruggiu, Villes (wie Anm. 38), S. 71.
61 Dazu Belleguise, Traité (wie Anm. 25), S. 137 f über die sog. Lettres de rehabilitation.
62 Jouanna, „Gros et gras" (wie Anm. 35), S. 41.
63 Louis Nicolas Henri Cherin, Abrégé chronologique d'édits, déclarations règlements arrêts, et lettres patentes des rois de France de la troisième race concernant le fait de noblesse, in: L'abbé Migne (Hg.), Anhang zum Dictionnaire Héraldique, = Nouvelle Encyclopédie théologique, 53 Bde., Bd. 13, Paris 1861, Sp. 1023.
64 Jay M. Smith, Nobility Reimagined, The Patriotic Nation in Eighteenth-century France, Ithaca 2005, S. 218.

tes, die in eine ähnliche Richtung wiesen, wie etwa die Anlage von Verzeichnissen aller adligen Vasallen des jeweiligen Herrschers, wie sie in Nord- und Nordosteuropa um 1700 allgemein üblich wurden.[65] Alternativ versuchten adlige Korporationen selbst, strengere juristische Kriterien für die Aufnahme von neuen Mitgliedern zu entwickeln. Das war dann zwar immer noch eine Selbstregulierung des zweiten Standes, aber auf diese Weise wurde das informelle kollektive Urteil über den sozialen Status einer Familie durch strengere, juristisch überprüfbare Kriterien ersetzt. In den südlichen Niederlanden etwa, die unter spanischer Herrschaft standen, waren es seit dem Ende des 16. Jahrhunderts die Herolde des Landesherren, die Ansprüche auf adligen Status untersuchten, und den stillschweigenden Aufstieg neuer Familien forthin unmöglich machten oder sehr erschwerten. Natürlich war es möglich, den König um eine Nobilitierung zu ersuchen, aber damit gab man auch zu, nicht zum alten Adel zu gehören, ein Eingeständnis, das Aufsteiger, die sich gerne eine lange Stammtafel zulegten, gerne vermieden hätten.[66]

In Italien sahen die Dinge anders aus: Es fehlte hier eine zentrale Instanz, die Statusansprüche landesweit hätte überprüfen können, doch übernahm der Malteserorden im späten 16. und im 17. Jahrhundert zunehmend diese Rolle. Wer in seine Reihen als Mitglied der italienischen Zunge des Ordens aufgenommen werden wollte, der mußte um 1600 nachweisen, daß seine Familie seit mindestens 200 Jahren adlig gewesen war und keinen unadligen Beruf ausgeübt hatte. Nur für Siena, Genua, Lucca und Florenz galten Ausnahmeregelungen, die Großhandel und Finanzgeschäfte auch für Adlige zuließen. Essentiell aber war, daß die Kandidaten für den Malteserorden aus einer städtischen Oberschicht kamen, die sich sorgfältig gegen

---

65 Heinz Duchhardt, Europa am Vorabend der Moderne, 1650–1800, Stuttgart 2003, S. 112, mit Verweis auf Schweden 1696, Dänemark 1699, Preußen 1705 und Rußland 1722.
66 Paul Janssens, L'Évolution de la noblesse belge depuis la fin du moyen âge, Brüssel 1998, S. 107–176 and S. 334–339. Vergl. zu Savoyen Claudia Donati, L'idea di nobilità in Italia, secoli XIV–XVIII, Rom/Bari 1995, S. 177–178 und S. 318.

den Rest der Bürger abgeschottet und die zentralen städtischen Ämter für sich monopolisiert hatte. Wurde ein Kandidat aufgenommen, hieß das indirekt natürlich auch, daß die gesamte Oberschicht der Stadt, aus der er kam, als adlig anerkannt war.[67] Die Rolle, die die Malteser für ganz Italien spielten, indem sie allgemeine Normen für die Zugehörigkeit zum Adel aufstellten, übernahm in kleinerem Maßstab für die Toskana der Orden vom Heiligen Stefan. Die Patriziate der unterschiedlichen toskanischen Städte wie Florenz, Siena und Pisa und der vielen kleineren waren recht unterschiedlich strukturiert. Wurde ein Kandidat aber in den St. Stefansorden aufgenommen, dann war seine Familie auch außerhalb der eigenen Heimatstadt in der Toskana als adlig anerkannt. Da die Medici kaum neue Familien nobilitierten, der Besitz einer Ordenskommende, die man unter bestimmten Bedingungen auch kaufen oder stiften konnte, aber dem Erwerb des Adelsstatus gleich kam, war der Orden auch eine Möglichkeit, reichen Aufsteigern den Weg in die etablierte Elite zu öffnen.[68]

In Deutschland spielten auf ihre Weise für den katholischen Adel die großen Domkapitel eine entscheidende Rolle bei der Durchsetzung leidlich einheitlicher und juristisch klar fixierter Normen für den Anspruch auf adligen Status. Schon im späten Mittelalter hatten sich die Kapitel in ihrer Mehrzahl gegenüber bürgerlichen Klerikern abgeschlossen, allenfalls Kandidaten mit Universitätsstudium, besonders promovierte Theologen oder Kanonisten mochten noch gelegentlich eine Pfründe erlangen. Die bestehenden Bestimmungen wurden nach der Mitte des 16. Jahrhunderts noch einmal verschärft, jetzt verlang-

---

67 Angelantonio Spagnoletti, Stato, aristocrazie e Ordine di Malta nell'Italia moderna, Rom/Bari 1988, bes. S. 103–138.
68 Franco Angiolini, La nobiltà "imperfetta": cavalieri e commende de S. Stefano nell Toscana moderna, in: Maria-Antonietta Visceglia (Hg.), Signori, patrizi, cavalieri nell'età moderna, Bari 1992, S. 146–167; Franco Angiolini, I Cavalieri e il Principe. L'Ordine de Santo Stefano e la società Toscana in età moderna, Florenz 1996; und Jean Boutier, Construction et anatomie d'une noblesse urbaine. Florence à l'époque moderne, 2 Bde., Paris 1988, Bd. 2, S. 340–342.

ten die Domkapitel im Rheinland, in Westfalen und Franken in der Regel den Nachweis, daß alle 16 Vorfahren in der Generation der Ur-Ur-Großeltern adlig gewesen waren, in einzelnen Fällen wurde sogar eine hochadlige Herkunft bis in die Generation der Ur-Ur-Ur-Großelten verlangt, was auf 32 hochadlige Vorfahren hinauslief, wie im Kapitel von Straßburg.[69] Es mochte von dieser Regel noch einzelne Abweichungen geben, so besonders im Südosten des Reiches, in der Schweiz (Chur) und in Tirol (Trient und Brixen), aber insgesamt gingen die deutschen Domkapitel bei der Überprüfung der adligen Herkunft eines Kandidaten von sehr strengen juristischen Regeln aus, und diese Regeln fanden bald auch Anwendung bei den Ritterkurien der Landstände geistlicher Territorien, und sogar in den benachbarten weltlichen Fürstentümern, soweit der Adel hier ganz oder teilweise katholisch war.

Protestantische Territorien waren in Deutschland meist etwas liberaler, nicht zuletzt auch mit Blick auf die Heirat männlicher Adliger mit Frauen aus bürgerlichen oder frisch nobilitierten Familien, die nicht unbedingt als Mesalliance galten. Aber auch hier gab es eine Tendenz, zumindest die wichtigen Ämter, wie die Mitgliedschaft in den ständischen Ausschüssen, den altetablierten Familien vorzubehalten. Bürgerliche Rittergutsbesitzer wurden hier entweder gar nicht geduldet oder besaßen nur sehr eingeschränkte Rechte.[70] So konnte man zwar in Kursachsen ein adliges Gut erwerben, wenn man nichtadliger Herkunft war und auch als frisch Nobilitierter an der Wahl der Delegierten zu den Landtagen teilnehmen. Aber wenn man in die

---

69 Peter Hersche, Die deutschen Domkapitel im 17. und 18. Jahrhundert, 3 Bde., Bern 1984, Bd. 2, S. 115–137; vergl. Christophe Duhamelle, L'Héritage collectif. La noblesse d'église Rhénane, XVIIe–XVIIIe siècles, Paris 1998, S. 105 f; Alexander Dylong, Das Hildesheimer Domkapitel im 18. Jahrhundert, Hannover 1997, S. 119.
70 Siehe dazu für Kurhannover Joachim Lampe, Aristokratie, Hofadel und Staatspatriziat in Kurhannover. Die Lebenskreise der höheren Beamten an den kurhannoverschen Zentral- und Hofbehörden 1714–1760, 2 Bde. Göttingen 1963, Bd. 1, S. 283 f.

kleine exklusive Gruppe der sogenannten „schriftsässigen" Adligen (im Gegensatz zu den „amtsässigen") vorstoßen wollten, die in eigener Person an den Landtagen teilnahmen, und nicht nur Delegierte entsandten, mußte man auch in Sachsen seit dem Beginn des 18. Jahrhundert 16 adlige Ahnen nachweisen.[71]

In Ländern, in denen es weder adlige Stände gab, die auf ihre Exklusivität achteten, noch eine wirksame Kontrolle der Zugehörigkeit zum Adel durch die Krone, wurden teilweise andere Mechanismen entwickelt, um den Adel von anderen Bevölkerungsschichten abzugrenzen. Verzichten konnte man auf eine solche Abgrenzung zumindest dann nicht, wenn der Adel fiskalische Privilegien genoß, da ihn sonst immer mehr Personen in Anspruch genommen hätten. In Kastilien spielten im 16. und 17. Jahrhundert königliche Nobilitierungen oder Adelsbestätigungen für sich genommen keine große Rolle. In Streitfällen wies man den beanspruchten Adelsstatus durch einen Prozeß vor einem der beiden dafür zuständigen Gerichte, dem Kanzleigericht in Valladolid oder in Granada nach. Wurde der Anspruch auf den Adel durch eine hinreichende Zahl von Zeugen und durch entsprechende Dokumente, die beispielsweise zeigten, daß die eigene Familie schon lange steuerfrei gewesen war, erhärtet, dann erhielt man eine *carta ejecutoria*, die den Adel bestätigte. Faktisch hing der Sieg in einem solchen Prozeß stark davon ab, ob man über genug Geld und über genug Ansehen in der Stadt, aus der man stammte oder in der man lebte, verfügte. Wirklich anerkannt war der Adel sozial erst, wenn es einem gelang, Ämter zu bekleiden, die dem Adel vorbehalten waren. Wollte man in der Adelshierarchie aufsteigen, war es überdies wichtig, in einen der großen Ritterorden, von Santiago, Calatrava, Alcántara, oder Montesa aufgenommen zu werden, die faktisch von der Krone kontrolliert wurden. Die Ritterorden verlangten von dem Kandidaten nicht nur einen Nachweis, daß er aus einer Familie stammte, die stets adlig gelebt, also kein Handwerk ausgeübt

---

71 Axel Flügel, Bürgerliche Rittergüter. Sozialer Wandel und politische Reform in Kursachsen (1680–1844), Göttingen 2000, S. 72–84.

oder mit Waren und Geld Geschäfte gemacht hatte. Wichtig war überdies die Reinheit des Blutes, daß man also keine muslimischen oder jüdischen Vorfahren besaß, wie dies noch im frühen 16. Jahrhundert in der kastilischen Oberschicht nicht ungewöhnlich war. Die Forderung nach der Reinheit des Blutes spielte auch schon bei den Gerichtsverfahren zur Anerkennung des Adelsstatus eine Rolle, aber erst der Habit eines Ritterordens schützte einen sozialen Aufsteiger (denn solche gab es natürlich auch und gerade in den Ritterorden, die die Krone nutzte, um ihre Soldaten und Amtsträger auszuzeichnen) davor, daß seine Herkunft und sein Status in Frage gestellt wurden. Überdies dienten die Orden auch zur Integration der Oberschicht der peripheren Provinzen der Krone, etwa der Länder des aragonesischen Reichsteils (Aragon, Valencia, Katalonien) oder der italienischen Provinzen (Neapel, Sizilien, Mailand) in eine homogener werdende Führungsschicht des gesamten Reiches.[72]

Wenn man davon ausgeht, daß die Tendenz zur Verrechtlichung der Zugehörigkeit zum Adel im späten 16. und im 17. Jahrhundert eine gesamteuropäische war, so gab es hier doch Ausnahmen. Auf Polen, wo die Krone das Nobilitierungsrecht in dieser Zeit verlor, und die entsprechenden Kompetenzen des Reichstages nur begrenzt zum Tragen kamen, wurde bereits verwiesen, aber auch England war, wie bereits angedeutet, eine solche Ausnahme. Die *gentry* vollzog den Schritt von einer landbesitzenden Oberschicht ohne klare rechtliche Standesgrenzen zu einer juristisch definierten Adelselite nicht mit. Zwar

---

72 Juan Hernandéz Franco, Cultura y limpieza de sangre en la España moderna, Murcia, 1996, S. 163–72; vergl. Mauro Hernández, A la sombra de la Corona. Poder local y oligarquía urbana, Madrid 1606–1808, Madrid 1995, bes. S. 223, und Elena Postigo Castellanos, Honor y privilegio en la corona de Castilla. El Consejo de las ordenes y los caballeros de hábito en el siglo XVII, Almazán 1988; siehe auch Angelantonio Spagnoletti, Principi italiani e Spagna nell' età barocca, Mailand 1996, S. 205–214; während der Regierungszeit Philipps IV erhielten 468 Personen das Ordenskleid eines spanischen Ritterordens, insgesamt wurden 5.147 (ebd. S. 212) neue Ritter aufgenommen.

gab es im 16. und frühen 17. Jahrhundert eine ganze Reihe von sogenannten Visitationen, die die königlichen Herolde in den Grafschaften durchführten und bei denen Wappen ebenso wie genealogische Informationen registriert, gegebenenfalls aber auch einmal verworfen wurden, aber eine stringente Kontrolle der bestehenden sozialen Statusansprüche war dies nicht.[73] Für sie bestand in England auch kein Anlaß, da der Titel eines *gentleman* oder *esquire* einen nicht davor bewahrte, Steuern zahlen zu müssen, auch wenn die englische Oberschicht namentlich nach 1560 durch eine geringere Veranlagung des eigenen Vermögens bei den vom Parlament bewilligten Abgaben zunehmend erfolgreich das Zahlen von Steuern in realistischer Höhe vermied.

Nach 1660, als die Herrschaftsgewalt der Krone tendenziell geschwächt war, stand eine staatliche Kontrolle der Zugehörigkeit zum niederen Adel, zur *gentry* ohnehin nicht mehr zur Debatte. Das Bedürfnis, die eigene vornehme Herkunft durch gelehrte genealogische Abhandlungen und Stammtafeln nachzuweisen, ließ jetzt auch deutlich nach und verschwand im 18. Jahrhundert dann bei der *gentry* weitgehend, auch wenn man von einem *gentleman* oder einer Dame aus der landbesitzenden Oberschicht weiter erwartete, daß sie den Familiennamen eines Mannes oder einer Frau die ihr vorgestellt wurden, genealogisch richtig einordnen konnte.[74] Der Zugang zu den oberen Rängen der *gentry* war damit aber für Aufsteiger trotzdem nicht viel leichter als in anderen europäischen Ländern. Die subtilen, informellen sozialen Standesunterschiede, die die englische Gesellschaft kennzeichneten, waren bis weit ins 18. Jahrhundert hinein mindestens ebenso wirksam wie die juristischen Exklusionsmechanismen vieler kontinentaleuropäischer Adelsgesellschaften.[75]

---

73 Daniel Woolf, The Social Circulation of the Past. English Historical Culture 1500–1730, Oxford 2003, S. 105–109.
74 Ebd. S. 113–116.
75 Siehe dazu unten S. 295–298.

## Nobilitierungen und Standeserhöhungen

Das galt um so mehr, da in den meisten monarchisch regierten Staaten des Kontinents, die Zahl der Nobilitierungen seit dem späten 16. Jahrhundert deutlich zunahm. Solche Nobilitierungen mußten nicht immer durch die Ausstellung eines Adelsbriefes erfolgen. In Frankreich etwa gab es in Verwaltung und Rechtsprechung zahlreiche käufliche und meist auch vererbbare Ämter, die ihre Inhaber adelten, wenn nicht unmittelbar, wie die Position eines *secrétaire du roi* so doch zumindest in der zweiten Generation. Auf diese Weise entstand in Frankreich eine eigene Gruppe von Adligen, die *noblesse de robe*, für die eine juristisch-humanistische Bildung und die Zugehörigkeit zu einer städtischen Elite von Rentiers die Basis für den sozialen Aufstieg war, nicht die Ausübung von Herrschaftsrechten auf dem Lande und eine militärische Lebensweise wie für den Schwertadel.[76] Im späten 17. Jahrhundert und frühen 18. Jahrhundert glichen sich die führenden Familien der *noblesse de robe* allerdings ein Stück weit dem Schwertadel an, Heiraten mit Familien der *noblesse d'épée* waren keine Ausnahme mehr, und die Söhne der Amtsadligen wurden oft Offiziere in der Armee, um auf diese Weise ihren sozialen Status zu festigen. Andererseits schloß sich die *noblesse de robe* in weiten Teilen Frankreichs wie auch in der Hauptstadt Paris (wenn auch keineswegs überall im Lande) – stärker nach unten ab. Der Aufstieg in diese Gruppe wurde schwieriger.[77]

In Spanien hatte der Anstieg der Zahl der Mitglieder der Ritterorden eine ähnliche Wirkung wie andernorts die Nobilitierungen, die in Spanien zumindest für den niederen Adel der *hidalgos* im 16. und 17. Jahr-

---

76 Zum Aufstieg der *noblesse de robe* Constant, Absolutisme et modernité (wie Anm. 60), S. 148–157; Roland Mousnier, La vénalité des offices sous Henri IV et Louis XIII, Paris 1971; Georges Huppert, Les Bourgeois Gentilshommes: An Essay on the Definition of Elites in Renaissance France, Chicago 1977.
77 François Bluche, Les Magistrats du Parlement de Paris au XVIIIe siècle, Paris 1986, S. 235–237.

hundert eher ungewöhnlich waren und mit Skepsis betrachtet wurden, da man davon ausging, daß man als *hidalgo* geboren sein müsse, statt sich adeln zu lassen, was als Armutszeugnis galt. Insgesamt wurden im Laufe des 17. Jahrhundert ca. 9.000 *habitos* (die Kleidung der Ordensritter) verliehen,[78] auch sonst stieg die Zahl derjenigen Adligen, die für sich den Rang eines *caballero* in Anspruch nahmen und sich als *Don* anreden ließen (beides Titulaturen, die eine mittlere Adelsschicht zwischen den Granden und dem Kleinadel kennzeichneten), erheblich an. Während um 1600 bestenfalls ein Drittel der Ratsherren der großen Städte diesen Titel beanspruchten, taten es 100 Jahre später fast alle.[79] Generell war das 17. Jahrhundert durch eine fast ungebremste Inflation der Zahl der Ehrentitel gekennzeichnet und dies nicht nur in Spanien, sondern in fast ganz Europa. So gab es in Deutschland im 18. Jahrhundert – nach dieser Inflationsphase – faktisch keinen Reichsritter mehr, der sich nicht als „liber baro" oder Freiherr bezeichnete, ein Titel, der ursprünglich im Mittelalter nur den Edelfreien im engeren Sinne, also eigentlich dem Hochadel zugestanden hatte. Daß dies zu einer Entwertung der Position der einfachen Adligen, die keinen der neuen Titel trugen, führte, lag auf der Hand, und so beanspruchten dann auch eigentlich alle ursprünglich Edelfreien zumindest den Grafentitel, wenn sie nicht sogar versuchten, den Titel eines Fürsten zu erlangen, der durch eine inflationäre Praxis von Standeserhöhungen freilich entwertet wurde. Der Kaiser etwa verlieh zwischen 1582 und 1806 an 160 neue Familien den Titel eines Reichsfürsten. Diese Zahl schloß allerdings jene zum Teil ausländischen, zum Beispiel polnischen Familien ein, die keinen Besitz im Reich besaßen und daher auch keine Chance hatten im Reichstag unter die Reichsfürsten aufgenommen zu werden, aber die Titelinflation übte dennoch auf all diejenigen, die nur ihren alten Adelsrang vorzuweisen hatten, einen starken Druck aus, sich eben-

---

78 Thompson, Spain (wie Anm. 36), S. 184.
79 Ebd.

falls um eine Standerhöhung zu bemühen.[80] Es gab durchaus Fälle, in denen am Ende der Besitz einiger weniger wirklich oder scheinbar reichsunmittelbarer Dörfer reichte, um Sitz und Stimme im Reichstag zu erhalten.[81] Manche der Kollegien der Reichsgrafen, die ihrerseits durch den Aufstieg alter Familien in den Fürstenstand geschwächt wurden, waren noch großzügiger und nahmen neue Mitglieder auf, die nur eine alte Burgruine als Basis ihrer Grafenrechte besaßen oder reine „Personalisten" waren, also über gar keine Grafschaft herrschten, sondern nur den vom Kaiser verliehenen Titel (und in der Regel Land, das der Hoheit eines Territorialherren unterstand) besaßen.[82] Zu einer Inflation bei der Verleihung der Grafentitel im Reich kam es dann vor allem im 18. Jahrhundert. Seit den 1740er Jahren waren nicht zuletzt die Kurfürsten, die bei einer Thronvakanz das Reichsvikariat, also die Regentschaft, übernahmen, hier sehr großzügig. Der bayerische Kurfürst etwa verlieh im Jahr 1790 als Reichsvikar 81 Grafendiplome, was den Titel dann allerdings auch erheblich entwertete.[83]

In Frankreich war tendenziell bei der Zunahme von hochrangigen Adelstiteln eine ähnliche Entwicklung festzustellen, vor allem im späten 16. und frühen 17. Jahrhundert. 1551 war erstmals ein Adliger, der nicht dem mittelalterlichen Hochadel entstammte, zum *duc et pair* erhoben worden (Montmorency), 1723 gab es hingegen schon 38 Familien, die aus dem gewöhnlichen Adel in den Rang eines einfachen Herzogs oder eines *duc et pair* aufgestiegen waren (dazu traten

---

80 Johannes Arndt, Zwischen kollektiver Solidarität und persönlichem Aufstiegsstreben. Die Reichsgrafen im 17. und 18. Jahrhundert, in: Asch, Adel, S. 105–28, hier S. 122–124, und Harry Schilp, Die Neuen Fürsten. Zur Erhebung in den Reichsfürstenstand und zur Aufnahme in den Reichsfürstenrat im 17. und 18. Jahrhundert, in: Volker Press and Dietmar Willoweit (Hg.), Liechtenstein – Fürstliches Haus und staatliche Ordnung, Vaduz/München 1987, S. 249–292, hier S. 252; vergl. Klein, Erhebungen (wie Anm. 47).
81 Klein, Erhebungen (wie Anm. 47).
82 Arndt, Solidarität (wie Anm. 80), S. 124 und Johannes Arndt, Das niederrheinisch-westfälische Grafenkollegium und seine Mitglieder (1653–1806), Mainz 1991, S. 70 f.
83 Sagebiel, Problematik (wie Anm. 41). S. 71–73.

noch jene, die aus Nebenlinien des Königshauses oder ausländischen Fürstenfamilien stammten), auch wenn danach die Zahl der Standeserhebungen, die schon nach 1661 nachgelassen hatte, eher stagnierte.[84] Noch stärker war diese Entwicklung aber in Spanien ausgeprägt, wo man gegen Ende des 17. Jahrhundert 500 Familien zählte, die einen Titel wie Graf, Markgraf oder Herzog trugen, während es um 1600 nur rund 120 gewesen waren.[85] In den spanischen Nebenlanden sah es nicht anders aus. Im Herzogtum Mailand vergaben die spanischen Könige zwischen 1554 und 1706 276 Titel als Graf oder Markgraf, meist an Mitglieder der städtischen Führungsschicht Mailands. Die weitaus meisten Standeserhöhungen waren dabei seit 1621, seit dem Regierungsantritt Philip IV., vollzogen worden. In Neapel gab es 1675 434 Barone, die einen höheren Adelstitel (von Graf aufwärts bis zum Fürst oder Herzog) trugen, 1590 waren es nur 118 gewesen.[86] Die Verleihung dieser Titel – nicht selten wurden sie auch einfach verkauft – war natürlich auch Ausdruck der Finanzkrise der spanischen Monarchie; Ehre und Status waren die einzige Währung, in der die Krone ihre Gläubiger überhaupt noch bezahlen konnte. Überdies wurden auf diese Weise die traditionelle Adelshierarchie durch eine von Spanien neu geschaffene überlagert.[87]

In England war die Entwicklung etwas weniger drastisch, aber auch hier stieg die Zahl der weltlichen Mitglieder des Oberhauses von 1602 bis 1700 von 55 auf 173 Personen an, mit einer starken Expansion vor allem zu Beginn dieses Zeitraums, als auch hier zahlreiche Adelstitel verkauft wurden, eine Praxis, die bei den weniger geschätzten irischen Titeln oder beim Prädikat des *baronet* (dies war ein

---

84 Labatut, Ducs et pairs (wie Anm. 45), S. 61–69 und S. 80–85, vergl. Art. ‚Ducs et paris' in Bély, Dictionnaire (wie Anm. 60), S. 448–450, danach gab es um 1780 55 *ducs et pairs* oder einfache *ducs,* einschließlich der *princes du sangs* und *princes etrangers.*
85 Thompson, Spain (wie Anm. 36), S. 184.
86 Donati, Nobilitá (wie Anm. 45), S. 280 f; Peter Hersche, Italien im Barockzeitalter (1600–1750), Köln 1999, S. 109–111; Christopher F. Black, Early Modern Italy: A Social History, London 2001, S. 135.
87 Spagnoletti, Principi (wie Anm. 72), S. 84–128, 205–14.

Ritter der einen erblichen Anspruch auf den Titel *knight* hatte, der sonst nicht bestand) noch stärker verbreitet war.[88]

Gegen diese Veränderung des Adels durch großzügige Standeserhöhungen und Nobilitierungen gab es natürlich auch Abwehrreaktionen. In Frankreich etwa breitete sich unter den Verteidigern des alten Adels im späten 16. Jahrhundert die Idee aus, die Adligen gehörten eigentlich einem ganz anderen Volk an als die einfachen Franzosen, sie seien alle Abkömmlinge der Franken, die in der Völkerwanderungszeit das Land erobert hatten. Ein Echo dieses Gedankens findet sich noch bei Boulainvilliers zu Beginn des 18. Jahrhunderts, der zu Anfang dieses Kapitels erwähnt wurde. Um den Adel einerseits gegen die Eingriffe der Krone und den unkontrollierten Aufstieg neuer Familien abzuschirmen und andererseits vor dem Vorwurf zu schützen, er verliere seine Existenzberechtigung, wenn er nicht mehr dem Waffenhandwerk nachgehe – und das taten viele Adlige im späten 16. Jahrhundert tatsächlich nicht mehr – wurde die These vertreten, die Abstammung allein, die Zugehörigkeit zu einer eigenen „Rasse", legitimiere den Adel. Dieses Argument richtete sich letztlich auch gegen jene radikalen Vertreter konfessioneller Rechtgläubigkeit, die wie manche Vorkämpfer der militant katholischen Liga dem Adel seine konfessionelle Lauheit und Indifferenz vorwarfen, und meinten, nur ein guter Katholik könne wirklich adlig sein.[89]

Der Gedanke, der Adel sei eine eigene ethnische Gruppe, die sich von der übrigen Bevölkerung unterscheide, war jedoch keineswegs

---

88 Lawrence Stone, The Crisis of the Aristocracy, 1558–1641, Oxford 1965, S. 97–119; John Cannon, Aristocratic Century: The Peerage of Eighteenth-Century England, Cambridge 1984, S. 13–15; Charles R. Mayes, The Sale of Peerages in Early Stuart England, in: Journal of Modern History 29 (1959), S. 21–37; ders., The Early Stuarts and the Irish Peerage, in: English Historical Review 73 (1958), S. 227–251.

89 Ellery Schalk, From Valor to Pedegree: Ideas of Nobility in France in the Sixteenth and Seventeenth Centuries, Princeton, New Jersey 1986, S. 65–114, vergl. Arlette Jouanna, Ordre social, mythe et hiérarchies dans la France du XVIe siècle, Paris 1977, S. 194–197, und 160–172.

auf Frankreich beschränkt. In Spanien sahen sich die *hidalgos* als Nachkommen der Westgoten, die Spanien vor der Eroberung durch die Araber beherrscht und sich dann an die Küste des Atlantiks, nach Kantabrien und Asturien, zurückgezogen hatten. Diese Vorstellung erklärt auch, warum hier ganze Dörfer und Landstriche für sich kollektiv den Adel in Anspruch nahmen. Das mochte ein Mythos sein, aber namentlich in Ostmitteleuropa kann man von regelrechten Adelsnationen sprechen; in Ungarn etwa, wo viele Adlige möglicherweise wirklich in dieser oder jener Form Nachkommen der magyarischen Stämme waren, die das Land einst erobert hatten, bildete der Adel, der in manchen nordungarischen Regionen bis zu 15 % der Bevölkerung stellte, die ungarische Nation im engeren Sinne des Wortes. Die bäuerliche und städtische Bevölkerung, die oft tatsächlich einen anderen ethnischen Charakter hatte (ob es sich nun um Deutsche, Slowaken, Rumänen oder Serben und Kroaten handelte), wurde nicht als Teil dieser Nation betrachtet.[90] Ähnlich sah es bis zu einem gewissen Grade in Polen aus, obgleich hier der Adel, zu dem ja auch die Oberschicht Litauens und weiter Teile der heutigen Ukraine gehörte, ganz unterschiedlicher Herkunft war. Er konstruierte aber für sich einen gemeinsamen ethnischen Ursprung, die Abstammung vom sagenhaften antiken Volk der Sarmaten, die angeblich nördlich des schwarzen Meeres gelebt hatten. Der Sarmatismus zeigte sich nach außen unter anderem durch eine typische, faktisch u. a. von türkischen Vorbildern beeinflußte Kleidung des Adels, die sich von der der übrigen Bevölkerung unterschied, obwohl diese sich in den Städten zunehmend am Vorbild der Adelskultur orientierte.[91]

Ein weiteres Beispiel für eine adlige Elite, die sich selber als die staatstragende Nation – unter Ausschluß der übrigen Bevölkerung – sah, war die Anglo-Irische Ascendancy des 18. Jahrhundert. Die protestantisch-anglikanischen Abkömmlinge der englischen Einwande-

---

90 Peter Schimert, The Hungarian Nobility in the Seventeenth and Eighteenth Centuries, in Scott, Nobilities, Bd. 2, S. 144–182, hier S. 148–166.
91 Frost, Nobility (wie Anm. 26), S. 185–186; vergl. Jerzy Lukowski, Liberty's Folly: The Polish-Lithuanian Commonwealth in the Eighteenth Century, 1697–1795, London 1991, S. 13–21.

rer und Eroberer des 16. und 17. Jahrhunderts – nur wenige ältere englischstämmige und noch weniger gälische Familien fanden in diese Elite durch Konversion zum Protestantismus Aufnahme – entwickelten einen eigenen irischen Patriotismus, ein Nationalgefühl, das freilich sowohl die katholische als auch die presbyterianischen Bevölkerungsteile und bis zu einem gewissen Grade sogar jene Teile der Church of Ireland-Protestanten, die nicht zur landbesitzenden Elite gehörten, aus dieser irischen Nation ausschloß. Wie in Polen oder Ungarn bildete der Adel eine standesspezifische Ethnie, oder sah sich als eine solche, die sich durch Konfession, Status und Kultur von der übrigen Bevölkerung deutlich unterschied.[92]

Allerdings waren dies Sonderfälle. In Frankreich etwa war der Gedanke, daß alle echten Adligen eigentlich Franken seien, nicht mehr als ein interessantes Gedankenexperiment ohne große praktische Bedeutung. Die königliche Nobilitierungpolitik konnte man damit nicht einschränken. Allerdings hat sie gerade in Frankreich nach 1650 nicht mehr wirklich zu einer Vermehrung der Zahl der Adligen insgesamt beigetragen. Zwischen 1550–1650 war der Adel auch prozentual zur gesamten Bevölkerungszahl deutlich zahlreicher geworden. Die vielen Ämter, die ihre Inhaber nobilitierten, waren von bislang bürgerlichen Familien erworben worden, und trotz der königlichen Verordnungen, sich seit etwa 1580 dagegen richteten, stiegen in den Wirren der Religionskriege wie schon betont (oben, S. 34) viele Offiziere und Militärunternehmer nicht-adliger Herkunft in den zweiten Stand auf. Dies wurde vor allem nach 1650/60 schwieriger; die *noblesse de robe* schottete sich zunehmend ab, die meisten nobilitierenden Ämter – vielleicht mit Ausnahme der Positionen als *secrétaire du roi* – wurden von Kandidaten erworben, die schon adlig waren, oder wurden einfach vererbt und die Nobilitierungen durch königliches Privileg reichten offenbar nicht aus, um den demographischen Schwund zu kom-

---

92 Roy F. Foster, Modern Ireland, 1600–1972, London 1988, S. 167 ff, und Toby Barnard, A New Anatomy of Ireland: The Irish Protestants, 1649–1770, New Haven, Conn. 2003, S. 41–80.

pensieren. Jedenfalls hielt die demographische Entwicklung des Adels nicht Schritt mit der Zunahme der Bevölkerung insgesamt, die von ca. 17 bis 18 Millionen im späten 16. Jahrhundert auf ca. 27 Millionen Ende des 18. Jahrhunderts anstieg. Im Gegenteil, in Frankreich lebten prozentual gesehen 1789 sehr viel weniger Adlige als 1650, kaum 1 % der Bevölkerung.[93] Das lag freilich auch daran, daß offenbar immer mehr Adlige beiderlei Geschlechts unverheiratet blieben und keine oder keine legitimen Nachkommen hatten. Bewußt versuchte man durch eine Beschränkung der Zahl der Erben das Familienvermögen zusammenzuhalten. Zudem wurde es in dem Maße, wie die Ansprüche an eine standesgemäße Lebensführung wuchsen, für ärmere Adlige und nachgeborene Söhne deutlich schwieriger, einen eigenen Hausstand und eine Familie zu begründen. Sie blieben unverheiratet und hatten allenfalls illegitime Nachkommen.[94] Der zahlenmäßige Rückgang des Adels – jedenfalls in Proportion zur Gesamtbevölkerung – war auch ein Zeichen dafür, daß jener Adelstypus, der im 16. Jahrhundert noch so verbreitet gewesen war, der des einfachen Landedelmannes, der nicht oder nur während einer beschränkten Lebensphase militärisch aktiv war oder königliche Ämter bekleidete und über kein größeres Vermögen verfügte, nicht mehr als zeitgemäß gelten konnte.[95] Die höfische Kultur, aber auch die städtische Welt, mit der Adlige im 18. Jahrhundert auch jenseits des Mittelmeerraumes immer engeren Kontakt hatten, hatten Maßstäbe für die adlige Existenz gesetzt, denen der arme ländliche „Stoppelhopser" oder *hobereau* nicht mehr gewachsen war. Diese Schicht befand sich, jedenfalls in Frankreich, im Niedergang, auch wenn sie vor der Französischen

---

93 Figeac, L'Automne, S. 99–103; vergl. Jouanna, gros et gras (wie Anm. 56), S. 74 f. Figeac geht S. 296 ff, eher davon aus, daß der Adel offen blieb im 18. Jahrhundert.
94 Walter Demel, Der europäische Adel. Vom Mittelalter bis zur Gegenwart, München 2005, S. 49, siehe auch Lukowski, Nobility, S. 119 zu vergleichbaren Entwicklungen in Venedig.
95 Jean-Marie Constant, Nobles et paysans en Beauce aux XVIème et XVIIème siècles. Paris Diss. Phil. 1978, S. 230 f.

Revolution noch einmal energisch versuchte, ihre Rechte zu verteidigen.

Die französische Entwicklung kann nicht ohne weiteres verallgemeinert werden, das französische Adelsrecht war relativ streng und ahndete die Betätigung in Handel und Gewerbe, wenn es sich nicht gerade um den Fernhandel großen Stils handelte, mit dem Entzug der Adelsprivilegien (*dérogeance*). Im liberaleren Kastilien scheint es etwa gerade in den früher eher adelsarmen südlichen Provinzen im 18. Jahrhundert eine Zunahme der Zahl der *hidalgos* gegeben zu haben, die sich aus dem Wirtschaftsbürgertum der Städte rekrutierten.[96] In Preußen sorgte umgekehrt der Staat durch seine die Exklusivität der etablierten Elite verteidigende Politik dafür, daß die Privilegien des gesamten Adels – auch der ärmeren – geschützt wurden, obwohl mittlerweile viele Adlige gar kein Land mehr besaßen, sondern sich als Offiziere oder Beamte durchbringen mußten.[97] Allerdings kritisierte dies die aufgeklärte öffentliche Meinung gegen Ende des Ancien Régime zunehmend und gerade diese Art der Adelsschutzpolitik verstärkte letztlich die innere Heterogenität des Adels (siehe unten Kapitel 8). Was dem einfachen Landedelmann im späten 18. Jahrhundert noch blieb, war der Versuch, überlieferte Herrschaftsrechte bis zum Letzten zu verteidigen, um wenigstens seine herausgehobene Position im heimischen Dorf zu behaupten. Aber auch dies war keine einfache Aufgabe, und ein Adel ohne Herrschaftsrechte riskierte seine Legitimation endgültig zu verlieren.

---

96 Thompson, Spain (wie Anm. 36), S. 228.
97 Rene Schiller, „Edelleute müssen Güter haben, Bürger müssen die Elle gebrauchen": Friderizianische Adelsschutzpolitik und die Folgen, in: Wolfgang Neugebauer and Ralf Pröve (Hg.), Agrarische Verfassung und Politische Struktur. Studien zur Gesellschaftsgeschichte Preußens 1700–1918, Berlin, 1998, S. 257–286.

## 2. Ländliche Herrschaft, wirtschaftliche Ressourcen und korporative Rechte

Herrschaft über Land und Leute

Die eigentliche Grundlage adliger Macht waren in der frühen Neuzeit fast in ganz Europa der Besitz von Land und die damit verbundenen Herrschaftsrechte. Sicherlich gab es auch adelige oder quasi adlige Eliten wie die städtischen Patriziate Deutschlands, die *noblesse de robe* in Frankreich oder die exklusiven Oberschichten italienischer Städte, für die der Besitz von Land eher sekundär war, auch wenn er im Laufe des 17. und 18. Jahrhunderts oft an Bedeutung gewann. Aber der Normalfall war das nicht, denn der Adel hatte sich im späten Mittelalter ganz wesentlich konstituiert als ein Stand von Besitzern ritterlicher Lehen, die sich deutlich von anderen Formen des Landeigentums unterschieden.[98] Zumindest galt dies für jenen Kernbereich Europas, in dem sich das Lehensrecht im Mittelalter weitgehend durchgesetzt hatte, insbesondere für Frankreich und das Heilige Römische Reich einschließlich der Niederlande, aber in etwas anderer Form auch für England. An der europäischen Peripherie, wo der Adel zum Teil auch sehr viel zahlreicher war, wie etwa in Kastilien, Ungarn oder Polen, verhielten sich die Dinge zum Teil anders. Hier besaßen viele Adlige nur wenig Land, in Polen machten die landlosen Adligen im späten 18. Jahrhundert wohl sogar an die 60 % der

---

98 Joseph Morsel, Die Erfindung des Adels. Zur Soziogenese des Adels am Ende des Mittelalters – das Beispiel Frankens, in: Otto Gerhard Oexle und Werner Paravicini (Hg.), Nobilitas. Funktion und Repräsentation des Adels in Alteuropa, Göttingen 1997, S. 312–375.

gesamten Adelspopulation aus.[99] Arme Adlige führten zum Teil eine Existenz, die sich von der der bäuerlichen Bevölkerung nicht wesentlich unterschied, wenn sie überhaupt noch ein Stück Land ihr Eigen nennen konnten, und wurden von wohlhabenden Standesgenossen im 19. Jahrhundert unter Umständen als „Bauern im Frack mit einem Stammbaum" verachtet, wenn sie nicht sogar als eine Art „Adelsproletariat" in den Städten lebten.[100]

Adliger Lehensbesitz unterlag in der Regel einem anderen Erbrecht als normaler Landbesitz, das einzelne Lehen war oft unteilbar und war in der Regel mit der Verpflichtung zum Kriegsdienst in Krisenzeiten verbunden. Diese Verpflichtung verlor zwar schon Ende des Mittelalters immer mehr ihre praktische Bedeutung, außer vielleicht für die unmittelbare Verteidigung einer Provinz durch die dort lebenden Adligen, aber sie begründete den Sonderstatus der Lehensträger bis hin zu ihrer Steuerfreiheit. Versuche, diesen Status abzuschaffen, wie sie in Preußen Friedrich Wilhelm I. nach seiner Thronbesteigung 1713 durch die Allodifikation der Lehen (also ihre Umwandlung in ein von lehensrechtlichen Verpflichtungen nicht belastetes Eigentum) unternahm, stießen zum Teil auf erheblichen Widerstand (siehe unten S. 271). In England verhielten sich die Dinge freilich anders, denn hier wurde das Aufsichtsrecht, das der König über die Erben seiner Lehensträger, der *tenants-in-chief,* durch den sogenannten *Court of Wards* ausübte, unter den Tudors und frühen Stuarts als sehr drückend empfunden. Seine weitgehende Abschaffung nach 1640 wurde daher allenthalben begrüßt.[101]

Das Ausmaß der adligen Herrschaft über Land und Leute war freilich im einzelnen sehr unterschiedlich. Den Extremfall stellten die adligen Magnaten dar, die über große Latifundien, ja über ganze Landstriche herrschten und die als Stadtherren auch kleinere Städte dominierten. Dies war etwa der Fall in großen Teilen Ostmitteleuropas,

---

99  Elie Wasson, Aristocracy and the Modern World, Basingstoke 2006, S. 12.
100  Zitat ebd. S. 12 nach Jerome Blum, The End of the Old Order in Rural Europe, Princeton, New Jersey 1978, S. 26.
101  Vergl. Joel Hurstfield, The Queen's Wards, London 1958.

wie in Böhmen und Mähren. In Mähren standen im späten 17. Jahrhundert 20 % der ländlichen Bevölkerung unter der Herrschaft der Fürsten Liechtenstein, weitere 6–7 % wurden von einem weiteren Magnatengeschlecht, den Dietrichstein, beherrscht.[102] Böhmen und Mähren blieben bis weit ins 19. Jahrhundert hinein durch den adligen Großgrundbesitz geprägt, die Durchschnittsgröße einer Adelsherrschaft lag hier 1826 bei rund 3500 ha, wovon rund 350 ha in Eigenwirtschaft genutzt wurden. Im Gegensatz dazu nutzten adelige Grundbesitzer im benachbarten Niederösterreich nur ca. 85 ha. selber, bei einer durchschnittlichen Gütergröße von 2000 ha. Da der im engeren Sinne staatliche Verwaltungsapparat in der Habsburgermonarchie vor der Mitte des 18. Jahrhunderts das flache Land kaum erfaßte, waren Magnaten wie die Liechtenstein faktisch unbeschränkte Herren auf ihren Besitzungen. In Brandenburg hingegen lag trotz der auch hier starken Stellung des Adels die Größe der Güter nur bei durchschnittlich 1.000 bis 1.200 ha, wovon rund 200 ha unmittelbar vom Gutsherren bewirtschaftet wurden.[103]

Beeindruckend war auch der Reichtum der großen Latifundienbesitzer Spaniens, die oft den Titel eines Granden, zumindest aber einen Hochadelstitel trugen. Im späten 16. und frühen 17. Jahrhundert hatten sie ihre Herrschaftsrechte deutlich ausdehnen können, da die Krone genötigt war, Besteuerungs- und Jurisdiktionsrechte an den Adel abzutreten oder zu verkaufen, in einem Prozeß der oft als Refeudalisierung charakterisiert worden ist (siehe unten, S. 250 f).

---

102 Thomas Winkelbauer, Krise der Aristokratie? Zum Strukturwandel des Adels in den böhmischen und niederösterreichischen Ländern im 16. und 17. Jahrhundert, in: Mitteilungen des Instituts für Österreichische Geschichtsforschung 100 (1992), S. 328–53, hier S. 344; ders., Fürst und Fürstendiener. S. 24–46; Václav Bůžek und Petr Mat'a, Wandlungen des Adels in Böhmen und Mähren im Zeitalter des „Absolutismus" (1620–1740), in: Asch, Adel, S. 287–322, hier S. 303–307.
103 Milan Myška, Der Adel der böhmischen Länder, seine wirtschaftliche Basis und Entwicklung, in: Armgard v. Reden-Dohna und Ralph Melville (Hg.), Der Adel an der Schwelle des Bürgerlichen Zeitalters, Stuttgart 1988, S. 168–91, hier S. 172.

Noch ausgeprägter war dieser Prozeß in Süditalien. Von rund 3.000 städtischen und ländlichen Gemeinden im Königreich Neapel befanden sich selbst Ende des 18. Jahrhunderts, als die Krone ihre Rechte unter der Herrschaft der Bourbonen bereits wieder erheblich ausgedehnt hatte, rund 2.300 in der Hand unterschiedlicher Feudalherren, also des Adels oder der Kirche. Nur etwa 1 Million der ca. 4,8 Millionen Einwohner des Königreiches waren unmittelbare Untertanen des Königs. Überdies war der feudale Besitz in der Hand vergleichsweise weniger Adliger konzentriert; von den ca. 1.500 neapolitanischen Adelsfamilien, die im späten 18. Jahrhundert einen Titel wie Graf, Markgraf, Herzog oder Fürst trugen, besaßen 15 Dynastien (also 1 %), 75 % allen Landes, das sich unter adeliger Hoheit befand.[104] Sehr viel anders lagen die Dingen auch in Kastilien nicht. Schon im Zuge der Reconquista hatten sich im Süden Kastiliens, also etwa in Neukastilien und Andalusien, riesige geschlossene Besitzkomplexe gebildet. Überdies zeichnete sich seit dem 17. Jahrhundert eine immer stärkere Konzentration des Besitzes von Latifundien in den Händen ganz weniger Familien ab, ein Prozeß der im 19. Jahrhundert vollendet werden sollte. Dies war allerdings auch dadurch bedingt, daß die etablierten Hochadelsfamilien, die schon vor 1600 den Titel eines Granden von Spanien besaßen, dahin tendierten, untereinander zu heiraten, mit den entsprechenden Konsequenzen für die Vererbung des Grundbesitzes. So entfielen auf den Herzog von Osuna, einen der reichsten Granden Spaniens, Mitte des 19. Jahrhunderts rund 22 % aller Einkünfte der Adligen in Spanien, die aus Landbesitz stammten.[105] Solche Vermögenskonzentrationen wurden erleichtert durch die Ein-

---

104 Christopher F. Black, Early Modern Italy. A Social History, London 2001, S. 50 f, 57. Zur Adelsherrschaft in Süditalien siehe auch Tommaso Astarita, The Continuity of Feudal Power. The Carriciolo of Brienza in Spanish Naples, Cambridge 1992.
105 I.A.A. Thompson, The Nobility in Spain, in: Scott, Nobilities, Bd. 1, S. 174–236, hier S. 195; vergl. Ignacio Atienza Hernández, Aristocracia, poder y riqueza en la España moderna. La Casa de Osuna, siglos XV–XIX, Madrid 1987.

richtung von Fideikommissen, die die Veräußerung einmal erworbenen Landes unmöglich machen sollten (siehe unten S. 75 f).

Die Herrschaftsstellung kleinerer Adliger mit geringerem Landbesitz ließ sich mit der spanischer Granden oder böhmischer Magnaten natürlich kaum vergleichen. Sie mochten in ein oder zwei Dörfern die niedrige Gerichtsbarkeit ausüben, auch Bannrechte aller Art besitzen, wie die Möglichkeit, Schanklizenzen zu vergeben, oder konnten die Bauern dazu zwingen, ihr Korn in der herrschaftlichen Mühle zu mahlen, konnten in Gebieten der Gutsherrschaft auch umfangreiche Frondienste einfordern, aber all diese Recht erstreckten sich oft nur über einige Dutzend Höfe. Solange der Staat nicht durch eigene Amtsträger wie Steuereinnehmer oder Militärbehörden auf dem flachen Land vertreten war, war ihre Position im Dorf allerdings dennoch stark.

Dies galt besonders in jenen Gebieten Ost- und Ostmitteleuropas, in denen sich eine regelrechte Gutsherrschaft ausgebildet hatte, wie z. B. in den ostelbischen Gebieten Deutschlands, in Böhmen und Mähren und in Polen, aber auch im Baltikum. Hier war die Abhängigkeit der Bauern von ihren adeligen Herren besonders groß. Sie waren zu hohen, theoretisch sogar oft unbegrenzten Frondiensten auf dem Gut des Herren verpflichtet und konnten als Leibeigene oder auf Grund der Erbuntertänigkeit ihren Hof nicht verlassen und auch nicht ohne Einwilligung heiraten. Ihre Kinder waren in der Jugend oft zum sogenannten Gesindezwangsdienst auf dem Hof des Herren verpflichtet. Dort, wo es im Dorf nur einen Gutsbesitzer gab, wie im Osten Deutschlands und in Böhmen oder Mähren üblich, der auch den Ortsgeistlichen faktisch ernannte und die niedere Gerichtsbarkeit ausübte, war die Abhängigkeit von diesem Herren besonders ausgeprägt.[106]

---

106 Zur Gutsherrschaft siehe William W. Hagen, Seventeenth-Century Crisis in Brandenburg. The Thirty Years' War, The Destabilization of Serfdom, and the Rise of Absolutism, in: American Historical Review 94 (1989), S. 302–35; Edgar Melton, Population Structure, the Market Economy and the Transformation of Gutsherrschaft in East Central

Die Grundlagen für die Gutsherrschaft, die auf einer umfassenden Eigenwirtschaft des Adels, der große Teile des Ackerlandes in eigener Regie bewirtschaftete, beruhte, waren schon im späten Mittelalter gelegt worden. Durch den Bevölkerungsrückgang des späteren 14. und 15. Jahrhunderts lag vieles Land brach. Dies wurde von den Grundherren, die in Mittel- und Ostdeutschland schon seit der deutschen Besiedlung des Landes, die hier oft zu einer Konzentration von Herrschaftsrechten in den Händen eines einzigen Herren in jedem Dorf geführt hatte, eingezogen und im 16. Jahrhundert, als die Agrarkonjunktur wieder anzog, wieder unter den Pflug genommen. Da die Stellung der Landesherren in Gebieten wie Brandenburg, Mecklenburg und Pommern in dieser Zeit eher schwach war, konnten die adligen Herrschaftsrechte ausgebaut und zum Teil auch Bauernland, das dann in den adligen Gutshof und seine Vorwerke integriert wurde, eingezogen werden; ein Vorgang den man als Bauernlegen bezeichnet. Als nach 1648 die Macht des Landesherren zumindest in Brandenburg-Preußen wieder erstarkte, wurde dem Bauernlegen allerdings schrittweise ein Ende gesetzt, denn der Kurfürst brauchte die Bauern als Soldaten und Steuerzahler.

In Mecklenburg und Schwedisch Pommern ging es jedoch weiter und in manchen Kreisen gab es im späten 18. Jahrhundert neben dem Gutsland nur noch den Besitz von Insten und Kätnern, also von Angehörigen der unterbäuerlichen Schicht, die nicht genug Land besa-

---

Europe, 1650–1800. The Cases of Brandenburg and Bohemia, in: German History 16 (1999), S. 297–327, und Hartmut Harnisch, Grundherrschaft oder Gutsherrschaft. Zu den wirtschaftlichen Grundlagen des niederen Adels in Norddeutschland zwischen spätmittelalterlicher Agrarkrise und Dreißigjährigem Krieg, in Rudolf Endres (Hg.), Adel in der Frühneuzeit. Ein regionaler Vergleich Köln 1991, S. 73–98, sowie Axel Lubinski und Jan Peters (Hg.), Gutsherrschaftsgesellschaften im europäischen Vergleich, Berlin 1997; Jan Peters (Hg.), Gutsherrschaft als soziales Modell. Vergleichende Betrachtungen zur Funktionsweise frühneuzeitlicher Agrargesellschaften, München 1995, und ders. (Hg.), Konflikt und Kontrolle in Gutsherrschaftsgesellschaften. Über Resistenz- und Herrschaftsverhalten in ländlichen Sozialgebilden der frühen Neuzeit, Göttingen 1995.

ßen und sich daher als Landarbeiter durchbringen mußten. Generell waren die Jahrzehnte nach 1648 allerdings überall noch einmal durch einen starken Ausbau adliger Rechte gekennzeichnet. Angesichts der Bevölkerungsverluste, die im Krieg eingetreten waren, konnte man sich Lohnarbeiter und Tagelöhner nicht leisten, denn die Reallöhne stiegen nach 1648 an, während die Getreidepreise stark sanken; daher wurden die Frondienste der Bauern erhöht; da diese erbuntertänig waren oder als erbuntertänig deklariert wurden, konnten sie ihre Höfe nicht verlassen, um sich solchen Auflagen zu entziehen.[107] Ob das System ökonomisch sehr effektiv war, ist eine andere Frage, denn erzwungene Arbeitsdienste wurden kaum mit großem Eifer geleistet, und eine versteckte oder offene Arbeitsverweigerung wurde von Bauern, die im Streit mit ihren Herren lagen, auch gerne als Waffe gegen den Gutsherrren eingesetzt.[108] Aber eine wirkliche Alternative bot sich erst in der zweiten Hälfte des 18. Jahrhunderts, als das demographische Wachstum es als lohnend erscheinen lassen konnte, stärker auf bezahlte Tagelöhner statt auf die Frondienste der Bauern zurückzugreifen.[109]

Allerdings, dies hat die jüngere Forschung hervorgehoben, leisteten die wohlhabenderen Bauern die Frondienste keineswegs unbe-

---

107 Siehe zu diesen Entwicklungen. William Hagen, Two Ages of Seigneurial Economy in Brandenburg-Prussia. Structural Innovation in the 16th Century, Productivity Gains in the Eighteenth Century, in: Bartolomé Yun Casalilla (Hg.), European Aristocracies and Colonial Elites. Patrimonial Management Strategies and Economic Development, 15th–18th Centuries, Aldershot 2005, S. 137–153.

108 Christopher Clark, Iron Kingdom. The Rise and Downfall of Prussia, 1600–1947, Cambridge, Mass. 2006, S. 164–167; zu ähnlichen Phänomenen in Polen siehe Jerzy Topolski, Economic Activity of the Polish Nobility and its Consequences. Manorial Systems in the Early Modern Period, in: Clara Eugenia Núñez (Hg.), Aristocracy, Patrimonial Management Strategies and Economic Development 1450–1800, Sevilla 1998, S. 133–141.

109 Melton, Population Structure (wie Anm. 106); vergl. William W. Hagen, Ordinary Prussians. Brandenburg Junkers and Villagers 1500–1800, Cambridge 2002, S. 524–592.

dingt selber. Sie verfügten etwa in Brandenburg oft über genügend Gesinde, das sie auf den Herrenhof zur Ableistung der Dienste schicken konnten. Zwischen den wohlhabenden Bauern und dem adligen Gutsherren gab es daher unter Umständen durchaus gemeinsame Interessen, die zum Teil auf Kosten der Kleinbauern und der unterbäuerlichen Schicht verfolgt wurden, wie dies im übrigen für Gebiete mit anderer Agrarverfassung auch galt, bis hin zu Süditalien, wo der adlige Herr gegen eine entsprechende Pauschalsumme seine Rechte durch die dörfliche oder kleinstädtische Gemeinde unter Führung der lokalen Honoratioren verwalten ließ.[110]

Noch größere Ausmaße als in Ostelbien besaß die Gutsherrschaft, wie bereits angedeutet, in Böhmen und Mähren sowie in Oberschlesien; obwohl natürlich die Masse des Adels hier keineswegs über die Einkünfte eines Fürsten Liechtenstein verfügten. Mochten die Liechtenstein allein für ihren Hofstaat über 100.000 Gulden ausgeben, mußte sich ein durchschnittliches Mitglied des böhmischen Herrenstandes um 1700 eher mit Einkünften von 10.000 Gulden begnügen, und herrschte auch nicht über Tausende von Untertanen, sondern allenfalls über einige hundert.[111] Auffällig war in Böhmen allerdings, daß Grundbesitzer, die vor 1620 noch zahlreiche Lohnarbeiter beschäftigt hatten, um mit ihrer Hilfe Fische zu züchten – große Fischteiche waren für Böhmen im 16. Jahrhundert typisch –, um Bier zu brauen oder um eigene Gewerbebetriebe zu unterhalten[112], nach 1648 ganz überwiegend auf eine mit Fronarbeit betriebene Landwirtschaft setzten. Die Gewerbebetriebe waren durch den Krieg zerstört worden,

---

110 Siehe Hagen, Crisis (wie Anm. 106) und Melton, Population Structure (wie Anm. 106). Zu Italien siehe Lukowski, Nobility, S. 147.
111 Winkelbauer, Fürst und Fürstendiener, S. 365–367. Eila Hassenpflug-Elzholz, Böhmen und die böhmischen Stände in der Zeit des beginnenden Zentralismus. Eine Strukturanalyse der böhmischen Adelsnation um die Mitte des 18. Jahrhunderts, München 1982, S. 335, 346, und Bůžek/Mat'a, Wandlungen (wie Anm. 102), S. 303–307.
112 Die Wallensteinsche Herrschaft Friedland zum Beispiel war bis zur Ermordung des Militärunternehmers 1634 ein Zentrum solcher Betriebe, die nach 1625 auch das Heer des Feldherrn versorgten.

und überdies fehlte das Angebot an billigen Arbeitskräften, das es vor 1620 gegeben hatte.[113] Allerdings blieben das Brauen von Bier und das Brennen von Schnaps in Ostmitteleuropa für den Adel dennoch eine wichtige Quelle von Einkünften, namentlich dort, wo die Bauern gezwungen waren, Korn, Wodka oder Bier vom Herren zu beziehen oder sie sogar genötigt waren, Mindestmengen abzunehmen, wie in manchen Regionen Polens. Dort brachte das Wodkamonopol unter Umständen mehr ein als der Verkauf von Getreide.[114]

In den westlichen Teilen Deutschlands und in Süddeutschland fehlte die Gutsherrschaft, auch wenn die bayerischen Hofmarken eine gewisse Ähnlichkeit mit den Gutsbezirken Ostdeutschlands aufwiesen. In dem im Westen vorherrschenden grundherrlichen System teilten sich oft mehrere Herren die Herrschaftsrechte in einem Dorf, die Dorfgemeinde hatte daher ein größeres Eigengewicht gegenüber den Herren. Auch in Frankreich waren in den meisten Provinzen die Rechte des *seigneur* sehr viel weniger stark ausgeprägt als in den Gebieten der Gutsherrschaft, allerdings mit starken regionalen Unterschieden, denn es gab durchaus Regionen, in denen die Bauern gegenüber ihren Herren zu Frondiensten (*corvées*) verpflichtet waren, wie etwa in der Bretagne oder in Burgund, wo es auch noch Leibeigene gab, die in den meisten anderen französischen Provinzen verschwunden waren.[115] Dies setzte allerdings voraus, daß die Herren über einen Eigenbetrieb von ausreichender Größe verfügten oder zumindest im Dorf ansässig waren, sonst wurden die Frondienste oft durch Geldabgaben ersetzt. Insgesamt waren die Belastungen, die

---

113 Jaroslav Čechura, Adelige Grundherrn als Unternehmer. Zur Struktur südböhmischer Dominien vor 1620, München 2000; vergl. auch Markus Cerman und Robert Luft (Hg.), Untertanen, Herrschaft und Staat in Böhmen und im „Alten Reich". Sozialgeschichtliche Studien zur Frühen Neuzeit, München 2005.
114 Robert S. Duplessis, Transitions to Capitalism in Early Modern Europe, Cambridge 1997, S. 151.
115 Pierre Goubert und Daniel Roche, Les Français et l'Ancien Régime, 2 Bde., Paris 1984, Bd. 1: La société et l'Etat, S. 70–77.

sich unmittelbar aus adligen Herrschaftsrechten ergaben, in West- und Mittelfrankreich (Bretagne, Anjou, Auvergne, auch Burgund) relativ hoch; im Norden und Nordosten überwog eher die Belastung durch Pachtzahlungen für das Land, die unter Umständen bei der Form der Halbpacht (hier stellte der Grundherr allerdings auch Saatgut und das Arbeitsgerät und war für die Instandhaltung des Hofes verantwortlich) bis zu 50 % des Ertrages gehen konnte. Allerdings besaß der Adel zusammen mit der Kirche in Frankreich um 1600 wohl nicht mehr als 30 bis 40 % allen Landes als Eigentum im engeren Sinne des Wortes (der Adelsanteil dürfte also bei 20 bis 25 % gelegen haben), und dieser Anteil schloß zum Teil Brachflächen ein. Der Rest, also doch ein Großteil der landwirtschaftlichen Nutzfläche, gehörte den Bauern oder städtischen Bürgern, obgleich sich die hoheitlichen Rechte der *seigneurie* natürlich auch auf dieses Land erstrecken konnten.[116]

Geringer waren die Belastungen durch Abgaben an den grundbesitzenden Adel in einigen Regionen Südfrankreichs, zumal hier, wie generell östlich der Linie Bordeaux-Sedan, der Grundsatz galt „nul seigneur sans titre" (kein Herr ohne nachweisbaren Besitzanspruch) und nicht „nulle terre sans seigneur" (kein Land ohne Herren), der den Adel begünstigte.[117] Als Bilanz bleibt freilich, daß die kleineren und mittleren Bauern den allergrößten Teil etwaiger Überschüsse an die Kirche, den Grundherren oder – in Form von Steuern – an den Staat abführen mußten. Namentlich die Steuern, die zwischen 1630 und 1714 und dann erneut im späten 18. Jahrhundert deutlich stiegen, stellten eine große Belastung dar und unterminierten letztlich auch die Legitimität adliger Herrschaft, da die *seigneurs* die Fähigkeit und am Ende vielleicht auch den Willen verloren, ihre Untertanen

---

116 Jean Gallet, Seigneurs et paysans en France, 1600–1793, Rennes 1999, S. 25, vergl. S. 56. Vgl. jetzt auch James Lowth Goldsmith, Lordship in France 1500–1789, New York 2005, S. 19–21.
117 Gallet, Seigneurs (wie Anm. 116), S. 102 f.

gegen solchen Belastungen zu schützen.[118] Von den Verschiebungen in der Verteilung des Landbesitzes profitierten in Frankreich insgesamt allerdings wohl weniger die Schwertadligen als die Angehörigen der städtischen Oberschicht, reiche Juristen und Kaufleute, während das bäuerliche Eigentum zurückging, obgleich Frankreich ein Land der Kleinbauern blieb.

Günstiger stellte sich die Lage für die ländliche Bevölkerung in England dar. Schon im 16. Jahrhundert gab es hier kaum noch unfreie Bauern; die mittelalterliche Leibeigenschaft war weitgehend verschwunden und überdies besaßen englische Grundbesitzer generell nur wenig politische Herrschaftsrechte, wie etwa die Hochgerichtsbarkeit, anders als etwa in Schottland. Als Inhaber des königlichen Amtes des Friedenrichters kontrollierten die Angehörigen der landbesitzenden Oberschicht in England das flache Land allerdings dennoch. Die relative Freiheit der englischen Bauern war überdies verbunden mit einer entsprechenden Schutzlosigkeit. Soweit sie ihr Land nicht zu Erbpacht oder in anderen Formen einer auf lange Zeiträume angelegten bäuerlichen Leihe bewirtschafteten – und diese Form der Pacht wurde im Laufe der frühen Neuzeit deutlich seltener –, konnte es ihnen leicht entzogen und dann an einen zahlungskräftigeren Pächter vergeben werden. Auf diese Weise, aber auch durch die allmähliche Einschränkung gemeinsamer Nutzungsrechte der Dorfgemeinde, etwa durch die Einhegung der Felder und die Aufteilung de Allmende (beides wird als *enclosure* bezeichnet), die die ältere Forschung in ihren Konsequenzen zumindest für die Zeit vor 1700 allerdings wohl überschätzt hat, verschlechterte sich die Lage der Kleinbauern immer mehr und viele sanken mit der Zeit in die Schicht der weitgehend landlosen Tagelöhner ab, die allenfalls eine kleine Kate mit einem Garten und – im 18. Jahrhundert – einem Kartoffelfeld besaßen. Die Lage dieser Landarbeiter war Ende des 18. Jahrhunderts nicht be-

---

118 Dazu Wolfgang Mager, Frankreich vom Ancien Régime zur Moderne, 1630–1830, Stuttgart 1980, S. 64–69; vergl. auch Pierre Goubert, The French Peasantry in the Seventeenth Century, Cambridge 1986.

neidenswert, sie stellten letztlich auch das Reservoir für das wachsende Industrieproletariat dar.[119] Es gab in England eine eindeutige Tendenz zur Konzentration des Landbesitzes in den Händen einer relativ kleinen Oberschicht. 1870 besaßen die Mitglieder der *peerage* – insgesamt damals ca. 400 Personen – rund 17 % allen kultivierten Landes in England und Wales. Nicht hochadlige Großgrundbesitzer (mit mehr als 3000 *acres* an Boden), die selbst nicht der *peerage* angehörten, auch wenn es oft etablierte *gentry*-Familien waren, besaßen weitere rund 26 %; es handelte sich um rund 1300 Personen. Somit besaßen lediglich 1.700 Landeigentümer 43 % alles kultivierbaren Landes, ein enorm hoher Anteil, und in der Tat war das 19. Jahrhundert vor der Agrarkrise der 1870er Jahre die Zeit, in der die dominierende Stellung der reichen adligen Magnaten ihren absoluten Höherpunkt erreichte.[120] Im späten 18. Jahrhundert dürfte die Dominanz der Großgrundbesitzer, zu denen die meisten *peers* gehörten, noch geringer gewesen sein. Besitzer mit mehr als 3.000 *acres* kultivierbaren Landes kamen auf etwa 20 bis 25 % der gesamten Nutzungsfläche. Der Niedergang der kleineren bäuerlichen Landbesitzer, der sich schon vorher abgezeichnet hatte, beschleunigte sich dennoch im 18. Jahrhundert und kam vor allem den reichsten Eigentümern zu Gute.[121]

Umgekehrt standen den großen Grundbesitzern, also der Elite der *gentry* und *peerage* allerdings wohlhabende Großpächter, *yeomen farmers*, gegenüber, die, wie die neuere Forschung betont hat, auch ganz wesentliche Träger des agrartechnischen Fortschritts in der Landwirt-

---

119 Christopher Clay, Economic Expansion and Social Change, England 1500–1700, Bd. 1: People, Land and Towns, Cambridge 1984, S. 87–101; Duplessis, Transitions (wie Anm. 114), S. 176–184. Siehe auch vergl. Robert Allen, Enclosure and the Yeoman, Oxford 1992.
120 John V. Beckett, The Aristocracy in England, 1660–1914, Oxford 1986, S. 50; vergl. David Cannadine, Aspects of Aristocracy. Grandeur and Decline in Modern Britain, New Haven, Conn. 1994.
121 John Rule, The Vital Century. England's Developing Economy, 1714–1815, Harlow 1992, S. 41; Robert Allen, Agriculture during the Industrial Revolution, in: Roderick Floud und Deirdre N. McCloskey (Hg.), The Economic History of Britain since 1700, Bd.1: 1700–1860, Cambridge, 2. Aufl. 1994, S. 96–122, hier S. 97–100.

schaft waren, ähnlich wie die dort allerdings selteneren wohlhabenden *fermiers* (Großpächter) in Frankreich. Auch die adligen Großgrundbesitzer selber führten durchaus gelegentlich Meliorationen durch oder sorgten dafür, daß die Anbaumethoden verbessert wurden, wenn auch wohl nicht in dem Umfang, wie die ältere Forschung dies angenommen hatte, zumal sie kaum Eigenwirtschaft betrieben, die über einen Musterhof begrenzten Umfangs, eine *home farm*, hinausging. Die Tatsache, daß die Beziehungen zwischen den großen Grundbesitzern und ihren wohlhabenden Pächtern im 18. Jahrhunderts stärker als in anderen Gebieten Europas, wenn auch keineswegs ohne Einschränkungen, den Gesetzen des Marktes folgten – die Pachtbedingungen also nach wirtschaftlichen Gesichtspunkten ausgehandelt wurden, mochte es auch für loyale alteingesessene Pächter einen gewissen Preisnachlaß geben – und sich in England auf diese Weise eine neue Form des Agrarkapitalismus entwickelte, stellte insgesamt im frühneuzeitlichen Europa eher eine Ausnahme dar und dürfte die hohe Leistungskraft der englischen Landwirtschaft in dieser Epoche mit erklären.[122]

## Die Beziehungen zur bäuerlichen Bevölkerung: paternalistischer Schutz oder struktureller Konflikt?

Der Normalfall war das im frühneuzeitlichen Europa nicht. Ein Pächter oder Bauer, der das Land eines Herren bewirtschaftete, war diesem weit über das Wirtschaftliche hinaus zur Loyalität verpflichtet; er war sein Untertan im vollen Sinne des Wortes, namentlich in Gebieten der Gutsherrschaft, und besaß oft nicht genug persönliche Rechte, um die Bedingungen der Pacht oder der bäuerlichen Leihe frei mit dem Grundherren auszuhandeln. Umgekehrt wurde auch vom Herren erwartet, daß er sich an bestimmte Einschränkungen seines Eigentumsrechtes – der landesherrliche Bauernschutz wäre ein Bei-

---

122 Duplessis, Transitions (wie Anm. 114), S. 177–184; vergl. dazu Gordon E. Mingay, Land and Society in England 1750–1980, Harlow 1994, S. 126 f, mit dem Hinweis auf politisch determinierte Pachtzinsen auch in England.

spiel dafür – hielt und überdies bestimmte moralische Verpflichtungen gegenüber seinen Bauern beachtete, sich also nicht nur von Profitstreben leiten ließ. Man erwartete, daß er seinen Untertanen in der Not half, oder sie gegen Gefahren so gut es ging schützte, mochten sie nun von den Steuereintreibern des Staates oder von umherziehenden Banditen ausgehen – der Unterschied zwischen diesen beiden Personengruppen war aus der Sicht der Bauern nicht sehr ausgeprägt – oder eher militärischer Natur sein. Diesen Schutz zu gewährleisten, war für den Herren letztlich eine Frage der Ehre, mochte es auch sonst Spannungen zwischen ihm und den Bauern geben. Zumindest galt dies für das 16. und frühe 17. Jahrhundert. Später, besonders im 18. Jahrhundert ließen solche Bindungen im Zuge der Intensivierung staatlicher Herrschaft zumindest in Westeuropa deutlich nach.[123]

Durch eine paternalistische Fürsorge für die Bauern des Dorfes, zu der auch die medizinische Hilfe in Notfällen – ein Hausarzneibuch fehlte in kaum einer Schloßbibliothek –, die großzügige Bewirtung an hohen Feiertagen oder sogar die Beteiligung an den Kosten der Aussteuer oder Mitgift für die Töchter der Bauern bei ihrer Heirat gehören konnte (wie zum Beispiel beim neapolitanischen Adel),[124] konnte man die Loyalität der eigenen Untertanen gewinnen oder bewahren. Allerdings waren Konflikte zwischen adligen Herren und bäuerlichen Untertanen dennoch keineswegs selten. Zum Teil bildete die Möglichkeit, Konflikte in geregelter Form auszutragen, freilich auch ein herrschaftsstabilisierendes Element, da man sich unter An-

---

123 Heal/Holmes, Gentry, S. 102–104; Jean-Marie Constant, La vie quotidienne de la noblesse française aux XVIe et XVIIe siècles, Paris 1985, S. 250; Zur Entwicklung in Frankreich nach 1750 siehe Hilton L. Root, Peasants and King in Burgundy. Agrarian Foundations of French Absolutism, Berkeley 1987, S. 155–198. Vergl. Auch Lutz Raphael, Staat im Dorf. Transformation lokaler Herrschaft zwischen 1750 und 1850. Französische und westdeutsche Erfahrungen in vergleichender Perspektive, in: Zeitschrift für Agrargeschichte und Agrarsoziologie 51 (2003), S. 43–61.
124 Astarita, Feudal Power (wie Anm. 104), S. 127–131.

erkennung der herrschaftlichen Strukturen eher um einzelne Belastungen stritt.[125]

Konfliktträchtig waren besonders wirtschaftliche Umbruchszeiten, wenn etwa die Preise für Getreide und andere Agrarprodukte stark fielen oder stiegen. Wer hier sein Einkommen nicht den neuen wirtschaftlichen Bedingungen anpassen konnte, der sah sich bald genug vom Ruin bedroht, das galt für adlige Grundherren und für Bauern gleichermaßen. Auch Versuche, den Ertrag des Landes durch neue landwirtschaftliche Methoden zu steigern, von der Aufhebung gemeinsamer Nutzungsrechte bis hin zu neuen Fruchtfolgen, waren konfliktträchtig, da es fast immer auch Verlierer solcher Veränderungen gab. Selbst das Bemühen eines Landbesitzers, seine Bauern zur Vorsorge für schlechte Zeiten – etwa durch die Anlage von Getreidevorräten – anzuhalten, konnte unter Protest abgelehnt werden, da dies als Versuch gedeutet wurde, sich seiner eigenen Fürsorgepflicht zu entziehen.[126]

Der Paternalismus dürfte dort am ehesten eine Realität gewesen sein, wo die Herren tatsächlich ein starkes Interesse daran hatten, sich die Loyalität ihrer bäuerlichen Untertanen zu erhalten, weil sie ihre Hilfe z. B. in Auseinandersetzungen mit ihren Nachbarn, in lokalen Wahlen (wie in England) oder in politischen und vielleicht sogar, wie im 16. Jahrhundert noch weithin üblich, in militärischen Konflikten brauchten. Wer als Adliger selber im Dorf lebte, der war im übrigen ohnehin gut beraten, zumindest einer Strategie der „Provokationsvermeidung" (Brage bei der Wieden) zu folgen, sich also leidlich leutselig und nicht etwa arrogant zu verhalten. Sonst konnte es ihm ergehen wie jenem Christian von Münchhausen, einem niedersächsischen Edelmann, der 1643 bei dem Versuch, eigenhändig die Kuh eines seiner Bauern, der seine Abgaben nicht gezahlt hatte, zu pfänden, von des-

---

125 Heinrich Kaak, Vermittelte, selbsttätige und maternale Herrschaft. Formen gutsherrlicher Durchsetzung, Behauptung und Gestaltung in Quilitz-Friedland (Lebus/Oberbarnim) im 18. Jahrhundert, in: Jan Peters, Konflikt und Kontrolle (wie Anm. 106), S. 54–117, hier S. 59.
126 Lukowski, Nobility, S. 153

sen Söhnen niedergestreckt wurde und mit einer Mistforke im Hinterkopf tot auf dem Acker liegen blieb. Dies geschah zugegebenermaßen in einer Kriegszeit, als die Gewaltbereitschaft auf allen Seiten stieg und die Not allenthalben groß war.[127] Ähnliche Auseinandersetzungen hatte es auch schon in Frankreich während der Religionskriege, die generell die sozialen Spannungen stark steigerten, gegeben.[128] Im 18. Jahrhundert war es meist weniger gewaltsamer Widerstand, der zu befürchten war, als ein kostspieliger Prozeß der Dorfgemeinschaft gegen ihren Herren vor einem fürstlichen oder königlichen Gericht, doch auch dies stellte eine reale Gefahr für die Autorität des Adels dar.[129]

Generell war die bäuerliche Bevölkerung dort am ehesten dazu in der Lage, ihre Position zu verteidigen, wo es starke kommunale Strukturen gab, die Dorfgemeinschaft also fähig war, gemeinsam zu handeln. So besaßen die spanischen Kleinstädte und Dörfer eine starke Tradition der Selbstverwaltung. Zum Teil verhandelten die Bauern sogar über die Köpfe ihrer Herren hinweg mit der Krone, wenn es um Steuern oder auch um die Stellung von Rekruten ging, zumal sich viele Magnaten trotz ihres nominell immensen Vermögens im späteren 17. Jahrhundert nicht selten am Rande des Bankrotts befanden. Ein Gegengewicht zur Macht des Adels stellten dabei vor allem die wohlhabenderen Bauern dar; eine kleine Minderheit, aus der sich aber im späteren 18. Jahrhundert eine Schicht ländlicher Notabeln rekrutierte.[130]

---

127 Brage bei der Wieden, Außenwelt und Anschauungen Ludolf von Münchhausens, Hannover 1993, S. 200-202.
128 Arlette Jouanna, La France du XVIe siècle, 1483-1598, Paris 1996, S. 627-630.
129 Siehe dazu mit Bezug auf Brandenburg: Hagen, Ordinary Prussians (wie Anm. 109), S. 471.
130 James Casey, Early Modern Spain. A Social History, London 1999, S. 87-110. Zu Frankreich vergleiche Root, Peasants, (wie Anm. 123), S. 66 ff. Zu Deutschland Werner Trossbach, Bauern 1648-1806, München 1993, S. 20-23 und S. 78-87, sowie Peter Blickle, Unruhen in der ständischen Gesellschaft 1300-1800, München 1988, S. 78-107 und André Holenstein,

Ein Grundherr, der nicht selber im Dorf lebte, war natürlich nicht in gleichem Maße zur „Provokationsvermeidung" genötigt. Das galt etwa für große Magnaten, die weit entfernte Besitzungen von ihren Stadtpalais aus durch kühl rechnende Verwalter bewirtschaften ließen oder für Adlige, die Güter als reines Spekulationsobjekt kauften, um sie nach 10 oder 15 Jahren an den Meistbietenden weiterzuverkaufen, wie dies in Zeiten steigender Bodenpreise wie im späten 18. Jahrhundert durchaus vorkommen konnte. Generell, so hat eine jüngere englische Studie festgestellt, scheinen auch soziale Aufsteiger härtere Methoden als Grundherren angewandt zu haben als etablierte Familien; obwohl man hier sicherlich vorsichtig sein muß, sich nicht von den in der frühen Neuzeit weit verbreiteten Vorurteilen gegen die „homines novi" und Aufsteiger jeder Art allzu sehr beeinflussen zu lassen. Habgier war kein Privileg von Aufsteigern, obwohl etablierte wohlhabende Familien in England wie es scheint noch im 18. Jahrhundert dazu tendierten, für ihr Land weniger Pacht zu verlangen als den Marktbedingungen entsprach, um ihr Ansehen nicht zu gefährden und um die Ehrerbietung ihrer Pächter zu gewinnen, ein Umstand, den Agrarreformer, die eine kapitalistische Form der Landwirtschaft verfochten, durchaus kritisch sahen.[131]

Immerhin scheinen in England die Spannungen zwischen *gentry* und bäuerlicher Bevölkerung, die man vor 1650 oft mit Händen greifen konnte, in der zweiten Hälfte des 17. Jahrhunderts nachgelassen zu haben. Die Zahl sozialer Aufsteiger, die Land erwarben, ging in dieser Zeit zurück und die nachlassende Inflation bei stagnierenden Getreidepreisen machte die wirtschaftliche Entwicklung berechenbarer. Zusammen mit der ebenfalls stagnierenden Bevölkerungsentwicklung zwangen diese Faktoren in einem Land, in dem die mittelalterliche Leibeigenschaft längst der Vergangenheit angehörte, die Grundeigen-

---

Bauern zwischen Bauernkrieg und Dreißigjährigem Krieg, München 1996, S. 41–44.
131 Heal/Holmes, Gentry, S. 112–116; Mingay, Land and Society (wie Anm. 122), S. 28–30.

tümer auch oft, ihren Pächtern leidlich günstige Konditionen zu gewähren, um sie nicht zu verlieren. Dies waren ideale Bedingungen für harmonische Beziehungen zwischen Grundherren und bäuerlichen Landwirten, die sonst in dieser Epoche in Europa keineswegs die Norm darstellten.[132] In Böhmen etwa kam es 1680 zu einem großen Bauernaufstand, der nicht der letzte seiner Art sein sollte: die bäuerlichen Unruhen setzten sich im 18. Jahrhundert fort und kulminierten in den 1770er Jahren in einem weiteren großen Aufstand im Nordosten Böhmens, der die Agrarreformen der letzten Jahre Maria Theresias und der Regierungszeit Josephs II. wesentlich vorantreiben sollte. Der kaiserliche Hofkammersekretär Schierl von Schierendorf kam schon 1713 zu dem Schluß, der grundbesitzende Adel Böhmens behandele seine Bauern „despotice, ja gar barbarisch" und es sei verständlich, daß die Bauern lieber sterben wollten als ihr ganzes Leben lang, „gleichsamb unter der Folter zu stehen".[133]

Dieses Urteil mag allzu pauschal gewesen sein, denn auch in Böhmen und Mähren gab es Gebiete mit eher geringen Frondiensten, aber es zeigt, daß die Interessengegensätze zwischen Adel und bäuerlicher Bevölkerung sich sehr stark zuspitzen konnten. Respekt und Ehrerbietung für den Herren mochten eine Haltung sein, die man aus Klugheit einnahm, der inneren Überzeugung der bäuerlichen Bevölkerung entsprach diese Haltung namentlich in den gutsherrschaftlichen Gebieten keineswegs durchgehend.[134] Spannungen spitzten sich überdies vor allem in Ländern und Regionen leicht zu, in denen die sozialen Gegensätze sich mit potentiellen ethnischen

---

132 Heal/Holms, Gentry, S. 117 f.
133 Thomas Winkelbauer, Ständefreiheit und Fürstenmacht. Länder und Untertanen des Hauses Habsburg im konfessionellen Zeitalter, 2 Bde., Wien 2003, Bd. 1, S. 120, nach Alfred Fischel, Christian Julius Schierl von Schierendorff. Ein Vorläufer des liberalen Zentralismus im Zeitalter Josefs I. und Karls VI., in: ders., Studien zur österreichischen Reichsgeschichte, Wien 1906, S. 137–305.
134 Dazu auch Hagen, Ordinary Prussians (wie Anm. 109), S. 591: „Nothing this study has revealed of the landlord-village relationship suggests that the Kleists' subjects viewed manorial authority with any reverence or deference independent of motives of self-preservation and self-interest".

und konfessionellen Konflikten verbanden, wie im Osten der polnischen Adelsrepublik, wo ein katholischer und polnischer oder zumindest an der polnischen Kultur orientierter Adel einer ukrainischen oder weißrussischen Bauernschaft orthodoxen Glaubens gegenüberstand. Ähnliches galt aber auch für Irland im 18. Jahrhundert mit seiner protestantischen englischstämmigen Grundbesitzerschicht oder für weite Gebiete der Habsburgermonarchie. Einige der schlimmsten Bauernrevolten brachen im 18. Jahrhundert in diesen Gebieten aus. In der polnischen Ukraine wurden 1768 bei einem Aufstand, an dem sich auch Kosaken beteiligten, mindestens 2.000 Adlige und Juden (diese arbeiteten zum Teil als Verwalter für den Adel) umgebracht. Auch der Horia-Bauernaufstand (so benannt nach dem Führer der Bewegung, der allerdings in Wirklichkeit Nicola Ursu hieß) in Siebenbürgen im Jahre 1784 erreichte ein ähnlich hohes Maß an gewaltsamen Ausschreitungen gegen den magyarischen Adel. Ausgelöst wurde er ganz wesentlich durch die Hoffnung der rumänischen Bauern, der adelsfeindliche Kaiser werde alle feudalen Belastungen abschaffen; ihn gelte es nun mit Gewalt zu unterstützen. Irland blieb im Vergleich dazu bis 1798, als Tausende bei einem Aufstand, der sich gegen die englische Herrschaft richtete, umkamen, ruhig, doch auch hier mußten protestantische Grundbesitzer damit rechnen, daß Banden katholischer Bauern nachts ihre Rinder töteten oder verstümmelten (eine Praxis, die als *cattle maiming* bekannt war), um die *landlords* oder ihre sogenannten *middlemen*, die Zwischenpächter, einzuschüchtern.[135]

Konflikte zwischen Bauern und Adligen wurden freilich, wie schon betont, nicht überall mit Gewalt ausgetragen, auch wenn es etwa in Spanien oder Süditalien vorkam, daß bäuerliche Gemeinden

---

135 Lukowski, Nobility, S. 153–157; Karl Vocelka, Glanz und Untergang der höfischen Welt. Repräsentation, Reform und Reaktion im Habsburgischen Vielvölkerstaat, Wien 2001, S. 90. Zur Irland siehe James S. Donnelly, The Rightboy Movement, in: Studia Hibernica 17–18 (1977–78), S. 120–202, und ders., Irish Agrarian Rebellion. The Whiteboys of 1769–76, in: Royal Irish Academy, Proceedings LXXXXIII, Sect. C, No. 8 (1983), S. 293–331.

ebenso wie ihre Herren Banditen anwarben, um ihre Interessen zu vertreten.[136] Im späten 17. und im 18. Jahrhundert, wenn nicht schon früher, wurden solche Konflikte in Mitteleuropa, aber auch in Frankreich oder in Spanien jedoch vielfach vor Gericht gebracht, in Deutschland unter Umständen auch vor die Reichsgerichte. In frühneuzeitlichen Rechtsstreitigkeiten mußte man zwar auf Endurteile oft lange, manchmal mehrere Generationen lang warten, aber die bloße Drohung mit gerichtlichen Verfügungen konnte den Prozeßgegner doch zum Kompromiß nötigen, oder zumindest dazu, sich auf Verhandlungen und damit auch auf jene Rechtssprache einzulassen, die vor Gericht allein Gehör fand. Der Herrschaft des Rechts mußte sich auch der Adel unterordnen. Zwar gab es viele Wege, Prozesse zu beeinflussen, von der Einschüchterung von Richtern über Patronagebeziehungen bis hin zu offener Bestechung, aber grundsätzlich mußte man sich nun doch mit einem Ordnungssystem arrangieren, das eine gewisse Eigengesetzlichkeit besaß.[137]

## Wirtschaftliche Ressourcen und ökonomische Krisen

Landbesitz war für den Adel als Grundlage seiner Macht wichtig, aber wurde er auch rational und mit dem Ziel einer möglichst großen Steigerung der Erträge bewirtschaftet? Es ist immer wieder behauptet worden, daß der Adel sich mit einem rationalen Wirtschaftshandeln schwer tat. Verschwendung und Verschuldung, so scheint es, waren

---

136 Casey, Early Modern Spain (wie Anm. 130), S. 107; Astarita, Feudal Power (wie Anm. 104), S. 148, zu Banditen, die im Dienste des Herren standen.
137 Die Bedeutsamkeit dieses Wandels betont für Kastilien Bartolomé Yun Casalilla, Sobre la transicion al capitalismo en Castilla, Economia y sociedad en Tierra de Campos, 1500–1830, Salamanca 1987, S. 230–235; vergl. zu Preußen, Hagen, Ordinary Prussians (wie Anm. 109), S. 592. Siehe demnächst auch die Freiburger Habilitationsschrift von Christian Wieland über Adel und Gerichtsbarkeit in Bayern vor 1618. Zu England Steve Hindle, The State and Social Change in Early Modern England, c. 1550–1650, Basingstoke 2000.

Probleme, die auch und gerade die wohlhabendsten Adelsdynastien immer wieder heimsuchten, die damit zumindest zeitweilig in eine starke Abhängigkeit nicht nur von städtischen respektive bürgerlichen Gläubigern gerieten, sondern auch von den Fürsten und Monarchen, die ihnen durch Schutz vor ihren Gläubigern finanziellen Rückhalt boten.[138] Sucht man Beispiele für adlige Verschwendung, so sind sie jedenfalls im Falle des Hochadels in keiner Epoche schwer zu finden. Vielleicht stellt das ausgehende Ancien Régime namentlich in Frankreich in dieser Hinsicht einen absoluten Höhepunkt dar. Es war nicht ungewöhnlich, daß hohe Adlige an einem Abend ein ganzes Vermögen, unter Umständen mehrere Hunderttausend *livres* im Spiel verloren oder daß ein Höfling für seine Mätresse jährlich 60.000 oder 80.000 *livres* ausgab, noch mehr als für die Bewirtung seiner Gäste während eines Jahres, die ebenfalls mehrere 10.000 *livres* kosten mochte.[139] In der Provinz sahen die Dinge freilich anders aus. Hier lebte der Adel oft bescheidener. Für ein großes Fest mochte man ein- oder zweimal im Jahr große Summen ausgeben, ansonsten galt Sparsamkeit nicht nur bei der bürgerlichen Oberschicht, sondern zumindest bei jenen Adligen, die dem Hof und der Stadt eher fern blieben, durchaus als Tugend.[140]

Die Verhaltensnormen des Hochadels waren in dieser Hinsicht sicherlich anders. Allerdings boten sich hier auch andere Karrierechancen, die wiederum mit hohen Einkünften verbunden waren. Wer bei Hof reüssieren wollte, der mußte sich einen Namen durch demonstrative Verschwendung machen, das galt nicht nur für den französischen Hof des 17. und 18. Jahrhunderts, sondern auch für den

---

138 Siehe dazu Bartolomé Yun Casalilla, From Political and Social Management to Economic Management? Castilian Aristocracy and Economic Development, 1450–1800, in: Núñez, Aristocracy (wie Anm. 108), S. 55–68.
139 Julian Swann, The French Nobility, 1715–1789, in: Scott, Nobilites, Bd. 1, S. 142–173, hier S. 159.
140 Robert Forster, The Nobility of Toulouse in the Eighteenth Century. A Social and Economic Study, Baltimore 1960, S. 175–177; Lukowski, Nobility, S. 113, Chaussinand-Nogaret, Noblesse, S. 77 f, und 86–89.

spanischen Hof und andere Zentren monarchischer Macht. Zu sparen wäre hier kontraproduktiv gewesen und so finden wir denn bei spanischen Magnaten des 17. Jahrhunderts ein ganz ähnliches Verhalten wie beim Hofadel des französischen Ancien Régime.[141] Wer erfolgreich war, konnte allerdings auch damit rechnen, wirtschaftlich auf seine Kosten zu kommen. Im 18. Jahrhundert bezogen in Frankreich viele Höflinge und Inhaber anderer hoher Ämter Pensionen und offizielle Einkünfte, die deutlich die Grenze von 100.000 *livres* pro Jahr überstiegen; wem es gelang, mehrere Ämter zu kumulieren, und dies war nicht selten, konnte auf diese Weise enorme Summen aus den Kassen des Königs in seine eigene umbuchen. Einkünfte aus Landbesitz nahmen bei solchen Adligen oft eine sekundäre Position ein, zumal manche auch noch als Besitzer gut verzinster königlicher Schuldverschreibungen oder sogar als Unternehmer, etwa im Bereich der Metallverarbeitung und in ähnlichen Bereichen ihr Einkommen aufbessern konnten.[142] Das galt nicht nur für das Frankreich des 18. Jahrhunderts. Der spanische Conde de Benavente bezog 1566 74 % seines Einkommens aus seinen Anteil an den königlichen Steuern und Zöllen, die er verwaltete, 26 % stammten aus seinem Landbesitz.[143] Dies war sicherlich ein Extremfall, der aber für das spanische Weltreich, dessen Vizekönige in Übersee halbe Kontinente verwalteten, doch nicht ganz untypisch war.

Das Wirtschaftsverhalten des Hochadels hatte seine eigene Logik. Gerade die Neigung von frühneuzeitlichen Herrschern, einflußreiche Adlige in der Form der – manchmal versteckten – Beteiligung an Steuer- und Zollpachten oder durch direkte Abtretung von Anteilen an staatlichen Steuern oder doch zumindest durch große Pensionen an den staatlichen Einkünften partizipieren zu lassen, schuf ganz

---

141 Thompson, Nobility (wie Anm. 105), S. 210–215; Robert Forster, The House of Saulx-Tavannes, Versailles and Burgundy, Baltimore 1971, S. 110–127.
142 Chaussinand-Nogaret, Noblesse, S. 78 f; insbesondere galt die Beteiligung an Großschmieden und Hammerwerke, auch am Bergbau durchaus als standesgemäß.
143 Duplessis, Transitions (wie Anm. 114), S. 53.

neue Interessenkonstellationen. Fast ebenso wichtig war aber zumindest seit der Mitte des 16. Jahrhunderts die Möglichkeit, Rechtsansprüche auf dem Prozeßwege durchzusetzen. Der Aufstieg der de Montmorency in Frankeich, eines alten Geschlechtes der *noblesse d'épée*, das seit 1551 zu den *ducs et pairs* gehörte, ist dafür bezeichnend. Der Connetable Anne de Montmorency besaß beim Tode seines Vaters Anfang der 1520er Jahre nur ein Einkommen aus Landbesitz von ca. 11.000 *livres*. Als er 1564 starb, verfügte er über Gesamteinkünfte von an die 180.000 *livres*, von denen wohl zwischen 125.000 und 150.000 aus Landbesitz kamen. Eine Reihe von erfolgreich durchgefochtenen Erbschaftsstreitigkeiten und anderen Prozessen war dafür ganz wesentlich verantwortlich, und solche Prozesse gewann man selten ohne die Gunst des Königs. Es war bezeichnend, daß Montmorency damit zum reichsten Adligen Frankreichs aufgestiegen war, mit der einzigen Ausnahme des Kardinals von Lothringen, der über ein Einkommen von 300.000 *livres* verfügte, das allerdings zum größten Teil aus seinen zahllosen kirchlichen Pfründen stammte. Im übrigen gehörte der Kardinal der Nebenlinie (Guise) eines reichsfürstlichen Geschlechtes an und besaß daher einen anderen Ausgangspunkt als Montmorency.[144]

Für große Adlige war die Durchsetzung von lokalen Besitz- und Herrschaftsansprüchen ebenso wie von wirtschaftlichen Interessen, die sich eben oft mit dem Streben nach einträglichen Ämtern oder Privilegien verbanden, immer auch eine politische Frage. Daher konnten hohe Investitionen in Konsum und Repräsentation oder in Wohltaten unterschiedlichster Art für ein Heer von Klienten, aber auch hohe und höchste Ausgaben im Dienste des Fürsten durchaus sinnvoll sein, denn letztlich hingen auch die bei Eigentumsstreitigkeiten so wichtigen Prozeßchancen vor Gericht sehr stark davon ab, ob es gelang, den Herrscher auf die eigene Seite zu bringen, oder zumindest die Richter mit den Mitteln der Patronagepolitik, wenn nicht gar durch

---

144 David Potter, A History of France 1460–1560. The Emergence of a Nation State, Basingstoke 1995, S. 181.

Geldgeschenke oder andere materielle Vorteile, günstig zu stimmen. Für einen Adligen war letztlich sein politischer Kredit wichtiger als sein finanzieller, oder besser, dort wo er ausreichend politischen Kredit genoß, fand er auch einen Geldgeber, der ihm monetären Kredit gewährte.[145] Schließlich trat ein weiterer Umstand hinzu; die Art und Weise, wie mächtige Adlige ihr Eigentum verwalteten, diente vor allem dem Ziel, das Prestige ihrer Familie zu mehren, und die unvermeidlichen Spannungen innerhalb der Familie, die durch die erbrechtliche Privilegierung des ältesten Sohnes noch gesteigert wurden, abzumildern, auch wenn dies hohe finanzielle Ausgaben zur Folge hatte.[146]

Diese Eigenlogik adliger Verschuldung wird besonders deutlich in Spanien unter der Herrschaft der Habsburger. Die großen adligen Vermögen waren hier zunehmend fideikommissarisch gegen Veräußerung und Zersplitterung geschützt, eine Einrichtung, die man in Spanien *mayorazgo* nannte. Mit Genehmigung des Königs konnten allerdings auch auf fideikommissarisch gebundene Landgüter Hypotheken aufgenommen werden. Dies hatte sogar den Vorteil, daß der Gläubiger seine Forderungen in solchen Fällen nur schwer vollstrecken konnte, es sei denn der König entzog dem verschuldeten Adligen seinen Schutz. Faktisch machten viele spanische Hochadlige im späten 16. und im 17. Jahrhundert Schulden für den König. Sie finanzierten militärische Einheiten oder übernahmen andere Staatsausgaben. Hier spielte auch eine Rolle, daß sie unter bestimmten Umständen immer noch leichter Kredit erhielten als der bankrotte Monarch selber, denn trotz des *mayorazgo* waren sie leichter pfändbar als die Krone. Daß auf diese Weise eine enorme Verschuldung entstand, verwundert nicht; aber politisch konnte das wirtschaftlich scheinbar widersinnige Kalkül aufgehen, wenn der König, wie es oft geschah, seine hochadligen Gläubiger durch Standeserhöhungen, durch die Abtretung von Herrschaftsrechten und durch die Übertragung hoher

---

145 Dies betont Jonathan Dewald, The Ruling Class in the Market Place. Nobles and Money in Early Modern France, in: Thomas Haskell u. a. (Hg.), The Culture of the Market. Historical Essays, Cambridge 1994, S. 43–65.
146 Yun Casalilla, Management (wie Anm. 138), S. 56.

Ämter entlohnte.[147] Freilich waren Ausgaben im Dienste der Krone oder dem Monarchen gewährte Kredite nicht der einzige Grund für die zum Teil enorm hohe Verschuldung spanischer Aristokraten im 17. Jahrhundert. Weitere Faktoren traten hinzu, insbesondere die Tendenz, den Töchtern immer größere Mitgiften bei der Eheschließung zu gewähren. Auf diese Weise hoffte man wichtige Allianzen mit anderen Familien zu schließen, die dann in der Zukunft durch Erbschaften natürlich auch wiederum wirtschaftlichen Gewinn bringen konnten. Gelang es dann überdies, die eigenen Söhne ähnlich vorteilhaft zu verheiraten – so daß hier entsprechende Mitgiften eingingen –, dann ging die Rechnung auf und die wirtschaftliche Position der Familie war gefestigt; das Haus der Osuna, das schon erwähnt wurde, wäre das beste Beispiel dafür.[148] Aber wenn die Rechnung nicht aufging, weil etwa bestimmte Ehen kinderlos blieben, oder auf Grund anderer Zufälle der Erbfolge, dann blieb eine enorme Verschuldung, die sich nicht mehr leicht abtragen ließ.[149]

Die Dinge lagen in anderen europäischen Ländern ähnlich. Auch in England und Frankreich war im 17. und 18. Jahrhundert in aristokratischen Familien eine Tendenz festzustellen, immer höhere Mitgiften zu zahlen; zusätzlich wurden – so jedenfalls in England – den jüngeren Söhne, die vom eigentlichen Erbe ausgeschlossen waren, hohe Abfindungen ausbezahlt, die über Schulden finanziert wurden;

---

147 Charles Jago, The Influence of Debt on the Relations between Crown and Aristocracy in Seventeenth-Century Castile, in: Economic History Review 26 (1973), S. 216–236; ders., The „Crisis of the Aristocracy" in Seventeenth-Century Castile, in: Past and Present 84 (1979), S. 60–90.

148 Ignacio Atienza Hernández, und Mina Simón López, „Aunque fues con una negra si su Magestad así lo desea": sobre la autoridad real, el amor y los habitos matrimoniales en la nobleza hispana: in: Gestae: taller de historia (1989), S. 32–52, und Atienza Hernández, La Casa de Osuna, (wie Anm. 105).

149 John P. Cooper, Patterns of Inheritance and Settlement by Great Landowners from the Fifteenth to the Eighteenth Centuries, in: Jack Goody u.a. (Hg.), Family and Inheritance. Rural Society in Western Europa, 1200–1800, Cambridge 1976, S. 192–327, hier S. 234–52, Zu Frankreich Forster, Saulx-Tavannes (wie Anm. 141), S. 129–135.

eine Gewohnheit, für die sich auch in Spanien genug Beispiele finden.[150] Diese Heirats- und Erbschaftsstrategien erklären zu guten Teilen die hohe Verschuldung des höheren Adels, für die es in vielen europäischen Ländern Beispiele gibt.

Kann man in diesem Kontext für die Zeit um 1600 von einer tiefen wirtschaftlichen Krise des hohen Adels sprechen wie es die ältere Literatur oft getan hat?[151] Eine Antwort darauf fällt nicht ganz einfach. Eines scheint festzustehen: Im Gegensatz zum Leben auf Schlössern und Burgen, die im Zentrum des eigenen Herrschaftsbereiches lagen und mit Naturalien aus der eigenen Produktion versorgt werden konnten, führte der erhöhte Bedarf an Barmitteln, den vor allem das Leben am königlichen Hof, welches im Laufe des 16. Jahrhunderts für den Hochadel üblich wurde, mit sich brachte, zu wirtschaftlichen Problemen. Auch stellte die Preisinflation des 16. Jahrhunderts eine Herausforderung dar, der sich nicht alle großen Landbesitzer gewachsen zeigten. Die Neigung zu demonstrativer Verschwendung scheint überdies in dieser Epoche tatsächlich zugenommen zu haben. Status demonstrierte man nicht mehr oder nicht mehr ausschließlich durch eine große Zahl bewaffneter Trabanten, die einen auf Ausritten oder bei anderen öffentlichen Anlässen begleiteten, sondern durch kostbare Kleidung, teure Kutschen, aufwendige Gastmähler, am Ende auch durch Luxusartikel wie Schmuck, Gobelins und exquisite Möbel, vielleicht auch durch den Kauf von Kunstwerken und natürlich

---

150 Beckett, Aristocracy (wie Anm. 120), S. 296–297; vergl. Hrothgar J. Habakkuk, Marriage, Debt and the Estates System. English Landownership, 1650–1950, Oxford, 1994, S. 58–67; Clay, Expansion, Bd. 1 (wie Anm. 119), S. 160–2; zu Spanien Cooper, Patterns (wie Anm. 149), S. 243–245.
151 Lawrence Stone, The Crisis of The Aristocracy, 1558–1641, Oxford 1965; Davis Bitton, The French Nobility in Crisis, 1560–1640, Stanford, Cal. 1969; Winkelbauer, Krise (wie Anm. 102), S. 328–53; siehe auch zusammenfassend Henry Kamen, Early Modern European Society, London 2000, S. 82–92 mit zahlreichen Einzelbeispielen. Zur kritischen Auseinandersetzung mit den Thesen von Lawrence Stone siehe u. a. George Bernard, The Tudor Nobility in Perspective, in: ders. (Hg.), The Tudor Nobility, Manchester 1992, S. 1–48, hier bes. S. 6–9.

durch repräsentative Bauen.[152] Zugleich wurde die Aufnahme von Krediten durch ein leistungsfähigeres Finanzsystem erleichtert. Schließlich konnte eine hohe Verschuldung, soweit die Gläubiger eigene Klienten waren, und das war im 16. und 17. Jahrhundert nicht ungewöhnlich, sogar die Loyalität dieser Anhänger steigern, denn ging die Magnatendynastie unter, der man Geld geliehen hatte, so war man am Ende auch selber ruiniert.[153] Treue war damit auch ein Gebot wirtschaftlicher Vernunft.

Die Jahre um 1600 mögen eine Zeit gewesen sein, in denen große aristokratische Vermögen tatsächlich stärker unter Druck gerieten, aber es wäre ein Fehler, diese Entwicklung zu überschätzen, zum einen, weil es derartige Krisen auch schon früher, wie etwa im späten Mittelalter gegeben hatte,[154] zum anderen weil gerade in dieser Epoche auch Grundlagen für eine dauerhafte Sicherung der großen adligen Vermögen gelegt wurden. Ein in seiner Wirkung allerdings ambivalentes Instrument dafür war die bereits erwähnte Einrichtung von Fideikommissen, die das Vermögen einer Familie, namentlich den Landbesitz, der Verfügungsgewalt des jeweiligen Erben entzog. Weder konnte er den Besitz verkaufen, noch in der Form, wie dies sonst üblich war, hypothekarisch belasten, auch wenn die Aufnahme von Schulden an sich keineswegs unmöglich war und vielleicht sogar noch gefördert wurde (eben weil man das Land nicht verkaufen konnte). Vor allem aber war eine Aufteilung des Besitzes unter mehrere Erben unmöglich gemacht, auch dort, wo sie bislang üblich ge-

---

152 Zum Luxuskonsum siehe für England, Linda Levy Peck, Consuming Splendor. Society and Culture in Seventeenth-Century England, Cambridge 2005.
153 So argumentiert Denis Crouzet, Recherches sur la crise de l'aristocratie en France. Les dettes de la maison de Nevers, in: Histoire, économie, sociétié 1 (1982), S. 7–49, Vergl. Potter, France (wie Anm. 144), S. 182 f; vergl. ferner Jouanna, Devoir, S. 90–102, sowie S. Amanda Eurich, The Economics of Power. The Private Finances of the House of Foix-Navarre-Albret during the Religious Wars, Kirksville, Miss. 1994, S. 165.
154 Siehe dazu auch James B. Wood, The Nobility of the Election of Bayeux, 1463–1666, Princeton, New Jersey 1980, S. 154 f.

wesen war. Faktisch wurden dann die jüngeren Söhne und die Töchter doch oft finanziell abgefunden; die Töchter durch Mitgiften, die Söhne durch Leibrenten oder durch Erbanteile, die nicht zum Fideikommiß gehörten, aber sie waren jetzt stärker vom guten Willen des Vaters oder des Haupterben abhängig. Die väterliche Autorität wurde durch derartige Einrichtungen gestärkt, so daß es etwas leichter fiel, Mesalliancen zu verhindern.[155]

Solche Vermögensbindungen breiteten sich in Spanien schon im 16. Jahrhunderts aus,[156] Wie effektiv sie wirklich waren, ist allerdings nicht unumstritten. Eine neuere Studie kommentiert diese Art von Sicherung des Familienvermögens mit den Worten: „The establisment of this type of entail was everywhere a truly monstrous act of family pride. It subordinated the individual to the preservation of the name and house, and demonstrated an utter lack of confidence in the future generations the founders presumed to bind."[157] Dieses Urteil erscheint übertrieben kritisch, denn ein Blick auf Adelslandschaften, in denen das Erbe einer Familie regelmäßig unter den Kindern oder Söhnen aufgeteilt wurde, zeigt, daß dies die soziale Position des Adels letztlich dauerhaft schwächte. Jedenfalls breiteten sich dem *mayorazgo* ähnliche Formen der Sicherung des Vermögens eines Hauses im 17. Jahrhundert über weite Teile Europas aus. So wurde eine vom *mayorazgo* vermutlich inspirierte Form der Einschränkung der Verfügungsgewalt adliger Erben über ihr Vermögen, der Fideikommiß, vom

---

155 Cooper, Patterns (wie Anm. 149), S. 251; Heinz Reif, Westfälischer Adel, 1770–1860, Göttingen 1979, S. 81–82; Arlette Jouanna, Des „gros et gras" aux „gens d'honneur", in: Guy Chaussinand-Nogaret u.a., Histoire des élites en France du XVIe au XXe siècle. L'honneur, le mérite, l'argent, Paris 1991, S. 17–141, hier S. 78 f.

156 B. Clavero Arévalo, Mayorazgo y propiedad feudal en Castilla, 1369–1836, Madrid 1974; Cooper, Patterns (wie Anm. 149), S. 241–2; vergl. Casey, Early Modern Spain (wie Anm. 130), S. 145–148 und Jago, Crisis of the Aristocracy (wie Anm. 147), S. 74–78. In Frankreich waren fideikommißartige Einschränkungen des Verfügungsrechts über das Erbe selten. Siehe James Russell Major, From Renaissance Monarchy to Absolute Monarchy. French Kings, Nobles and Estates, Baltimore 1994, S. 89 f.

157 Lukowski, Nobility, S. 102.

Hochadel der Habsburgermonarchie, später dann auch von anderen besonders vermögenden deutschen Adelsfamilien seit der Wende zum 17. Jahrhundert verstärkt angewandt, um den Familienbesitz zu sichern; der kleinere Adel ahmte dies aber in Deutschland eher selten nach.[158]

Das englische Pendant zum Fideikommiß war das sogenannte *strict settlement*, das darauf beruhte, daß der Erbe eines Besitzes bei seiner Heirat, oder wenn er volljährig wurde, in eine starke Einschränkung seiner Verfügungsgewalt über den Besitz einwilligte. Er selber und sein Vater waren nur noch Verwalter des Besitzes, erst in der nächsten Generation konnte die Einschränkung der ökonomischen Verfügungsgewalt durchbrochen werden. Das *strict settlement* war also eine Form der Besitzbindung, die immer wieder erneuert werden mußte und die im übrigen nur die schon bestehenden Grundprinzipien des englischen Erbrechtes, das ganz auf die Primogenitur ausgerichtet war, verstärkte. In England erbte der jüngere Sohn eines *peer* noch nicht einmal den Titel seines Vater. Juristisch betrachtet war er ein *commoner*, faktisch zumindest nicht mehr als ein Mitglied der *landed gentry*. Eine hohe Verschuldung des großen Landbesitzes konnte das nach 1660 immer weiter verbreitete *strict settlment* allerdings nicht verhindern, denn die Höhe der Mitgiften stieg weiter an und führte zu einer erheblichen Belastung des Landbesitzes durch finanzielle Verbindlichkeiten.[159] Einrichtungen wie der Fideikommiß

---

158 Herbert Hofmeister, Pro conservanda familiae et agnationis dignitate. Der Liechtensteinische Familien-Fidekommiß als Rechtsgrundlage der Familien- und Vermögenseinheit, in: Evelin Oberhammer (Hg.), Der ganzen Welt ein Lob und Spiegel. Das Fürstenhaus Liechtenstein in der frühen Neuzeit, Wien/München 1990, S. 46–63; vergl. James Van Horn Melton, The Nobility in the Bohemian and Austrian Lands, 1620–1780, in Scott, Nobilities, Bd. 2, S. 110–43, hier S. 127.

159 Beckett, Aristocracy (wie Anm. 120) 18, S. 296–297; vergl. Habakkuk, Marriage (wie Anm. 150), S. 58–67; Clay, Expansion, Bd. 1 (wie Anm. 119), S. 160–162; Barbara English und John Saville, Strict Settlements, Hull 1983 und Eileen Spring, Land and Family. Aristocratic Inheritance in England 1300–1800, Chapel Hill, North Carol. 1993, bes. S. 150–178; siehe auch Lukowski, Nobility, S. 105 f.

oder das *strict settlement* finden sich vorzugsweise im höheren Adel, oder jedenfalls bei den reicheren und mächtigeren Familien. Das spanische *mayorazgo* war eine gewisse Ausnahme, denn es wurde zum Teil sogar von Nicht-Adligen nachgeahmt; am Ende des 18. Jahrhundert waren vermutlich nahezu 30 % allen Landes in Kastilien auf diese Weise gegen Veräußerung geschützt. Dies stellt jedoch eine Sondersituation dar, in anderen Ländern war das nicht der Fall.[160]

## Der arme Adel

Generell sah sich der zahlreiche ärmere Adel mit ganz anderen Problemen konfrontiert als die Magnaten, hier ging es oft um das bloße Überleben, nicht darum, ein großes Vermögen zu bewahren. Faktisch rekrutierte er sich allerdings auch und zu einem nicht unerheblichen Teil aus den jüngeren Söhnen der wohlhabenderen Dynastien. Während in England die jüngeren Söhne keinen juristischen Anspruch auf einen besonderen sozialen Status besaßen – und ihre eigenen Nachkommen erst recht nicht – und sie ohne Landbesitz oder höheres Einkommen tatsächlich sozial abstiegen, war die Situation auf dem Kontinent in der Regel komplizierter. Auch wenn die jüngeren Söhne hier nur einen Bruchteil des Erbes erhielten wie in vielen französischen Provinzen, behielten sie doch ihren Anspruch auf den Titel und Status ihrer Familie, nur daß dieser Anspruch unter Umständen wirtschaftlich kaum noch durch eine angemessene Lebensweise einlösbar war. Besonders groß war das Problem des armen Adels naturgemäß in jenen Adelslandschaften, die ohnehin eine überdurchschnittlich hohe Adelsdichte besaßen, wie in großen Teilen Polens oder in Nordkastilien. Hier, in Kastilien, kam es vor, daß einfache Schuhmacher für sich den Status eines *hidalgo* beanspruchten, und *hidalgos,* die auf dem Lande lebten, waren oft nicht mehr als einfache Bauern „living in mud cottages distinguished only by the coat of arms externally surmounted on a brick or stone portal".[161] Sehr viel besser sah es auch in Polen nicht

---

160 Lukowski, Nobility, S. 31.
161 Bush, Rich Noble, S. 116.

aus, und der Reichstag erlaubte Adligen im 18. Jahrhundert sogar offiziell, ihr Geld mit dem Bierausschank oder als Koch oder Diener zu verdienen, ohne daß sie ihren Status verloren hätten.[162]

Solche Zustände waren in Ländern mit einer "normalen" Adelsdichte von etwa 1 bis 2 Prozent der Bevölkerung nur schwer vorstellbar, aber auch hier waren die Vermögensunterschiede innerhalb des Adels enorm. In Frankreich gab es, folgt man der Berechnung von Chaussinand-Nogaret, im 18. Jahrhundert wohl kaum mehr als 150–200 Adelsfamilien mit einem Einkommen von über 50.000 *livres*; rechnet man die geadelten Finanziers hinzu, waren es vielleicht 250. Dazu kamen weitere ca. 3.500 Familien mit einem immer noch bedeutenden Einkommen von 10.000 bis 50.000 *livres* und vielleicht weitere 7.000 Familien mit 4.000 bis 10.000 *livres*, die in der Provinz recht komfortabel leben konnten. Unter 4.000 *livres* wurden es schon schwierig, standesgemäß aufzutreten, selbst außerhalb von Paris und Versailles, mehr als ein oder zwei Diener konnte man sich auf diesem Einkommensniveau kaum leisten. Unmöglich wurde ein standesgemäßes Leben aber gewiß mit weniger als 1.000 *livres* und in dieser Position befanden sich wohl an die 5.000 Adelsfamilien in ganz Frankreich, insgesamt wohl zwischen 15 und 20 % des gesamten Adels.[163] Die regionalen Unterschiede waren dabei allerdings erheblich. In der Bretagne etwa, einer Provinz, in der es einen relativ zahlreichen niederen Adel gab (um 1500 ca. 3 % der Bevölkerung), zahlten Ende des 17. Jahrhunderts, als eine neue, nach Status abgestufte Steuer, die *capitation,* auch für die Oberschichten eingeführt wurde, zwei Drittel des Adels nicht mehr als 20 *livres* für diese Abgabe. Da der Minimalsatz bei 10 *livres* lag, ist dies schon ein Indiz für die schwierige wirtschaftliche Lage, in der sich diese Familien befanden. Insgesamt ein Drittel der Adligen konnten faktisch von den Einkünf-

---

162 Lukowski, Nobility, S. 97.
163 Chaussinand-Nogaret, Noblesse, S. 77–79.

ten ihres Landes nicht leben.[164] Anderswo sah es nicht immer sehr viel besser aus. In der Normandie konnten sich die Hälfte der Adligen um 1700 nicht mehr als einen einzigen Diener leisten und schon ein Jahrhundert vorher waren viele Adlige hier und in anderen Provinzen nicht dazu in der Lage gewesen, mit der standesgemäßen Ausrüstung eines schweren Reiters in den Krieg zu ziehen, wenn der König das Lehensaufgebot zusammenrief, da sie sich diese Ausrüstung nicht leisten konnten.[165]

In Zeiten, in denen die direkten Steuern nicht allzu hoch waren, während die Pflicht zum Kriegsdienst als Lehensmann des Königs noch eine echte Belastung darstellte, gaben daher auch viele Adlige ihren Status auf; dies änderte sich freilich im Laufe des 17. Jahrhunderts, zumal die Juridifizierung des Adelsstandes jetzt auch den Ärmeren eine Chance gab, ihren Status zu verteidigen.[166] In der Bretagne wurde das dadurch erleichtert, daß man hier wie in einigen anderen Provinzen den Anspruch auf den Adelsstand ruhen – gewissermaßen schlafen – lassen konnte. Solange es notwendig war, übte man dann einen bürgerlichen Beruf aus oder fuhr zur See. Hatte man einen gewissen Wohlstand erreicht, ließ man den Adelsstatus, der mit solchen Tätigkeiten unvereinbar war, wieder aufleben. So verfuhr etwa der Vater von Chateaubriand, wie dieser es in seinen Memoiren zu berichten weiß.[167] Schon mit 13 Jahren erklärte er seiner Mutter, die mit spärlichen 500 *livres* im Jahr auskommen mußte, er werde den Wohlstand der Familie wiederherstellen, verließ das Elternhaus, ging zunächst zur Kriegs-, dann in die Handelsmarine, und war schließlich in französisch Westindien tätig. Im 18. Jahrhundert bot sich also, wie im Falle des älteren Chateaubriand, auch der Dienst in den Kolonien zur

---

164 Michel Nassiet, Noblesse et pauvreté. La petite noblesse en Bretagne, XVe–XVIIIe siècles, Banalec 1993, S. 85 ff, 102 f, 375.
165 Jonathan Dewald, Pont-St.-Pierre, 1398–1789. Lordship, Community and Capitalism in Early Modern France, Berkeley, Cal. 1987, S. 98–100. vergl. Potter, France (wie Anm. 144), S. 183 f.
166 Nassiet, Noblesse (wie Anm. 166), S. 85 ff, 143–146, 333–335.
167 François de Chateaubriand, Mémoires d'outre-tombe, hg. von Jean-Claude Berchet, Bd. 1. Livre 1, Paris 1989, S. 64–71.

Wiedergewinnung des Vermögens an; das galt nicht nur für Frankreich, sondern auch für England und andere Kolonialmächte. Doch solche Versuche, als Kaufmann oder auf andere Weise das verlorene Vermögen wieder zurückzugewinnen, waren keineswegs immer von Erfolg gekrönt. Immerhin wurde es mit der schrittweisen Abschaffung der Käuflichkeit der Offizierspatente und durch die Einführung von Kadettenanstalten und von Adelsschulen mit Stipendien in Frankreich für den armen Adel gegen Ende des Ancien Régime etwas leichter, in der Armee Fuß zu fassen, auch wenn Sprößlinge solcher Familien selten über den Grad eines Oberleutnants oder *Capitaine seconde* hinaus aufsteigen.[168]

Dies war in Preußen, wo die Konkurrenz durch einen reichen Hofadel in der Armee weitgehend fehlte, sicherlich einfacher, doch die langen Anfangsjahre einer militärischen Karriere, bevor man den Rang eines Hauptmannes erreicht hatte, waren für viele Junker, die kein eigenes Gut besaßen, dennoch mit bitterer Armut verbunden.[169] Immerhin stand den Junkern eine solche Karriere offen. Für manch einen verarmten Reichsritter in Deutschland war die Lage eher noch kritischer, denn ihr Stand und die Reichsunmittelbarkeit zwangen sie zu einer repräsentativen Lebensführung, die sehr viel aufwendiger war als die eines preußischen Junkers, abgesehen davon, daß die reichsunmittelbaren Herrschaftsrechte sie auch in zahlreiche Rechtsstreitigkeiten verwickelten. Für solche Familien war der Verlust der Autonomie 1802/03 wohl fast die Rettung vor dem wirtschaftlichen Untergang.[170] Andere Adelsgruppierungen hatten hingegen versucht,

---

168 Nassiet, Noblesse (wie Anm. 67), S. 364–370.
169 Siehe Otto Büsch, Militärsystem und Sozialleben im alten Preußen, 1713–1807, 2. Aufl. Frankfurt/M. 1981, und unten, S. 214.
170 Gert Kollmer, Die schwäbische Reichsritterschaft zwischen Westfälischem Frieden und Reichsdeputationshauptschluß. Untersuchungen zur wirtschaftlichen und sozialen Lage der Reichsritterschaft in den Ritterkantonen Neckar-Schwarzwald und Kocher, Stuttgart 1979. Vergl. für eine frühere Epoche Kurt Andermann, Adlige Wirtschaften auf dem Land. Zu den ökonomischen Grundlagen der Ritterschaft in der frühen Neuzeit, in: ders. (Hg.), Rittersitze. Facetten adligen Lebens in der frühen Neuzeit, Tübingen 2002, S. 167–190.

dem Problem durch eine indirekte Geburtenkontrolle und insbesondere eine Beschränkung der Heiratsmöglichkeiten für jüngere Söhne zu begegnen, wie bereits an anderer Stelle hervorgehoben worden ist (Kap 1, vergl. Kap. 3, S. 106 ).[171]. Letztlich wurde aber die Position des armen Adels gegen Ende des Ancien Régime immer prekärer, und allenfalls mochte man sich noch auf die Mitgliedschaft in Ständeversammlungen und vergleichbaren Korporationen berufen, um den eigenen Status abzusichern. Diese Korporationen verfochten nicht nur adlige Interessen, sie konstituierten auch adlige Identität; zumindest dort, wo sie die Festigung des monarchischen Staates im 17. Jahrhundert überlebt hatten.

## Ständeversammlungen und Adelskorporationen

Fast überall in Europa besaßen Adlige zu Beginn der Neuzeit ein korporatives Recht der Mitsprache bei der Ausübung der fürstlichen Regierungsgewalt, das sie über Ihre Mitgliedschaft in den Ständeversammlungen wahrnahmen und das letztlich dadurch legitimiert war, daß sie selbst Inhaber von lokalen Herrschafts- und Jurisdiktionsrechten waren. Der Ursprung der Ständeversammlungen reichte zum Teil ins 13. und 14. Jahrhundert zurück, wie im Falle Englands oder Ungarns, auch wenn es zu einer institutionellen Verfestigung, die die Mitgliedschaft, das Beratungs- und Beschlußverfahren und – ansatzweise – auch die Rechte der Stände fixierte, oft erst im Laufe des 15. Jahrhunderts kam. Zuvor hatte der König oder Fürst bei den Einladungen zu den Ständeversammlungen oft einen erheblichen Ermessensspielraum besessen. Ein verbrieftes Recht, eine Einladung zu den Tagungen zu erhalten, besaßen oft selbst die großen Magnaten nicht, auch wenn ein Herrscher, der sie ausschloß, damit auch auf den Versuch verzichtete, seine Entscheidungen durch einen breiten Konsens zu legitimieren. Die englische *peerage* etwa als der Kreis jener Hochadligen, die regelmäßig an den Sitzungen des Oberhauses teilnah-

---

171 Lukowski, Nobility, S. 119.

men, verfestigte sich erst in der ersten Hälfte des 15. Jahrhunderts endgültig, mit der Konsequenz, daß nun in der Tat eine erbliche *peerage* – die es so im 14. Jahrhundert noch nicht gegeben hatte – entstand, deren Angehörige der König ohne nähere rechtliche Begründung von den Sitzungen des Parlamentes nicht mehr ausschließen konnte.[172] Ähnliches galt für andere Ständeversammlungen, nur daß hier die Entwicklung eher später zum Abschluß kam, wie etwa im Falle der Hoftage der deutschen Könige, die sich eigentlich erst mit der „Reichsreform" des späten 15. Jahrhunderts zu Reichstagen mit klarer Organisationsstruktur verfestigten.[173] Parallele Entwicklungen gab es bei den französischen Generalständen, die erst seit der Versammlung von 1484 so bezeichnet wurden, oder auch bei den Landtagen der deutschen Territorien. Hier war in der Regel vor 1500 nicht von Ständen die Rede – der Begriff war vom lateinischen *status* abgeleitet –, sondern von der „Landschaft" respektive, mit Blick auf die adligen Teilnehmer der ständischen Beratungen, von der „Mannschaft", womit die Lehensleute des jeweiligen Fürsten gemeint waren.[174] In der Tat hatten die Ständeversammlungen ihren Ursprung oft in einer vom Herrscher einberufenen Versammlung der wichtigsten Lehensleute, sowohl der geistlichen wie der weltlichen. Erst später wurden dann auch Vertreter der wichtigsten Städte oder der ländlichen Verwaltungsbezirke, wie der *counties* in England oder der Komitate in Ungarn, ebenfalls eingeladen. Obwohl somit die Versammlungen der Lehensleute für die ständische Entwicklung des ausgehenden Mittelalters ein entscheidender Ausgangspunkt waren,

---

172 Kenneth Bruce McFarlane, The Nobility of Later Medieval England, Oxford 1973, S. 142 f. Einen Überblick über die Entwicklung der Ständeversammlungen in Europa gibt Michael A. R. Graves, The Parliaments of Early Modern Europe, Harlow 2001.

173 Peter Moraw, Von offener Verfassung zu gestalteter Verdichtung. Das Reich im späten Mittelalter 1250–1490, Berlin 1989, S. 418 f.

174 Ernst Schubert, Fürstliche Herrschaft und Territorien im späten Mittelalter, München 1996, S. 92–93 und 41–45. Zur Entwicklung in der frühen Neuzeit siehe auch Kersten Krüger, Die Landständische Verfassung, München 2003.

blieb die Haltung des Adels – sowohl der Magnaten wie des niederen Adels – zu den Ständeversammlungen oft ambivalent. Bedeutsam waren sie vor allem dort, wo der Status als Adliger unmittelbar von einem Sitz in der Ständeversammlung abhing, wie das etwa für das englische Oberhaus galt, aber auch für den Fürstenrat des Reichstages oder die recht exklusiven Adelskurien der österreichischen und böhmisch-mährischen Stände. Eine besondere Bedeutung kam auch den ritterschaftlichen Kurien der Landtage in den geistlichen Territorien des frühneuzeitlichen Reiches zu, denn in aller Regel konnten nur Familien, die dort oder in den entsprechenden Gremien der benachbarten weltlichen Territorien Sitz und Stimme hatten, Kandidaten für die einträglichen geistlichen Pfründen präsentieren. Das Überleben der Landtage war daher von größter Bedeutung für die korporative Identität der jeweiligen adligen Eliten. Entsprechend hart war der Kampf um die Zulassung zum Landtag, für die seit dem 17. Jahrhundert ähnlich strenge Kriterien galten wie für die Wahl in die exklusiven Domkapitel (siehe oben, Kap. I, S. 38 f).[175]

Freilich traf dies im wesentlichen nur für die Ständeversammlungen der geistlichen Territorien Nordwestdeutschlands zu; in Franken, aber auch am Mittel- und Oberrhein hatte der Adel sich schon im 16. Jahrhundert vom Territorium gelöst und außerhalb in der Reichsritterschaft organisiert. Eine Teilnahme an den Landtagen war nicht erstrebenswert, da diese den reichsunmittelbaren Status in Frage gestellt hätte. Der Adel zog sich daher aus diesen Versammlungen zurück, die in der Folgezeit meist verkümmerten und verschwanden; die korporativen Interessen des Adels wurden in Zukunft von den ad-

---

175 Ronald G. Asch, Noble Corporations and Provincial Diets in the Ecclesiastical Principalities of the Holy Roman Empire, c. 1648–1802, in: Maija Jansson (Hg.), Realities of Representation. State Building in Early Modern Europe and European America, Basingstoke 2007, S. 93–111; zu den Ständen in einem wichtigen geistlichen Territorium, siehe Marcus Weidner, Landadel in Münster, 1600–1760. Stadtverfassung, Standesbehauptung und Fürstenhof, 2 Bde., Münster 2000, Bd. 1, S. 140–191.

ligen Domkapiteln, in denen die Reichsritterschaft indirekt vertreten war, allein wahrgenommen.[176]

Ähnliche Entwicklungen lassen sich auch außerhalb Deutschlands feststellen. In den *cortes* von Kastilien trat der Adel zum letzten Mal 1539 auf; danach waren die *cortes* ausschließlich eine Versammlung von Vertretern der 18 großen Städte des Königreiches, wobei freilich zu bedenken ist, daß der Adel auf das Stadtregiment oft erheblichen Einfluß besaß und namentlich nach 1600 sich auch wiederholt Hochadlige zu Vertretern der Städte (*procuradores*) in den Ständeversammlungen wählen ließen. Indes, letztlich war die Ständeversammlung für die Durchsetzung aristokratischer Interessen von sekundärer Bedeutung. Wichtiger war die Präsenz des hohen Adels in den königlichen Ratsgremien, deren Ratschlag der Monarch nur schwer ignorieren konnte, und in den höchsten Gerichten sowie natürlich auch am Hof. Die Verrechtlichung politischer und administrativer Entscheidungen in Kastilien stellte eine starke und aus der Sicht des Adels hinreichende Einschränkung der Autorität des Monarchen und eine ausreichende Absicherung adeliger Privilegien dar. In Krisenzeiten blieb immer noch die Option, den Hof zu boykottieren und auf der lokalen Ebene, wo der Einfluß der Magnaten im 17. Jahrhundert sehr groß war, Obstruktionspolitik zu betreiben; eine Ständeversammlung brauchte man dafür nicht.[177]

Die Dinge lagen in Frankreich ähnlich. Hier waren die Generalstände in der Zeit der Religionskriege zwischen 1562 und 1598 relativ häufig zusammengetreten. Danach jedoch verloren sie rasch ihre Bedeutung. Die Ständeversammlung von 1614 blieb die letzte vor der

---

176 Günther Christ, Selbstverständnis und Rolle der Domkapitel in den geistlichen Territorien des alten deutschen Reiches in der Frühneuzeit, in: Zeitschrift für Historische Forschung 16 (1990), S. 257; siehe auch oben, S. 39.

177 I. A. A. Thompson und Pauline Croft, Aristocracy and Representative Government in Unicameral and Bicameral Institutions. The Role of the Peers in the Castilian Cortes and the English Parliament, 1529–1664, in: I. A. A. Thompson, Crown and Cortes. Government, Institutions and Representation in Early-Modern Castile, Aldershot 1993, Kap. IX, S. 73–83.

Französischen Revolution. In der Bewegung der *Fronde* zwischen 1648 und 1652 spielte zwar für den niederen Adel der Gedanke einer Wiederbelebung ständischer Institutionen auch auf Provinzebene durchaus eine gewisse Rolle,[178] aber für die Magnaten waren die Generalstände, in denen sie nicht gesondert vertreten waren, sondern sich in den zweiten Stand, der vom Provinzadel numerisch dominiert wurde, einordnen mußten, kein wirklich geeignetes Forum. Sie setzten eher darauf, ihrerseits Anteil zu gewinnen an der wachsenden Macht des monarchischen Staates, was ihnen auch durchaus gelang. Im übrigen ersetzten nach 1660 die *parlements*, die obersten Gerichtshöfe, in denen der Amtsadel den Ton angab, partiell die Adelskurie der Generalstände als Interessenvertretung der Aristokratie.[179] Unabhängig davon hatten in einer Reihe peripherer, aber politisch durchaus wichtiger Provinzen, insbesondere in der Bretagne, im Languedoc und in Burgund, die mittelalterlichen Ständeversammlungen überlebt und nahmen ihre Rechte bis zur Revolution in der traditionellen Form wahr. Es war hier oft eine begrenzte Zahl wohlhabender adliger Familien, die die Ständeversammlungen dominierten, während der arme Kleinadel kaum Einfluß besaß.[180]

---

178 Jean-Marie Constant, Les Conjurateurs. Le premier libéralisme politique sous Richelieu, Paris 1987; ders., La troisième Fronde. Les gentilshommes et les libertés nobiliaires, in: Dix-septième Siècle 145 (1984), S. 341–54, und ders., Les Frondes, in: Joël Cornette (Hg.), La France de la Monarchie absolue, 1610–1715, Paris 1997, S. 185–203, Zu den Ständeversammlungen siehe Russell Major, Renaissance Monarchy (wie Anm. 156).
179 Franklin L. Ford, Robe and Sword. The Regrouping of the French Aristocracy after Louis XIV, Cambridge, Mass. 1953; zum Parlament im 18. Jahrhundert siehe Julian Swann, Politics and the Parlement of Paris under Louis XV, 1754–1774, Cambridge 1995, und ders., Robe, Sword and Aristocratic Reaction Revisited. The French Nobility and Political Crisis (1748–1789), in: Asch, Adel, S. 151–178.
180 William Beik, Absolutism and Society in Seventeenth-Century France. State Power and Provincial Aristocracy in Languedoc, Cambridge 1985, S. 245–278; James B. Collins, Classes, Estates and Order in Early Modern Brittany, Cambridge 1994, und Julian Swann, Provincial Power and Absolute Monarchy: The Estates General of Burgundy, 1661–1790, Cambridge 2003.

Insgesamt erlebten die korporativen Vertretungen der Stände, vor allem seit dem 17. Jahrhundert, in weiten Teilen Europas einen deutlichen Niedergang. In Brandenburg-Preußen z. B., das von jeher in der Geschichtsschreibung als Hochburg des Absolutismus galt, wurde der Einfluß der ständischen Vertretungen nach 1648 systematisch zurückgedrängt (siehe unten, S. 270). Im 18. Jahrhundert traten die Stände zum Beispiel in Ostpreußen über lange Zeit nur noch beim Regierungsantritt eines neuen Herrschers als sogenannte Huldigungslandtage zusammen, die auch genutzt werden konnten, um Beschwerden vorzutragen. Gerade in Kreisen des Adels verschwand die Erinnerung an die alten ständischen Rechte allerdings nicht, man blieb sich ihrer bewußt und in Krisenzeiten gab es Versuche, unter Berufung auf die alten Landtagsabschiede des 17. Jahrhunderts diese Rechte wiederzubeleben.[181] Historiker haben daher auch oft von einer „Latenzphase" (Wolfgang Neugebauer) der Stände im 18. Jahrhundert gesprochen. Das ständische Leben überdauerte auf der lokalen Ebene, während die Plenarlandtage – außer im Westen der preußischen Monarchie in Kleve und Mark – weitgehend aus der Politik verschwanden. Sie waren freilich auch schon im 16. Jahrhundert eher gelegentliche Ereignisse als dauerhafte Institutionen gewesen und wurden oft von einem kleinen Kreis von mächtigen Familien dominiert, die auch in der Zentralverwaltung und am Hof den Ton angaben.[182] Insoweit ist es nicht ganz überraschend, daß gegen Ende des 18. Jahrhunderts, als die Stände eine gewisse, in ihren praktischen Auswirkungen allerdings begrenzte Renaissance erlebten, auch dort an ältere ständische Traditionen angeknüpft werden konnte, wo die Stände seit langem schon nicht mehr regelmäßig zu Plenarversammlungen zusammengetreten waren. Freilich stellte sich in dieser Epoche

---

181 Dazu Wolfgang Neugebauer, Politischer Wandel im Osten. Ost- und Westpreußen von den alten Ständen zum Konstitutionalismus, Stuttgart 1992, Kap. II und III. Vergl. ders., Standschaft als Verfassungsproblem. Die historischen Grundlagen ständischer Partizipation in ostmitteleuropäischen Regionen, Goldbach 1995.
182 Peter Michael Hahn, Struktur und Funktion des brandenburgischen Adels im 16. Jahrhundert, Berlin 1979.

die Frage nach einer Erweiterung der ständischen Repräsentation durch Einbeziehung nicht-adliger wohlhabender Landbesitzer, wenn nicht sogar der Bauern, und nicht überall ließ sich diese Frage so relativ unkompliziert beantworten wie in Ostpreußen, wo sie in Form der sogenannten Kölmer – einem Stand freier Bauern – bei der Wahl und Beauftragung der Landboten von jeher beteiligt gewesen waren.[183] In anderen deutschen Territorien erwiesen sich Reformen als weitaus schwieriger und konnten vor der Gründung des Rheinbundes (1806) nicht mehr verwirklicht werden.[184]

In der Habsburgermonarchie verlief die Auseinandersetzung zwischen Ständen und Monarchie im frühen 17. Jahrhundert zunächst sehr viel dramatischer als später in Brandenburg-Preußen. Man kann hier vor 1620 sogar von einem eigenständigen ständischen Staatsbildungsprozeß sprechen, der jedoch mit der Niederlage des böhmischen Aufstandes zum erliegen kam. Die Stände verloren einen Gutteil ihrer Rechte, eine Entwicklung, die in Böhmen mit der Verneuerten Landesordnung von 1627 besiegelt wurde. Besonders ausgeprägt war der Niedergang der zweiten Adelskurie, der Ritterschaft, die auch zahlenmäßig stark verkleinert wurde. Während an den böhmischen Landtagen vor 1618 oft bis zu 100 Adlige teilgenommen hatten, wurden die Versammlungen nach 1648 meist nur von etwa 50 Personen besucht, unter Einschluß der Prälaten, die vor 1618 von den Ständetagungen ausgeschlossen gewesen waren. In diesem kleinen Kreis dominierten meist jene Adligen, die durch hohe Ämter in der Landesverwaltung

---

183 Neugebauer, Wandel (wie Anm. 181), S. 39–42 und 91–95.
184 Barbara Stollberg-Rilinger, Vormünder des Volkes? Konzepte landständischer Repräsentation in der Spätphase des Alten Reiches, Berlin 1999, S. 152–188. Zum Fortleben altständischer Traditionen nach 1806 siehe aber auch William D.Godsey, Jr., Herrschaft und politische Kultur im Habsburgerreich. Die niederösterreichische Erbhuldigung (ca. 1648–1848), in: Roland Gehrke (Hg.), Aufbrüche in die Moderne. Frühparlamentarismus zwischen altständischer Ordnung und monarchischem Konstitutionalismus 1750–1850. Schlesien – Deutschland – Mitteleuropa, Köln 2005, S. 141–177.

ohnehin schon politische Macht besaßen und oft auch auf diese oder jene Weise dem Hof verbunden waren. Allerdings blieb das Steuerbewilligungsrecht der Stände erhalten, das durchaus erfolgreich genutzt wurde, um Versuche des Kaisers, die Ressourcen der einzelnen Provinzen stärker für die Gesamtmonarchie zu mobilisieren, zu konterkarieren, denn für viele böhmische und mährische Adlige – noch stärker galt dies zum Teil für die oft ebenfalls aus Adelsfamilien stammenden Prälaten – war der Landespatriotismus mindestens ebenso wichtig wie die Loyalität gegenüber der Dynastie.[185]

Vor 1620 hatte Böhmen zu einer ostmitteleuropäischen Adelslandschaft gehört, in der die Position des Monarchen eher schwach und die der Stände relativ stark war, was in gewisser Weise auch für Skandinavien galt, wo sich etwa in Dänemark erst in den 1660er Jahren die Monarchie durchsetzte und die politischen Gewichte zu ihren Gunsten verschob (siehe unten, Kapitel 7, S. 261 f). Nach 1620 sollten sich die Verfassungsverhältnisse in Böhmen und seinen Nebenlanden deutlich ändern, in Polen hingegen blieb die alte Tradition der ständischen Freiheit in vollem Umfang bestehen und wurde sogar noch ausgebaut. Nach dem Aussterben der Jagiellonen 1572 wurde Polen-Litauen zu einer Adelsrepublik, an deren Spitze ein gewählter König stand, der kaum mehr als eine Art *primus inter pares* mit recht begrenzten Befugnissen war. Eigentlich gehörten in Polen nur die Adligen der Nation an, die Bürger der Städte und die Bauern, die auch kulturell und ethnisch, namentlich in den östlichen Landesteilen, oft keine Polen waren, und erst recht die recht zahlreichen Juden besaßen in der polnischen Republik kein Bürgerrecht.[186] Angesichts

---

185 Hierzu Winkelbauer, Ständefreiheit (wie Anm. 133), Bd. 1, S. 109–113, und Petr Mat'a, Landstände und Landtage in den böhmischen und österreichischen Ländern (1620–1740). Von der Niedergangsgeschichte zur Interaktionsanalyse, in: ders. und Thomas Winkelbauer (Hg.), Die Habsburgermonarchie 1620 bis 1740. Leistungen und Grenzen des Absolutismusparadigmas, Stuttgart 2006, S. 345–400. Siehe jetzt auch Gerhard Ammerer u. a. (Hg.), Bündnispartner und Konkurrenten des Landesfürsten? Die Stände in der Habsburgermonarchie, Wien/München 2007.
186 Lukowski, Nobility, S. 9–11.

der hohen Adelsdichte (ca. 7 % der Bevölkerung, in einigen Regionen auch deutlich mehr) waren die wirtschaftlichen und sozialen Unterschiede innerhalb des Adels allerdings enorm. Im Laufe des 17. und 18. Jahrhunderts wuchs der Einfluß einer kleinen Zahl von Magnaten von unermeßlichem Reichtum immer mehr an. Es waren nicht zuletzt diese Gegensätze und die Spannungen zwischen den großen Magnatendynastien, die die Verfassungsorgane der Republik seit dem späten 17. Jahrhundert und erst recht im 18. Jahrhundert zunehmend lahm legten. Seit 1652 hatte sich das Prinzip durchgesetzt, daß ein einziges Mitglied des Reichstages durch sein Veto die gesamten Verhandlungen der Adelsversammlung stornieren konnte. Faktisch aber erfolgte der Gebrauch dieses als Ausdruck adliger Freiheit gefeierten *liberum veto* meist nur, wenn die Führungsschicht der Republik in sich tief gespalten war und der opponierende Adelsbote mit Rückendeckung durch andere Adlige und vor allem im „Oberhaus" des Reichstages, dem Senat, in dem die Magnaten saßen, rechnen konnte. Letztlich bot Polen jedoch ein Beispiel dafür, wie das Prinzip der Adelsfreiheit bis zum Exzeß gesteigert werden konnte, so daß am Ende die Republik im Chaos versank, ein Prozeß der von Polens Nachbarn freilich nach Kräften gefördert wurde, da sie sich davon Vorteile versprachen. Es waren ebenfalls die Nachbarn Polens, die durch die Teilungen des Landes, die nach 1764 und besonders seit den 1780er Jahren durchaus sichtbaren Ansätze zu einer Reform der Verfassung zwischen 1790 und 1795 zunichte machten.[187]

Bietet Polen ein Beispiel dafür, wie die Stärke der adligen Stände am Ende mit dem Verfall des Staates Hand in Hand ging und das Ideal einer adligen Republik an den Spannungen zwischen den

---

187 Michael G. Müller, Polen als Adelsrepublik. Probleme der neueren verfassungsgeschichtlichen Diskussion, in: Hugo Weczerka (Hg.), Stände und Landesherrschaft in Ostmitteleuropa in der frühen Neuzeit, Marburg 1995, 95–110; Jerzy Lukowski, Liberty's Folly, The Polish Lithunian Commonwealth in the Eighteenth Century, 1697–1795, London 1991, S. 89–95. Siehe ferner Edward Opalinski, Die Freiheit des Adels. Ideal und Wirklichkeit in Polen-Litauen im 17. Jahrhundert, in: Asch, Adel, S. 77–104.

übermächtigen Magnaten scheiterte, so sahen die Dinge in England deutlich anders aus. Seiner Struktur nach war das Parlament freilich daraufhin angelegt, eine enge Zusammenarbeit zwischen der adligen Elite und den städtischen Oberschichten zu ermöglichen. Denn während der hohe Adel zusammen mit den Bischöfen im Oberhaus saß, stellte das Unterhaus die Vertretung der gesamten restlichen Bevölkerung mit Ausnahme des Klerus – der separat über die *convocations* von Canterbury und York vertreten war – dar. Die Tatsache, daß die Zugehörigkeit zur *gentry* juristisch nicht definiert war, erleichterte es schon im 16. und 17. Jahrhundert reichen Kaufleuten und Juristen, durch Landerwerb in die *gentry* hineinzuwachsen; im 18. Jahrhundert wurden die Grenzen vollends aufgeweicht. Aber auch das System der parlamentarischen Repräsentation war darauf angelegt, Standesunterschiede eher zu verwischen. Die ländlichen Grafschaften, in denen das Wahlrecht im übrigen auf Grund geringer Eigentumsqualifikationen einem relativ großen Anteil der männlichen erwachsenen Bevölkerung zukam – zu Beginn des 18. Jahrhunderts vielleicht gut 20 %, wenn nicht sogar bis zu 25 % – wurden im Parlament meist von Angehörigen alteingesessener wohlhabender Familien vertreten. Aber auch die zahlreichen kleineren *boroughs* sandten schon in der zweiten Hälfte des 16. Jahrhunderts ebenfalls Landbesitzer aus der Umgebung ins Unterhaus, da diese sich die Kosten einer Position als Abgeordneter eher leisten konnten als die wenig vermögenden Gewerbetreibenden und Kaufleute, in deren Händen das Stadtregiment lag. Mit der Zeit wurden zunehmend auch solche Angehörigen der Oberschicht gewählt, die aus der weiteren Umgebung der Stadt oder gar aus anderen Regionen Englands stammten. Eine solche Wahl wurde nicht selten durch einflußreichen Patrone vermittelt, die auf Grund von Landbesitz oder durch die von der Krone verliehenen Ämter, die sie besaßen, dazu in der Lage waren, die Wahlen in kleineren *boroughs* mit beschränkter Wählerschaft zu beeinflussen.[188] Die Wahl-

---

188 David Loades, Tudor Government. Structures of Authority in the Sixteenth Century, Oxford 1997, S. 37–52; Michael A. R. Graves, The Tudor Parliaments. Kings, Lords and Commons, London 1990; John Neale,

patronage dieser Art erreichte ihren Höhepunkt im 18. Jahrhundert. Kandidaten, die die notwendige Rückendeckung bei den vor Ort maßgeblichen Patronen besaßen, konnten oft ohne Wahlkampf in das Parlament einziehen, da es einfach keine Gegenkandidaten gab.[189] Auf diese Weise gelang es den reichen Magnaten, die im Oberhaus saßen, auch zahlreiche Sitze des Unterhauses mit ihren Klienten, Familienmitgliedern oder sonstigen Verwandten zu besetzen, und nicht wenige städtische Wahlkreise galten als regelrechte *pocket boroughs*, die faktisch den erblichen Besitz einer Familie bildeten.[190]

Das englische Parlament war im 18. Jahrhundert eine aristokratisch dominierte Ständeversammlung, auch wenn diese Aristokratie jenseits des engen Kreises der *peerage* äußerlich weniger klar definiert war als in anderen Ländern und obwohl die Elite gerade nach 1688 immer genötigt war, auf eine öffentliche Meinung Rücksicht zu nehmen, die dank einer vielfältigen Presselandschaft nur schwer von oben zu steuern war und in der die Interessen vor allem der städtischen Mittelschichten genauso ihren Ausdruck fanden wie die der größeren Landbesitzer. Der moderne Parlamentarismus konnte in England jedoch unmittelbar an ältere ständische Traditionen anknüpfen, während andernorts trotz einer auch hier im frühen 19. Jahrhundert noch zu beobachtenden Kontinuität der Eliten zumindest institutionell ein Neubeginn notwendig war, denn hier war die Berechtigung zur Beteiligung am ständischen Leben im Ancien Régime stärker als in England unmittelbar mit dem Besitz von lokalen Herrschaftsrech-

---

The Elizabethan House of Commons, London 1949; David L. Smith, The Stuart Parliaments, 1603–1689, London 1999. Zur Rolle des House of Lords siehe auch Clyve Jones und David L. Jones (Hg.) Peers, Politics and Power. The House of Lords, 1603–1911, London 1986.

189 Frank O'Gorman, The Long Eighteenth Century. British Political and Social History 1688–1832, London 1997, S. 139–141 und 49 f.

190 John Cannon, Aristocratic Century. The Peerage of Eighteenth-Century England, Cambridge 1984, S. 93–125; vergl. auch Hermann Wellenreuther, Repräsentation und Großgrundbesitz in England, 1730–1770, Stuttgart 1979.

ten verknüpft gewesen. Das entscheidende Zentrum der lokalen Herrschaft war dabei in der Regel das Haus, der Adelssitz, dem wir uns im nächsten Kapitel zuwenden wollen.

## 3. Das adlige Haus und seine Angehörigen

### Ehe und Familie

Als der Jurist und Staatstheoretiker Jean Bodin während der französischen Religionskriege seine sechs Bücher über den Staat veröffentlichte, definierte er seinen Gegenstand im ersten Satz seines Werkes als „die rechtmäßige Herrschaft über eine Vielzahl von Haushaltungen", ausgestattet mit „souveräner Gewalt".[191] Noch bis in das 17. Jahrhundert war es selbstverständlich, daß das politische Gemeinwesen, die *res publica*, nicht aus isolierten Individuen bestand, sondern aus Haushalten, an deren Spitze in aller Regel ein Hausherr, gelegentlich auch eine Frau, etwa eine Witwe, stand. Zwar unterlag die Herrschaftsgewalt des Hausherrn über die Angehörigen des Hauses, die Kinder, das Gesinde und die Ehefrau, durchaus der Kontrolle durch die kirchliche und weltliche Obrigkeit und zum Teil auch – auf einer informellen Ebene – durch die Nachbarn und die ländliche und städtische Gemeinde. Ein Hausherr, der seine Pflichten vernachlässigte und keine Ordnung in seinem Haus zu halten verstand, mußte mit Sanktionen rechnen, schlimmstenfalls mit einem Eingreifen der kirchlichen oder weltlichen Gerichte, in anderen Fällen zumindest damit, daß er dem öffentlichen Spott preisgegeben wurde. Aber dennoch war seine Herrschaftsgewalt keine abgeleitete, sondern eine ursprüngliche, ja die Herrschaft des Vaters über die Familie und das Haus war lange Zeit ein wichtiges, wenn nicht das wichtigste Paradigma für Herrschaft überhaupt bis hin zu derjenigen des Königs über sein Land, die

---

191 Jean Bodin, Les six livres de la république, Paris 1583, S. 1. Die lateinische Originalfassung war 1576 erscheinen.

nicht selten als eine ins Große projizierte Hausherrschaft dargestellt wurde.

Namentlich der österreichische Historiker Otto Brunner hat im Anschluß an die sogenannte Hausväterliteratur (Lehrbücher für den Hausherrn als Familienvater, Inhaber von Herrschaftsrechten und Landwirt) das Haus beschrieben als einen sozialen Raum, der durch die Einheit von Herrschaft, Wirtschaft und familiärer Beziehungen konstituiert worden sei.[192] Die jüngere Forschung hat Brunners Konstruktion des sogenannten Ganzen Hauses, das sich erst seit dem 18. Jahrhundert zunehmend auflöste, nicht zuletzt wegen ihrer anti-liberalen ideologischen Konnotationen zum Teil heftig kritisiert und man wird sich in der Tat fragen müssen, ob das von Brunner gezeichnete Bild auf das bäuerliche Haus oder gar das des Bürgers in der Stadt wirklich zutrifft.[193]

Daß für den Adel das Haus als Herrschaftsmittelpunkt, der auch wirtschaftliche Funktionen hatte, von zentraler Bedeutung war, wird man freilich schwer leugnen können. Die Chiffre des „Hauses" stand zugleich für die Einheit des adligen Geschlechtes, für seinen Ursprung und seine Kontinuität. So wie die Habsburger sich als Erzhaus Österreich oder als *Casa d'Austria* bezeichneten, so war auch für einfache Adelsfamilien der ursprüngliche Herrschaftssitz ein Ort, der

---

192 Otto Brunner, Das „ganze Haus" und die alteuropäische „Ökonomik", in: ders., Neue Wege der Sozialgeschichte. Vorträge und Aufsätze, Göttingen 1956, S. 33–61.

193 Zur Kritik an Brunner siehe etwa Claudia Opitz, Neue Wege der Sozialgeschichte? Ein kritischer Blick auf Otto Brunners Konzept des „Ganzen Hauses", in: Geschichte und Gesellschaft 20 (1994), S. 88–98, und Werner Troßbach, Das „ganze Haus" – Basiskategorie für das Verständnis der ländlichen Gesellschaft deutscher Territorien in der frühen Neuzeit?, in: Blätter für deutsche Landesgeschichte 129 (1993), S. 277–314; vergl. aber auch Paul Münch, Lebensformen in der frühen Neuzeit, Berlin 1992, S. 191–203. Siehe jetzt auch Siegfried Grillmeyer, Der Adel und sein Haus. Zur Geschichte eines Begriffes und eines erfolgreichen Konzeptes, in: Anja-Victorine Hartmann u. a. (Hg.), Eliten um 1800. Mainz 2000, S. 355–370, und Eva Labouvie (Hg.), Adel in Sachsen-Anhalt. Höfische Kultur zwischen Unternehmertum, Repräsentation und Familie, Köln 2007.

Identität konstituierte, selbst dann, wenn man vielleicht mittlerweile vorwiegend in einer anderen Region lebte. Für den Adel des Mittelmeerraums, der oft eng mit der Stadt verbunden war, konnte auch die traditionelle Ansässigkeit des Geschlechtes in einem bestimmten Viertel einer Stadt diese Funktion haben, selbst dann, wenn man vielleicht mittlerweile ausgedehnte feudale Besitzungen auf dem Lande besaß, wie viele der aristokratischen *casate* (Familienverbände) des Königreichs Neapel in der Frühen Neuzeit.[194]

Das adlige Haus stellte tatsächlich zumindest noch im 17. Jahrhundert eine durch Verwandtschaft, Herrschaftsbeziehungen und wirtschaftliche Aufgaben gleichermaßen begründete Einheit dar. Zugleich war es auch schon in seiner architektonischen Gestalt ein Symbol des von der Familie beanspruchten sozialen Status. Allerdings, gerade weil beim Adel das Haus ein Ort war, an dem Herrschaft ausgeübt wurde und weil von den Mitgliedern des Hauses – nicht nur von den Dienern, den unmündigen Kindern und der Ehefrau, sondern auch von den erwachsenen Söhnen – erwartet wurde, daß sie ihre Interessen dem des Hauses, das heißt des Geschlechtes, unterordneten, war das Haus auch ein Ort intensiver sozialer Spannungen, denn diese Unterordnung erfolgte keineswegs immer widerstandslos. Die einschlägige zeitgenössische Literatur und auch die Ratschläge, die Väter ihren Söhnen gaben, betonten naturgemäß oft, wie sehr die väterliche und die elterliche Gewalt Grundlage jeder sozialen Ordnung war und beschworen gerade wegen der Gefahr von Konflikten die Harmonie des Hauses und die Notwendigkeit des Gehorsams. So schrieb ein schottischer Adliger, Sir Robert Gordon of Gordonstoun, im frühen 17. Jahrhundert: „There is no power more just than that of the father or parent over the sone, nore any service more honest and due then that of sone to the parent."[195]

---

194 Tommaso Astarita, The Continuity of Feudal Power. The Carraciolo di Brienza in Spanish Naples, Cambridge 1992, S. 21.
195 Zitiert nach Keith M. Brown, Noble Society in Scotland. Wealth, Family and Culture from Reformation to Revolution, Edinburgh 2000, S. 163

Die Realität war allerdings oft komplexer, als es dieser Lobpreis väterlicher Autorität vermuten läßt, und durch Spannungen gekennzeichnet. So heißt es in einer jüngeren Studie:

„At the heart of aristocratic households was a contradiction: they were intended as models of successful cooperation, but their essence was ambition. Families maintained them to display the power of their lineages; servants were drawn to them to find patrons; children and parents used them as platforms from which to arrange advantageous marriages and employment. Affection might soften, but it did not preclude, internal disagreements over favouritism towards servants, the choice of marital partners, and the disposition of property."[196]

Das Werk, in dem diese Feststellung getroffen wird, analysiert den Zerfall eines aristokratischen Hauses in einem aufsehenerregenden Skandal, in dem der eigene Sohn und andere Familienangehörige den zweiten Earl of Castlehaven, einen anglo-irischen Adligen, 1630 anklagten, er habe seine (zweite) Ehefrau, die Stiefmutter des Sohnes, von seinen Dienern in seiner Gegenwart vergewaltigen lassen, von anderen, zum Teil noch groteskeren, überwiegend homosexuellen Ausschreitungen und Ausschweifungen in seinem Hause ganz abgesehen. Castlehaven wurde am Ende wegen des Verbrechens, das man ihm vorwarf, hingerichtet. Auch wenn er die ihm zur Last gelegten Taten möglicherweise gar nicht begangen hatte – die Anklage war durch etliche Unstimmigkeiten gekennzeichnet –, so zeigt doch die bloße Tatsache, daß solche Vorwürfe vom eigenen Sohn und schließlich auch der eigenen Ehefrau erhoben wurden, wie heftig die Konflikte zwischen den Familienangehörigen waren.

Der Fall Castlehaven war sicherlich eine in keiner Weise typische Ausnahme, auch wenn es gelegentliche Hinweise auf ähnliche skandalträchtige Vorfälle bei Familien gibt, die nicht wie die verarmten und katholischen Earls of Castlehaven im Niedergang begriffene Au-

---

196 Cynthia B. Herrup, A House in Gross Disorder. Sex, Law and the 2nd Earl of Castlehaven, Oxford 1999, S. 14.

ßenseiter innerhalb ihres eigenen Standes waren.[197] Häufiger und typischer waren aber Konflikte anderer Art, z. B. Streitigkeiten zwischen Geschwistern oder Spannungen, die sich aus einer eventuellen sexuellen Untreue der Frau ergaben, während dem Mann ein solches Verhalten meist nachgesehen wurde. In Frankreich etwa konnte ein Ehemann, der seine Frau wegen Ehebruchs umbrachte, noch im frühen 17. Jahrhundert meist auf milde Richter rechnen, namentlich wenn er seine Gattin in flagranti entdeckt hatte. Aber es gab auch Beispiele für Ehefrauen, die sich zu verteidigen wußten, bis hin zu jener Jeanne de Lastours im Limousin, die angeblich ihren ersten Ehemann zu Tode prügelte und einen späteren Gatten zum Duell forderte, bevor sie selbst auf der Jagd von ihren Feinden getötet wurde.[198]

Dieser Fall war sicherlich eine ebenso spektakuläre Ausnahme wie der des Earl of Castlehaven, zeigt aber, daß auch Frauen ein agonales Ehrverständnis mit der Bereitschaft zu offenen Auseinandersetzungen verbinden konnten. Nicht unüblich war es jedenfalls, daß Ehefrauen bei Spannungen in der Ehe ihre eigene Familie gegen ihren Gatten mobilisierten.[199] Waren diese Familien wohlhabend und einflußreich genug, konnte der Ehemann durchaus in die Defensive gedrängt werden. Jedenfalls mußte er mit Konsequenzen rechnen, wenn er seine Ehefrau schlecht behandelte oder auch nur den Anschein erweckte, dies zu tun. Thomas Wentworth etwa, der spätere Earl of Strafford, zog sich den unversöhnlichen Haß der Familie seiner zweiten Frau zu, als diese während einer Schwangerschaft 1631

---

197 Siehe dazu etwa Beatrix Bastl, Tugend, Liebe, Ehre. Die adelige Frau in der frühen Neuzeit, Wien 2000, S. 415 über die Beziehungen des Reichsfürsten von Lamberg zu seiner Ehefrau, einen Fall, der in abgemilderter Form Parallelen zu Castlehaven aufweist.
198 Stuart Carroll, Blood and Violence in Early Modern France, Oxford 2006, S. 244–246, nach Tallement des Réaux, Historiettes, hg. von Antoine Adam, 2 Bde. Paris 1961, Bd. 2, S. 595 f; des Réaux gibt hier noch andere Beispiele von „femmes vaillantes".
199 Zu solchen Ehekonflikten siehe jetzt auch Sarah Hanley, The Family, the State, and the Law in Seventeenth- and Eighteenth-Century France. The Political Ideology of Male Right versus an Early Theory of Natural Rights, in: Journal of Modern History 78 (2006), S. 289–332.

überraschend starb. Der möglicherweise gar nicht berechtigte Vorwurf, die Rücksichtslosigkeit ihres Mannes sei eine Ursache dieses Todes gewesen, führte zu einer dauerhaften Feindschaft zwischen Wentworth und der Familie seines Schwiegervaters, des Earl of Clare, die auch politische Implikationen hatte und die zunehmende Isolation von Wentworth in der englischen Adelsgesellschaft verstärkte, die ihm zum Verhängnis werden sollte. Am Ende starb Wentworth 1641 als Opfer eines von seinen Gegnern im Unter- und Oberhaus inszenierten Hochverratsprozesses auf dem Schafott.[200]

Grundsätzlich wurde auch von einer adligen Ehefrau freilich erwartet, daß sie sich ihrem Mann unterordnete und ihre Pflichten zunächst einmal vor allem dadurch erfüllte, daß sie viele Kinder gebar, unter denen sich eine ausreichende Zahl von Söhnen befinden mußte, die die Kontinuität des Geschlechtes sicherten. Blieb sie kinderlos, war sie in ihrer sozialen Rolle faktisch gescheitert. Generell lag die Kinderzahl im Adel – mit erheblichen Abweichungen zwischen unterschiedlichen Regionen und Epochen – oft höher als in bäuerlichen oder weniger vermögenden bürgerlichen Familien, weil die Frauen selten selber stillten und daher der Abstand zwischen den Geburten kürzer war.[201]

War die Rolle der adligen Frau auch zunächst vor allem die der Mutter, die für die Kontinuität des Geschlechtes zu sorgen hatte, boten sich doch auch Frauen unter bestimmten Bedingungen Möglichkeiten, ihren Handlungsspielraum zu erweitern, namentlich dann, wenn es sich um Erbtöchter handelte, die eigene Herrschaftsrechte besaßen. Elisabeth Lukretia von Teschen etwa, die 1618 mit 18 Jahren den Fürsten Gundaker von Liechtenstein geheiratet hatte – auf

---

200 Gervase Holles, Memorials of the Holles Family, 1493–1656, hg. von A. C. Wood,Camden Society, Third Series LV, London 1937, S. 109. Vergl. Ronald G. Asch, Art. 'Wentworth, Thomas, first earl of Strafford (1593–1641)', in: Oxford Dictionary of National Biography, online Ausgabe, Oct 2006 [http://www.oxforddnb.com/view/article/29056, 6. Juli 2007].
201 Anke Hufschmidt. Adlige Frauen im Weserraum zwischen 1570 und 1700. Statuts – Rollen – Lebenspraxis, Münster 2001, S. 233 f.

Druck ihres Vormundes des Fürsten Karl von Liechtenstein – nutzte die Tatsache, daß sie 1625 Erbin des Herzogtums Teschen in Schlesien wurde, um sich von ihrem Mann weitgehend zu emanzipieren. Sie zog nach Schlesien und bestand darauf, daß ihr Mann ihr dahin folgen müsse, wenn er an einer Fortsetzung der Ehe und der sexuellen Beziehungen interessiert sei; Gundaker von Liechtenstein seinerseits suchte seiner Frau die Herrschaft über Teschen zu entwinden und sie dazu zu bringen, mit ihm in Österreich oder Mähren zu residieren, bekam von ihr aber nur zu hören, da er sie nicht wie eine Fürstin, sondern „erger als ein dienstmentsch" tractiere, fühle sie sich ihm gegenüber nicht mehr zum Gehorsam verpflichtet.[202] Der Fürst konnte sich gegenüber seiner Gemahlin nicht durchsetzen, deren Stellung in Teschen auch auf Grund der Loyalität ihrer zum Teil protestantischen Untertanen zu stark war.

Spielräume weiblicher Selbstbehauptung werden auch immer wieder in konfessionellen Mischehen deutlich, wie sie sowohl in Deutschland und Ostmitteleuropa wie auch auf den britischen Inseln im späten 16. und im 17. Jahrhundert nicht ganz selten waren. In solchen Fällen wurden die Erziehungskompetenzen der Eheleute oft schon in den Eheverträgen festgelegt, etwa in dem Sinne, daß die Frau die Töchter in ihrem Glauben erziehen konnte, während der Mann den Glauben der Söhne festlegte.[203] Auch dies konnte Konflikte nicht immer verhindern, die dann nicht selten zu gerichtlichen Verwicklungen führten. Diese waren noch wahrscheinlicher, wenn ein Ehepartner während der Ehe den Glauben wechselte und ihm der andere nicht auf diesem Wege folgte. Da die Männer oft unter einem höheren Anpassungsdruck standen, zumindest soweit sie Ämter am Hof oder in der Verwaltung anstrebten, während die Frauen sich leichter entscheiden konnten, die konfessionelle Identität der Familie zu wahren, waren gerade hier Konflikte nicht selten. Das galt für die

---

202 Winkelbauer, Fürst und Fürstendiener, S. 524, 517–531.
203 Dazu Dagmar Freist, Toleranz und Konfessionspolitik. Konfessionell gemischte Ehen in Deutschland 1555 bis 1806, Habilschrift Universität Osnabrück 2003, unveröffentlicht.

österreichischen Erblande im frühen 17. Jahrhundert ebenso wie für das protestantische England unter den Tudors und Stuarts oder für die deutschen Fürstbistümer, in denen nach 1580 zunehmend gegenreformatorische Maßnahmen griffen.[204]

Auch in Ehen, die ausgesprochene Liebesheiraten waren, konnte es zu solchen Konflikten kommen. Der Graf Ernst Wilhelm von Bentheim etwa heiratete 1661 eine bürgerliche Niederländerin, Gertrud van Zelst, die wie er Calvinistin war, konvertierte aber später unter dem Einfluß des Bischofs von Münster, Bernhard von Galen, selber zum Katholizismus. Er hoffte durch seine Konversion die Chance für eine Legitimation dieser Verbindung und für die Anerkennung der Erbansprüche der Kinder aus dieser Ehe zu steigern. Es war zu erwarten, daß der Kaiser einem Konvertiten gewogener sein würde als einem Calvinisten. In dieser Hinsicht ging die Rechnung auch im wesentlichen auf, denn Gertrud van Zelst wurde 1666 zur Reichsgräfin erhoben und die Ehe damit standesgemäß. Seine Frau blieb ihrem calvinistischen Glauben aber dennoch treu und ein schwerer Ehekonflikt war die Folge. Da Gertrud van Zelst die protestantischen Untertanen der Grafschaft Bentheim ebenso auf ihrer Seite wußte, wie das in Bentheim begüterte Haus Oranien, konnte der Graf das heimische Schloß zeitweilig nur noch unter dem Schutz Münsterscher Truppen betreten. Schließlich, als der Druck, den der Bischof von Münster ausübte, allzu groß wurde, flüchtete die Gräfin zusammen mit den gemeinsamen Kindern in die Niederlande. Ihr selber wurde der Gräfinnentitel 1679 durch den Reichshofrat wieder aberkannt; aber Versuche des Grafen, sich das Erziehungsrecht vor Gericht zu erstreiten, blieben erfolglos und seine Kinder aus dieser – dann aufgehobenen – Ehe wurden strenge Calvinisten, die später einen erbitterten Erbstreit mit den Nachkommen der zweiten – katholischen – Ehefrau des

---

204 Zum westfälisch-südniedersächsischen Raum Hufschmidt, Frauen (wie Anm. 201), S. 265–268 und 222–230; zu England Marie B. Rowlands, Recusant Women 1560–1640, in: Mary Prior (Hg.), Women in English Society 1500–1800, London 1985, S. 149–180.

Grafen von Bentheim ausfochten, der erst um 1700 geschlichtet werden konnte.[205]

Die Ehe Ernst Wilhelm von Bentheims war eindeutig keine politische Heirat gewesen. Damit stellt sie in vielerlei Hinsicht schon eine Ausnahme dar; in der Forschung ist zum Teil geradezu die Meinung vertreten worden, affektive Bindungen zwischen den Familienmitgliedern seien in adligen Familien zumindest vor dem späten 18. Jahrhundert, als es auch hier zu einer stärkeren Individualisierung kam, weithin die Ausnahme gewesen. Von den Kindern habe man seitens der Eltern Gehorsam und ein der Tradition konformes Verhalten erwartet, ihnen aber keine Liebe entgegengebracht, und auch die Beziehungen zwischen den Eheleuten seien überwiegend durch Kälte geprägt gewesen, da die Ehen meist eher mit Rücksicht auf wirtschaftliche und politische Interessen und nicht auf Grund gegenseitiger Zuneigung geschlossen worden seien, zumal die Frauen sich ihren Mann meist ohnehin nicht hätten aussuchen können.[206] Eine solche Position muß jedoch nicht nur angesichts der oft unverkennbaren Liebe der Eltern gegenüber den Kindern, sondern auch mit Blick auf die Ehe selbst als überzogen angesehen werden, oder trifft allenfalls für ein ganz bestimmtes aristokratisches Milieu, wie etwa den französischen Hofadel des 18. Jahrhunderts, zu. Hier war die Ehe in der Tat fast nur noch eine Zweckverbindung; war die notwendige Zahl von Nachkommen geboren, gingen die Ehepartner ihre eigenen Wege und lebten oft auch getrennt. Anders als in früheren Epochen, in denen die Männer ihre Mätressen gehabt hatten, von den Frauen jedoch Treue erwartet wurde, schon um sicherzustellen, daß das Erbe der Familie nicht an

---

205 Johann Caspar Möller, Geschichte der vormaligen Grafschaft Bentheim, Lingen 1879, S. 335-375; Johannes Arndt, Das niederrheinisch-westfälische Grafenkollegium und seine Mitglieder (1653-1806), Mainz 1991, S. 55 f.
206 Zur Auseinandersetzung mit diesen Fragen siehe Hufschmidt, Frauen (wie Anm. 201), S. 244-257; Philippe Ariès, Geschichte der Kindheit, München 1990, S. 98-100, und Lawrence Stone, The Familiy, Sex and Marriage in England 1500-1800, London 1977, S. 102-120.

Bastarde fiel (bei den unehelichen Kindern der Frau war die Tatsache der Unehelichkeit naturgemäß schwerer nachzuweisen als bei denen des Mannes), galten nun auch für Frauen laxere Maßstäbe, solange eine gewisse Diskretion gewahrt wurde, und es nicht tatsächlich zur Geburt unehelicher Kinder kam.[207]

Aber die sehr liberale Sexualmoral der höfischen Gesellschaft des späten Ancien Régime, die sich oft mit einem ausgesprochenen Zynismus verband, kann selbst für diese Epoche keineswegs als maßgeblich für den Adel schlechthin gelten, noch weniger für die stärker von christlichen Normen geprägte Epoche vor der Aufklärung. Namentlich im Milieu des einfachen Landadels, für den eine an dynastischen Interessen ausgerichtete Heiratspolitik weniger wichtig war und der auch bei Heiratspartnern von jeher eine größere Auswahl hatte, lagen die Dinge ohnehin oft anders. Ein Blick auf die Korrespondenzen etwa des niederen Adels im Weserraum im 17. Jahrhundert legt den Schluß nahe, daß sich auch aus Ehen, die ursprünglich als Allianzen zwischen zwei Familien – nicht als Liebesbindung zwischen zwei Individuen – gestiftet worden waren, im Laufe der Zeit engere emotionale Bindungen entwickeln konnten;[208] im Weserraum mit seinen vielen protestantischen Familien bleiben freilich weniger Männer dauerhaft unverheiratet als z. B. im katholischen Münsterland, wo dies für jüngere Söhne mit der Zeit fast zur Regel wurde.[209] Parallelen dazu bieten sich in anderen europäischen Regionen wie etwa in Neapel, wo die jüngeren Söhne versuchten, eine Karriere als Offizier oder – mit zunehmender Häufigkeit nach der Mitte des 17. Jahrhunderts – in der Kirche zu machen, aber auch dann, wenn sie nicht Geistliche wurden, fast immer unverheiratet blieben.[210]

Wo so strenge Regeln für die jüngeren Söhne nicht galten, hatten die Frauen eine größere Auswahl an Heiratskandidaten und konnten Kandidaten, die ihnen gar nicht genehm waren, eher zurückweisen.

---

207 Marraud, Noblesse, S. 135–157.
208 Hufschmidt, Frauen (wie Anm. 201), S. 252–255, vergl. S. 140.
209 Heinz Reif, Westfälischer Adel 1770–1860, Göttingen 1979, S. 88.
210 Astarita, Feudal Power (wie Anm. 194), S. 166–171.

Die Tatsache, daß Frauen aus dem niederen Adel die Ehe im Weserraum im 16. und 17. Jahrhundert im Durchschnitt mit knapp 24 Jahren schlossen, also nicht als Teenager und manchmal sogar erst im Alter von 25 Jahren oder später (offiziell war dann ein Konsens der Eltern nicht mehr unbedingt notwendig), läßt auch die Vermutung zu, daß Ehen, die Frauen aufgezwungen wurden, nicht die Norm waren, selbst wenn die Männer meist noch einige Jahre älter waren, manchmal bis zu 10 Jahre, da sie vielfach erst nach dem Tode ihres Vaters heiraten konnten.[211] Ein relativ hohes Heiratsalter der Männer war auch sonst im niederen Adel nicht selten, ganz besonders bei jüngeren Söhnen, die unter Umständen erst heiraten konnten, wenn sie in der Armee Karriere gemacht oder ein einträgliches Amt angetreten hatten, falls sie denn in dieser Hinsicht überhaupt erfolgreich waren. Im brandenburgischen Adel etwa heirateten jüngere Söhne, die als Offiziere dienten, im späteren 18. Jahrhundert im Durchschnitt erst mit 35 Jahren, während ältere Söhne, die das väterliche Gut übernahmen, mit ca. 26 Jahren die Ehe eingingen.[212]

Ehen zwischen sehr jungen Ehepartnern, die zum Teil schon verabredet wurden, während das prospektive Brautpaar sich noch im Kindesalter befand, scheinen im Hochadel – ähnlich wie bei den regierenden souveränen Dynastien – generell verbreiteter gewesen zu sein als beim einfachen Landadel. Hier überwogen dann natürlich politische Erwägungen und der Wunsch, Familienallianzen zu begründen, in sehr hohem Maße. In jedem Fall wird man aber davon ausgehen können, daß adlige Frauen in der Ehe meist doch größere Entfaltungsmöglichkeiten besaßen, als einfache Bauersfrauen. Schon ihre Absicherung durch einen Ehevertrag, der ihre Versorgung als Witwen sicherstellte, bot ihnen eine gewisse Sicherheit.[213] Hinzu traten soziale Konventionen, die die Herrschaftsgewalt des Ehemannes einschränk-

---

211 Hufschmidt, Frauen (wie Anm. 201), Ebd. S. 124 und S. 183.
212 Frank Goese, Rittergut, Garnison, Residenz. Studien zur Sozialstruktur und politischen Wirksamkeit des brandenburgischen Adels 1648–1763, Berlin 2005, S. 252.
213 Hufschmidt, Frauen (wie Anm. 201), S. 173 ff.

ten. So stellte etwa der österreichische Edelmann Bartholomäus von Starhemberg im frühen 17. Jahrhundert fest, er müsse mit manchen Eigenwilligkeiten seiner Frau leben, denn er und seine Standesgenossen könnten ja ihre Frauen nicht „wie der gemein man mit schlägen im zaum" halten.[214] Die Tatsache, daß adlige Männer als Offiziere, Höflinge oder Amtsträger den heimischen Adelssitz oft für längere Zeit verließen – viel häufiger jedenfalls als einfache Bauern ihren Hof –, gab der Ehefrau eine wichtige Position als Vertreterin ihres Mannes bei der Beaufsichtigung des Gesindes und der Führung der Geschäfte. Zum Teil vertraten Frauen auch vor Gericht oder bei Hofe die Interessen ihrer Männer, Söhne und Brüder, die dies nicht selbst tun konnten, da sie im Felde bei ihren militärischen Einheiten standen.[215]

Bloße Sanftmut und Unterwürfigkeit gegenüber dem Mann reichten da als Tugenden kaum aus, vielmehr mußten adlige Frauen durchaus dazu in der Lage sein, Autorität auszuüben, auch wenn ihnen im 18. Jahrhundert in wohlhabenderen Familien zunehmend Verwalter und Haushälterinnen zur Seite standen, eine Entlastung, die aber unter Umständen auch eine gewisse Reduktion ihrer Rolle auf das Repräsentative mit sich bringen konnte. Daß unter diesen Umständen manche Männer den Eindruck hatten, eine Heirat lohne sich nicht so recht und verursache nur Kosten, war allerdings auch nicht ganz überraschend.[216] Über die Pflichten im Hause hinaus und als Vertreterin der Interessen des abwesenden Hausherrn bei Hofe oder in der Gesellschaft, trugen Frauen auch eine spezifische Verantwortung für

---

214 Bastl, Tugend (wie Anm. 197), S. 366 (Zitat).
215 Marraud, Noblesse, S. 234 nach Marc-Marie, Marquis de Bombelle, Journal, hg. von Jean Grassion und Frans Durif, unter den Auspizien von Georges Comte Clam-Martinic, Bd. 1, Genf 1977, S. 231; Christopher Clark, Iron Kingdom. The Rise and Downfall of Prussia, 1600–1947, Cambridge, Mass. 2006, S. 170 f, und Heinrich Kaak, Untertanen und Herrschaft gemeinschaftlich im Konflikt. Der Streit um die Nutzung des Kietzer Sees in der östlichen Kurmark, 1792–1797, in: Jan Peters (Hg.), Gutsherrschaftsgesellschaften im europäischen Vergleich, Berlin 1997, S. 323–342.
216 Hufschmidt, Frauen (wie Anm. 201), S. 204 f.

die Ehre der Familie. Keuschheit und eheliche Treue waren hier sicherlich von großer Bedeutung – allenfalls im höfischen Milieu waren besonders im 18. Jahrhundert und in Frankreich die Normen flexibler – aber die Rolle, die die Frauen bei der Verteidigung der Ehre einer Familie spielten, war keineswegs eine rein passive. Die Ausrichtung adliger Existenz auf den Kampf um Prestige und Ehre, ihr agonaler Charakter, verstärkte das Konfliktpotential in der Familie, aber familiäre Konflikte konnten, wenn sie öffentlich wurden, das Ansehen einer Familie auch gefährden, wenn nicht gar zerstören. Ehre war daher ein Wert, der die Angehörigen einer Familie durchaus auch zur Versöhnlichkeit und zur Bereitschaft, Konflikte friedlich beizulegen, verpflichten konnte, und, wie jüngst von Linda Pollock hervorgehoben wurde, kam Frauen beim Versuch, Konflikte zwischen Familienmitgliedern, etwa zwischen Vater und Sohn oder zwischen Brüdern, auszugleichen, oft eine ganz zentrale Rolle zu.[217]

Erfolgreich waren solche Versuche, innerhalb der Familie Frieden zu stiften, naturgemäß nicht immer und der auf Konkurrenz angelegte Charakter sozialer Beziehungen, der die adlige Gesellschaft generell kennzeichnete, blieb auch innerhalb des Hauses oft sichtbar, namentlich in den Beziehungen zwischen Brüdern. Sie waren vielfach besonders spannungsreich, da es hier auch um das Erbe und gelegentlich auch um den Anspruch auf eine Frau ging. Konflikte traten manchmal selbst in der Beziehung zwischen Vater und Sohn auf, denn unter Umständen konnte ein Statusgewinn des Sohnes eine Bedrohung für die Position des Vaters sein.[218] Die Furcht des ältesten Sohnes, zugunsten jüngerer Söhne – oder gar zugunsten von Nachkommen aus einer zweiten Ehe – enterbt zu werden, spielte hier

---

217 Linda A. Pollock, Honor, Gender and Reconciliation in Elite Culture, 1570–1700, in: Journal of British Studies 46 (2007), S. 3–29; dort auch weitere Literatur.
218 Siehe Dewald, Experience, S. 75: "What the son gained, the father necessarily lost; the father's pursuit of familial standing threatened the son's identity. There could be no accomodation of these diverging interests."

nicht selten eine Rolle, aber der Wille von langlebigen Vätern, ihren Söhnen jeden Einfluß auf Besitz und Herrschaft bis zur letzten Minute zu verweigern, war bisweilen auch ein Faktor. So mag man es sich erklären, daß John Sinclair, Sohn des schottischen Earl of Caithness, von seinem Vater 1571 in das Burgverlies geworfen wurde, wo er sieben Jahre später geplagt von Ratten und Ungeziefer jämmerlich starb. Vielleicht wirklich, wie der schottische Historiker Keith Brown meint, ein Beispiel für einen Disput, „flowing from the denial of their own mortality by psychologically insecure fathers."[219] Derartiges wäre 150 Jahre später im Frankreich der Bourbonen nicht mehr möglich gewesen. Dafür griffen Väter nun auf die Machtmittel des Staates in Gestalt außergerichtlicher königlicher Haftbefehle, der sogenannten *lettres de cachet*, zurück, um sich gegen rebellische Söhne durchzusetzen. Deren Zahl war im Zeitalter der Aufklärung und zunehmend laxer werdender moralischer und familiärer Verhaltensnormen nicht gering. Schlimmstenfalls wurden die Söhne zwangsweise in die Armee gesteckt, in der Bastille eingesperrt, oder gar auf eine für solche Rebellen reservierte Insel in der Karibik deportiert.[220] Auf diese Weise konnte immerhin die Ehre der Familie bewahrt werden, ein Ziel, das oft absolute Priorität gegenüber allen anderen Überlegungen besaß.

Über solche juristischen Möglichkeiten verfügte ein älterer Bruder gegenüber seinen jüngeren männlichen Geschwistern in der Regel nicht. Gewaltsame Konflikte waren hier zumindest noch im 16. und frühen 17. Jahrhundert nicht ganz selten, namentlich wenn es um Erbfragen ging. Väter, die in ihren Testamenten von der üblichen Erbfolge abwichen, oder nach dem Tod ihrer ersten Frau wieder heirateten und Kinder zeugten, legten damit zuweilen die Fundamente für juristische oder gewaltsame Auseinandersetzungen, die Jahrzehnte dauerten. In Frankreich waren im ohnehin recht gewaltbereiten 16. Jahrhundert Duelle zwischen verfeindeten Brüdern oder Halbbrüdern mit oft tödlichem Ausgang nicht ungewöhnlich.

---

219 Brown, Noble Society (wie Anm. 195), S. 168, vergl. S. 169 f.
220 Claude Quetel, De Par le Roy. Essai sur les lettres de cachet, Paris 1981.

Gelegentlich waren auch die verwitweten Mütter in diese Auseinandersetzungen verwickelt, wie überhaupt nicht wenige Söhne mit Argwohn auf das Wittum blickten, das ihren Müttern kraft des Ehevertrages in der Regel überlassen werden mußte. Aus diesem Argwohn konnten offener Haß und Gewalt werden, wenn die Mutter wieder heiratete und ein Stiefvater die Szene betrat.[221] Auch das zeitweilige oder dauerhafte Zusammenleben von Brüdern in einem Hause milderte die Spannungen innerhalb der Familie nicht immer, eher im Gegenteil. Anfang des 17. Jahrhunderts ließ ein französischer Edelmann seine Frau in der Obhut seines Bruders, während er selbst 14 Monate abwesend war. Als er bei seiner Rückkehr feststellte, daß seine Frau von seinem Bruder schwanger war, brachte er diesen kurzerhand um.[222] Man kann darin eine dramatisch zugespitzte Eifersuchtsgeschichte sehen, aber der Konflikt mag auch dadurch bedingt gewesen sein, daß der jüngere Bruder, der nur wenig erbte, nur mit Mühe oder gar nicht dazu in der Lage war, standesgemäß zu heiraten.

In der Tat wurde, wie bereits betont, von jüngeren Brüdern oft erwartet, daß sie auf die Begründung eines eigenen Hausstandes verzichteten, um auf diese Weise das Vermögen der Familie zusammenzuhalten. In katholischen Ländern und Regionen eröffnete sich ihnen immerhin als Kompensation oft die Möglichkeit einer Karriere in der Kirche oder in einem geistlichen Ritterorden,[223] während die Lage für protestantische Familien deutlich schwieriger war. Im Falle der Töchter, für die sich kein passender Ehepartner fand, oder denen man keine ausreichende Mitgift mit in die Ehe geben konnte – das eine bedingte oft das andere –, waren die konfessionell begründeten Unterschiede weniger groß. Unverheiratete protestantische Adelige

---

221 Carroll, Blood and Violence (wie Anm. 198), S. 30–34. Zur Position von Witwen vergl. auch Martina Schattkowsky (Hg.), Witwenschaft in der Frühen Neuzeit. Fürstliche und adlige Witwen zwischen Fremd- und Selbstbestimmung, Leipzig 2003.
222 Jean-Marie Constant, La Vie quotidienne de la noblesse française aux XVIe–XVIIe siècles, Paris 1985, S. 228.
223 Reif, Adel (wie Anm. 209), S. 116–120.

konnten in ein adliges Damenstift eintreten, während Katholikinnen Nonne wurden. Sie erwartete dann unter Umständen ein recht eintöniges Leben, soweit sie nicht zur Äbtissin oder zu ähnlichen Würden aufstiegen.[224] Die Familiendisziplin verlangte daher allen Familienangehörigen – mit der partiellen Ausnahme des Familienoberhauptes selber – harte Opfer ab, die nicht immer widerstandslos akzeptiert wurden, wie schon betont worden ist. Dafür gab es aber auch eine Art kollektiver Haftung der Familie für ihre weniger erfolgreichen Mitglieder, solange die Betroffenen die Grundnormen adliger Existenz nicht verletzt hatten und die Familienehre nicht gefährdeten.[225] Nicht selten wurden die sich daraus ergebenden Verpflichtungen vom Familienoberhaupt durchaus als Belastung empfunden, der er sich aber kaum entziehen konnte.

### Gönner, Freunde und Klienten

Das adlige Haus – im Sinne einer Dynastie – umfaßte in den meisten europäischen Adelsgesellschaften im Kern die agnatischen Verwandten, also diejenigen, die durch die Abstammung in männlicher Linie miteinander verbunden waren. Auch sehr entfernte Vettern und Neffen konnten diesem Haus noch zugerechnet werden, wenn sie den gemeinsamen Familiennamen und das Wappen respektive ein dem ursprünglichen ähnliches Wappen bewahrt hatten, ja auch Familien, die keine wirkliche Blutsverwandtschaft nachweisen konnten, nahmen doch zuweilen eine solche auf Grund ihres Namens – der mit dem der Hauptlinie identisch war oder den Eindruck erweckte, von ihm abgeleitet zu sein – in Anspruch. Natürlich geschah dies bisweilen, um Erbansprüche geltend zu machen, aber erstaunlich oft war auch die Hauptlinie bereit, solche entfernten Verwandten oder Pseudoverwandten unter ihren Schutz zu nehmen; auch damit das Prestige der Gesamtfamilie nicht durch den unerfreulichen Anblick namens-

---

224  Reif, Adel (wie Anm. 209), S. 119–121.
225  Siehe dazu Reif, Adel (wie Anm. 209), S. 113.

gleicher Adliger, die sich allzu sichtbar im sozialen Niedergang befanden, geschädigt wurde.[226]

Patronagenetzwerke innerhalb des Adels stützten sich zunächst einmal vor allem auch auf solche Verwandtschaftsbeziehungen.[227] Darüber hinaus waren es aber auch die Verbindungen, die durch die Heiraten der Frauen mit Angehörigen anderer Häuser geschaffen wurden, die das agnatische patrilineare Netzwerk von Beziehungen erweiterten. Als „Freundschaft" wurde noch im 16. Jahrhundert zunächst vor allem die Beziehung zu den in weiblicher Linie (also etwa den Verwandten der eigenen Mutter) und durch Heirat mit der engeren Familie verwandten Personen betrachtet. Das galt für den Adel des Weserraumes um 1600 genauso wie für den schottischen Adel zu Beginn der Neuzeit. Noch im 18. Jahrhundert wurde in den Eheverträgen des westfälischen Adels die Begründung von „Freundschaften" zwischen den beteiligten Familien als ein Ziel der Eheschließung genannt.[228] Im weiteren Sinne des Wortes zählten zu den Freunden dann auch Personen, die nicht durch Abstammung oder Heirat mit den Angehörigen eines adligen Hauses verwandt waren, mit diesen aber durch gemeinsame Interessen, wechselseitige Verpflichtungen und enge soziale Beziehungen verbunden waren.

Charakteristisch für solche Freundschaftsbindungen im Adel bleibt dabei die Tatsache, daß die Übergänge zwischen Freundschaft und Klientelverhältnissen gleitend waren. Grundsätzlich war zwar Freundschaft eine Bindung zwischen Gleichgestellten und Patronage eine Bindung zwischen einem stärkeren Partner und Personen, die von ihm in irgendeiner Form abhängig waren. Auf der anderen Seite war aber der frühen Neuzeit, zumindest vor dem ausgehenden 18. Jahrhundert, die Vorstellung, Freundschaft müsse eine vor allem emotional begründete, weitgehend zweckfreie Beziehung sein, noch fremd; allen-

---

226 Marraud, Noblesse, S. 237 f.
227 Michel Nassiet, Parenté, noblesse et états dynastiques, XVe–XVIe siècles, Paris 2000, S. 73–78.
228 Hufschmidt, Frauen (wie Anm. 201), S. 130 f; Jenny Wormald, Lords and Men in Scotland. Bonds of Manrent 1442–1603, Edinburgh 1985, S. 79–90; Reif, Adel (wie Anm. 209), S. 84.

falls galt eine solche Freundschaft als ein Sonderfall, der nicht die Norm für Freundschaftsbeziehungen im allgemeinen darstellte. Im Gegenteil, Freundschaft, so wurde weithin angenommen, bewährte sich gerade durch Hilfe in der Not, durch den Rat, den man dem Freunde gab und der einen auch selber – etwa in politischen oder juristischen Fragen – dazu verpflichtete, eine bestimmte Position durch Dienste und den Schutz, den man dem Freund gewährte, zu verteidigen. Freilich bestand auf solche Leistungen in aller Regel kein eigentlicher Rechtsanspruch und der Versuch, sich auf solche Ansprüche zu berufen, hätte die Freundschaft fast unvermeidlich zerstört (die *bonds of manrent* des schottischen Adels, die eine rechtliche Absicherung von Beziehungen zu Freunden und Getreuen waren, stellten hier eine gewisse Ausnahme dar).[229] Oder, wie ein bekannter italienischer Autor des 16. Jahrhunderts, Giovanni della Casa (der hier nach einer späteren englischen Übersetzung zitiert sei), es im Hinblick auf die Beziehungen zwischen Mächtigeren und Schwächeren formulierte: „These are morose, melancholique and peevish persons, that keep accompt of their services and register punctually every bowe, cringe, and complement they make and every good look or acknowledgement they are payed with; if they be at any time reproved they produce their table bookes and evince thence that the congees are ballanced, and that they are not bound in any one respect, so much received so much paid, oh insupportable vanity. Oh nicety not to be insisted on."[230]

So wie es für "schwächere Freunde" die „friends of a lesser degree" (Della Casa hatte im lateinischen Original von „tenuiores amici" gesprochen), unklug war, sich gegenüber ihrem Gönner allzu deutlich auf die Dienste zu berufen, die sie geleistet hatten, war es andererseits für einen Mächtigen nicht empfehlenswert, gegenüber anderen Adligen, mochten sie auch weniger mächtig sein als er selber, die Rolle

---

229 Wormald, Bonds of Manrent (wie Anm. 228).
230 Giovanni della Casa, The Arts of Grandeur and Submission or A Discourse concerning the Behaviour of Great Men towards their inferiours, and of Inferiour Personages towards Men of greater quality, rendered into English by Henry Stubbe, London 1665, S. 25.

des überlegenen Patrons zu stark zu betonen.[231] Englische Provinzadlige des 18. Jahrhunderts etwa faßten es als Beleidigung auf, wenn man sie als Klienten eines Hochadligen oder großen Landbesitzers bezeichnete. Und auch in Frankreich, dessen soziale Ordnung die Statusunterschiede deutlicher betonte als die englische, entwickelten sich in dieser Epoche beim Landadel ähnliche Vorbehalte gegen eine allzu deutliche Abhängigkeit vom Hofadel.[232]

In jedem Fall setzte schon die Tatsache, daß selbst kleinere Adlige zumindest in West- und Mitteleuropa zwischen unterschiedlichen Freunden und Patronen wählen konnten und selten ausschließlich von einem „Haus" abhängig waren, einer allzu offensichtlichen Unterordnung unter einen Patron gewisse Grenzen.[233] In Ländern mit einem besonders zahlreichen und oft recht armen niederen Adel wie in Polen mochte das gelegentlich etwas anders aussehen, obwohl auch und gerade hier die grundsätzliche Gleichheit aller Adligen oft genug betont wurde. Diese Gleichheit, die auch andernorts eine große Rolle spielte, mochte sie auch partiell fiktiv sein, machte es notwendig, auch Patronagebeziehungen unter Adligen vielfach, wenn auch sicherlich nicht ausschließlich, in die Sprache der Freundschaft zu kleiden. Ein Teil der Forschung hat in dieser Sprache eine reine Fiktion gesehen, die handfeste politische und soziale Tauschgeschäfte, bei denen es jeder Seite nur um die eigenen Vorteile ging, ebenso kaschieren sollte wie die enormen Unterschiede an Macht und Status, aber damit wird das Eigengewicht kultureller Normen und Praktiken doch unterschätzt.[234]

---

231 Della Casa, Arts (wie Anm. 230), S. 44.
232 Philip Jenkins, The Making of a Ruling Class. The Glamorgan Gentry, 1640–1790, Cambridge 1983, S. 199, und Jonathan Dewald, Pont-St.-Pierre 1398–1789. Lordship, Community and Capitalism in Early Modern France, Berkeley, Cal., 1987, S. 109–112.
233 Jouanna, Le Devoir, S. 70.
234 Zu diesem Problem Heiko Droste, Patronage in der frühen Neuzeit. Institution und Kulturform, in: Zeitschrift für Historische Forschung 30 (2003), S. 555–590, und die Erwiderung auf diese Polemik von Birgit

Sich auf die Sprache der Freundschaft einzulassen, prägte letzten Endes auch das Verhalten der Beteiligten, zumal eine klare Unterscheidung zwischen materiellen Interessen auf der einen Seite und immateriellen Werten wie Ehre und Loyalität auf der anderen Seite der Adelskultur der frühen Neuzeit eher fremd war, wie namentlich Kirsten Neuschel betont hat.[235] Für einen Adligen war es immer auch eine Frage der Ehre, Anerkennung bei seinen Freunden zu finden, mochten sie nun mächtiger oder schwächer sein als er selber, und ebenso war es eine Frage der Ehre, für diese Freunde einzustehen oder sich ihnen gegenüber freigebig zu zeigen, indem man sie beschenkte oder indem man sein Haus für einen weiten Kreis von Freunden und Anhängern öffnete, die dort jederzeit bewirtet wurden.[236] Ein Gewinn an Ehre war stets auch ein Gewinn an Status für die eigene Familie.[237]

Loyalität gegenüber den Freunden zeigte sich nicht nur in der Hilfe, die man diesen Freunden in politischen, juristischen oder militärischen Konflikten gewährte, sie konstituierte sich auch durch dieses konkrete Handeln: „loyalty was more a thing to do than a thing to feel. Or rather doing and feeling may have been more equivalent for them than for us."[238] Dies schloß keineswegs aus, daß ein Adliger durch Freundschafts- und Patronageverhältnisse mit mehr als einer Familie oder einer Person verbunden war und daß diese unterschiedlichen Bindungen in Konflikt geraten konnten, so daß er genötigt

---

Emich, Nicole Reinhardt, Hillard von Thiessen und Christian Wieland, Stand und Perspektiven der Patronageforschung. Zugleich eine Antwort auf Heiko Droste, in: Zeitschrift für Historische Forschung 32 (2005), S. 233–266.
235 Kirsten Neuschel, Word of Honor. Interpreting Noble Culture in Sixteenth-Century France, Ithaca, New York 1989, S. 196 f. Zur jüngeren Debatte über die Bedeutung der Patronage in Frankreich siehe auch Elie Haddad, Noble Clienteles in France in the 16th and 17th Centuries. A Historiographical Approach, in: French History 20 (2006), S. 75–109.
236 Zur Gastfreundschaft siehe etwa Felicity Heal, Hospitality in Early Modern England, Oxford 1990.
237 Neuschel, Word of Honor (wie Anm. 235), S. 197–199.
238 Ebd. S. 196.

war, zwischen rivalisierenden Loyalitäten zu wählen. Eine Entscheidung dieser Art konnte dann aus der Sicht der benachteiligten Seite rasch als Verrat erscheinen. Dies ist aber kein Beweis für den grundsätzlichen Zynismus von Freundschafts- und Treubekundungen oder für ihren dissimulatorischen Charakter, auch wenn es sicherlich Beispiele für einen solchen Machiavellismus gibt. Entscheidend war hier eher, wie ebenfalls Kirsten Neuschel und andere betont haben, daß gerade in einer Welt, in der Freundesbindungen stets auch eine politische Bedeutung hatten, Freundschaft und Feindschaft dicht beieinander liegen konnten. Gerade die Vertrautheit und der enge gesellschaftliche Umgang, die neben einer Koinzidenz der Interessen im 17. und 18. Jahrhundert Freundschaft zwischen Adligen viel stärker konstituierten als explizit formulierte „Gefühle", konnten auch der Nährboden für intensive Konflikte sein, wie das ja in ähnlicher Weise auch für den Umgang der Familienmitglieder miteinander im Hause galt.[239]

Generell beruhte Freundschaft zwischen frühneuzeitlichen Adligen mehr auf einem Sich-Verlassen auf die Erfüllung vorgegebener sozialer Rollen durch den jeweils anderen als auf einem individuell ausgehandelten Vertrauen zwischen den Partnern.[240] So konnten, wie schon betont, durch Heirat etablierte Verwandtschaftsbindungen eine wichtige Basis von Freundschaftsbeziehungen sein, und die erwähnten schottischen *bonds of manrent* konstituierten eine Art künstlicher Verwandtschaft. Schottische Adlige schlossen solche Verträge ab „to become as kinsmen to one another".[241] Derselben Logik entsprach es, wenn man Freundschaftsbeziehungen vom Vater erben konnte, oder

---

239 Ebd. S. 198 f; dazu auch Allan Silver, Friendship and Trust as Moral Ideals. An Historical Approach, in: Archives Européennes de Sociologie 30 (1989), S. 274–297, hier S. 288.
240 Dazu Adam B. Seligman, The Problem of Trust, Princeton 1997, S. 30–38. Vgl. auch Niklas Luhmann, Vertrautheit, Zuversicht, Vertrauen. Probleme und Alternativen, in: Martin Hartmann und Claus Offe (Hg.), Vertrauen. Die Grundlagen des sozialen Zusammenhalts, Frankfurt/M. 2001, S. 143–160.
241 Wormald, Bonds of Manrent (wie Anm. 228), S. 76

wenn sie durch eine mehr oder weniger stark ritualisierte Form des sozialen Umgangs (Geschenke, Kommensalität) stabilisiert wurden. Erst im 18. Jahrhundert wurde dies zunehmend anders: in dem Maße, in dem Freundschaft auch in Kreisen des Adels partiell von ihren politischen und wirtschaftlichen Funktionen entlastet wurde, wurde sie stärker zu einer affektiven Bindung und der sentimental gefärbte Freundschaftskult dieser Epoche fand auch in Adelskreisen seine Resonanz.[242]

Zu diesem Zeitpunkt hatte aber, wie schon betont, die Freundschaft unter Adligen viele ihrer ursprünglichen Funktionen bereits verloren. Dies war im 16. und 17. Jahrhundert noch deutlich anders gewesen. In einer Epoche, in der man sich auf vertragliche Vereinbarungen und ihre Einklagbarkeit nur begrenzt verlassen konnte, waren verwandtschaftliche und freundschaftliche Beziehungen nicht zuletzt für Geldgeschäfte ein wichtiger Faktor. Kredite oder Bürgschaften erhielt man zu erträglichen Bedingungen oft nur von Personen, die zum Kreise der Verwandten und Freunde zählten.[243] Überdies besaßen im 16. Jahrhundert auch in Westeuropa Hochadlige oft noch eine eigene militärische Gefolgschaft, die sie in Krisenzeiten aufbieten konnten. Auch adlige Militärunternehmer griffen für die Rekrutierung ihres Regiments meist auf bestehende Patronagenetzwerke zurück. Zentrum der militärischen Gefolgschaft eines hohen Adligen war seine Haushaltung, ein Hofstaat im Kleinen, der den Kern seiner *affinity* des Kreises von Personen, die durch Verwandtschaft, Freund-

---

242 Dieter Lohmeier, Der Edelmann als Bürger. Über die Verbürgerlichung der Adelskultur im dänischen Gesamtstaat, in: Christian Degn und Dieter Lohmeier (Hg.), Staatsdienst und Menschlichkeit. Studien zur Adelskultur des späten 18. Jahrhunderts in Schleswig-Holstein und Dänemark, Neumünster 1980, S. 127–150, hier bes. S. 139, vergl. Reif, Adel (wie Anm. 209), S. 268 f.
243 Hufschmidt, Frauen (wie Anm. 201), S. 155 f; siehe auch. Craig Muldrew, The Economy of Obligation, the Culture of Credit and Social Relations in Early Modern England, Basingstoke 1998.

schaft und Patronage an ihn gebunden waren, darstellte.[244] Entsprechend stark waren zum Beispiel in Frankreich diese adligen Hofhaltungen gerade in den unruhigen Jahrzehnten der Religionskriege nach 1560 ausgebaut worden.[245] Im Laufe des 17. und 18. Jahrhunderts wurden sie zum Teil verkleinert,[246] und selbst dort, wo dies nicht oder nicht im selben Umfang geschah, wie etwa in Frankreich im Fall der höchstrangigen Adligen, der Prinzen von Geblüt, die immer noch zwischen 100 und 200 Personen, wenn nicht mehr, in ihrem Hofstaat beschäftigten,[247] sank doch oft der soziale Status des Personals. Männliche Bedienstete wurden zum Teil durch Frauen ersetzt. Das Haus als innerstes Zentrum eines größeren Kreises von Dienern, Klienten und Freunden verlor dementsprechend an Bedeutung.[248]

---

244 Dies zeigt für die Guise Stuart Carroll, Noble Power during the French Wars of Religion. The Guise Affinity and the Catholic Cause in Normandy, Cambridge 1998, S. 53–88
245 S. Amanda Eurich, The Economics of Power. The Private Finances of the House of Foix-Navarre-Albret during the Religious Wars, Kirksville, Miss., 1994, S. 78–89; vergl. Mack P. Holt, Patterns of Clientèle and Economic Opportunity at Court during the Wars of Religion. The Household of François Duke of Anjou, in: French Historical Studies 13 (1984), S. 305–322.
246 Dewald, Pont-St-Pierre (wie Anm. 232), S. 112–17,
247 Ein Beispiel für einen solchen Hofstaat gibt Jean Duma, Les Bourbon-Penthièvre, 1678–1793, Paris 1995, S. 187–204 und S. 409 ff. Siehe auch Antoine Lilti, Le Monde des Salons. Sociabilité et mondanité à Paris au XVIIIe siècle, Paris 2005, S. 76–78.
248 Zum adligen Haushalt siehe auch Kate Mertes, The English Noble Household, 1250–1600, Oxford 1988, bes. S. 183–193. Zur weiblichen Dienerschaft siehe Sharon Kettering, The Household Service of Early Modern French Noblewomen, in: dies., Patronage in Sixteenth- and Seventeenth-Century France, Aldershot 2002, Kap. VI., und Sarah C. Maza, Servants and Masters in 18th-Century France, Princeton 1983, S. 276 f; vergl. zu späteren Entwicklungen für England auch Christopher Christie, The British Country House in the Eighteenth Century, Manchester 2000, S. 117–123, der feststellt, daß nach 1700 männliche Mitglieder des Haushaltes aus der gentry selten wurden und daß nach 1750 die Dienerschaft numerisch von Frauen dominiert wurde.

Generell wurden im Laufe des 17. Jahrhunderts aus adligen Patronen, die selber Vorteile und Vergünstigungen zu vergeben hatten, nun oft eher Makler, *broker*, die zwischen möglichen Bittstellern und dem Hof, wo die eigentlichen Karriere- und Patronageentscheidungen fielen, vermittelten.[249] Der Einfluß, den ein Adliger bei Hofe besaß, war nun zum Teil wichtiger als die Machtstellung, die er auf Grund seines Vermögens, des Ansehens seines Hauses und seiner Verbindungen in seiner angestammten Heimatregion aufgebaut hatte, auch wenn das eine und das andere naturgemäß eng miteinander verbunden waren. In jedem Fall aber war ein weit gespanntes Netzwerk von Beziehungen zu Verwandten, Freunden, höfischen Maklern und Patronen respektive Klienten für einen Adligen der frühen Neuzeit von essentieller Bedeutung, wenn er Karriere als Amtsträger oder Offizier machen wollte. Aber selbst, wenn es ihm nur darum ging, seine Interessen vor Gericht durchzusetzen oder in einer Ständeversammlung Rückhalt zu finden, waren solche Beziehungen unentbehrlich. Das galt letzten Endes für ein eher parlamentarisch dominiertes System wie das englische im 18. Jahrhundert ebenso wie für eine höfische Monarchie wie Frankreich oder die römische Kurie des 17. Jahrhunderts, nur daß hier die Patronagemechanismen jeweils andere waren.[250] Natürlich dienten solche Netzwerke der Durchsetzung materieller Interessen, aber wie schon betont worden ist, waren solche materiellen Interessen nicht ohne weiteres zu trennen von Kategorien wie Prestige und Ehre, die in einer bestimmten Standeskultur verankert waren. Ja

---

249 Sharon Kettering, Patrons, Brokers and Clients in Seventeenth-Century France, Oxford 1986, S. 40–67 und dies., Brokerage at the Court of Louis XIV, in: dies., Patronage (wie Anm. 248), Kap. VIII.

250 Siehe zur Rolle von Patronage und Klientel in der italienischen Mikropolitik der frühen Neuzeit Nicole Reinhard, „Verflechtung" ein Blick zurück nach vorn, in: Peter Burschel u. a. (Hg.), Historische Anstöße. Festschrift für Wolfgang Reinhard, Berlin 2002, S. 235–262 und die monumentale Studie von Birgit Emich, Territoriale Integration in der Frühen Neuzeit. Ferrara und der Kirchenstaat, Köln 2005, sowie Wolfgang Reinhard (Hg.) Römische Mikropolitik unter Papst Paul V. Borghese (1605–1621) zwischen Spanien, Neapel, Mailand und Genua, Tübingen 2004.

mehr noch, Familien-, Freundschafts- und Patronagenetzwerke gewannen erst dann dauerhafte Kohärenz, wenn sie durch das Bekenntnis zu gemeinsamen Werten oder doch zumindest durch einen bestimmten gemeinsamen Stil der Selbstdarstellung und der Selbstinszenierung ein ganz spezifisches Profil erhielten.

Die Guise etwa waren im Frankreich des 16. Jahrhunderts auf Grund ihres Reichtums, ihrer Position bei Hofe, ihres Status als *princes étrangers* und ihres Einflusses auf die Besetzung kirchlicher Ämter an sich schon eine Familie mit zahlreichen Klienten und Anhängern und einer großen *affinity*, einem Kreise von Vertrauten, Freunden und Verbündeten jeder Art. Zu einem Machtfaktor ersten Ranges wurden sie aber erst dadurch, daß sie die Sache des radikalen Katholizismus nach 1560 zunehmend zu ihrer eigenen machten. Dies schloß ein zeitweiliges Spiel mit anderen Optionen, zu denen sogar ein Bündnis mit Protestanten gehörte, nicht aus, aber die Guise blieben am Ende bei ihrer Identifikation mit dem gegenreformatorischen Katholizismus; das Prestige ihrer Familie und der Sieg der Katholiken im Bürgerkrieg hatten sich unauflöslich miteinander verbunden.[251] Der Führer einer aristokratischen *affinity* aus Freunden, Verwandten, Klienten und Verbündeten war am Ende nur noch bedingt Herr seines eigenen Handelns; er mußte durch sein Verhalten auch den Erwartungen seiner Anhänger entsprechen, sonst verlor er sein Ansehen und seinen politischen Kredit. Dies konnte den Führer einer aristokratischen Gefolgschaft durchaus nötigen, sich auf Konflikte einzulassen, denen er eigentlich lieber ausgewichen wäre.[252]

Die Suche nach einer Idee, die das politische Handeln einer adligen *affinity* zu legitimieren vermochte, war nicht auf die französischen Hochadligen des späten 16. Jahrhunderts begrenzt. Der Earl of Leicester etwa, einer der führenden Männer am Hofe Elisabeths I.,

---

251 Carroll, Noble Power (wie Anm. 244), S. 181.
252 Paul E. J. Hammer, The Polarisation of Elizabethan Politics. The Political Career of Robert Devereux, 2nd Earl of Essex, Cambridge 1999, S. 292 f.: „Essex was frequently forced into action on behalf of men who had deliberately sought his countenance as a means of ensuring his support in the local quarrels."

profilierte sich als Exponent eines konsequenten Protestantismus und die Männer, die er 1585 in die Niederlande führte, um dort die Spanier zu bekämpfen, stellten fast so etwas wie den bewaffneten Arm der puritanischen Bewegung in England, einen „Puritanism in arms", dar. Dennoch befanden sich unter den Klienten und Anhängern Leicesters auch prominente Katholiken, die Leicester durch die traditionelle Bindung an das Haus Dudley verbunden waren und für die diese Bindung die Priorität gegenüber konfessionellen Loyalitäten besaß.[253] Die Dinge lagen einige Jahre später, als Leicesters Schützling und politischer Erbe, der zweite Earl of Essex, seine Anhänger um sich sammelte, nicht viel anders. Essex trat als Befürworter einer aggressiven Außenpolitik auf, für deren Erfolg ritterliche Kämpfer und überzeugte Soldaten wie er selber bürgen sollten, aber dennoch zeigte er sich persönlich gegenüber englischen Katholiken, die eine pro-spanische Haltung vermieden, tolerant, wenn sie bereit waren, sich seiner Sache anzuschließen.[254]

Essex' Selbststilisierung als protestantischer Heros und Führer einer stark politisierten militärischen Klientel wurde von der Königin, der er diente, am Ende als Bedrohung gesehen. 1601 wurde er als Hochverräter hingerichtet. Hier gingen andere Aristokraten oder aristokratische Familienverbände vorsichtiger vor. Die Schönborn etwa, die von einfachen Adligen dank ihrer erfolgreichen Patronage- und Bündnispolitik innerhalb der Reichskirche – sie sicherten sich im späten 17. und frühen 18. Jahrhundert eine beispiellose Zahl von Pfründen – zu Reichsgrafen aufsteigen, inszenierten sich bewußt als Vertreter einer

---

253 Simon Adams, A Puritan Crusade? The Composition of the Earl of Leicester's Expedition to the Netherlands 1585–86, in: ders., Leicester and the Court. Essays on Elizabethan Politics, Manchester 2002, 176–195, hier S. 186–190.

254 Hammer, Essex (wie Anm. 252), S. 174–180; vergl. Richard McCoy, The Rites of Knighthood. The Literature and Politics of Elizabethan Chivalry. Berkeley, Cal. 1989, S. 88–94, und Paul E. J. Hammer, Upstaging the Queen. The Earl of Essex, France Bacon and the Accession Day Celebration of 1595, in: David Bevington und Peter Holbrook (Hg.), The Politics of the Stuart Court Masque, Cambridge 1998, S. 41–66.

katholisch gefärbten Reichsidee. Grundsätzliche Kaisertreue verband sich hier freilich mit einer gewissen Distanzierung von den Versuchen des Wiener Hofes, den Reichsgedanken für sich zu monopolisieren. Ihren Ausdruck fand die von den Schönborn propagierte Reichsidee nicht zuletzt in den zahlreichen aufwendigen Bauprojekten der Angehörigen des Hauses, zu denen das Schloß Weißenstein bei Pommersfelden ebenso gehörte wie die Würzburger Residenz.

Der in diesen Bauten Stein gewordene Reichsgedanke bot ein „Identifikationsangebot für die Standesgenossen im niederen Reichsadel", die zu den Verwandten, Klienten und Verbündeten der Schönborn gehörten und auf deren Unterstützung man angewiesen blieb.[255] Nicht jede Adelsfamilie besaß die finanziellen Mittel, um so aufwendig zu bauen, aber dennoch war auch für andere Familienverbände und ihre Anhänger neben der Gemeinsamkeit der Interessen ein bestimmter sozialer Habitus oder Verhaltensstil im politischen ebenso wie im ästhetischen Sinne ein identitätsstiftendes Element, oder wie es in einer jüngeren Studie über politische Netzwerke im 20. Jahrhundert heißt: „indem die Mitglieder eines Netzwerkes sich eines gemeinsamen Verhaltensstils befleißigen, versichern sie sich geteilter Werte und gegebenenfalls auch Weltanschauungen."[256]

---

255 Arne Karsten, Familienglanz und Reichsgedanke. Der Aufstieg des Hauses Schönborn, in: ders. und Hillard von Thiessen (Hg.), Nützliche Netzwerke und korrupte Seilschaften, Göttingen 2006, S. 114–136, hier bes. S. 123. Zu den Schönborn auch Sylvia Schraut, Das Haus Schönborn. Eine Familienbiographie. Katholischer Reichsadel 1640–1840, Paderborn 2005 und Johannes Süßmann, Vergemeinschaftung durch Bauen. Würzburgs Aufbruch unter den Fürstbischöfen aus dem Hause Schönborn, Berlin 2007.
256 Jens Ivo Engels, Von der Heimat-Connection zur Fraktion der Ökopolitiker. Personale Netzwerke und politischer Verhaltensstil im westdeutschen Naturschutz, in: Karsten/Thiessen, Netzwerke (wie Anm. 255), S. 18–45, hier S. 21.

## Das Haus als Symbol adliger Macht und Mittelpunkt adliger Existenz

Am Beispiel der Schönborn wird sehr deutlich, welch große Bedeutung das Haus für den Adel auch in seiner äußeren Gestalt als Burg oder Schloß besaß. Mochte ein „festes Haus" oder eine schwer einnehmbare Burg zu Beginn der Neuzeit auch noch eine rein praktische militärische Bedeutung als Zufluchtsort nicht nur für die Adligen selber, sondern auch für ihre Untertanen haben, so traten dies Funktionen im Laufe des 16. und frühen 17. Jahrhunderts zunehmend in den Hintergrund. Eine Ausnahme stellten Regionen dar, in denen kleinere und größere militärische Auseinandersetzungen an der Tagesordnung blieben, wie etwa in Österreich an der Grenze zum Osmanischen Reich, wo man bis 1680/90 ständig mit Überfällen kleinerer türkischer Streiftrupps rechnen mußte. Hier hielt sich lange die traditionelle kastellartige Vierflügelanlage, die als Höhenburg oder als Wasserschloß zumindest gegen kleinere Überfälle verteidigungsfähig blieb, wenn man nicht sogar ältere Burgen erneuerte und mit modernen Schanzen versah, wie es die ungarischen Esterhazy mit ihrem Sitz Forchtenstein im Burgenland, also in unmittelbarer Nachbarschaft zur Grenze des Osmanischen Reiches, noch in den 1650er Jahren taten.[257] Deutlich anders verhielten sich die Dinge in England. Hier mußte man, außer vielleicht in den Grenzregionen zu Schottland, schon Mitte des 16. Jahrhunderts kaum noch mit militärischen Auseinandersetzungen rechnen, dank der Insellage war auch der erfolgreiche Angriff einer Invasionsarmee wenig wahrscheinlich. Unter diesen Umständen entwickelte sich ein spezifischer Typus des Adelssitzes in England, das *country house*, das schon früh seine Verteidigungsfunktionen verlor und diese auch nicht einmal mehr symbolisch, etwa durch Wassergräben, Türme oder Zinnen, in Erinnerung

---

257 Eva Berger, Adelige Baukunst im 16.und 17. Jahrhundert, in: Adel im Wandel. Politik, Kultur, Konfession, 1500–1700. Niederösterreichische Landesausstellung, Rosenburg 1990, hg. vom Amt der Niederösterreichischen Landesregierung, Wien 1990, S. 113–146, hier S. 118.

rief. Der Aufstieg zahlreicher Landbesitzer in die *gentry* nach der Auflösung der Klöster in den 1530er Jahren, deren Land rasch aus den Händen der Krone in diejenigen aufstrebender Großbauern, Juristen und Kaufleute überging, schuf eine Schicht, die gerade wegen ihres rasanten Aufstiegs ihren Status dokumentieren mußte. Dies geschah zum Teil durch die Anlage aufwendiger Grabmäler in den Dorfkirchen,[258] vor allem aber durch den Bau neuer Landsitze, die mit ihren großen Fenstern und hellen Räumen dem Zeitgeschmack entsprachen und sehr viel wohnlicher waren als ihre mittelalterlichen Vorgänger.[259]

Im zweiten Drittel des 16. Jahrhunderts erreichte die Bautätigkeit in vielen englischen Grafschaften einen ersten Höhepunkt, um danach vor allem im 17. Jahrhundert zeitweilig eher zurückzugehen. Eine neue Welle der Bauwut erfaßte die Aristokratie dann ab dem frühen 18. Jahrhundert, als der neue palladianische Stil die älteren Landsitze altmodisch wirken ließ und eine anhaltende Agrarkonjunktur, aber auch die Einkünfte, die viele Mitglieder der Oberschicht aus Ämtern und politischen Pfründen bezogen, ausreichend Geld in die Kassen spülte. Stärker als früher suchte man jetzt eine bewußte Distanz zwischen dem Haus und seiner ländlichen Umgebung zu schaffen. Große Landschaftsparks schufen eine Ideallandschaft, in der von der Wirklichkeit landwirtschaftlicher Tätigkeit nichts mehr zu spüren war. Gewerbliche Unternehmen, etwa Manufakturen und Fabriken, die sich im späteren 18. Jahrhundert in England zunehmend auch in kleineren Städten und benachbarten ländlichen Regionen, ansiedelten – und an deren Erträgen die Aristokratie in manchen Fällen durchaus

---

258 Dazu Nigel Llewellyn, Funeral Monuments in Post-Reformation England, Cambridge 2000, und Jonathan Finch, Church Monuments in Norfolk before 1850 (British Archeological Reports, British Series 317), Basingstoke 2000, S. 110–114. Zu frühneuzeitlichen Grabmonumenten siehe auch Mark Hengerer (Hg.), Macht und Memoria. Begräbniskultur europäischer Oberschichten in der Frühen Neuzeit, Köln 2005.
259 Lawrence Stone, An Open Elite? England 1540–1880, gekürzte Ausgabe, Oxford 1986, S. 268 f.; vergl. Dewald, European Nobility, S. 89–92, auch zum europäischen Kontext.

beteiligt war –,²⁶⁰ sollten naturgemäß erst recht nicht sichtbar sein. Soweit adlige Landbesitzer sich überhaupt als Landwirte betätigten, geschah dieses von einer *home farm* aus, die sich in sicherer Distanz zum Schloß befand. Zum Teil wurden sogar ganze Dörfer verlagert oder beseitigt, wenn sie vom Schloß aus allzu deutlich sichtbar waren. Der Park – den sich kleinere Landbesitzer nicht leisten konnten – war somit ein klares Statussymbol, aber er war zugleich einer größeren Öffentlichkeit zugänglich, soweit denn die Besucher des Parks den Anschein erweckten, zur „polite society" zu gehören. Anders als der geometrische Garten des Barock und des französischen *âge classique* war er nicht klar auf eine bestimmte Achse, die in der Regel auf das Zentrum des Schlosses und dessen wichtigsten Raum, etwa den Salon oder das Schlafzimmer des Schloßherrn, zulief, ausgerichtet. Daß die Gesellschaft, die sich im Schloß versammelte, weniger stark durch hierarchische Rangunterschiede gegliedert war, oder diese doch zumindest weniger sichtbar waren als früher, spiegelt sich auch in der Raumstruktur des Schlosses wider, auf die der Park ausgerichtet war.²⁶¹

In der älteren Forschung ist zum Teil die Ansicht vertreten worden, der Landschaftspark des 18. Jahrhunderts, ja schon sein Vorläufer, der geometrische französische Park des 17. Jahrhunderts, seien ein Symptom für den Verfall der Adelswelt gewesen. Indem der Park das Schloß aus seiner ländlichen Umgebung heraushob und aus einem Herrschaftsmittelpunkt mit grundherrlichen und wirtschaftlichen Funktionen nur noch einen Ort sozialer und ästhetischer Lebensgestaltung werden ließ, schnitt er den Adel, so argumentierte namentlich Otto Brunner in seinem Werk „Adeliges Landleben", von den Wurzeln seiner Existenz ab.²⁶² Diese These besitzt eine gewisse

---

260 Gordon E. Mingay, Land and Society in England 1750–1880, London 1994, S. 122.
261 Tom Williamson, Polite Landscapes, Gardens and Society in 18th-Century England, London 1995, S. 100–113. Zum Landschaftsgarten siehe auch Pat Gardner, Landscapes, Follies and Villages, in: Christie, Country House (wie Anm. 248), S. 129–178.
262 Brunner, Landleben, S. 135–137; vergl. Dewald, European Nobility, S. 92.

Plausibilität. Allerdings hatten Angehörige des höheren Adels – beim weniger vermögenden niederen Adel, der sich auch im 18. Jahrhundert nur selten die Anlage ausgedehnter Parkanlagen leisten konnte, verhielten sich die Dinge anders – die Landwirtschaft von jeher zu großen Teilen ihren Verwaltern überlassen, soweit sie nicht den größten Teil ihres Landes ohnehin verpachteten. Als Landwirte oder Agrarunternehmer verstanden sie sich nur in Ausnahmefällen. Topographisch hatte bislang oft das Leben auf einer Höhenburg oder einem befestigten Wasserschloß Distanz zur dörflichen Umgebung geschaffen. Diese Funktion übernahm nun, nachdem die Befestigungen überflüssig geworden waren, großzügige Parkanlagen, die um den Adelssitz gewissermaßen einen sozialen *cordon sanitaire* schufen.[263]

Nicht zu leugnen ist freilich, daß auch im Schloß selbst die Distanz zur nicht-adligen Umwelt eher wuchs. Mochte das Schloß des 18. Jahrhunderts in seiner Raumgliederung die sozialen Rangunterschiede innerhalb der Oberschicht auch weniger stark betonen, indem nun auch stärker „private" Räume jenseits der großen Empfangsräume Besuchern zugänglich waren, die Anspruch erheben konnten, zur gebildeten Oberschicht zu gehören, so wurden die Diener umgekehrt zunehmend aus der großen Halle, in der sie zu Beginn der Neuzeit oft noch zusammen mit der Familie des Hausherrn die Mahlzeiten eingenommen hatten, in Nebengebäude oder ins Souterrain verbannt; ein Prozeß, der in England in größeren Landhäusern Ende des 17. Jahrhunderts bereits weitgehend abgeschlossen war, während er sich in Frankreich erst im Laufe des 18. Jahrhunderts vollzog. Zugleich legte man Hintertreppen und Gänge an, die es den Dienern erlaubten, ihre Aufgaben zu verrichten ohne gesehen zu werden, respektive der Familie gestatteten, ihr Leben zu führen, ohne ständig die Augen der Dienerschaft auf sich zu fühlen. Das Bedürfnis unter sich zu sein, nahm ganz offensichtlich zu, was auch mit einem gewissen Statusverlust der nun stärker feminisierten Dienerschaft, zu der nur noch selten Männer gehörten, die selbst aus dem Adel stammten, zusam-

---

263 Siehe dazu auch James M. Rosenheim, The Emergence of a Ruling Order. English Landed Society, 1650–1750, Harlow 1998, S. 186–193.

menhängen mochte.²⁶⁴ Die Architektur der englischen Landsitze mag hier Entwicklungen vorweggenommen haben, die sich andernorts erst später vollzogen. Sie wurde im Laufe des 18. Jahrhunderts aber zunehmend richtungsweisend für die gesamteuropäische Entwicklung.²⁶⁵

Zog der Adel sich unter Distanzierung von der Welt des Dorfes im Laufe des späteren 17. und des 18. Jahrhunderts zunehmend auf sich selbst zurück, so versuchte er andererseits verstärkt am städtischen Leben teilzunehmen. In den Mittelmeerländern hatte der Adel schon im 16. Jahrhundert oft in der Stadt residiert, namentlich in Kastilien waren die Städte das eigentliche Zentrum der adeligen Existenz,²⁶⁶ aber ähnliches galt selbst für ländliche Regionen wie das Königreich Beider Sizilien, in denen der Adel über bedeutende feudale oder neofeudale Herrschaftsrechte verfügte. In Neapel etwa stellte die *seggi*, die nach Stadtteilen gegliederte Organisationen des in der Hauptstadt ansässigen Adels, faktisch die korporative Vertretung der Barone des gesamten Königreiches dar.²⁶⁷

---

264 Mark Girouard, Life in the English Country House, London 1980, S. 128–139, vergl. Nicholas Cooper, Houses of the Gentry, 1480–1680, London 1999, S. 253 ff und S. 275 ff. Zur Rolle der Dienerschaft und ihrer zunehmenden Distanz zur Familie in Frankreich, siehe Maza, Servants (wie Anm. 248), S. 254 f.; vergl. auch C. Fairchilds, Domestic Enemies. Servants and their Masters in Old Regime France, Baltimore 1984, und Jean-Pierre Gutton, Domestiques et serviteurs dans la France de l'Ancien Régime, Paris 1981.
265 Dewald, Nobility, S. 92.
266 Antonio Dominguez-Ortiz, Las clases privilegiadas en la España del Antiguo Régimen, Madrid 1973, S. 27–28, 120–28; vergl. Henry Kamen, Spain in the Later Seventeenth Century, 1665–1700, London 1980, S. 158–165.
267 G. Muta, "I Segni d'honore". Rappresentazioni delle dinamiche nobiliari a Napoli in età moderna', in Maria Antonietta Visceglia (Hg.), Signori, patrizi, cavalieri nell'età moderna, Bari 1992, S. 171–192; vergl. Gérard Labrot, Baroni in città. Residenze e comportamenti dell' aristocrazia napoletana, 1530–1740, Neapel 1979.

Nördlich der Alpen und der Pyrenäen hatten zu Beginn der Neuzeit allenfalls bedeutende Magnaten auch ein Stadtpalais in der Residenzstadt des Herrschers oder einer wichtigen Provinzhauptstadt besessen. Je wichtiger die Städte jedoch im Laufe des 17. Jahrhunderts als Zentren der Verwaltung und Rechtsprechung, aber auch als Mittelpunkte einer neuen Konsumkultur und nicht zuletzt als Heiratsmarkt für Söhne und Töchter wurden, desto stärker zog es auch die ländlichen Oberschichten in die Stadt. Weniger vermögende Familien mochten sich damit begnügen, im Winter eine Wohnung in der Stadt anzumieten. Bedeutende Adelsdynastien bauten sich regelrechte Paläste in der Stadt oder unmittelbar vor ihren Toren. Das galt für Wien nach 1683 – als die Türkengefahr geschwunden war – ebenso wie für London während der Epoche der Stuarts und im 18. Jahrhundert sowie für Paris.[268] Aber selbst Provinzmetropolen, wie in Deutschland die Bischofsstadt Münster, wurden im Laufe des späten 17. und des 18. Jahrhunderts zunehmend zu Mittelpunkten eines durch den Adel geprägten geselligen Lebens, denn vermögende Adelsfamilien sahen es nun als fast unumgänglich an, auch im städtischen Milieu durch aufwendige Bauten ihren Status zu demonstrieren. Daß das Wohnen in der Stadt namentlich in den kalten Wintermonaten gegenüber dem Leben auf den nur schlecht heizbaren Schlössern große Vorteile bot, war ein weiteres Argument für die Anlage solcher Stadtpaläste, wie man sie in Deutschland auch

---

268 Zu Wien Andreas Pečar, Ökonomie der Ehre. Höfischer Adel im Kaiserhof Karls VI., Darmstadt 2003, S. 274–297; zu London R. Malcolm Smuts, The Court and its Neighbourhood. Royal Policy and Urban Growth in the Early Stuart West End, in: Journal of British Studies 30 (1991), S. 117–149; Rosenheim, Ruling Order (wie Anm. 263), S. 215–38; Julia F. Merritt, The Social World of Early Modern Westminster. Abbey, Court and Community, 1525–1640, Manchester 2005, S. 142–154, 194–200. Zum 18. Jahrhundert: H. M. Port, Town House and Country House. Their Interaction, in: Dana Arnold (Hg.), The Georgian Country House. Architecture, Landscape and Society, Stroud 2003, S. 117–138.

in vielen mittelgroßen und kleineren Residenzstädten des 17. und 18. Jahrhunderts findet.[269]

In Frankreich lebten im späteren 18. Jahrhundert wohl an die 40 % des Adels überwiegend in der Stadt gegenüber nur 4 % am Ende des Mittelalters, wobei es hier freilich zu berücksichtigen gilt, daß ein nicht geringer Teil des Adels aus der Stadt stammte und dort über Ämter in der Verwaltung und Rechtsprechung Karriere gemacht hatte, selbst wenn man dann später ein kleineres Schloß vor den Toren der Stadt mit dem dazugehörigen Landbesitz erwarb, um so seine adlige Standesqualität unter Beweis zu stellen.[270] Auf dem Lande blieb in Frankreich ebenso wie in anderen Ländern im 18. Jahrhundert ein relativ unvermögender kleiner Adel zurück, der nicht ohne Ressentiments auf eine Welt blickte, von der er ausgeschlossen war. Die Abwesenheit der adligen Magnaten, die sich am Hofe oder in der Stadt aufhielten, schwächte tendenziell auch die Klientelbeziehungen, die den Landadel in der Vergangenheit an diese Geschlechter gebunden hatten.[271] Zum Teil bekannte man sich trotzig zu einer ländlichen Kultur, der der Schliff des Urbanen fehlte, und die sich eher durch eine gewisse Grobheit auszeichnete, welche sich in ausgedehnten Trinkgelagen ebenso zeigen konnte wie in endlosen Jagdpartien, die ohnehin den wichtigsten Zeitvertreib des Landadels bildeten und das nicht nur in England.[272] Umgekehrt wurden die großen Landhäuser

---

269 Marcus Weidner, Landadel in Münster 1600–1760. Stadtverfassung, Standesbehauptung und Fürstenhof, 2 Bde., Münster 2000, Bd. 1, S. 406–564; Walter Rödel, Mainz und seine Bevölkerung im 17. und 18. Jahrhundert, Stuttgart 1985, S. 61 ff.
270 Marraud, Noblesse, S. 11.
271 Zu Frankreich Figeac, L' automne, S. 68–71; zu Böhmen siehe Vaclav Bůžek und Petr Mat'a, Wandlungen des Adels in Böhmen und Mähren im Zeitalter des „Absolutismus" (1620–1740), in:. Asch, Adel, S. 287–322, hier S. 307–309.
272 Siehe Jenkins, The Making of a Ruling Class (wie Anm. 232), S. 241. Vgl. zur Revolte gegen die urbane Kultur auch David H. Solkin, Painting for Money. The Visual Arts and the Public Sphere in 18th century England, New Haven 1993, S. 101–102; und Stephen Deuchard, Sporting Art in 18th-Century England. A Social and Political History, New Haven, Conn. 1988, S. 110–126.

des vermögenden höheren Adels zunehmend zu Bastionen einer urbanisierten Kultur inmitten einer ländlichen Umgebung, die nur noch in gefilterter Form als ein künstliches Arkadien Eingang in den Alltag fand. Das Landgut selbst wurde namentlich in England zu einer „extension of the town" und wurde auch in Bildern und Kunstwerken dargestellt als „a space with a strong feminine element, given over to the soft pleasures of courtship and genteel card-playing, yet not entirely divorced from the more rigorous delights of the hunt."[273] Diese Feststellung, die David Solkin für das englische *country house* des 18. Jahrhunderts getroffen hat, mag nicht ohne Einschränkung auf die Schlösser des französischen Adels dieser Epoche zu übertragen sein und noch weniger auf die Gutshöfe der preußischen Junker oder die Schlösser der böhmisch-mährischen Magnaten. Dennoch ist im 18. Jahrhundert eine allgemeine Tendenz zur Urbanisierung auch der ländlichen Adelskultur in Europa festzustellen, mochte sie sich auch gegen Ausgang dieser Epoche, zu Beginn des 19. Jahrhunderts mit einer bewußten Romantisierung der ländlichen Welt verbinden, die sich bereits gegen die heraufziehende Industrialisierung und eine neue, vom städtischen Bürgertum dominierte Ordnung richtete. Mehr denn je war der Adel seit dem späten 18. Jahrhundert darauf angewiesen, seine soziale Position auch durch ästhetische Mittel und durch Akkumulation kulturellen Kapitals zu legitimieren und zu festigen, denn seine reale Macht, soweit sie sich in autonomen Herrschaftsrechten und sozialen Privilegien manifestierte, war vielfach bedroht.

---

273 Solkin, Painting for Money (wie Anm. 272), S. 47.

# 4. Adelsbildung und kulturelle Hegemonie

## Adlige Bildungsdefizite und ihre Überwindung

Adel und Bildung scheinen in einem gewissen Spannungsverhältnis zueinander zu stehen – so das herrschende Urteil, nicht nur der informierten oder auch weniger informierten Laien des 20. und 21. Jahrhunderts, sondern auch vieler Adelskritiker der Vergangenheit. Die Adelskritik der frühen Neuzeit selber aber auch späterer historischer Darstellungen setzte oft gerade an diesem Punkt ein.[274] Der Mangel an jenen Kenntnissen, die bürgerliche Mitglieder der Oberschicht an Schule und Universität erworben hatten, wurde oft in eins gesetzt mit einem tiefen Anti-Intellektualismus, einer geistigen Uninteressiertheit des Adels, die sich ihrerseits, so die Kritiker, verband mit einer entweder gänzlich fehlenden oder aber rein oberflächlichen, weil nur auf den äußeren Effekt berechneten, Kultiviertheit des gesellschaftlichen Auftretens und Verhaltens. Noch im 18. Jahrhundert war der ungebildete und ungehobelte Landedelmann, der sich nur auf Pferde, Hunde und die Jagd verstand, und sich ansonsten allenfalls für das Kriegshandwerk, genealogische Fragen, die wirkliche oder imaginierte Geschichte seiner eigenen Familie und die Landwirtschaft interessierte, eine sprichwörtliche Figur, wenn diesem Typus auch nunmehr in der öffentlichen Wahrnehmung andere Standesgenossen gegenüberstanden, die sich sichtbar für die intellektuellen Bestrebungen der Aufklärung, für die Künste und Wissenschaften und die verfeinerte

---

274 Zur Kritik an diesen Vorurteilen siehe etwa Jack Hexter, The Education of the Aristocracy in the Renaissance, in: ders. (Hg.), Reappraisals in History, Chicago 1979, S. 45–70.

Lebensart der höfischen ebenso wie der urbanen Gesellschaft einsetzten. Um so härter war dann freilich die Kritik an denen, die sich diesen Tendenzen verschlossen, oder wie ein Jurist 1729 in London schrieb: „There is not a more worthless despicable animal than a true country booby, who, calling himself a country gentleman, spends his life only eating, drinking and sleeping; and distinguishes himself in nothing from the brutes, but only that, whereas they keep within the bounds of nature, he prides himself in the excess of it."[275]

Während sich eine solche Kritik im 18. Jahrhundert nur gegen Teile des Adels richtete, die allzu sehr den ländlichen Traditionen verhaftet waren – den höfischen und urbanen Adelseliten hätte man eher Dekadenz, Frivolität, Zynismus und sittliche Haltlosigkeit als völlige Unbildung vorgeworfen –, waren ähnliche, nur noch drastischere Vorwürfe zwei Jahrhunderte zuvor nicht selten gegen den gesamten Adel erhoben worden. Diese Vorwürfe standen meist im Zeichen des Humanismus, aber auch der Konfessionalisierung der Bildung. Humanistisch gebildete Gelehrte und Theologen gehörten zu den schärfsten Adelskritikern. In Schottland, das dank seiner Universitäten und der engen kulturellen Beziehungen zu Frankreich und den dortigen Hochschulen keineswegs so bildungsfern war, wie man auf den ersten Blick angesichts seiner geographischen Randlage vielleicht meinen könnte, warf man dem Adel noch zu Beginn des 17. Jahrhunderts von gelehrter Seite vor, eigentliches Kennzeichen dieses Standes seien „idleness and sloth", die meisten Adligen glaubten, ihre vornehme Herkunft mache ein höheres Maß an Bildung für sie schlechterdings überflüssig.[276] Auf kritische Stimmen dieser Art stieß man in den Jahrzehnten vor dem Dreißigjährigen Krieg fast überall in Europa.

1578 hielt der Tübinger Dichter und Gelehrte Nikodemus Frischlin an der dortigen Universität eine Rede über das Landleben, die er mit einer scharfen Kritik am Adel verband. Er stellte die Adligen in ihrer

---

275 Zitiert nach Christopher Christie, The British Country House in the Eighteenth Century, Manchester 2000, S. 103.
276 Keith M. Brown, Noble Society in Scotland: Wealth, Family and Culture from Reformation to Revolution, Edinburgh 2000, S. 197.

Mehrzahl als eine Masse von rohen „Kentauren" dar, denen jeder Sinn für wahre Kultur und Sittlichkeit fehle.[277] Bezeichnend war, daß auch die Verteidiger des Adels, die sich durch Frischlins Polemik veranlaßt sahen, zur Feder zu greifen, keineswegs nur Schmeichelhaftes über die Bildung und die Lebenshaltung des Adels zu sagen hatten. Der in Thüringen wirkende Theologe Markus Wagner (1528–1597) etwa, der Frischlin mit dem Traktat „Von des Adels ankunfft oder Spiegel" entgegen trat, erklärte zwar, es sei seine Absicht, „in diser letzten grundtsuppen der welt, da alles sich neiget zum ende, und wir des entlichen letzten gerichts Jhesu Christi alle augenblicke erwarten müssen", die Ehre des Adels zu verteidigen.[278] Wagner verband dies mit einer wie er es nannte, kurzen „verantworttung auff das lesterlich ... geschmeis und gewesch eines queckenden Fröschleins, so sich tituliert Nicodemum Frischlinum." Frischlin, dieser „knöpperdölling oder fröschekönig,"[279] so erfahren wir aus Wagners Schrift, habe die Absicht, den Adelsstand aufzuheben, er sei eine „tuba ingens seditionis," eine Trompete des Aufruhrs, und ein Nachfolger Thomas Müntzers, der die Bauern zum Aufstand verführt habe.[280] Wagner glaubte allerdings nicht leugnen zu können, „daß leider ... im Adelsstande der grösseste hauff ein wüst wilt, roh vollk, das nur prangen, stoltzieren, puchen, trotzen, schinden, wunden und martern kan," aber so oder ähnlich sehe es ja in allen Ständen aus, und sie beruhten dennoch auf göttlicher Einsetzung. Der Adel habe überdies eine spezifische politische Funktion. Wenn er im Reich kein Gegengewicht gegen die

---

277 Nikodemus Frischlin, Oratio de vita rustica, in: ders., Orationes insigniores aliquot, Straßburg 1598. S. 253–333. Vergl. dazu Ronald G. Asch, Bürgertum, Universität und Adel. Eine württembergische Kontroverse des Späthumanismus, in: Klaus Garber (Hg.), Stadt und Literatur im deutschen Sprachraum der Frühen Neuzeit, Tübingen 1998, S. 384–410.
278 Marcus Wagner, Von des Adels Ankunfft oder Spiegel, Magdeburg 1581, fol. C.IV $^V$
279 Hier spielte Wagner auf den Führer der Täufer in Münster Knipperdolling an, mit dem er Frischlin in eine Reihe stellen wollte.
280 Wagner, Spiegel (wie Anm. 278), fol. L I $^V$ und L III$^V$.

Macht des Kaisers bilde, dann würde aus Deutschland eine Tyrannis wie die Türkei werden.[281]

Dieses Argument mochte manchen Lesern Wagners einleuchten, aber wirklich widerlegt war Frischlings Vorwurf, viele Adlige seien so ungebildet, unzivilisiert und auch sittlich roh, daß man sie als halbe Tiere betrachten müsse, damit noch nicht. Man kann allerdings nur schwer übersehen, daß sich hinter einer solchen Kritik der Anspruch des bürgerlichen Intellektuellen auf gesellschaftliche Anerkennung und die Ressentiments des damals wie heute eher sparsam besoldeten Universitätsdozenten gegen reichere und mächtigere Angehörige eines anderen, stärker privilegierten Standes verbargen. Doch diese Kritik, wie auch immer sie motiviert sein mochte, konnte die Stellung des Adels, der sich in dieser Epoche in der Konkurrenz mit bürgerlichen Juristen und nicht-adligen Amtsträgern eher in der Defensive befand, durchaus gefährden. Daß in weiten Teilen Europas – für den Mittelmeerraum, wo der Adel oft selber eine städtische Elite bildete oder mit den urbanen Eliten zumindest eng verbunden war, galt dies freilich aufs Ganze gesehen nicht – gelehrte Bildung bis weit ins spätere 16. Jahrhundert vielen Adligen noch als unstandesgemäß galt, läßt sich jedenfalls schwer leugnen. Adlige, die einen akademischen Grad erworben hatten, was für Edelleute ohnehin in Mitteleuropa aber auch anderswo wenig üblich war, oder gar Latein und Griechisch beherrschten, waren wohlberaten, dies vor ihren Standesgenossen zu verbergen, um nicht als gelehrte Pedanten und gewissermaßen als unmännlich zu gelten.[282] Die Dinge verhielten sich sicherlich nicht überall so wie in Polen, wo im 16. Jahrhundert wohl

---

281 Ebd., fol G II r und I IV r sowie F II v.
282 Fynes Moryson, An Itinerary, 3 Bde., London 1617, Ndrk. Amsterdam 1971, Bd. 3, S. 221 f; siehe auch Gerhard Fouquet, „Begehr nit doctor zu werden, und habs Gott seys gedanckht, nit im Sünn". Bemerkungen zum Erziehungsprogrammen ritterschaftlicher Adliger in Südwestdeutschland, 14. bis 17. Jahrhundert, in: Hans-Peter Brecht und Jens Schadt (Hg.), Wirtschaft – Gesellschaft – Städte, Ubstadt-Weiher 1998, S. 95–127. Vergl. auch Dewald, Experience, S. 81.

an die 70 % aller Adligen weder lesen noch schreiben konnten.[283] Aber immerhin gab es auch in Nordwestdeutschland in dieser Epoche namhafte Geschlechter, wie etwa im Süden der welfischen Lande die von Hardenberg, deren Mitglieder selbst zu den elementaren Anfängen der Buchgelehrsamkeit ein sehr distanziertes Verhältnis hatten.[284] Zu konstatieren ist somit, daß für die meisten Adligen noch Mitte des 16. Jahrhunderts, wenn sie nicht eine Laufbahn in der Kirche anstrebten, ein Universitätsbesuch eher ungewöhnlich war. Das lag auch an den Kosten einer solchen Ausbildung; nur die wenigsten Adligen konnten sich ein Studium der Jurisprudenz leisten – und nur ein solches Studium bot dem Laien greifbare Vorteile bei dem Versuch, in der weltlichen Verwaltung wichtige Ämter zu erlangen. Dafür reichten die *artes* letztlich nicht aus und diejenigen, die dafür genügend Vermögen besaßen, brauchten in der Regel keine akademische Ausbildung, um bei Hofe oder in der zentralen Verwaltung oder auch über den Dienst in der Armee zu Einfluß zu gelangen.[285]

Mit der relativen Verbilligung des Laienstudiums, zu dem in Deutschland auch die zahlreichen Universitätsneugründungen beitrugen, und der wachsenden Bedeutung von zumindest elementaren Kenntnissen des gelehrten Rechts für jedwede Tätigkeit in der Verwaltung oder Politik, veränderte sich die Haltung des Adels zur Bildung: auch Adlige studierten nun nicht nur die üblichen Disziplinen der Philosophischen Fakultät, sondern häufig auch die Jurisprudenz. In Niederösterreich, wo das konfessionelle Engagement des Adels die Offenheit gegenüber den humanistischen Bildungsidealen verstärkt

---

283 Maria Bogucka, The Lost World of the Sarmatians: Custom as Regulator of Polish Social Life in the Early Modern Times, Warschau 1996, S. 27.
284 Ernst Schubert, Adel im ausgehenden 18. Jahrhundert: Nordwestdeutsche Edelleute und süddeutsche Reichsritter im landesgeschichtlichen Vergleich, in: Joseph Canning and Hermann Wellenreuther (Hg.), Britain and Germany Compared: Nationality, Society and Nobility in the Eighteenth Century, Göttingen 2001, S. 141–230, hier S. 179, mit Bezug auf die Geschichte der von Hardenberg des Ritters von Lang.
285 J. Russell Major, From Renaissance Monarchy to Absolute Monarchy: French Kings, Nobles and Estates, Baltimore 1994, S. 101–102.

Adlige Bildungsdefizite und ihre Überwindung

haben dürfte, hatten um 1620 schon etwa ein Drittel aller Adligen studiert, und manche Universitäten, wie etwa Ingolstadt oder Heidelberg, waren in Deutschland um 1600 ausgesprochene Adelsuniversitäten.[286] Auch in einem Land wie Polen nahm im Laufe des 17. Jahrhunderts das Adelsstudium deutlich zu. In England dürften Mitte des 17. Jahrhunderts die wohlhabenden Mitglieder der *gentry* (diejenigen mit einem Einkommen von über £ 500 im Jahr) schon zu deutlich mehr als 50 % eine der beiden Universitäten, die Inns of Court in London (die Ausbildungsstätte der Juristen), oder beides besucht haben. Jedenfalls hatten sogar an die 90 % aller Friedensrichter eine zumindest rudimentäre akademische Ausbildung aufzuweisen. Auch unter den Söhnen des Hochadels nahm die Neigung zum Studium in dieser Epoche stark zu, was allerdings kein anhaltender Trend sein sollte.[287]

Freilich blieb zumindest in Mitteleuropa aber auch in Frankreich (England stellte hier eher eine Ausnahme dar) die Abneigung des Adels gegen akademische Prüfungen, die man als demütigend und

---

286 Karen MacHardy, Cultural Capital, Family Strategies and Noble Identity in Early Modern Habsburg Austria 1579-1620, in: Past and Present 163 (1999), S. 36-75, hier S. 49-50. Siehe auch Maria Rosa di Simone, Admission, in: Walter Rüegg (Hg.), A History of the University in Europe, Bd. 2: Universities in Early Modern Europe (1500-1800), hg. von Hilde de Ridder-Symoens, Cambridge 1996, S. 285-325, hier S. 314-324, und Rainer A. Müller, Universität und Adel. Eine soziokulturelle Studie zur Geschichte der bayerischen Landesuniversität Ingolstadt 1472-1648, Berlin 1974, und ders., Aristokratisierung des Studiums? Bemerkungen zur Adelsfrequenz an süddeutschen Universitäten im 17. Jahrhundert, in: Geschichte und Gesellschaft 10 (1984), S. 31-46. Siehe ferner Christian Wieland, Status und und Studium. Breisgauischer Adel und Universität im 16. Jahrhundert, in: Zeitschrift für die Geschichte des Oberrheins 148 (2000), S. 97-150.
287 Bogucka, Lost World (wie Anm. 283), S. 27; Heal/Holmes, Gentry, S. 264; Lawrence Stone, The Crisis of the Aristocracy 1558-1641, Oxford 1965, S. 687-692; vergl. J. H. Gleason, The Justices of the Peace in England, 1558-1640,Oxford 1969, S. 88-95.

jedenfalls nicht standesgemäß sah, groß.[288] Man studierte zwar, erwarb aber – zumindest vor dem 18. Jahrhundert – meist keinen akademischen Grad wie den des Baccalaureus oder Magister oder gar den Doktortitel.[289] Die – nach damaligen Maßstäben – durchaus fühlbare Akademikerschwemme des frühen 17. Jahrhunderts ließ solche akademischen Titel ohnehin unattraktiver werden, oder wie ein Verteidiger der Adelsbildung es in dieser Epoche formulierte, „nicht vermuetlich, daß fürsten, graven, herren und vom adel zu disen zeiten, quibus dignus et indignus simpliciter ablativos adsciscunt [zu denen Würdige und Unwürdige gleichermaßen den Gebrauch des Ablativs erlernen], sich umb die scholasticos gradus so vill reissen werden".[290] So war es in der Tat, auch wenn in England und zum Teil auch in Südeuropa wie in Kastilien die Bereitschaft, solche Grade zu erwerben, beim Adel deutlich größer war. Selbst hier lehnten aber zumindest die erstgeborenen Söhne von Hochadligen in der Regel akademische Prüfungen ab.[291]

In Frankreich schließlich blieb ein Universitätsstudium bei Mitgliedern des Schwertadels im Gegensatz zur *noblesse de robe* generell selten. Nachdem man ein Jesuitengymnasium besucht hatte, verbrachte man noch zwei oder drei Jahre an einer Ritterakademie, doch in Frankreich gehörten anders als in Deutschland Disziplinen

---

288 MacHardy, Capital (wie Anm. 286), S. 52, betont, daß nobilitierte Aufsteiger eher einen akademischen Grad erwarben, aber meist vor der Erlangung des Adelsstatus. Auch in England zögerten die Söhne von Hochadligen akademische Examina zu absolvieren. Siehe Stone, Crisis (wie Anm. 287), S. 688.
289 Stone, Crisis (wie Anm. 287), S. 687–92.
290 Schreiben des Collegium Illustre an Kanzler und Räte der Herzogs, 25. Nov. 1613, HSTAStuttgart, A 274, Bü. 76.
291 Mauro Hernández, A la sombra de la corona. Poder local y oligarquía urbana (Madrid, 1606–1808), Madrid 1995, S. 184–185; siehe auch Juan Hernandéz Franco, Cultura y limpieza de sangre en la España moderna, Murcia 1996, S. 152–156; Richard L. Kagan, Students and Society in Early Modern Spain, Baltimore 1974, und ders., Olivares y la educación de la nobleza española, in: John Elliott and Angel García Sanz (Hg.), La España de conde duque de Olivares, Valladolid 1990, S. 225–248.

wie Jurisprudenz selten zum Lehrprogramm dieser Hochschulen, die ganz auf eine höfisch-militärische Ausbildung ausgerichtet waren, da das Recht als die Domäne der *noblesse de robe* galt. Freilich wurden die französischen Akademien meist auch nicht von der Krone unterhalten, sondern waren private Gründungen.[292] Entsprechend kostspielig war ihr Besuch, so daß ihre Ausbreitung dazu beitrug, den Graben zwischen dem wohlhabenden höheren Adel und dem armen Provinzadel zu vertiefen, denn von dieser Art von Ausbildung blieb der *gentilhomme campagnard* letztlich ausgeschlossen.[293] Ähnliche Probleme existierten in anderen Teilen Europas. Auch in der Habsburgermonarchie waren noch zu Beginn des 18. Jahrhunderts Klagen zu vernehmen, ärmere Adlige und nachgeborene Söhne müßten sich allenfalls mit dem Studium an den Gymnasien der Jesuiten begnügen, deren Ausbildung konzentriere sich ganz auf die alten Sprachen und die Theologie und sei also für eine Karriere außerhalb der Kirche keine geeignete Vorbereitung. Am Ende wüchsen dann viele Adlige wie die Bauern auf, „worauf die Unfähigkeiten zu Ämtern und so fort die Abbassierung ja Ruinen verschiedener olim ansehnlicher Familien erfolget ist, ... da man nichts erlernet, womit in vita civili oder militari sohin ein mehreres zu praestiren oder ex re zu meritieren als ein jeder gemeiner Knecht."[294] Erst mit der Gründung des Theresianum, einer staatlichen Adelsakademie, in Wien 1746 und der Militärakademie in Wiener Neustadt 1751 wurden diese Probleme partiell gelöst, denn hier gab es auch Stipendien für die Söhne weniger vermö-

---

292 Zur französischen Situation siehe Mark Motley, Becoming a French Aristocrat: The Education of the Court Nobility, 1580–1715, Princeton, New Jersey 1990, S. 123–168.
293 Ebd., S. 138.
294 Grete Klingenstein, Der Aufstieg des Hauses Kaunitz. Studien zur Herkunft und Bildung des Staatskanzlers Wenzel Anton, Göttingen 1975, S. 133, nach Alfred Fischel, Christian Juliuas Schierl von Schierendorf, ein Vorläufer des liberalen Zentralismus im Zeitalters Josefs I und Karls VI, in: ders., Studien zur österreichischen Reichsgeschichte, Wien 1906, S. 137–305, hier S. 303 f.

gender Adliger.[295] Im gleichen Jahr wie die Wiener Neustädter Kadettenanstalt wurde auch in Paris eine Militärakademie für den Adel gegründet, an der es einige hundert Stipendien für Schüler aus weniger vermögenden Familien gab.[296]

Standen im frühen 16. Jahrhundert viele Adlige zumindest der gelehrten Bildung, wenn nicht sogar der Welt des Buches schlechthin, mit erheblicher Distanz gegenüber, so begannen sie in dem Maße, wie sich diese Distanz verringerte, selber Bücher zu sammeln, statt sie sich nur auszuleihen.[297] Noch zu Beginn des 16. Jahrhunderts enthielten Adelsbibliotheken – soweit denn Adlige Bibliotheken besaßen – außer der Bibel und einigen Predigtsammlungen, ein einschlägiges Lehen- und Landrechtbuch, vielleicht noch ein Kompendium der Hausmedizin, sowie eine Abhandlung über Pferde und die Jagd und sonst wenig mehr.[298] Dies sollte sich im Laufe des Jahrhunderts dann doch ändern. Ein wohlhabender Angehöriger des niederen Adels Nordwestdeutschlands, wie der freilich ausgeprägt bibliophile Ludolf von Münchhausen (geb. 1570), besaß bei seinem Tode 1640 schon eine Bibliothek von 13.000 bis 14.000 Bänden.[299] Damit war er sicher eine große Ausnahme, wenn man einmal von wenigen Reichsfürsten und Grafen absieht. Zur leidlich üblichen, wenn auch sicher keineswegs unentbehrlichen Ausstattung eines normalen Adelssitzes in Deutschland gehörte allenfalls im Laufe des 18. Jahrhunderts eine Bibliothek, die mehr als 100 oder 200 Bücher umfaßte; gleiches galt für andere

---

295 Karl Vocelka, Glanz und Untergang der höfischen Welt. Repräsentation, Reform und Reaktion im Habsburgischen Vielvölkerstaat, Wien 2001, S. 244.
296 Lucién Bély (Hg.), Dictionnaire de l'Ancien Régime, Paris 1996, S. 461–464.
297 Dazu mit Bezug auf den Sieur de Gouberville: Roger Chartier, Lectures et Lecteurs dans la France d'Ancien Régime, Paris 1987, S. 99 f.
298 Otto Brunner, Österreichische Adelsbibliotheken des 15. bis 18. Jahrhunderts, in: ders. (Hg.), Neue Wege der Sozialgeschichte, Göttingen 1956, S. 135–167, hier S. 158.
299 Brage bei der Wieden, Außenwelt und Anschauungen Ludolf von Münchhausens, Hannover 1993, S. 51–72.

Adelslandschaften. Aber selbst im 18. Jahrhundert leistete sich der einfache Landadel einen solchen Luxus nicht allzu oft.[300] Daß man unter dem Landadel des Weserberglandes überhaupt einen Mann wie Münchhausen findet, der ohne Bücher nicht mehr leben konnte und auch auf Reisen und beim Essen las, ist aber doch bezeichnend. Es überrascht nicht, daß in seiner Bibliothek die religiösen und theologischen Werke einen besonders großen Platz einnahmen, daneben standen die klassischen Werke der Antike, etwa die Schriften Ciceros und historische Abhandlungen. Juristische Werke traten dagegen wie in anderen Adelsbibliotheken zurück,[301] auch wenn zumindest in Deutschland ihr Anteil im Laufe des 17. Jahrhunderts eher stieg, während die französische *noblesse d'epée* ihre Distanz zur Welt des gelehrten Rechtes wahrte.[302]

Generell war der Charakter von Adelsbibliotheken in den einzelnen Ländern und Regionen ein recht unterschiedlicher. Für Österreich hat Otto Brunner zu ihrem Grundbestand neben den Werken Ciceros, Petrarcas Canzoniere und Ariosts Orlando Furioso zumindest für das spätere 17. Jahrhundert auch die einschlägig heroischgalanten oder im arkadischen Milieu angesiedelten Romane wie die „Astrée" des Honoré d'Urfée gerechnet; in Franken hingegen scheinen bis ins 18. Jahrhundert hinein größere Bestände an schöngeisti-

---

300 Nach Marraud, Noblesse, S. 437, besaßen um 1750 nur etwa 50 % der Pariser Adligen (Angehörige der *noblesse d'epée*) 100 Bücher oder mehr. Zur Adelsbibliothek in England Mark Girouard, the English Country House, London 1980, S. 166–170; zu Südwestfrankreich Figeac, L'Automne, S. 271, und Michel Figeac, La douceur des lumières. Noblesse et art de vivre en Guyenne au XVIIIe siècle, Paris 2001, S. 216 f, der betont, daß selbst Angehörige des Amtsadels um 1700 keineswegs immer Bibliotheken besaßen, die mehr waren als ein juristischer Handapparat.
301 Bei der Wieden, Außenwelt (wie Anm. 299), S. 51–72. Generell zu den Bibliotheken Michel Marion, Collections et collectionneurs de livres au XVIIIe siècle, Paris 1999, und Eva Pleticha, Adel und Buch, Studien zur Geisteswelt des fränkischen Adels am Beispiel seiner Bibliotheken, Neustadt/Aisch 1983.
302 Marraud, Noblesse, S. 442–447; vergl. auch Chartier, Lectures et Lecteurs (wie Anm. 297), S. 176 f.

ger Literatur in Adelsbibliotheken eher die Ausnahme gewesen zu sein. Dafür war neben reichsrechtlichen und staatstheoretischen Werken, auf die sowohl Reichsritter als auch Reichsgrafen angewiesen waren, die Erbauungsliteratur des Pietismus hier ebenso vertreten wie die einschlägigen Werke der Aufklärung – etwa die Schriften Voltaires – solange sie intellektuell nicht allzu anspruchsvoll waren.[303] In den Adelsbibliotheken der französischen Hauptstadt Paris schließlich nahmen Werke der schönen Literatur aber auch unterhaltende Romane im Laufe des 18. Jahrhunderts einen immer größeren Platz ein, auch wenn die Bibliotheken hier letztlich vor allem von historischen Werken dominiert wurden.[304]

## Galante Bildung und Politesse gegen gelehrte Pedanterie

Ein bibliophiler Adliger wie Münchhausen sammelte nicht nur Bücher, sondern auch Zeugnisse der Antike, Inschriften, Münzen und Kleinplastiken.[305] Die Orientierung des Adels an der als vorbildlich angesehenen antiken Kultur wird auch an diesem Punkte deutlich. Wohlhabenderen Adligen, wie dem englischen Earl of Arundel (1585–1646), blieb es vorbehalten, größere Sammlungen antiker Skulpturen anzulegen, deren Besitz für die hohe Aristokratie nicht nur in England im 18. Jahrhundert fast zu einem Muß wurde – selbst wenn es sich in der Regel um römische Kopien handelte.[306] Daß der italieni-

---

303 Pleticha, Adel (wie Anm. 301), S. 233–245 auch S. 77 ff, und Brunner, Landleben, S. 122 f, sowie ders., Adelsbibliotheken (wie Anm. 298).
304 Marraud, Noblesse, S. 451 f; vergl. auch Henri-Jean Martin, Livres, pouvoir et societé à Paris au XVIIe siécle, Paris/Genf 1969.
305 Bei der Wieden, Außenwelt, S. 48 f (wie Anm. 299).
306 David D. Howarth, Lord Arundel and his Circle, New Haven, Conn. 1985, S. 42–49 und S. 87–96. Vergl zu Antikensammlungen in England auch Jonathan Scott, Pleasure of Antiquity: British Collectors of Greece and Rome, New Haven, Conn. 2003, und Dana Arnold, The Illusion of Grandeur? Antiquity, Grand Tourism and the Country House, in: dies. (Hg.), The Georgian Country House, Stroud 1998, S. 100–117. Zum Verhältnis des Adels zur Antike siehe auch Gerrit Walther, Adel und

sche, besonders stadtrömische Adel, hier schon im 16. und frühen 17. Jahrhundert Maßstäbe gesetzt und zum Teil sogar eigene Kataloge seiner Sammlungen veröffentlich hatte, überrascht im übrigen nicht, denn in Italien war schon in der Renaissance das soziale Milieu, das die Basis für den Humanismus bot, stark durch den Adel geprägt gewesen, wenn man die exklusiven städtischen Oberschichten Norditaliens zum Adel rechnet.[307]

Allerdings behielt die Bildung des Adels, auch nachdem man sich dem Humanismus und den akademischen Disziplinen gegenüber geöffnet hatte, einen stark standesspezifischen Charakter, den man auf folgenden Nenner bringen kann: Eleganz – die auch und gerade im körperlichen Habitus sichtbar werden sollte – und Geschmack gegen die rein intellektuelle Bildung und weltgewandter Dilettantismus gegen „pedantische" Gelehrsamkeit. Diese Tendenz verstärkte sich im Laufe der frühen Neuzeit eher noch, denn während etwa in England die Angehörigen der *gentry* im 17. Jahrhundert noch ernsthafte historische Studien im Kontext des „antiquarian movement" betrieben hatten, galt Derartiges seit dem zweiten Drittel des 18. Jahrhunderts kaum

---

Antike. Zur politischen Bedeutung gelehrter Kultur für die Führungselite der Frühen Neuzeit, in: Historische Zeitschrift 266 (1998), S. 359–385, und ders., Antike als Reiseziel? Klassische Orte und Objekte auf dem Grand Tour zwischen Humanismus und Aufklärung, in: Rainer Babel und Werner Paravicini (Hg.), Grand Tour. Adeliges Reisen und Europäische Kultur vom 14. bis zum 18. Jahrhundert, Ostfildern 2005, S. 129–141, sowie Dietrich Boschung (Hg.), Antikensammlungen des europäischen Adels im 18. Jahrhundert als Ausdruck einer europäischen Identität, Mainz 2000.

307 Petra Thomas, Wissen ist Macht? Kataloge von Antikensammlungen als Ausdruck von Selbstbehauptung und Wissenschaftlichkeit, in: Daniel Büchel und Volker Reinhardt (Hg.), Modell Rom? Der Kirchenstaat und Italien in der Frühen Neuzeit, Köln 2003, S. 185–202, und Claudio Donati, The Italian Nobilities in the Seventeenth and Eighteenth Centuries, in Hamish Scott (Hg.), The European Nobilities in the Seventeenth and Eighteenth Centuries, 2 Bde., 2. Aufl. Basingstoke 2006, Bd. 1, S. 286–321, hier S. 306, der darauf verweist daß vor 1650 ca. 60 % aller italienischen Literaten Adlige waren.

noch als standesgemäß.[308] Freilich hatte man schon im 16. Jahrhundert der bürgerlichen Kritik an adeligen Bildungsdefiziten eine entsprechende Verachtung für die Affektiertheit, Pedanterie und die mangelnden Umgangsformen der Gelehrten entgegengesetzt.[309] In einer – wenn auch inszenierten – Diskussion an der jungen Tübinger Adelsakademie aus dem Jahre 1607 läßt der Regisseur dieses Redewettstreites, der Leiter oder „Hofmeister" der Akademie, den Verteidiger des Adels einen frontalen Angriff auf die Gelehrten, die hochmütigen Theologen, die skrupellosen Rechtsverdreher, die Schlächter im Gewande des Arztes („medici carnifices"), die zerlumpten Philosophen und schließlich die als Possenreißer auftretenden Poeten mit ihren schmutzigen Bärten vorbringen. Die Doktoren, Magister und Baccalaurei, die den *milites*, den Rittern, ihren Ehrenvorrang streitig machten, hätten es verdient, daß man sie tot prügelte.[310]

Dieser imaginierte Redewettstreit fand an einer Institution statt, die selbst schon das neue adlige Bildungsprogramm verkörpert, denn die in den 1590er Jahren begründete Akademie gehörte zu einer Reihe von Hochschulen in Europa, die sich mit ihrem Studienangebot sehr bewußt an den Adel wandten. Ähnliche Einrichtungen entstanden in

---

308 Philip Jenkins, the Making of a Ruling Class. The Glamorgan Gentry, 1640–1790, Cambridge 1983, S. 218. Zum Antiquarian Movement siehe Graham Parry, The Trophies of Time: English Antiquarians of the Seventeenth Century, Oxford 1995. Zum Niedergang adliger „Gelehrsamkeit" im 18. Jahrhundert Lawrence E. Klein, The Political Significance of „Politeness" in Early Eighteenth-Century Britain, in: Gordon J. Schochet (Hg.), Politics, Politeness and Patriotism, Washington 1993, S. 73–109.
309 Donna C. Stanton, The Aristocrat as Art: A Study of the „Honnête homme" and the Dandy in Seventeenth-Century French Literature, New York 1980, S. 21–25; vergl. James. J. Supple, Arms versus Letters. The Military and Literary Ideals in the 'Essais' of Montaigne, Oxford 1984.
310 Thomas Lansius, Consultatio de praerogativae certamine, quod est inter milites et literatos, in: ders., Mantissa Consultationum et Orationum, Tübingen 1656, hier S. 38 ff, S. 41 f und S. 46 f. Zu Lansius Norbert Conrads, Ritterakademien der frühen Neuzeit. Bildung als Standesprivileg im 16. und 17. Jahrhundert, Göttingen 1982, S. 115.

dieser Epoche u. a. in Kassel, Heidelberg, Siegen und Söro in Dänemark. Angeregt waren diese Neugründungen von Ritterakademien u. a. von dem französischen Adligen protestantischen Glaubens François De La Noue (1531–1591), der an der Rohheit und der Unbildung seiner Standesgenossen Anstoß genommen hatte. In Frankreich selbst verdankten viele Adelakademien ihre Gründung auch der Tatsache, daß der Besuch der Reit- und Fechtschulen Italiens, die im 16. Jahrhundert als die besten Europas galten, zunehmend aus kulturellen und moralischen Gründen – Italien erschien nicht wenigen Franzosen als ein Sündenbabel – abgelehnt wurde.[311] Bezeichnend für die Akademien war der Versuch, ein auf die Anforderungen des praktischen Lebens ausgerichtetes humanistisches Bildungsprogramm zu verbinden mit Studien, die sich sehr speziell an den Adel richteten. Dazu gehörten die neueren Sprachen, die an den Universitäten zumindest vor der Mitte des 17. Jahrhunderts weitgehend vernachlässigt wurden, ebenso wie die Künste des Reitens und Fechtens, aber auch des Tanzens, sowie zum Teil auch die Mathematik, die für das Kriegswesen (Ballistik und Fortifikationstechnik) wichtig war.[312] An den im Laufe des 16. Jahrhunderts gegründeten zahlreichen italienischen Adelsakademien, die das Vorbild für ähnliche Institutionen in Frankreich, Deutschland und anderen Ländern abgaben, war die Betonung einer auf Körperbeherrschung gerichteten Ausbildung besonders stark. Dabei ging es nicht nur darum, sich Fertigkeiten anzueignen, die im Krieg oder bei gewaltsamen Auseinandersetzungen unentbehrlich waren – was für das Fechten und Reiten freilich galt – sondern auch darum, den jungen Adligen einen bestimmten körperlichen Habitus zu vermitteln. Ihre Überlegenheit gegenüber anderen Ständen sollte sich eben auch in ihrer Körperhaltung zeigen und in

---

311 Motley, Aristocrat (wie Anm. 292), S. 139 f ; Zu de La Noue siehe Conrads, Ritterakademien (wie Anm. 310), S. 27–96.
312 Zu den Adelsakademien siehe auch Jean Boutier, Le Grand Tour des gentilshommes et les académies d'éducation pour la noblesse. France et Italie, XVIe–XVIIIe siècle, in: Babel/Paravicini, Grand tour (wie Anm. 306), S. 237–253.

der Art, wie sie sich mit Eleganz und Anmut bewegten.[313] Dies galt für Männer wie Frauen gleichermaßen und auch und gerade ärmere Adelsfamilien, die sich nur durch den Stil ihres Auftretens von der Masse der Bevölkerung abzuheben vermochten, wie die zahlreichen polnischen Kleinadligen, legten großen Wert darauf, ihren Kindern einen entsprechenden standesspezifischen Habitus zu vermitteln, notfalls, wenn man sich kompetente Hofmeister oder Gouvernanten nicht leisten konnte, in eigener Person. Der preußische Feldmarschall von Boyen wußte in seinen Memoiren aus seiner Jugend zu berichten, wie er während der Feldzüge der 1790er Jahre in Polen, als er auf einem bescheidenen Landsitz einquartiert war, dem Tanzunterricht beiwohnte, den eine polnische Adlige ihren Töchtern geben ließ. Als diese nicht die erwünschte hoheitsvoll-elegante Haltung einnahmen, habe die Mutter selber vorgetanzt und dabei ihren Töchtern zugerufen, „Moy boze, affective, affective! – Mein Gott, so affektiert doch!"[314] Dies mußte man den meisten Adligen in späteren Lebensjahren nicht mehr zurufen, die anerzogene Haltung war ihnen zur zweiten Natur geworden.

Mochte für Mädchen das Tanzen von zentraler Bedeutung sein, so stand bei den Männern das Reiten oft im Vordergrund, das man teils beim Jagen zu Pferde übte – so wie die Jagd bis zum 18. Jahrhundert und zum Teil noch darüber hinaus ohnehin eine Art informelle Schule adligen Verhaltens war – zum Teil aber auch in Reitakademien erlernte.[315] Dabei ersetzte das kunstvolle Dressurreiten seit dem Ende des 16. Jahrhunderts zunehmend ältere, auf das Turnier ausgerichtete

---

313 Gregory Hanlon, The Twilight of a Military Tradition: Italian Aristocrats and European Conflicts, 1560–1800, London 1998, S. 244, über die venezianischen Akademien des späten 16. Jahrhundert, siehe dazu auch Gian Paolo Brizzi, La Formazione della Classe Dirigente nel sei-Settecento, Bologna 1976.
314 Herman von Boyen, Denkwürdigkeiten und Erinnerungen, 2 Bde, 1771–1813, Stuttgart 1913, Bd. 1, S. 70.
315 Zur Bedeutung der Jagd als informeller Schule für adliges Verhalten siehe Philipp Salvadori, La Chasse sous l'Ancien Régime, Paris 1996, S. 170–175, S. 189.

Reittechniken. Die zahlreichen Abhandlungen über die Kunst des Reitens, die im Anschluß an Xenophons wiederentdecktem antiken Traktat über das Reiten, der 1516 erstmals gedruckt worden war, in den folgenden zwei Jahrhunderten erschienen, waren letztlich zugleich ein Versuch, die Identität des Adels zu definieren, oder, wie es in einer jüngeren Arbeit heißt: „horsemanship played a key role in the realm of shifting ideas about noble identity."[316] Die ursprünglich vor allem an italienischen Akademien entwickelte hohe Schule der Reitkunst fand bald auch ihre Anhänger in Frankreich. 1594 eröffnete Antoine de Pluvinel seine Adelsakademie in Paris, an der gerade der Reitunterricht ein hohes Niveau erreichte. Pluvinel war später, 1612, einer der Choreographen des von Maria de Medici veranstalteten großen höfischen Roßballetts.[317] Die von ihm propagierte Reitkunst war nicht nur auf äußerste Körperbeherrschung des Reiters ausgerichtet, sondern auch darauf, eine Formation von mehreren Reitern in vollendeter Harmonie zusammen auftreten zu lassen. Darin kann man sehr wohl einen Versuch sehen, den Individualismus des Adels zu bändigen, ihn in die umfassendere Ordnung des monarchischen Staates zu integrieren. Umgekehrt beruhte Pluvinels Unterricht auf einer Reitlehre, die das Verhältnis zwischen Pferd und Reiter weniger als Kraftprobe sah, sondern das Pferd vielmehr als ansatzweise rationales Wesen und Partner des Reiters begriff. Man mag darin sogar eine gewisse Parallele zur Neubestimmung des Verhältnisses zwischen Monarchie und Adel se-

---

316 Treva J. Tucker, Early modern French Noble Identity and the Equestrian „Airs above the Ground", in: Karen Raber und Treva J. Tucker (Hg.), The Culture of the Horse: Status, Discipine and Identity in the Early Modern World, Basingstoke 2005, S. 273–310, hier S. 274. Vergl. Zu dieser Frage auch Daniel Roche (Hg.), Le Cheval et la Guerre du XVe au XXe siècle, Paris 2002.

317 Dazu Maria Plate, Die „Maneige Royal" des Antoine de Pluvinel, Wiesbaden 2000, und Helen Watanabe-O'Kelly, Triumphall Shews. Tournaments at German-speaking Courts in their European Context, 1560–1730, Berlin 1992, S. 80. Zum Kontext der Reiterspiele und Roßballette des 17. Jahrhunderts siehe jetzt auch Martin Wrede, Code, Konzept und Konjunkturen des Rittertums in der französischen Hofkultur des 17. Jahrhunderts, voraussichtlich in: Geschichte und Gesellschaft 33 (2007), S. 350–374.

hen, das nun auch durch ein Aushandeln von Interessen und durch Kompromisse bestimmt war, nicht mehr durch das Wechselspiel zwischen adligen Rebellionen und königlichem Zwang.[318]

In Deutschland stieß das Programm der Adelsakademien, die hier nach italienischem und französischem Vorbild begründet wurden, namentlich bei den Dozenten der etablierten Universitäten eher auf Ablehnung, zumal sie eine Verschiebung von Ressourcen an die Akademien befürchteten.[319] Das adelige Bildungsprogramm hatte seine Eigenlogik, die im 17. Jahrhundert zunehmend auch die bürgerliche Ausbildung zu beeinflussen begann, die sich nun ebenfalls am Ideal des galanten weltmännischen Verhaltens orientierte.[320] Schon Castiglione hatte in seinem Hofmann darauf hingewiesen, wie wichtig es für die körperliche Anmut sei, Reiten, Voltigieren, Fechten und Ringen zu lernen, und in Thomas Elyots „Book named the Governor" von 1531, einer Sammlung von Verhaltensregeln für den englischen Gentleman und seine Erziehung, fand auch die Tanzkunst ausdrücklich Erwähnung.[321] Die Jesuitengymnasien, an denen viele katholische Adlige im 17. Jahrhundert erzogen wurden, versuchten ihren Eleven eine würdige und zugleich anmutige Körperhaltung sowohl durch die Teilnahme an Theateraufführungen, als auch durch das Einstudieren von Reden und schwungvollen Plädoyers – mit dem entsprechenden Repertoire an Gesten – anzuerziehen, auch wenn die

---

318 Dazu Karen Raber und Treva J. Tucker, Introduction, in: dies., Culture of the Horse, (wie Anm. 316), S. 1–42, hier S. 20, und Kate van Orden, From *Gens d'armes* to *Gentilshommes*: Dressage, Civilty and the Ballet à Cheval, ebd. S. 197–221, hier S. 215, mit Bezug auf die 1594 von Antoine de Pluvinel begründete Militär- und Reitakademie und die politischen Implikationen ihres Programms.
319 Asch, Bürgertum (wie Anm. 277).
320 Siehe dazu auch Angelika Linke, Sprachkultur und Bürgertum. Zur Mentalitätsgeschichte des 19. Jahrhunderts, Stuttgart 1996, Kap 5: Leiblichkeit als Standeskultur: Körperbarrieren zwischen Adelsgesellschaft und Bürgertum, S. 63–103.
321 Baldassare Castiglione, Der Hofmann, übers. von Albert Wesselski, Berlin 1996, S. 33–36, und Thomas Elyot, The Book named the Governour, 1531, Facsimile Reprint Menston 1970, fol. 83 v ff.

adeligen Exerzitien im eigentlichen Sinne des Wortes hier meist nicht gepflegt wurden.[322] Durch diese Betonung der Kunst des sich Bewegens, die in der mit den Regeln der Geometrie operierenden Fechtkunst – dieser Disziplin widmete sogar der adelige Philosoph und Offizier Descartes eine Abhandlung – eine besonders große Rolle spielte,[323] unterschied sich die Adelserziehung deutlich von der bürgerlichen, auch wenn diese seit der Mitte des 17. Jahrhunderts zunehmend Anleihen bei adligen Erziehungspraktiken machte und sich ebenfalls am Ideal einer „galanten" Bildung orientierte, mit der man auch außerhalb der Studierstube und der fürstlichen Kanzlei glänzen konnte. Das adlige Erziehungsideal ließ sich im übrigen durchaus mit dem Erbe des Humanismus verbinden; denn die meisten antiken Verhaltenslehren und Erziehungsschriften richteten sich ja sehr bewußt an Mitglieder einer mehr oder weniger aristokratischen Oberschicht, für die die noble Erscheinung auch im körperlichen Sinne ähnlich wichtig war, wie zum Beispiel die Beherrschung der Künste der Rhetorik. Man hielt sich auch in der Adelserziehung im übrigen an ähnliche antike Autoren wie in der bürgerlichen, las aber zum Beispiel Ciceros „De Officiis" bewußt als eine „Anleitung zu adeligen Tugenden".[324]

Freilich, nicht jeder im Sinne der Forderungen des Humanismus gebildete Edelmann demonstrierte deshalb schon in seinem Verhalten jene „adeligen Tugenden", von denen hier die Rede war. Bildung und Neigung zu Gewalttätigkeit oder zu moralischen Regelverletzungen schlossen sich keineswegs aus. Francis Stewart, Earl of Bothwell

---

322 Georges Vigarello, Histoire du corps, Bd. 1, De la Renaissance aux Lumières, Paris 2005, S. 235–302, hier bes. S. 259, vergl. ders., Le corps redressé. Histoire d'un pouvoir pédagogique, Paris 2001, S. 60–63.
323 Pascal Brioist, Hervé Drévillon, Pierre Serna, Croiser le fer. Violence et culture de l'épée dans la France moderne (XVIe–XVIIIe siècle). Seyssel 2002, S. 134–174, bes. S.167 f; zur Fechtkunst siehe auch Sydney Anglo, The Martial Arts of Renaissance Europe, New Haven, Conn. 2000.
324 Brunner, Landleben, S. 156 nach einer Instruktion für die oberösterreichischen Landschaftsschulen von 1570. Vergl. Walther, Adel und Antike (wie Anm. 306).

(gest. 1612) etwa, ein berüchtigter schottischer Rebell und Gewaltunternehmer der alten Schule, ein „border gangster" (er hatte sein Machtzentrum in dem durch ständige Fehden und Raubzüge geprägten schottischen Grenzgebiet zu England), war dennoch ein überaus kultivierter Mann, der Lateinisch, Italienisch und Französisch sprach und mit der Kunst und Literatur der Spätrenaissance bestens vertraut war.[325] Die verfeinerten Umgangsformen, die etwa von den zahlreichen Hofmannstraktaten des 16. Jahrhunderts propagiert wurden (siehe dazu unten S. 218–225), mögen ihren Beitrag zu einer Urbanisierung des Verhaltens im Adel geleistet haben, aber die Neigung, Konflikte mit dem Degen in der Hand beizulegen, reduzierten sie nicht unbedingt. Im Gegenteil, denn die neuen Regeln der Höflichkeit schufen auch ein zusätzliches Konfliktpotential; jeder Anschein mangelnden Respekts von Seiten eines gleichgestellten oder dem Status nach unterlegenen Standesgenossen war nun ein Angriff auf die eigene Ehre, der gerächt werden mußte. Dies geschah seit der zweiten Hälfte des 16. Jahrhunderts in vielen Ländern Europas (namentlich in Frankreich, wo das Chaos der Religionskriege solche Auseinandersetzungen begünstigte) zunehmend in Gestalt des Duells, das an die Stelle des gerichtlichen Zweikampfes oder der weitgehend regellosen Vendetta älteren Stils trat,[326] und seine Legitimation im selben geistigen Milieu wie die neuen Ideale des höfischen Verhaltens fand.[327]

Eine Verfeinerung der Kunst des Tötens stellte das mit dem Rapier ausgetragene Duell sicherlich dar, weniger Opfer als die Fehden alter Art kostete es deshalb aber nicht. In Frankreich scheint erst seine schrittweise „Entpolitisierung", die an die Stelle eines Kampfes, an

---

325 Brown, Noble Society (wie Anm. 276), S. 199. Vergl. v. Anm. 330.
326 Edward Muir, Mad Blood Stirring. Vendetta and Factions in Friuli during the Renaissance. Baltimore/London 1993.
327 François Billacois, Le Duel dans la société française des XVIᵉ–XVIIᵉ siècles: essai de psychologie historique. Paris 1986; David Quint, Duelling and Civility in Sixteenth-Century Italy, in: I Tatti Studies 7 (1997), S. 231–75, bes. S. 265. Vergl. auch Francesco Erspamer, La biblioteca de Don Ferrante. Duello e onore nella cultura del cinquecento. Rom 1982, S. 55–71, sowie ClaudioDonati, L'idea di nobiltà in Italia, secoli XIV–XVIII, Bari 1995, S. 94–112.

dem ganze Geschlechterverbände zumindest indirekt beteiligt waren, eine Auseinandersetzung treten ließ, bei der es wirklich nur noch um die individuelle Ehre der beiden Hauptbeteiligten ging, nach 1660 diesen Konflikten ihre Brisanz genommen zu haben. In dem Maße, wie Adlige sich auf die Stabilität der hierarchischen Gesellschaftsordnung, die von der Krone garantiert wurde, glaubten verlassen zu können, gelang es auch, eher Konflikte einzudämmen.[328] Das Duell an sich verschwand deshalb freilich trotz der zeitweilig recht energischen, meist dann auf längere Frist aber doch eher halbherzigen Versuche des monarchischen Staates, es zu unterdrücken, keineswegs aus dem adligen Alltag, sondern behauptete sich vor allem unter Offizieren, für die Satisfaktionsfähigkeit und -bereitschaft ein wichtiges Element ihrer adligen Identität blieben.[329]

## Praktiken der männlichen und weiblichen Adelserziehung

Der kultivierte Gewaltmensch Bothwell, der für die westeuropäischen Adligen des späten 16. Jahrhunderts – jedenfalls wenn man auf politisch unruhige Länder wie Schottland oder Frankreich blickt – wohl nicht ganz untypisch war, hatte einige Jahre im Ausland, in Frankreich und Italien (hier sollte er auch in Neapel im Exil sterben) verbracht und verdankte diesen Reisen einen Gutteil seiner Bildung.[330] Die Kavalierstour in ihren unterschiedlichen Varianten stellte generell für den wohlhabenden Adel im 16. und 17. Jahrhundert, in einigen

---

328 Stuart Carroll, Blood and Violence in Early Modern France, Oxford 2006, S. 305–329, bes. S. 325 f.

329 Brioist/Drévillon/Serna, Croiser le fer (wie Anm. 323), S. 277–304, 323–324, 365–367; vergl. Claude Chauchadis, La loi du duel. Le code du point d'honneur dans l'Espagne des XVIe–XVIIe siècles. Toulouse, 1997; Ute Frevert, Ehrenmänner. Das Duell in der bürgerlichen Gesellschaft. München 1991, bes. S. 19–34, sowie Victor G. Kiernan, The Duel in European History, Oxford 1989.

330 Rob Macpherson, Art. Stewart, Francis, first Earl of Bothwell (1562–1612), in: Oxford Dictionary of National Biography, www.oxforddnb.com, Article 12999.

Ländern auch noch im 18. Jahrhundert, einen wesentlichen Teil seiner Ausbildung dar. Die Gründe für dieses Phänomen waren vielfältiger Art, einerseits lebte hier die Tradition der spätmittelalterlichen Adelsreise fort, die nicht zuletzt dem Zweck gedient hatte, militärische Erfahrungen zu sammeln und die bis zu einem gewissen Grade fast eine Art Kreuzzugsersatz war, nur daß man eben nicht ins Heilige Land, sondern z. B. nach Litauen fuhr, um dort gegen die Heiden oder auch gegen christliche Gegner des Deutschen Ordens zu kämpfen.[331]

Auch im 16. und frühen 17. Jahrhundert war das Sammeln militärischer Erfahrungen nicht selten noch ein bedeutendes Element der Reisetätigkeit junger Adliger, die zum Teil in der Ferne die Fundamente für eine militärische Karriere zu legen suchten. Hinzu traten jedoch andere Aspekte. Das Erlernen fremder Sprachen, besonders der in der höfischen Welt vorherrschenden wie Italienisch und Französisch, auch der Aufbau eines Netzwerkes von Beziehungen, auf das man später etwa während einer diplomatischen Tätigkeit oder auch im Kriege zurückgreifen konnte, gehörten zu den Zielen solcher Reisen. In der Forschung ist überdies hervorgehoben worden, daß die Reisen, die den jungen männlichen Adligen (unverheiratete Frauen hätte man kaum auf eine solche Reise geschickt) in frühen Jahren, etwa mit 16 oder 17, bewußt einer fremden Umgebung mit all ihren Gefahren, aber auch ihren Chancen – bis hin zu sexuellen Abenteuern – aussetzte, auch dazu diente, aus den Jugendlichen rasch eigenständige Persönlichkeiten werden zu lassen, die sich selbst in schwierigen Situationen, wie etwa als Offiziere auf dem Schlachtfeld, behaupten konnten.[332]

---

331 Werner Paravicini, Von der Heidenfahrt zur Kavalierstour. Über Motive und Formen adligen Reisens im späten Mittelalter, in: Wissensliteratur im Mittelalter Bd. 13, Wiesbaden 1993, S. 91–130, und ders., Die Preußenreisen des europäischen Adels, 3 Bde, Sigmaringen 1989–1996. Zur Grand Tour Babel/Paravicini Grand Tour (wie Anm. 306); Jeremy Black, The British and the Grand Tour, London 1985, Antje Stannek, Telemachs Brüder. Die höfische Bildungsreise des 17. Jahrhunderts, Frankfurt/M. 2001, und Edward Chaney, The Evolution of the Grand Tour, London 1998.
332 Dewald, Experience, S. 102.

Daß für Adlige aus fast ganz Europa Italien eine besonders große Anziehungskraft besaß, hatte vielfältige Gründe. Das große Ansehen, das etwa die italienischen Akademien besaßen, an denen man Reiten und Fechten auf einem Niveau lernen konnte, wie vor dem späten 17. Jahrhundert kaum irgendwo sonst in Europa, war ein wichtiger Faktor, ebenso die traditionsreichen Universitäten, zu denen z. B. Padua und Bologna gehörten; vom Ansehen seiner Hochschulen profitierte allerdings auch Frankreich. Die dortigen Universitäten galten namentlich in der juristischen Ausbildung im späten 16. Jahrhundert in Europa als führend; ergänzend traten für Protestanten zeitweilig die reformierten Hochschulen wie Saumur oder Sedan hinzu. Seit dem 17. Jahrhundert reiste man dann nach Italien, um einerseits die Kunstwerke der Antike und andererseits die bedeutenden Werke der Renaissance und der eigenen Epoche kennenzulernen. In dem Maße, wie Kunstkennerschaft zu einem adeligen Standesmerkmal wurde, nahm die Bedeutung solcher Bildungs- und Kulturreisen deutlich zu. Besonders wichtig waren und blieben sie im 17. und 18. Jahrhundert in England. Der Mangel einer eigenständigen Barockkultur steigerte hier den quasi exotischen Reiz der italienischen Kultur, an der sich in England namentlich die Architektur und die Ausstattung der *country houses* lange orientierte.[333] In anderen europäischen Ländern nahm die Neigung junger Adliger eine Kavalierstour oder Grand Tour zu unternehmen, hingegen im 18. Jahrhundert eher ab; zum Teil verboten die Monarchen und Landesherren solche Reisen sogar ausdrücklich, da sie ihren Adel an den heimischen Universitäten, Ritterakademien oder Kadettenanstalten zu Dienern des Staates erziehen und auch ganz einfach das Geld im Lande halten wollten, das die adligen Reisenden früher mit vollen Händen im Ausland ausgegeben hatten.[334] Auch wenn in Deutschland die erste Gründungswelle von Ritterakademien um 1600 keine nachhaltige Wirkung gehabt hatte, weil der

---

333 Jeremy Black, The British Abroad: The Grand Tour in the Eighteenth Century, New York 1992, Bruce Redford, Venice and The Grand Tour, New Haven, Conn. 1996, und Arnold, The Illusion of Grandeur (wie Anm. 306).
334 Conrads, Ritterakademien (wie Anm. 310), S. 271f.

Dreißigjährige Krieg viele Hochschulen zwang, ihre Tore wieder zu schließen oder doch zumindest ihren Niedergang einleitete, entstanden Ende des 17. und zu Anfang des 18. Jahrhunderts eine ganze Reihe neuer Akademien, nicht zuletzt auch in den habsburgischen Erblanden. Die Notwendigkeit, im Ausland zu studieren, verminderte sich dadurch, auch wenn die Qualität der Ausbildung an den heimischen Akademien lange als problematisch galt, bis dann Mitte des 18. Jahrhunderts staatliche Anstalten auch die Adelsbildung gewissermaßen nationalisierten oder doch auf die Bedürfnisse des jeweiligen Staates ausrichteten. Wer im 18. Jahrhundert in Mitteleuropa als Adeliger in seiner Jugend noch zu einer Reise aufbrach, tat dies jetzt oft eher, um an einer besonders fortschrittlichen Universität – dazu gehörten zeitweilig das preußische Halle, das niederländische Leiden oder das sächsische Leipzig und später vor allem Göttingen – zu studieren, oder um ein solches Studium durch eine Reise nach Italien oder Frankreich zu krönen und abzuschließen. Die Adelsreise alter Art mit ihrer Verbindung zwischen Bildungstourismus, dem halb spielerischen Erlernen standesgemäßer Künste und Fertigkeiten und einer Teilnahme am höfischen Leben im Ausland, verlor hingegen seit der zweiten Hälfte des 18. Jahrhunderts zunehmend ihre alte Bedeutung, mochte sie auch für die designierten Nachfolger regierender Fürsten oder andere Prinzen aus den regierenden Dynastien im Reich immer noch eine erhebliche Rolle spielen.[335]

Die Kavaliersreise war naturgemäß ein Element fast ausschließlich der Erziehung männlicher Adliger. Bei Frauen war die Erziehung sehr viel stärker darauf ausgerichtet, sie auf die Ehe und damit die Haushaltsführung, aber letztlich auch auf die Unterordnung unter den Gatten vorzubereiten. Sie wurden vor allem im Hause erzogen, allenfalls in einem Kloster oder – bei Protestanten – in einem adligen

---

335 Zu diesen Entwicklungen, Klingenstein, Kaunitz (wie Anm. 294), S. 142–176; vergl. Joachim Rees, „Wahrnehmen in fremden Orten was zu Haus Vortheil bringen und nachgeahmet werden könne." Europareisen und Kulturtransfer adeliger Eliten im Reich 1750–1800, in Babel/Paravicini, Grand Tour (wie Anm. 306), S. 513–539.

Damenstift. Lesen und Schreiben gehörte auch hier zum Erziehungsprogramm, aber zumindest beim Landadel ging noch im 17. Jahrhundert die Erziehung über elementare Kenntnisse oft nicht hinaus. Soweit Frauen aus dem Adel überhaupt Bücher besaßen, waren es religiöse Werke.[336] Anders verhielten sich die Dinge bei Frauen aus dem höheren Adel, die auf ein Leben bei Hofe vorbereitet wurden. Von Frauen, die einem Fürstengeschlecht angehörten, erwartete man schon im späten 16. Jahrhundert durchaus, daß sie nicht nur musizieren, reiten und tanzen konnten, sondern auch die lateinische Sprache und weitere Fremdsprachen beherrschten und Grundkenntnisse z. B. in Geographie und Geschichte besaßen. Dies dürfte in etwa auch das Bildungsprogramm für Frauen aus dem Hochadel, die am Hof oder in seiner Umgebung aufwuchsen, gewesen sein.[337] Nach der Mitte des 17. Jahrhunderts begann das höfische Erziehungsideal auch auf die Erziehung von Mädchen aus dem ländlichen Adel auszustrahlen. Soweit man es sich leisten konnte, stellte man eigens Erzieherinnen für die Töchter ein, die ihnen höfische Umgangsformen und die Kunst der Konversation vermittelten.[338] In England entstanden schon in den 1630er Jahren vor allem in den Londoner Vororten wie Hackney Schulen, in der Regel Pensionate, speziell für die Töchter der Oberschicht. Zu ihrem Bildungsprogramm gehörten Fremdsprachen wie Französisch und Italienisch ebenso wie Tanzen und Musizieren, sowie – ganz zentral – die Kunst der Konversation.[339] Diese Kunst der Konversation stand auch im Mittelpunkt der Kultur der meist von Damen des hohen Adels, zum Teil aber auch der Hochfinanz oder des Amts-

---

336 Anke Hufschmidt, Adlige Frauen im Weserraum zwischen 1570 und 1700, Status – Rollen – Lebenspraxis, Münster 2001, S. 59–118, bes. S. 106–110, zu den Buchsammlungen.
337 Katrin Keller, Hofdamen. Amtsträgerinnen im Wiener Hofstaat des 17. Jahrhunderts, Wien 2005, S. 34 f; vergl. Michéle Lardy, L'education des filles de la noblesse et de la gentry en Angleterre au XVIIe siècle, Berlin/Bern 1994; siehe auch Heal/Holmes, Gentry, S. 249–254.
338 Hufschmidt, Frauen (wie Anm. 336); S. 116 f; vergl. generell zur Frauenerziehung auch Barbara Becker-Cantorino, Der lange Weg zur Mündigkeit, Frauen und Literatur von 1500 bis 1800, München 1989.
339 Lardy, L'education (wie Anm. 337), S. 95–110.

adels geleiteten Salons der französischen Hauptstadt während der Regierungszeit Ludwigs XIII. und der folgenden Jahrzehnte. Weibliche Bildung auch im Sinne einer partiellen Emanzipation der Frau wurde hier geradezu zum Programm, ein Programm, das freilich auch seine Gegner hatte, wie gegen Ende des Jahrhunderts den Bischof Fénélon, der die weibliche Erziehung in der Oberschicht wieder ganz auf Haus und Familie ausrichten wollte.[340] Zumindest für Frankreich wegweisend wurde die Einrichtung einer Pensionatsschule für junge Mädchen aus dem verarmten Adel durch die ehemalige Mätresse und spätere Gemahlin Ludwigs XIV. Madame de Maintenon im Jahr 1686. Saint-Cyr, in unmittelbarer Nähe zu Versailles gelegen, sollte seinen Elevinnen zwar keine akademische Gelehrsamkeit, wohl aber die Fähigkeit vermitteln, sich in der gebildeten Gesellschaft der französischen Provinzstädte, die auch für den Adel immer mehr zum Lebensmittelpunkt wurden, zu behaupten.[341]

## Der Kampf um die kulturelle Hegemonie

Die Ausbildung des Adels war seit dem 17. Jahrhundert stets auch darauf ausgerichtet, den eigenen sozialen Status durch kulturelle Überlegenheit zu legitimieren. Diese kulturelle Überlegenheit hatte ihr Fundament allerdings weniger in wissenschaftlichen Kenntnissen, obwohl manche Adlige auch diese erwarben und sich etwa in wissenschaftlichen Gesellschaften und Akademien engagierten, oder gar selber als Autoren wissenschaftlicher Publikationen auftraten, sondern

---

340 Carolyn Lougee, Le paradis des femmes: Women, Salons and Social Structure in Seventeenth-Century France, Princeton 1976, S. 26–30, vergl. auch S. 174 ff. Siehe auch Myriam Maitre, Les Précieuses – naissance des femmes de lettres en France au XVIIe siècle, Paris 1999, und Antoine Lilti, Le Monde des Salons, Sociabilité et mondanité à Paris au XVIIIe siècle, Paris 2005.

341 Karen l. Taylor, Saint-Cyr, vertu féminine et évolutions des notions de citoyenneté au XVIIIe siècle, in: Chantal Grell und Arnaud Ramière de Fortanier (Hg.), L'éducation des jeunes filles nobles en Europe, XVIIe–XVIIIe siècles, Paris 2004, S. 127–144.

in der Sicherheit des Geschmacks, die sich in der Sammlung erlesener Kunstwerke ebenso wie in Kleidung und Auftreten zeigte oder zeigen sollte. Zunehmend galt die Feststellung: "taste became a matter of breeding" und "social pre-eminence was based on cultural superiority".[342] Diese kulturelle Hegemonie galt es freilich stets erneut zu verteidigen, besonders schwierig war dies dort, wo man sich mit konkurrierenden Eliten konfrontiert sah, die den adeligen Lebensstil imitierten oder partiell übernahmen und an ihre eigenen Lebensbedingungen anpaßten, so daß daraus eine eigene Lebensform entstand, wie dies etwa für die französische *noblesse de robe,* aber auch andere städtische Eliten galt. Die betonte Lässigkeit und „Natürlichkeit" aristokratischen Verhaltens (siehe unten, S. 221 f) hatte auch den Sinn, den *bourgeois gentilhomme,* den bürgerlichen Aufsteiger, der sich gute Manieren sorgfältig nach Lehrbüchern angeeignet hatte, in seine Schranken zu verweisen. Ähnliches galt bis zu einem gewissen Grade auch für einen gelegentlich zur Schau getragenen selektiven Grobianismus oder sorgfältig kalkulierte Exzesse. Diese mochten sich in gewalttätigen Ausschreitungen adeliger Studenten oder anderer Gruppen von aristokratischen Jugendlichen, aber auch in sexueller Libertinage manifestieren. Eine solche Libertinage war etwa im England der Restaurationsepoche nach 1660, aber auch im Frankreich des 18. Jahrhunderts im aristokratischen Milieu weit verbreitet. Ein derart regelwidriges Verhalten sollte auch demonstrieren, daß man sich nicht an bürgerliche Verhaltensnormen gebunden fühlte.[343]

Generell war es namentlich für den weniger wohlhabenden Landadel zumindest im späten 18. Jahrhundert nicht mehr einfach, sich gegenüber einem wohlhabenden städtischen Milieu als überlegen zu erweisen. Ein bewußtes Bekenntnis zu ländlichen Sitten und einer gewissen Schlichtheit wenn nicht gar Grobheit oder Brutalität des Verhaltens, das sich in Trinkgelagen ebenso zeigen mochte wie in

---

342 Arnold, Illusion of Grandeur (wie Anm. 306), S. 116.
343 Geoffrey Ashe, The Hell-Fire Clubs: A History of Anti-Morality, Stroud 2000; Anna Bryson, From Courtesy to Civility: Changing Codes of Conduct in Early Modern England, Oxford 1998, S. 243–275, und Dewald, Experience, S. 133.

den Freuden der Jagd auf Wildschweine oder Füchse, konnte hier, wie bereits betont, durchaus auch ein bewußter Protest gegen die bürgerlich-urbane Kultur sein: „the image of the hard-drinking, violent boorish foxhunter was an assertion of class values, a rejection of the metropolitan conquest which was transforming their lives," heißt es in einer Studie über die *gentry* in Wales.[344] Diesem Kult ländlicher Schlichtheit stand allerdings seit der zweiten Hälfte des 17. Jahrhunderts auch fast überall eine gegenläufige Tendenz gegenüber, die darauf abzielte, die Distanz der Adelskultur zur traditionellen Volkskultur stärker als in der Vergangenheit zu betonen und die sich mit dem Rückzug des Adels von dörflichen Festen und Lustbarkeiten, an denen die Adeligen des 16. Jahrhunderts noch teilgenommen hatten, verband.[345] In England mag diese Tendenz besonders ausgeprägt gewesen sein, wurde allerdings zum Teil durch das Aufkommen neuer oder neu gestalteter Sportarten, wie insbesondere des Kricket, an dem die gesamte ländliche Bevölkerung teilnehmen konnte, kompensiert, während die seit der Mitte des 18. Jahrhunderts in Mode gekommene Fuchsjagd zu Pferde trotz gelegentlicher Ausnahmen insgesamt sozial sehr viel exklusiver blieb.[346]

Der Versuch, sich von der Masse der ländlichen Bevölkerung abzusetzen, war besonders dezidiert dort, wo ein relativ zahlreicher und wenig wohlhabender Adel Mühe hatte, sich von den Bauern kulturell zu distanzieren, wie etwa in Polen. Die antibäuerliche Haltung des Adels trug hier teilweise Züge eines regelrechten Hasses auf die an-

---

344 Jenkins, Making of a Ruling Class (wie Anm. 308), S. 214: vergl. David Solkin, Painting for Money, The Visual Arts and the Public sphere in 18th-century England, New Haven, Conn. 1993, S. 100–102.

345 James M. Rosenheim, The Emergences of a Ruling Order: English Landed Society, 1650–1750, Harlow 1998, S. 176–194; vergl. Peter Borsay, The English Urban Renaissance: Culture and Society in the Provincial Town, 1660–1770, Oxford 1989, S. 285, und mit Bezug auf Spanien James S. Amelang, Honored Citizens of Barcelona: Patrician Culture and Class Relations, 1490–1714, Princeton, New Jersey, 1986, S. 198–201.

346 Dazu Christie, Country House (wie Anm. 275), S. 276–279; Gordon E. Mingay, Land and Society in England 1750–1980, Harlow 1994, S. 28–30, S. 132 f; vergl. David C. Itzkowitz, Peculiar Privilege: A Social History of English Fox Hunting 1753–1885, Hassocks 1977.

geblich faulen und disziplinlosen Leibeigenen, und Apologeten des Adels, der hier ja eine stärkere rechtliche Definition der Standesqualität und ein königliches Nobilitierungsrecht dezidiert ablehnte, beharrten darauf, schon durch Aussehen, Haltung und Sprache unterscheide sich ein Adliger unverkennbar vom gemeinen Volk.[347]

Wohlhabende Adlige mußten diese Distanz zu einfachen Bauern natürlich nicht in dieser drastischen Weise zur Schau stellen, ihre Konkurrenten waren eher, wie schon betont, städtische Eliten. Sie galt es auf Distanz zu halten. Ein bewußtes Understatement im Auftreten, aber auch in der Selbstdarstellung – etwa in den Schloßbauten – konnte diesen Zweck unter Umständen besser erfüllen als ein Versuch, in barocker Manier jeden Konkurrenten durch Pracht und Prunk zu übertrumpfen, jedenfalls zu einem Zeitpunkt, als Luxusgüter zunehmend auch der städtischen Oberschicht zugänglich wurden. Der in England erstmals durch Inigo Jones unter Karl I. propagierte und dann im 18. Jahrhundert zeitweilig dominierende palladianische Stil, der sich an den Renaissance-Villen der venezianischen Oberschicht auf der Terra ferma orientierte, stellt etwa einen solchen Versuch dar, ästhetische Maßstäbe zu propagieren, die nur dem Kenner oder dem reichen und umfassend gebildeten Bauherren, der entsprechende Künstler beschäftigte, nachvollziehbar waren. Werke, die die ästhetischen Ideale dieses Stils nicht erreichten, ließen sich leicht als parvenuhaft entlarven.[348] Der Versuch, die Konkurrenz rivalisierender Eliten zu neutralisieren, indem man beständig ältere ästhetische Sprachen der Selbstartikulation durch neue ersetzte, um somit die Nachahmung der eigenen Kultur als abgeschmackt zu entlarven, war freilich riskant und kostspielig, da man sich damit dem Diktat der Mode aussetzte, was unter Umständen eine vollständige Erneuerung der wesentlichen Bestandteile der eigenen materiellen Lebenskultur

---

347 Bogucka, Lost World (wie Anm. 283), S. 26.
348 Borsay, Urban Renaissance (wie Anm. 345), S. 307; Zu Frankreich Jean-Louis Flandrin, Distinction through Taste, in: Roger Chartier (Hg.), A History of Private Life, Bd. 3: Passions of the Renaissance, Cambridge, Mass. 1989, S. 265–307, hier S. 300–305.

in immer kürzeren Zeitabständen erforderlich machte; der Weg in die Verschuldung, wenn nicht gar in den finanziellen Ruin, war dann unter Umständen nur allzu kurz.[349]

Neben dem Versuch der beständigen ästhetischen Innovation und des raffinierten Understatements, setzte man bei anderen Gelegenheiten und in anderen Kontexten doch eher auf altbewährte Mittel und zog eine heroisch glamouröse Selbstinszenierung etwa im Porträt vor. Dies wurde vor allem in dem Moment relevant, in dem sich auch andere Schichten als der Adel Porträts leisten konnten und auch wirklich leisteten. In England beispielsweise griffen Mitglieder der Aristokratie im 18. Jahrhundert nun bewußt auf einen Maler wie Reynolds zurück, der die Porträtierten, soweit es Männer waren, in Uniform – die erneut zunehmende Bedeutung des Militärischen für die Legitimation des Adels selbst in Ländern wie England wird hier deutlich –, im Kilt des Highland Chief oder in der Amtskleidung ihrer Staatsämter und Ehrenpositionen darstellte, um sie hervorzuheben.[350] Frauen aus dem hohen Adel erschienen bei Reynolds eher in einer arkadischen Szenerie als Schäferinnen oder in einer Pose, die an antike Göttinnen erinnerte, wenn sie nicht selbst, wie es der Mode der 1770er Jahre entsprach, eine Art von militärischer Uniform trugen.[351]

Generell war es für den Adel im späten 18. Jahrhundert jedoch schwieriger als in der Epoche des Barocks, als selbst die Universitäten und die Städte sich dem Einfluß der galant-höfischen Kultur

---

349 Figeac, L'automne, S. 223, mit Bezug auf den französischen Hofadel des späten 18. Jahrhunderts. Vergl. zu den Mechanismen des Kampfes um kulturelle Hegemonie auch Gerrit Walther, Minerva und die Gentlemen, unveröffentlichtes Ms. Ich bin dem Autor für die Möglichkeit der Einsichtnahme dankbar.
350 Christie, Country House (wie Anm. 275), S. 180–190, und David Solkin, Great Pictures or Great Men? Reynolds, Male Portraiture and the Power of Art, in: Oxford Art Journal 9 (1989), S. 42–49; zu Reynolds siehe jetzt auch Martin Postle (Hg.), Joshua Reynolds and the Creation of Celebrity, London 2005.
351 Postle, Reynolds, S. 192 und S. 124 f.

nicht mehr hatten entziehen können, seine kulturelle Hegemonie zu wahren. Nach der Mitte des 18. Jahrhunderts waren zumindest in einem Land wie Frankreich der Hof und adlige Mäzene nicht mehr im gleichen Maße wie in der Vergangenheit in der Lage, die Diskussion über ästhetische Normen zu steuern, die jetzt eher von einer öffentlichen Meinung bestimmt wurde, die nicht mehr genuin ständisch strukturiert war und die zum Schiedsrichter gleichermaßen in sittlichen wie künstlerischen Fragen wurde.[352] Die Tatsache, daß zunehmend Clubs, Lesegesellschaften und Kaffeehäuser statt der privaten Salons zum Forum der wichtigsten intellektuellen Debatten wurden, führte zur Zurückdrängung von Frauen aus dem geistigen Leben, damit aber auch zur Reduktion des aristokratischen Einflusses, denn die Salonnières des 17. und 18. Jahrhunderts waren meist Damen der Aristokratie gewesen.[353] Allerdings öffneten sich weite Teile des Adels zumindest im Umkreis der Hauptstadt und des Hofes – wohl am stärksten der höfische Hochadel selber, der sich in seiner Position sicher glaubte – der Aufklärung. Man flirtete hier selbst mit der dezidierten Kritik an der Gesellschaft des Ancien Régime, wie sie Beaumarchais in „Figaros Hochzeit" oder Choderlos de Laclos in den „Liaisons Dangereuses" vorbrachten, und kultivierte damit einen gewissen „radical chic". Weniger wohlhabende und fest etablierte Adelsfamilien waren vorsichtiger, aber selbst unter den adligen Offizieren der Armee, die nicht selten Freimaurerlogen oder wissenschaftlichen Gesellschaften angehörten, fanden sich vor der Revolution viele Anhänger der „philosophes" und ihrer politisch-sozialen Ideale.[354] Weithin gewann nicht nur in Frankreich sondern gegen Ende des 18. Jahrhunderts auch in Deutschland das englische Vorbild an Anziehungskraft. England erschien als Modell eines Landes, in dem sich politische Freiheit mit der Herrschaft einer aufgeklärten Aristokratie verband, die in ihrer sozialen Position schon wegen ihres Wohlstan-

---

352 Roger Chartier, Les Origines culturelles de la Révolution Française, Paris 1990, S. 44–70
353 Marraud, Noblesse, S. 497 f; vergl. Dena Goodman, The Republic of Letters, Ithaca, New York, 1994, S. 233–275.
354 Marraud, Noblesse, S. 496 f und 505.

des unangefochten war.[355] Allerdings blieben die Adelskreise, die sich, weil sie sich ihrer Position sicher glaubten, auf unbefangene Weise der Aufklärung öffneten, doch begrenzt. Nach einer jüngeren Studie waren in Frankreich vor der Revolution nur etwa 10 % des Adels intellektuell wirklich auf der Höhe der Zeit, „la masse nobiliaire est étrangère à l'univers culturel".[356] Dieses Urteil, das sich auf den französischen Provinzadel des späten 18. Jahrhunderts bezieht, mag nicht ohne weiteres auf andere Adelslandschaften in Europa übertragbar sein, aber auch hier dürften für die Mehrzahl des Adels begrenzte finanzielle Mittel und ein gewisser Traditionalismus der Rezeption der Ideen der Aufklärung Grenzen gesetzt haben. Vollends nach Ausbruch der Revolution wandte man sich oft wieder dezidiert der Tradition und damit auch einer stärker als in der Vergangenheit verinnerlichten Frömmigkeit zu, denn nichts schien die Stabilität der alten Ordnung so erschüttert zu haben wie die zunehmende Säkularisierung.[357] Doch war diese neue Religiosität mehr als nur Taktik, sondern auch ein Versuch, in einer sich rasch verändernden Zeit eine neue Identität zu finden, wie dies in ähnlicher Weise auch schon für das Zeitalter der Konfessionsbildung und Konfessionalisierung gegolten hatte.

---

355 Ebd. S. 494 f, und Paul Janssens, L'influence sur le continent du modèle aristocratique britannique au XVIIIe siècle, in: Études sur le XVIIIe siècle 11 (1984), S. 29–38; vergl. Robert v. Friedeburg, Das Modell England in der Adelsreformdiskussion zwischen Spätaufklärung und Kaiserreich, in: Heinz Reif (Hg.), Adel und Bürgertum in Deutschland, Bd. 1: Entwicklungslinien und Wendepunkte im 19. Jahrhundert, Berlin 2000, S. 29–50.
356 Figeac, L'Automne, S. 271.
357 Heinz Reif, Westfälischer Adel 1770–1860, Göttingen 1979, S 435–449.

## 5. Adel, Religion und Kirche

### Konfessionelle Indifferenz und demonstrative Frömmigkeit

So wichtig die Demonstration von kultureller Überlegenheit zum Beispiel durch Kompetenz in ästhetischen Fragen und durch aufwendige Repräsentationsbauten für die Legitimation der Vorrangstellung des Adels war, so war doch die religiöse Rechtfertigung sozialer Hierarchien noch bedeutsamer, vor allem im Verhältnis des Adels zur ländlichen Bevölkerung. Daß der im Dorf dominierende Adlige oft Kraft des Patronatsrechtes auch den Pfarrer auswählte und damit dafür Sorge tragen konnte, daß den Untertanen die Unantastbarkeit der überkommenen sozialen Ordnung im Gottesdienst eingeschärft wurde, war ebenso wichtig wie die Demonstration adliger Herrschaftsansprüche im Kirchenraum selber durch aufwendige Grabmäler, durch Wappen und Trophäen an den Wänden und Pfeilern und nicht zuletzt durch die für die adligen Familien reservierten Plätze auf den Emporen, die zum Teil sogar im 17. und 18. Jahrhundert zu verglasten und beheizbaren Logen ausgebaut wurden.

Das Verhältnis des Adels zur Kirche war dennoch nicht frei von Spannungen. Schon im Mittelalter standen die moralischen Forderungen der Kirche in einem gewissen Kontrast zum Gewalthabitus des Adels, aber auch zu seiner Neigung, kirchliches Eigentum, das freilich oft auf adlige Stiftungen zurückging, als Verfügungsmasse für die Versorgung der eigenen Familie zu betrachten. Mochte auch die Neigung des Adels zur gewaltsamen Durchsetzung seiner Ansprüche auf Besitz und Status im Laufe der frühen Neuzeit zurückgehen, so war doch die höfische Lebensform, die direkt oder indirekt seit der Renaissance einen erheblichen Einfluß auf den Adel hatte, mit den sittlichen Idealen der Reformation und der katholischen Reform nicht leicht zu vereinen. Das galante Verhalten, das vom Hofmann – und zumindest nördlich der Alpen und der Pyrenäen auch von den Hofdamen – erwartet wurde, aber auch der beständige Kampf um Ehre und Status, standen im Kontrast zu einem christlichen Ethos, das Eitelkeit und Stolz ebenso verwarf wie erotische Freizügigkeit.

Es fehlt daher in einschlägigen Darstellungen auch nicht an Stimmen, die das Verhältnis des Adels zu Kirche und Religiosität eher als ein instrumentelles betrachten; man bediente sich der Kirche und ihrer Autorität wenn es notwendig war, verinnerlichte ihre Werte und Normen jedoch nicht. So hat Jonathan Dewald geurteilt: „[nobles] had always attached too much importance to family pride and personal honor to be very consistent Christians whether Protestant or Catholic."[358] Auch im 16. und 17. Jahrhundert selber hatten Kleriker und Laien bereits eine zum Teil scharfe Kritik an der eher laxen und konfessionell nicht selten indifferenten Haltung des Adels vorgebracht. So sprachen entschiedene Vertreter der Gegenreformation von den „epikur[ä]ischen Hofchristen", von denen nichts Gutes, jedenfalls nicht jene unbedingte Kompromißlosigkeit in Konfessionsfragen, auf die es ankomme, zu erwarten sei.[359] Aber auch das Urteil protestantischer Geistlicher fiel nicht immer günstiger aus. So hieß es in einem von dem lutherischen Theologen Nikolaus Selnecker 1571 veröffentlichten Psalmenkommentar über den Adel kurz und bündig:

„Was nach den Herren den Adel belanget, ist es fast dahin kommen das alle Christen wissen, das der mehrer Theil [...] verechter

---

358 Dewald, Nobility, S. 182. – Dieses Kapitel beruht in weiten Teilen auf meinem Aufsatz Religiöse Selbstinszenierung im Zeitalter der Glaubenskriege: Adel und Konfession in Westeuropa, in: Historisches Jahrbuch 125 (2005), S. 67–100.
359 Siehe Winkelbauer, Fürst und Fürstendiener, S. 80, und zur Kritik der „Zelanten" an den konfessionell Unentschiedenen generell Wolfgang Behringer, Falken und Tauben. Zur Psychologie deutscher Politik im 17. Jahrhundert, in: Ronnie Po-Chia Hsia/Robert W. Scribner (Hg.), Problems in the Historical Anthropology of Early Modern Europe, Wiesbaden 1997, S. 219–262.

Gotts wort sind [...] ihr recht heist gewalt [...] ihr zier heist frantzosen, stinckende athem, reudige hende, und füs, keuchen und schnauben [...] da ist nun kein wunder, das sie von dem gemeinen mann fast an allen orten verachtet werden und schier niemands mehr etwas rechts von ihnen halten kan."[360]

Das waren drastische Worte, aber calvinistische Geistliche im presbyterianischen Schottland waren kaum zurückhaltender in ihren Äußerungen.[361] In protestantischen Ländern war namentlich der ungehemmte Zugriff des Adels auf das in der Reformation säkularisierte Kirchengut problematisch, denn die Veräußerung monastischen Besitzes, aber auch von Zehntrechten und anderer Einkünfte hatte oft zu einer relativen Verarmung der Kirchen geführt, die es ihnen erschwerte, ihre Aufgaben noch angemessen wahrzunehmen. In England und vielleicht noch ausgeprägter in Irland, wo der Landbesitz der gentry in einem besonders hohen Maße kirchlichen Ursprungs war, nahm die Kritik an der Säkularisierung kirchlichen Besitzes besonders in den 1620er und -30er Jahren zu. Geistliche, die der Kirche ihre alte vorreformatorische Machtstellung zurückgeben wollten und in einem habgierigen Adel eine genauso große Gefahr sahen wie im subversiven Puritanismus, griffen in scharfer Form diejenigen an, die sich auf Kosten der Kirche bereichert hatten. Der Adlige, der ehemaligen Kirchenbesitz erworben habe, sei wie ein Adler, der das Opferfleisch vom Altar Gottes stehle, der aber mit den glühenden Kohlen, die diesem Fleisch anhafteten, zugleich das Nest seiner Jungen, die er füt-

---

360 Nikolaus Selnecker, Der gantze Psalter Davids ausgelegt, Leipzig 1571, f. 126 v. Mit „frantzosen" waren Geschlechtskrankheiten gemeint.
361 Keith M. Brown, Noble Society in Scotland: Wealth, Family and Culture from Reformation to Revolution, Edinburgh 2000, S. 237. „Sacriledge, whooredome, blasphemie, witchcraft", aber auch „oppressioun of their owne tennants" und „bloodshed" gehörten zu den Standardvorwürfen an den Adel.

tern wolle, in Brand stecke, denn Reichtum, der auf dem Verbrechen des Sakrilegs beruhe, könne keinen Bestand haben.[362]

Wird hier eine scharfe Adelskritik von theologischer Seite deutlich, so ist es doch bezeichnend, daß diese Kritik stets auch ein Echo in Kreisen des Adels selber fand. Schriften, wie die soeben zitierte englische, beeinflußten etwa anti-calvinistisch arminianisch gesinnte adlige Landbesitzer, die sich tatsächlich darum bemühten,[363] die Ausstattung ihrer Patronatskirchen zu verbessern und einen Teil des von ihren Vorfahren in der Reformation erworbenen Besitzes an die Kirche in Form von Stiftungen zurückzugeben.[364] Das Verhältnis des Adels zur Kirche und zu den Konfessionen war daher durchweg ambivalent. Auf der einen Seite gibt es sicherlich immer wieder Beispiele für eine relative konfessionelle Indifferenz und für eine bloß äußerliche Religiosität, auf der anderen Seite gab es aber auch genug Fälle, in denen Männer und vielleicht noch mehr Frauen aus dem Adel ihre eigene soziale Identität in ausgeprägter Weise über ihr religiöses Engagement und über den Kampf für den „richtigen" Glauben definierten. Die Idee eines ritterlichen Kreuzzuges gegen Ungläubige und Ketzer und für die „wahre" Kirche blieb lange wirksam, aber ebenso gibt es Beispiele in Kreisen des Adels, die eine stärker verinnerlichte, ja sogar asketische Frömmigkeit zeigen. Zu nennen sind hier die „devots" in Frankreich im 17. Jahrhundert ebenso wie im protestantischen Bereich die puritanische *gentry* in derselben Epoche in England, oder die „frommen" pietistischen Grafen in Deutschland im 18. Jahrhundert

---

362 Ephraim Udall, Noli me tangere is a thinge to be thought on or vox carnis clamantis ab altari ad aquilam sacrilegam, noli me tangere ne te perdam, London 1642. Vergl. dazu Ian Atherton, Ambition and Failure in Stuart England, The Career of John, First Viscount Scudamore, Manchester 1999, S. 61–65.

363 Der Arminianismus war eine von den Niederlanden ausgehende dann auch England erfassende Bewegung innerhalb der reformierten Kirche, die die Prädestinationslehre in Frage stellte, in England aber auch das Ansehen und die Autorität der kirchlichen Hierarchie stärken wollte. Es gab deutlich Tendenz dazu an vorreformatorische Traditionen anzuknüpfen.

364 Atherton, Scudamore (wie Anm. 362), S. 63–65.

(s. u. S. 190). Religiosität und Frömmigkeit mochten für den Adel immer auch Selbstinszenierung sein, eine Rolle, die man auch deshalb spielte, weil es so erwartet wurde, von den eigenen Untertanen ebenso wie von den Standesgenossen und der Kirche. Aber wer diese Rolle auf Dauer überzeugend spielen wollte, kam nicht umhin, sie zu verinnerlichen, und so wurde aus der Person, die man der Umwelt präsentierte, doch tendenziell ein fester Bestandteil der sozialen und politischen Identität. Ein französischer Historiker hat in diesem Kontext von einem „capital identitaire" gesprochen, einem moralischen Kapital, das einem Prestige und Autorität ebenso wie Freunde und Klienten – aber natürlich auch die dazugehörigen Feinde – verschaffte.[365] Hatte man sich einmal auf eine solche Rolle festgelegt, konnte man sich von ihr nicht mehr leicht lossagen ohne das Gesicht zu verlieren; ein Umstand der erklärt, warum nicht wenige Adlige, wenn sie einmal zu einer klaren konfessionellen Position gefunden hatten, auch bereit waren, große persönliche Opfer in Kauf zu nehmen, wenn es um die Verteidigung ihres Glaubens ging.

## Reformation und Konfessionalisierung

Die spätmittelalterliche Kirche mit ihrem Pfründenwesen war noch nicht überall so stark eine Adelskirche wie es die tridentisch-gegenreformatorische Kirche zumindest in Deutschland, aber auch in anderen katholischen Ländern wie Frankreich im Zeitalter des Barocks weitgehend werden sollte, denn im Spätmittelalter konnten gelegentlich noch Nicht-Adlige zu hohen kirchlichen Würden, ja bisweilen sogar zum Kardinalsrang, aufsteigen. Dennoch spielte die Möglichkeit des Zugriffs auf kirchlichen Besitz zur Versorgung nachgeborener Söhne, aber auch von Töchtern, die mangels ausreichender Mittel

---

365 Denis Crouzet, Aux Origines de l'engagement militant de la maison de Guise ou le tournant des années 1524–25, in: Joel. Fouilleron u.a. (Hg.), Sociétés et idéologies des temps modernes. Hommage à Arlette Jouanna, 2 Bde., Montpellier 1996, Bd. 2, S. 573–589.

zur Auszahlung hoher Mitgiften nicht verheiratet werden konnten, für den Adel schon um 1500 eine erhebliche Rolle. Der Angriff der Reformation auf diese Pfründenstruktur, die eng verbunden war mit mancherlei anderen Gebrechen der Kirche, wie der weitverbreiteten Simonie und der pluralistischen Anhäufung von Benefizien in den Händen weniger meist moralisch und intellektuell eher unzureichend qualifizierter Geistlicher, bedrohte daher eigentlich auch die soziale Position des Adels. Dennoch gab es in Deutschland, dem eigentlichen Kernland der Reformation, anfänglich eine erhebliche Sympathie für die Sache des neuen Glaubens in den Reihen des Adels, also der reichsunmittelbaren und landsässigen Ritter sowie der Reichsgrafen. Beim deutschen Adel verband sich der anfänglich unter Laien generell weit verbreitete Antiklerikalismus mit der Begeisterung für die Reformation als einer quasi „nationalen", gegen die italienische Kurie gerichteten Bewegung. Ein Beispiel für diese Haltung bot der Reichsritter Ulrich von Hutten, der auch als Humanist hervortrat und zu den Autoren der sogenannten Dunkelmännerbriefe, eines satirischen Angriffs auf die mönchischen Verteidiger der Alten Kirche, gehörte.[366] Insgesamt war das Verhalten des Adels gegenüber der Reformation aber doch eher durch eine gewisse Unentschlossenheit und ein vorsichtiges Abwarten gekennzeichnet. Namentlich die Reichsritter zögerten, es ganz mit dem Kaiser oder mit altgläubigen Lehnsherren zu verderben. In den Territorien, in denen der Landesherr sich der Reformation anschloß, folgte ihm der Adel hingegen meist in dieser Entscheidung, insbesondere wenn dafür gesorgt war, daß ein Teil des kirchlichen Besitzes, z. B. in Form von Damenstiften, für die Versorgung der weiblichen Nachkommen des Adels reserviert wurde und auch sonst der alleinigen Verfügungsgewalt des Landesherren entzogen blieb, wie etwa in den welfischen Landen oder auch in Mecklen-

---

366 Wolfgang Hardtwig, Ulrich von Hutten. Zum Verhältnis von Individuum, Stand und Nation in der Reformationszeit, in: ders. (Hg.), Nationalismus und Bürgerkultur in Deutschland 1500–1914, Göttingen 1994, S. 7–15.

burg.[367] Es gab umgekehrt auch Beispiele dafür, daß ein altgläubiger Landesherr auf Widerstand bei einem Adel traf, der zum Protestantismus tendierte, wie etwa in Bayern Mitte des 16. Jahrhunderts. Hier wurde dieser Widerstand, der vor allem von den großen Adelsfamilien, die zum Teil auch für einen Teil ihrer Besitzungen die Reichsunmittelbarkeit beanspruchen konnten, ausging, vom Herzog freilich rasch niedergekämpft.[368] Länger hielt er sich in einer Reihe von geistlichen Territorien Nordwestdeutschlands, wo er sich wie in Hildesheim und Osnabrück dann sogar auf Grund günstiger politischer Rahmenbedingungen über die Mitte des 17. Jahrhunderts hinaus behaupten konnte, während im benachbarten Stift Münster die Position der wenigen noch verbliebenen protestantischen Familien in der Epoche des Dreißigjährigen Krieges endgültig unhaltbar wurde.[369]

---

367 Volker Press, Adel, Reich und Reformation, in: ders. (Hg.), Das Alte Reich. Ausgewählte Aufsätze, Berlin 1997, S. 329–378, hier S. 348–351, und Frank Göse, Adlige Führungsgruppen in nordostdeutschen Territorialstaaten des 16. Jahrhunderts, in: Peter-Michael Hahn and Hellmut Lorenz (Hg.), Formen der Visualisierung von Herrschaft: Studien zu Adel, Fürst und Schloßbau vom 16. zum 18. Jahrhundert, Potsdam 1998, S. 139–210, hier S. 185–188. Vergl. jetzt auch Gerrit Walther, Glaube, Freiheit und Kalkül. Zur Frage von „Anpassung" und „Mobilität" bei adligen Konfessionsentscheidungen im 16. Jahrhundert, in: Horst Carl und Sönke Lorenz (Hg.), Gelungen Anpassung? Adelige Antworten auf gesellschaftliche Wandlungsvorgänge vom 14. bis zum 16. Jahrhundert, Ostfildern 2005, S. 185–200.

368 Christian Wieland, Die bayerische Adelsverschwörung von 1563. Ereignis und Selbstdeutungen, in: Selbstverständnis, Selbstdarstellung, Selbstbehauptung. Der Adel in der Vormoderne, Zeitenblicke 4 (2005), Nr. 1: http://www.zeitenblicke.de, sowie Karl Ludwig Ay, Der Ingolstädter Landtag von 1563 und der bayerische Frühabsolutismus, in: Zeitschrift für Bayerische Landesgeschichte 41 (1978), S. 401–416.

369 Heinrich Hachmüller, Die Rekatholisierung des Oldenburger Münsterlandes (1613–1624), in: Jahrbuch für das Oldenburger Münsterland 1986, S. 77–110, und Christian Hoffmann, Ritterschaftlicher Adel in geistlichen Fürstentümern. Die Familie von Bar und das Hochstift Osnabrück, Osnabrück 1996, S. 172 ff.

Weitaus stärker war hingegen die Identifikation von Ritter- und Herrenstand mit dem Protestantismus in den Ländern der Habsburgermonarchie. Das protestantische Bekenntnis bot dem Adel hier auch eine Möglichkeit, seine politische Unabhängigkeit gegenüber der regierenden Dynastie zu betonen. Erleichtert wurde die Ausbreitung des Protestantismus durch die hussitische Tradition in Böhmen und die starken kulturellen Beziehungen zwischen den deutschsprachigen Erblanden und dem protestantischen Südwestdeutschland, insbesondere auch zu den dortigen Universitäten und Reichsstädten, die weitgehend protestantisch waren. Die Habsburger selbst duldeten das protestantische Bekenntnis vieler Adliger zunächst nolens volens.[370] Erst ab den 1590er Jahren wurde verstärkt versucht, den Protestantismus zurückzudrängen, doch führte dieser Versuch am Ende in Böhmen zu jener gewaltsamen Konfrontation zwischen Dynastie und Ständen, die 1618–20 den Auftakt für den Dreißigjährigen Krieg darstellte. Der protestantische Adel verlor weitgehend seinen Besitz und mußte ins Exil gehen. In Böhmen und Mähren waren davon rund 25 bis 35% aller Adelsfamilien betroffen (verl. Unten, S. 265–267).[371] Nicht wenige Familien, und dies galt insbesondere für die eigentlichen Erblande, also das Erzherzogtum Österreich und die innerösterreichischen Herzogtümer, wußten es freilich so einzurichten, daß ein Zweig der Familie konvertierte und so den Besitz bewahrte, während die anderen Familienmitglieder im Exil oder gelegentlich auch in der inneren Emigration dem protestantischen Glauben treu blieben, wie Wolf Helmhard von Hoberg, der Verfasser der von Otto Brunner in-

---

370 Thomas Winkelbauer, Ständefreiheit und Fürstenmacht. Länder und Untertanen des Hauses Habsburg im konfessionellen Zeitalter, Bd. 2, Wien 2003, bes. S. 43–63 und S. 112 ff; Gustav Reingrabner, Adel und Reformation. Beiträge zur Geschichte des protestantischen Adels im Lande unter der Enns während des 16. und 17. Jahrhunderts (Forschungen zur Landeskunde von Niederösterreich 21), Wien 1976; Regina Pörtner, The Counter Reformationin Central Europe: Styria 1580-1630, Oxford 2001, und Karin J. MacHardy, War, Religion and Court Patronage in Habsburg Austria. The Social and Political Dimensions of Political Interaction, 1521–1622, Basingstoke 2003.
371 Winkelbauer, Ständefreiheit, Bd. 2 (wie Anm. 370), S. 28.

terpretierten Georgica Curiosa.[372] Die zahlreichen Konversionen von adligen Protestanten in der Habsburgermonarchie waren im übrigen wohl nicht nur eine Anpassung an politischen Druck, sondern auch bedingt durch eine kulturelle Glaubenskrise, die sich schon vor 1618 abgezeichnet hatte.[373]

Dennoch gibt es genug Beispiele für adlige konfessionelle Minderheiten oder regionale Adelsgruppierungen, die trotz widriger Bedingungen über lange Zeit gegen die Konfessionspolitik der Obrigkeit an ihrem Bekenntnis festhielten. Hatte sich das adlige Standesbewußtsein einmal definitiv mit einer bestimmten Konfession verbunden, gab man die entsprechende konfessionelle Haltung auch unter Druck nicht oder nur zögernd auf. Ein Verzicht auf die autonome Entscheidungsgewalt in kirchlichen Fragen im eigenen ländlichen Herrschaftsbereich gefährdete auch unmittelbar den Anspruch auf Autorität; entsprechend heftig war die Gegenwehr gegen Versuche von Monarchen und Fürsten, noch im späten 16. Jahrhundert einseitige konfessionspolitische Entscheidungen durchzusetzen.[374] In solchen Fällen griffen dann adlige Stände verstärkt auf das Arsenal der widerstandsrechtlichen Theorien zurück und suchten ihre eigene Position zum Teil durch einen Patriotismus zu rechtfertigen, der die engere Heimat als eine wesentlich vom Adel dominierte „Patria", die sich auch gegen den Fürsten definieren konnte, darstellte.[375]

---

372 Ebd. S. 60–63, und Edgar Melton, Anpassung und Widerspruch im Herrschaftsverständnis Wolf Helmhards von Hobergs (1612–1688), in: Heinrich Kaak und Martina Schattkowsky (Hg.), Herrschaft. Machtentfaltung über adligen und fürstlichen Grundbesitz in der frühen Neuzeit, Köln 2003, S. 67–84.

373 Thomas Winkelbauer, Wandlungen des mährischen Adels um 1600. Comenius gesellschaftliches und wirtschaftliches Umfeld, in: Karlheinz Mack (Hg.), Jan Amos Comenius und die Politik seiner Zeit, München 1992, S. 16–36.

374 Gerrit Walther, Abt Balthasars Mission. Politische Mentalitäten, Gegenreformation und eine Adelsverschwörung im Hochstift Fulda, Göttingen 2002, 397 f.

375 Robert von Friedeburg, Widerstandsrecht und Landespatriotismus. Territorialstaatsbildung und Patriotenpflicht in den Auseinandersetzungen

Einen derartigen konfessionell geprägten Patriotismus entwickelte etwa die englischstämmige altgläubige Oberschicht in Irland nach 1558,[376] während der katholische Adel in England mühsam versuchte, seine Loyalität gegenüber Land und Krone unter Beweis zu stellen, und den ererbten sozialen Status nur durch konfessionelle Kompromisse wahren konnte. Der katholische Adel in England bietet ein gutes Beispiel dafür, wie eine adlige Oberschicht, deren Bekenntnis geächtet war, über lange Zeit hinweg eine komplexe Überlebensstrategie zu entwickeln wußte, und dabei eine standesspezifische konfessionelle Identität ausbildete. Immerhin waren bei Ausbruch des Bürgerkrieges 1642 etwa 20 der insgesamt 120 weltlichen Mitglieder des Oberhauses offen Katholiken, also mehr als 15%, weitere 15 oder 20 konnten in mehr oder weniger starkem Maße als Kryptokatholiken oder als Sympathisanten der römischen Kirche gelten.[377]

Innerhalb der *gentry* sind die Zahlen weniger eindeutig, doch auch hier gab es im frühen 17. Jahrhundert vor allem im Norden Englands Regionen und Grafschaften, in denen 30% und mehr der *gentry*-Familien katholisch waren, oder sehr starke Sympathien für den Katholizismus zeigten,[378] aber mit einer erstaunlichen Tendenz

---

    der niederhessischen Stände mit Landgräfin Amalie Elisabeth und Landgraf Wilhelm VI. von Hessen-Kassel 1647-1653, in: Angelo de Benedictis (Hg.), Wissen, Gewissen und Wissenschaft im Widerstandsrecht (16.-18. Jh.) (Studien zur europäischen Rechtsgeschichte 165), Frankfurt/M. 2003, 267-327; Siehe auch Robert v. Friedeburg, (Hg.), „Patria" und „Patrioten" vor dem Patriotismus. Pflichte, Rechte, Glauben und die Rekonfigurierung europäischer Gemeinwesen im 17. Jahrhundert, Wiesbaden 2004. Vergl. für Frankreich Mack P. Holt, Burgundians into Frenchmen: Catholic Identity in Sixteenth-Century Burgundy, in: Michael Wolfe (Hg.), Changing Identities in Early Modern France, Durham/London 1997, S. 345-370.

376  Aidan Clarke, The Old English in Ireland 1625-1642, London 1966.

377  J. B. Crummett, The Lay Peers in Parliament 1640-44, Ph. D. thesis, unveröffentl., Manchester 1972, S. 102-108; vergl. Hugh Aveling, The Handle and the Axe: The Catholic Recusants in England from Reformation to Emancipation, London 1976, S. 131-135.

378  Christopher Haigh, Reformation and Resistance in Tudor Lancashire, Cambridge 1975, S. 276-282; In ganz England wird der Anteil geringer

zu einer plötzlichen Steigerung in Zeiten größerer religiöser Toleranz gegenüber Katholiken.[379] In schlechteren Zeiten hingegen konnten wohlhabende Grundbesitzer, die zum Katholizismus neigten, nur überleben, indem sie sich äußerlich der gesetzlich einzig erlaubten Religion anpaßten und etwa leidlich regelmäßig protestantische Gottesdienste besuchten, auch wenn sie dort bisweilen durch respektloses Benehmen, demonstrative Unaufmerksamkeit, oder gar die sichtbare Lektüre katholischer Andachtsbücher auffielen.[380] Insgesamt aber entwickelten diese Familien eine Überlebensstrategie, die oft darauf beruhte, daß das Familienoberhaupt und der älteste Sohn sich äußerlich zum Protestantismus bekannten, vielleicht sogar die entsprechenden Eide schwuren, die Ehefrau und die anderen Kinder, oder zumindest einige von ihnen, hingegen stärker am Katholizismus festhielten.[381] Man hat deshalb gemeint, katholische *gentry*-Familien hätten eine matriarchalische Struktur gehabt, da die Ehefrauen konfessionell ihren eigenen Weg gingen, verkennt dabei aber vielleicht, daß es sich hier um eine mehr oder weniger bewußte „Arbeitsteilung" zwischen den Ehepartnern handelte. Die Bewahrung des Besitzes und Vermögens, aber auch des sozialen Status, kam den Männern zu, die Verteidigung des Glaubens und der religiösen Tradition den Frauen.[382]

---

gewesen sein, bei vielleicht maximal 10% Katholiken in der gentry. Siehe Michael A. Mullett, Catholics in Britain and Ireland, 1558–1829, Basingstoke 1998, S. 18–20. Siehe jetzt auch Michael Questier, Catholicism and Community in Early Modern England. Politics, Aristocratic Patronage and Religion, 1550–1640, Cambridge 2006.

379 So wuchs in Lancashire die Zahl der recusants nach 1604 plötzlich auf das Doppelte an. Siehe Haigh, Lancashire (wie Anm. 378) S. 276.

380 Alexandra Walsham, Church Papists, Catholicism, Conformity and Confessional Polemic in Early Modern England, Woodbridge 1993, S. 83–90.

381 Zu diesen Anpassungsstrategien siehe neben dem Werk von Walsham vor allem Michael Questier, Conversion, Politics and Religion in England 1580–1625, Cambridge 1996, S. 108–125.

382 Walsham, Church Papists (wie Anm. 380) S. 78–82; vergl Marie B. Rowlands, Recusant Women 1560–1640, in: Mary Prior (Hg.), Women in English Society 1500–1800, London 1985, S. 149–180.

Protestantische Zeitgenossen sahen die Haltung der „church papists" entweder mit Panik wie die Puritaner, die in jedem lauen Protestanten einen heimlichen Katholiken zu erkennen glaubten, oder mit Spott. So hieß es bei John Earl in der „Microcosmography", einem Charakterspiegel von 1628, über den „church papist":

„[he] is one that parts his religion betwixt his conscience and his purse and comes to church, not to serve god but the king. [...] once a month he presents himself at the church, [...] he kneels with the congregation, but prays by himself, and asks god forgiveness for coming hither. [...] he would make a bad martyr, and a good traveller, for his conscience is so large he could never wander out of it."[383]

Dies ist in gewisser Weise die Karikatur jener mehr auf die Wahrung des sozialen Status als auf die Erfüllung konfessioneller Prinzipien bedachten adligen Frömmigkeit, die oft genug von den Zeitgenossen angegriffen wurde. In gewisser Weise legte sich der katholische oder kryptokatholische Adel seine eigene Religion zurecht, unterlief also erfolgreich den Zwang zur Konfessionalisierung, und hier mag England keine absolute Ausnahme darstellen. Manche katholischen Landbesitzer hatten sogar zwei Hausgeistliche, einen protestantischen für die offiziellen Andachten und Gottesdienste, und einen katholischen, um heimlich die Messe zu feiern und vor allem, um in der Stunde des Todes dem in den Schoß der Kirche Zurückgekehrten die Absolution zu erteilen.[384] In der Adelsreligion der „recusants" und „church papists" verband sich die politisch notwendige Loyalität gegenüber der Krone mit einer sorgfältig dosierten Treue gegenüber dem Katholizismus.

Für diejenigen freilich, die sich nach außen hin nicht oder nur partiell anpaßten, blieb, wie für viele adlige Konfessionsminderheiten in Europa, das Problem, daß sie die traditionelle Herrschaftsfunktion des Adels nicht oder nur noch partiell wahrnehmen konnten, da sie

---

383 John Earle, Microcosmography: or a Piece of the World discovered in Essays and Characters [London 1628], hg. von Harold Osborne, London 1933, S. 25.
384 Christopher Haigh, English Reformations: Religion, Politics and Society under the Tudors, Oxford 1993, S. 256.

von öffentlichen Ämtern ausgeschlossen waren. Sie waren daher genötigt, ein anderes Konzept von Standesehre zu entwickeln, das bis zu einem gewissen Grade von der Anerkennung ihres Status durch den Staat und die protestantische Umwelt unabhängig war. Eine besonders ausgeprägte Verehrung für die eigenen Vorfahren und ein Standesbewußtsein, das sich in erster Linie auf die vornehme Abkunft und weniger auf die Fähigkeit stützte, die eigene Überlegenheit durch die Ausübung von politischer Autorität unter Beweis zu stellen, spielten hier eine maßgebliche Rolle. Mit Vorliebe bediente man sich der Sprache der Heraldik und eines wiederbelebten Rittertums, um die eigene Position zu legitimieren. Man setzte dabei darauf, daß sich auf diese Weise eine Vorstellung von adliger Standesqualität formulieren ließ, deren Kontext nicht primär das protestantische England war, sondern ganz Europa, vor allem das katholische Europa.[385]

## Religionskriege und konfessionelle Konflikte

Die konfessionellen Konflikte des späten 16. und des 17. Jahrhunderts stellten den Adel auch andernorts vor schwierige Entscheidungen, wohl nirgendwo so radikal wie in Frankreich. Hier hatte der Konfessionskonflikt besonders tiefgreifende Auswirkungen auf Identität und Selbstverständnis des Adels. In einer jüngeren Geschichte der Religionskriege weist eine der besten Kennerinnen der Epoche, Arlette Jouanna, darauf hin, daß der Adel durch die konfessionellen Auseinandersetzungen unter einen doppelten Druck geriet. Einerseits boten die Kriegswirren vielen Soldaten oder Offizieren eine Chance zum sozialen Aufstieg und zur stillschweigenden Usurpation des Adels-

---

385 Richard Cust, Catholicism, Antiquarianism and Gentry Honour: The Writings of Sir Thomas Shirley, in: Midland History 23 (1998), S. 40–70, hier bes. S. 56; vergl. ders., Honour, Rhetoric and Political Culture: The Earl of Huntingdon and his Enemies, in: Susan D. Amussen and Mark A. Kishlansky (Hg.), Political Culture and Cultural Politics in Early Modern England: Essays Presented to David Underdown, Manchester 1995, S. 84–111.

standes, vorausgesetzt die materiellen Grundlagen waren gegeben. Andererseits tendierten die Konfessionsparteien, besonders die radikalen Katholiken, dazu, adlige Tugend mit unbedingter konfessioneller Loyalität zu identifizieren. Dem konfessionellen Gegner wurde nicht nur die Rechtgläubigkeit, sondern sogar die adlige Standesqualität abgesprochen. Gegen diese radikale Kritik und die Angriffe auf die überkommene Gesellschaftsordnung gab es unterschiedliche Abwehrstrategien. Zum Teil wurde stärker als früher die genealogisch nachweisbare Herkunft als entscheidendes Kriterium der Zugehörigkeit zum Adel betont. Andererseits suchte man eine verfeinerte Ästhetik des sozialen Verhaltens zu entwickeln, die dem „gemeinen Volk" unzugänglich war, um so neue Distinktionen zu schaffen. Aber auch die Rituale des Duells, die sich nur jene aneignen konnten, die als ebenbürtig galten und die gerade in Frankreich eine excessive Verbreitung fanden, sind in diesem Kontext zu nennen.[386]

Diese sozial exklusiven Inszenierungen physischer Auseinandersetzungen mochten auch dazu dienen, gerade durch die ästhetische Überformung persönlicher Konflikte die ständische Einheit des Adels zu bewahren, die die konfessionellen Auseinandersetzungen gefährdet hatten, denn die Religionskriege spalteten den französischen Adel genauso wie die Gesellschaft insgesamt tief. Neuere Studien haben freilich nachgewiesen, daß letztlich nur eine relativ kleine Minderheit sich dauerhaft an den gewaltsamen Auseinandersetzungen beteiligte, vielleicht sogar weniger als 20% des gesamten Adels.[387] Vollends eine Minderheit waren die entschiedenen Protestanten, unabhängig da-

---

386 Arlette Jouanna, Le Temps des guerres de religions en France (1559–1598), in: dies. u. a. (Hg.), Histoire et dictionnaire des guerres de religion, Paris 1998, S. 8–445, hier S. 437–438. Siehe auch dies., Ordre social, mythe et hiérarchies dans la France du xvie siècle, Paris 1977, S. 187–197.

387 Siehe Jean-Marie Constant, Les barons français pendant les guerres de religion, in: Association Henri IV (Hg.), Quatriéme Centenaire de la Bataille de Courtras (Colloque de Coutras organisé par le GRAHC, 1987), Pau 1988, S. 48–62, hier S. 54–60; vergl. ders., La Ligue, Paris 1996, S. 325–329.

von, ob sie aktiv in die Kämpfe eingriffen, oder sich eher am Rande des Geschehens hielten. Allerdings scheinen sie in den oberen Rängen des Adels stärker vertreten gewesen zu sein.[388] Die Entscheidung einzelner Adliger für eine der Konfessionsparteien wurde oft beeinflußt durch traditionelle Klientelbindungen und Patronagenetzwerke, obwohl keineswegs alle Bindungen dieser Art dem Druck des konfessionellen Konfliktes standhielten;[389] umgekehrt setzten adlige Magnaten auch bewußt auf die Karte der konfessionellen Konfrontation, um durch den Kampf für eine gemeinsame Sache bestehende Loyalitäten zu verstärken und die endemische Neigung vieler Adliger zu lokalen Fehden zu kanalisieren.[390]

Die komplexe Beziehung zwischen konfessionellen Prinzipien und dynastischer Politik wird wohl besonders deutlich am Verhalten jenes Magnatengeschlechtes, das im Laufe der Religionskriege immer mehr die Sache des radikalen Katholizismus verkörperte, der Guise, die eine Nebenlinie des Hauses Lothringen waren.[391] In den 1550er Jahren waren sie mit Abstand die reichste Magnatendynastie in Frankreich. Ein großer Teil ihres Reichtums beruhte jedoch auf dem Besitz kirchlicher Pfründen, wie etwa des Bistums Metz oder der Abtei von St. Denis, Pfründen, die bis in die 1590er Jahre vielfach von einem Familienmitglied an ein anderes weitergegeben wurden. Schon

---

388 Arlette Jouanna, La France du XVIe siècle, 1483–1598, Paris 1996, S. 327 f; vergl. Jean-Marie Constant, The Protestant Nobility in France during the Wars of Religions: A Leaven of Innovation in a Traditional World, in: Philip Benedict u. a. (Hg.), Reformation, Revolt and Civil War in France and the Netherlands, 1555–1585, Amsterdam 1999, S. 69–83.

389 Siehe zu dieser Frage Kristen B. Neuschel, Word of Honor: Interpreting Noble Culture in Sixteenth-Century France, Ithaca, New York 1989, bes. S. 38–68.

390 Robert R. Harding, Anatomy of a Power Elite: The Provincial Governors of Early Modern France, New Haven, Conn. 1978, S. 84–86.

391 Zu den Guise siehe Jean-Marie Constant, Les Guise, Paris 1984; Stuart Carroll, Noble Power during the French Wars of Religion: the Guise Affinity and the Catholic Cause in Normandy, Cambridge 1998, und Yvonne Bellenger (Hg.), Le Mécénat et l'influence des Guises (Actes du Colloque tenu à Joinville du 3 mai au 4 juin 1994), Paris 1997.

diese enge Verbindung mit der Römischen Kirche prädestinierte sie dazu, den kirchlichen Status quo zu verteidigen. Lange versuchten die Guise freilich, sich auch andere Optionen offen zu halten und vermieden es zunächst, sich auf eine rein konfessionelle Politik festlegen zu lassen.[392] Gerade in Momenten, in denen ihr Einfluß bei Hofe zurückging und sie von anderen Familien an die Seite gedrängt wurden, brauchten sie jedoch ein Ziel und eine Sache, für die sie kämpfen konnten, um so ihre Ehre und ihr Ansehen zu verteidigen. Nur wenn die Rolle als Vorkämpfer des wahren Glaubens im bewußten Kontrast zum sündhaften Hof mit seiner dubiosen konfessionellen Kultur glaubhaft gespielt wurde, konnte dies gelingen. Manche Zeitgenossen sahen im radikalen Katholizismus nur eine Taktik, übersahen dabei jedoch, daß diese Rolle sich verselbständigte. Vor allem in dem Maße, in dem man Blutopfer für die Sache des wahren Glaubens brachte, verband sich immer mehr der Stolz auf die Geschichte der eigenen Familie und ihre Märtyrer mit dem Kampf gegen die Ketzer.[393] Hinzu kam, wie in vielen Adelsfamilien, daß die Männer zwar notwendigerweise als Politiker agieren mußten und es sich kaum leisten konnten, öffentlich Gewissenskonflikte auszutragen, die Frauen jedoch anerkanntermaßen die Aufgabe hatten, den Glauben der Familie in voller Konsequenz zu leben – wie übrigens auch bei den Protestanten. Es waren jedoch oft die Frauen,[394] die ihren Glauben und ihre religiöse Intransigenz nicht nur an die nächste Generation weitergaben, sondern auch das geistige Klima in der Familie prägten.[395] Die radikale Zuspitzung des Konfessionskonfliktes beeinflußte auch die Geschlechterrollen und gab Frauen oft gerade deshalb, weil sie

---

392 Caroll, Noble Power (wie Anm. 391), S. 35–39; vergl. Joe Bergin, The Guises and their Benefices 1588–1641, in: English Historical Review 99 (1984), S. 34–58.
393 Dazu Carroll, Noble Power (wie Anm. 391) S. 181, mit etwas anderer Akzentuierung.
394 Wie bei den Guise die 1583 verstorbene Antoinette de Bourbon, die Witwe des früh verstorbenen ersten Herzogs, Claude I, siehe Constant, Guise (wie Anm. 391) S. 53–54.
395 So Carroll, Noble Power (wie Anm. 391) S. 254.

weniger stark genötigt waren, im politischen Kontext zu denken, eine führende Position bei der Verteidigung der Prinzipien der jeweiligen Konfession. Daß gerade dies beim konfessionellen Gegner Anstoß erregte, und zum Teil zu einer dezidiert misogynen Polemik führte, überrascht freilich auch nicht.[396]

Angesichts der scharfen konfessionellen Auseinandersetzungen gab es für den einzelnen Adligen offenbar ganz unterschiedliche Handlungsoptionen, er konnte etwa versuchen, möglichst unauffällig einer konventionellen Form von Frömmigkeit zu folgen. Er konnte sich aber auch bewußt als „miles christianus" und Kämpfer für den wahren Glauben stilisieren, wie es die Guise auf der katholischen Seite taten und Admiral Coligny, seine Brüder und viele andere Adlige auf protestantischer Seite.[397] Das konfessionell gefärbte, aristokratische Ideal des ritterlichen Kampfes vermochte das Ideal des religiösen Kampfes in ein traditionelles Adelsethos zu integrieren und ihm zu assimilieren.

In Frankreich bedeutete das Ende der Religionskriege 1598 keineswegs das Ende dieser Form konfessioneller Militanz in Kreisen des katholischen Adels, sie äußerte sich jetzt freilich nicht mehr in der Beteiligung an militärischen Kämpfen innerhalb des eigenen Landes,

---

396 Siehe dazu Barbara Diefendorf, An Age of Gold? Parisian Women, the Holy League, and the Roots of Catholic Renewal, in: Wolfe, Changing Identities (wie Anm. 375) S. 169–190, hier bes. S. 171–174. Vergl. Nancy Roelker, Queen of Navarre – Jeanne d'Albret 1528–1572, Cambridge, Mass. 1968, und Kristen B. Neuschel, Noblewomen and War in Sixteenth-Century France, in: Wolfe, Changing Identities (wie Anm. 375), S. 124–144, sowie Susan Broomhall, Women and Religion in Sixteenth-Century France, Basingstoke 2006. Siehe auch – über Frankreich hinausgehend – zur Rolle von Frauen im Prozeß der Konfessionalisierung Heide Wunder, Konfession und Frauenfrömmigkeit im 16. und 17. Jahrhundert, in: Theodor Schneider/Helen Schüngel-Straumann (Hg.), Theologie zwischen Zeiten und Kontinenten: für Elisabeth Gössmann, Freiburg 1993, S. 185–197.
397 Zu Coligny siehe Liliane Crété, Coligny, Paris 1985, und June Shimizu, Conflict of Loyalities: Politics and Religion in the Career of Gaspard de Coligny, Admiral of France, 1519–1572, Genf 1970.

sondern wurde eher verinnerlicht, oder fand ihren Ausdruck in einer neuen Kreuzzugsideologie, die sich nach dem Ende des Kampfes gegen die Protestanten, gegen den alten „Erbfeind" der Christenheit, die Osmanen, richtete. Für diejenigen, die nicht den Kampf in Ungarn suchten, oder nicht selber, wie der von den Paläologen abstammende Herzog von Nevers, noch um 1620 einen Kreuzzug zur Befreiung Konstantinopels anführen wollten,[398] bot sich eher die Möglichkeit, durch eine Verinnerlichung der Prinzipien der katholischen Reform jenen adligen Heroismus im Vorzeichen des Kampfes für den wahren Glauben unter Beweis zu stellen, der auf dem Schlachtfeld nun keine Verwirklichung mehr finden konnte. Dafür bietet etwa ein Höfling und ehemaliger Führer der katholischen Liga wie Henri de Joyeuse Comte du Bouchage ein Beispiel, der nach dem Ende der Religionskriege 1599 bewußt und in spektakulärer Weise wieder in den Kapuzinerorden eintrat, nachdem er sich zuvor während der Kämpfe gegen Heinrich IV. von seinen 1587 abgelegten Gelübden hatte dispensieren lassen, um mit dem Schwert für den Katholizismus zu kämpfen.[399] Auch eine zur Askese tendierende Frömmigkeit konnte unter Umständen ein Protest gegen einen in konfessionellen Dingen scheinbar allzu kompromißbereiten monarchischen Staat sein. Zugleich mani-

---

398 Der letzte Führer der Liga, der Herzog von Mercoeur, brach nach dem Edikt von Nantes nach Ungarn zum Kampf gegen die Osmanen auf:. Hélène Germa-Romann, Du „bel mourir" au „bien mourir": le sentiment de la mort chez les gentilshommes français (1515–1643), Genf 2001, S. 293. Mercoeurs Standesgenosse Charles de Gonzague, Herzog von Nevers, versuchte sogar, auf eigene Faust einen Kreuzzug zur Befreiung Jerusalems oder Konstantinopels zu organisieren; siehe Jacques Humbert, Charles de Nevers et la milice chrétienne, 1598–1625, in: Revue Internationale d'Histoire Militaire 68 (1987), S. 85–114. Zu den Gonzague-Nevers siehe jetzt auch Ariane Boltanski, Les ducs de Nevers et l'état royal. Genèse d'un compromis (ca. 1550–1600), Genf 2006.
399 Siehe dazu P. Louis de Gonzague, O. M. C., Le Père Ange de Joyeuse, frère mineur capucin, Maréchal de France, 1563–1608, Paris 1928, hier bes. S. 335 ff, Zu Bouchage siehe auch Nicolas Le Roux, La Faveur du Roi. Mignons et courtisans au temps des derniers Valois (vers 1547 – vers 1589), Seyssel 2000, S. 599–603.

festierte sich in dieser religiösen Haltung im 17. Jahrhundert unter Heinrich IV. und Ludwig XIII. die Überzeugung katholischer Adliger und Magnaten, daß sie die wahren Hüter der Rechtgläubigkeit des Königreiches waren und nicht die neue und konfessionell suspekte Dynastie der Bourbonen.[400]

In Italien lagen die Dinge anders, da die Kurie selbst von wechselnden Adelsclans beherrscht wurde. Aber selbst hier, wo Klientel und Patronage allgegenwärtig waren, konnte ein Familienmitglied, das sich den Ruf der Heiligkeit erworben hatte und vielleicht am Ende sogar wirklich heilig gesprochen worden war, dennoch einer Familie erhebliches Prestige verleihen. Das galt etwa für die Borromeo Grafen von Arona, die dem berühmtesten Mitglied ihrer Sippe, San Carlo Borromeo, 1698 am Lago Maggiore sogar ein gigantisches 34 Meter hohes Denkmal errichteten, und das Erbe des großes Reformers stets als Verpflichtung, aber auch als Legitimation ihres Anspruches auf Macht in der Kirche betrachteten, denn „wie kein anderes der großen Adelsgeschlechter Italiens führten die Borromeo die Kirchenreform spätestens seit der Heiligsprechung San Carlos unsichtbar im Familienwappen."[401]

Dabei soll nicht geleugnet werden, daß eine Geistlichkeit, die allzu intensiv auf der Erfüllung kirchlicher Normen bestand und dabei auf das spezifische Ethos des Adels – man denke an das Duell – keine Rücksicht nahm, oft auf Widerstand beim Adel stieß, gleichgültig, ob

---

400 Zu den *dévots* siehe Alain Tallon, La Société du Saint-Sacrement 1629–1667, spiritualité et société, Paris 1990, und Elizabeth Rapley, The Dévots: Women and Church in Seventeenth-Century France, Montreal 1990, zur Rolle der Frauen. Speziell zum Verhältnis des Adels zu den dévots siehe Joël Cornette: Les nobles et la foi, du siècle des réformes au siècle de l'état absolu, in: Société, culture vie religieuse aux XVIe et XVIIe siécles (Association des Historiens Modernistes, Bulletin 20), Paris 1995, S. 174–187.
401 Julia Zunckel, Das schwere Erbe San Carlos oder die Übererfüllung der Norm, Der Mailänder Erzbischof Federico Borromeo (1564–1631), in: Arne Karsten (Hg.), Die Jagd nach dem roten Hut. Kardinalskarrieren im barocken Rom, Göttingen 2004, S. 69–87, hier S. 87.

die entsprechenden Geistlichen Katholiken oder Protestanten waren. Der zeitweilig ausgeprägte Erfolg der Jesuiten bei der Missionierung der Oberschicht beruhte letztlich auch darauf, daß sie bereit waren, an die Lebensgewohnheiten und die Wertvorstellungen der Eliten Zugeständnisse zu machen, wenn auch vielleicht nicht immer so weitgehend, wie ihre Kritiker aus dem Kreis der Jansenisten, darunter auch Blaise Pascal, behaupteten.[402] Insgesamt ließ der tridentische Katholizismus für das traditionelle Selbstverständnis des Adels ebenso Raum wie für die Neigung adliger Familien, die Kirche als Versorgungsanstalt für ihre Nachkommen zu betrachten.

Schärfer ausgeprägt war der Konflikt zwischen kirchlichen Normen und adligem Ethos hingegen auf den ersten Blick im Protestantismus, besonders im Fall des Calvinismus. Einerseits bot der Calvinismus oppositionellen Adelsgruppierungen durch seine Betonung der Eigenverantwortung der niederen Magistrate ein besonders reiches Arsenal an Widerstandstheorien, auch wenn solche Theorien nicht das Monopol der Reformierten waren.[403] Andererseits zeigte der Calvinismus gerade in Konfliktsituationen – dies sollte auch der britische Bürgerkrieg der 1640er Jahre deutlich machen – eine Tendenz zur Radikalisierung, die auch die überkommene soziale Hierarchie letztlich in Frage stellen konnte. Dazu kam ein Weiteres: Die Tendenz, die Kirchenzucht strenger zu handhaben als im Luthertum, die freilich nicht überall in gleicher Weise zum tragen kam – in den

---

402 François Billacois, Le Duel dans la société française des XVIe–XVIIe siècles. Essai des psychosociologie historique, Paris 1985, S. 164–182.
403 Robert von Friedeburg, Widerstandsrecht und Konfessionskonflikt. Notwehr und gemeiner Mann im deutsch-britischen Vergleich 1530 bis 1669, Berlin 1999; ders., Self-Defence and Religious Strife in Early Modern Europe: England and Germany 1530–1680, Aldershot 2002; Arno Strohmeyer, Konfessionskonflikt und Herrschaftsordnung. Widerstandsrecht bei den österreichischen Ständen (1550–1650), Mainz 2006 ; ders., Vom Widerstand zur Rebellion. Praxis und Theorie des ständischen Widerstands in den östlichen österreichischen Ländern im Werden der Habsburgermonarchie (1550–1650), in: Robert v. Friedeburg (Hg.), Widerstandsrecht in der Frühen Neuzeit. Erträge und Perspektiven der Forschung im deutsch-britischen Vergleich, Berlin 2001, S. 207–243.

nördlichen Niederlanden etwa nach Konsolidierung der Republik nur noch in recht abgeschwächter Form –,[404] bot für den Adel die Gefahr, vor Personen geringeren Standes bloßgestellt zu werden. Wenn in Schottland selbst Magnaten auf dem Höhepunkt der presbyterianischen Bewegung zwischen 1580 und 1595 für sexuelle oder politisch-konfessionelle Verfehlungen öffentlich Kirchenbuße tun mußten und dazu die theologischen Führer der Kirche erbauliche Predigten hielten, in denen den Lords und Lairds ihre Sünden noch einmal im Detail vorgehalten wurden, wird dies ihrem Ansehen kaum zuträglich gewesen sein.[405] Auch dort, wo der Calvinismus nicht auf einer wie immer gearteten religiösen Bewegung in der Bevölkerung beruhte, sondern eher von oben her vom Fürsten oder Monarchen und einem kleinen Kreis von Beratern eingeführt wurde, war er für traditionelle adlige Rechte gefährlich. Die straffere Organisation calvinistischer Kirchen im Vergleich zum Luthertum gefährdete tendenziell die Patronatsrechte des Adels. Ein Presbyterium, in dem landesherrliche Amtsträger saßen, war überdies aus der Sicht des Adels nicht weniger bedrohlich als eines, in dem einfache Handwerker oder wohlhabende Bauern den Ton angaben.

Wenn in Deutschland reformierte Landesherren wie Moritz von Hessen im frühen 17. Jahrhundert Visitationen durchführen ließen, bei denen nicht nur routinemäßig Fragen gestellt wurden, sondern

---

404 Philip Benedict, Christ's Churches Purely Reformed: A Social History of Calvinism, New Haven, Conn. 2002, S. 469–489. Zum Gesamtproblem der Kirchenzucht siehe Heinz Schilling (Hg.), Institutionen, Instrumente und Akteure sozialer Kontrolle und Disziplinierung im frühneuzeitlichen Europa, Frankfurt/M. 1999.

405 Brown, Noble Society (wie Anm. 361), S. 237, und ders., In Search of The Godly Magistrate in Reformation Scotland, in: Journal of Ecclesiastical History 40 (1989), S. 551–581, hier S. 567–574; vergl. Michael F. Graham, Social Discipline in Scotland 1560–1610, in: Raymond Mentzer (Hg.), Sin and the Calvinists. Morals Control and the Consistory in the Reformed Tradition, Kirksville, Miss. 1994, S. 129–158, hier bes. S. 140–143; und Keith M. Brown, Bloodfeud in Scotland, 1573–1625: Violence, Justice and Politics in Early Modern Scotland, Edinburgh 1986, S. 184–206.

die Untertanen ihre religiösen Überzeugungen in einem regelrechten Verhör darlegen mußten – ein Verfahren, das der Landesherr gelegentlich in eigener Person leitete –, dann zielte dies auch darauf ab, über die Konfessionspolitik einen direkten Zugriff auf die Untertanen zu gewinnen, der die lokale Herrschaft des Adels in Frage stellte.[406] Gerade deshalb stieß diese Form des Calvinismus in Deutschland oft auf den erbitterten Widerstand des landsässigen oder ritterschaftlichen Adels, der am Luthertum mit seiner Dreiständelehre und seiner Legitimation der traditionellen sozialen Hierarchie festhielt. Dafür bietet nicht nur Hessen-Kassel im frühen 17. Jahrhundert ein treffendes Beispiel, sondern auch Brandenburg nach dem Übertritt der Hohenzollern zum Calvinismus 1613.[407]

So sehr einerseits Konflikte zwischen dem traditionellen Selbstverständnis des Adels und den Forderungen des strikten Calvinismus unübersehbar waren, so konnte doch offenbar gerade der Calvinismus auf den Adel eine eigene Anziehungskraft ausüben.[408] Der Gedanke, einer auserwählten Minderheit anzugehören, ja zu den Führern dieser Minderheit zu gehören, bot Adligen eine Bestätigung ihres Führungsanspruches. Die bewußt betonte Distanz zur Volkskultur und allen traditionellen Formen der Frömmigkeit verstärkte das Auserwähltheitsbewußtsein noch. Überdies verbanden sich die strengen sittlichen Normen des reformierten Glaubens mit dem adligen

---

406 Werner Troßbach, Landgraf Moritz und das Problem von Mobilisierung und Partizipation in der „zweiten Reformation", in: Gerhard Menk (Hg.), Landgraf Moritz der Gelehrte. Ein Kalvinist zwischen Politik und Wissenschaft, Marburg 2000, S. 139–58, hier S. 150–151 und S. 156.

407 Bodo Nischan, Prince, People and Confession: The Second Reformation in Brandenburg, Philadelphia, Penn. 1994..

408 Zur Puritan gentry in England siehe John T. Cliffe, The Puritan Gentry: The Great Puritan Families of Early Stuart England, London 1984; ders., Puritans in Conflict: The Puritan Gentry during and after the Civil War, London 1988, und ders., The Puritan Gentry Besieged, 1650–1700, London 1993, sowie die Fallstudie von Jacqueline Eales, Puritans and Roundheads: the Harleys of Brampton Brian and the Outbreak of the English Civil War, Cambridge 1990. Vergl. Heal/Holmes, Gentry, S. 346–379.

Streben nach Selbstdisziplinierung, das seit dem späten 16. Jahrhundert stärker sichtbar wurde. Durch den für den strengen Calvinismus charakteristischen radikalen Antikatholizismus konnte man andererseits potentiell auch jene Schichten als Anhänger mobilisieren, die den religiösen Idealen des reformierten Glaubens mit ihrer Ächtung vieler Elemente der traditionellen Volkskultur vielleicht nicht immer gar so viel abgewinnen konnten.[409] Ähnlich wie der tridentinische Katholizismus vermittelte überdies der Calvinismus seinen Anhängern die Gewißheit, einer transnationalen gesamteuropäischen Bewegung anzugehören. Mochte man bei Hof zu den Verlierern gehören, oder in der lokalen oder nationalen Politik Rückschläge erleiden, so konnte man sich doch damit trösten, dazu berufen zu sein, auf einer anderen, größeren Bühne zu wirken, wo einem mit Gottes Hilfe am Ende der Sieg sicher war. Der politische Aktionismus vieler reformierter Adliger, etwa mancher Reichsgrafen oder mindermächtiger Reichsfürsten in Deutschland,[410] und von Magnaten oder einfachen Edelleuten in Schottland oder England ist auch in diesem Kontext zu sehen. Beispiele dafür bieten etwa der Dichter Sir Philip Sidney, der in den Niederlanden 1586 den Tod fand, in einem Kampf, in dem die Fronten zumindest scheinbar klarer und eindeutiger waren als in dem schwer durchschaubaren Ringen um die Identität der englischen Kirche in seinem eigenen Heimatland,[411] und Sidneys langjähriger Gön-

---

409 Ein Beispiel dafür gibt Richard Cust, Sir Richard Grosvernor and the Rhetoric of Magistracy, in: Bulletin of the Institute of Historical Research 54 (1981), S. 40–53.

410 Zu den Reichsgrafen siehe insbesondere Georg Schmidt, Der Wetterauer Grafenverein. Organisation und Politik einer Reichskorporation zwischen Reformation und Westfälischem Frieden, Marburg 1989, S. 273 ff; vergl. insbesondere für die niederländischen Verbindungen deutscher reformierter Grafen – allerdings eher im 17. Jahrhundert – Olaf Mörke, Stadtholder oder Staetholder. Die Funktion des Hauses Oranien und seines Hofs in der politischen Kultur der Republik der vereinigten Niederlande im 17. Jahrhundert, Münster 1997, S. 183–199.

411 Zu Sidney siehe Blair Worden, The Sound of Virtue: Sir Philip Sidney's 'Arcadia' and Elizabethan Politics, New Haven, Conn. 1996, und Alan

ner und Förderer, der Earl of Leicester.[412] Jedenfalls hätten weder die puritanische Bewegung in England, noch die Hugenotten in Frankreich, noch der Calvinismus in Schottland jemals ihre historische Wirkung erlangt, wenn sie nicht von wesentlichen Teilen der sozialen Elite und eben gerade auch vom Adel unterstützt worden wären.

## Das späte 17. und das 18. Jahrhundert

In der Epoche der barocken Religiosität und der beginnenden Aufklärung wurde auch die Haltung des Adels zur Kirche neu definiert. In Deutschland war nach 1648 im Adel und unter den Reichsfürsten eine Welle von Konversionen zum Katholizismus zu beobachten. Die Römische Kirche und ihr Glauben schienen stärker im Einklang zu stehen mit der höfischen Kultur, die den Adel immer mehr prägte, und sie schienen dem Protestantismus kulturell überlegen zu sein. Andererseits war in dieser Epoche nach der Mitte des 17. Jahrhunderts ein gewisses Abklingen der konfessionellen Gegensätze, das auch bereits mit einer partiellen Säkularisierung einherging, zu verzeichnen. Es war bezeichnend, daß etwa in England der religiöse Enthusiasmus, der vor 1660 auch in Kreisen der englischen *gentry* verbreitet war, gegen Ende des Jahrhunderts nicht mehr als standesgemäß, sondern als Zeichen des „Fanatismus" galt. Eine solche Haltung mochte zu irgendwelchen kleinen Handwerken mit ihrer Begeisterung für die Quäker und andere Sekten passen, aber nicht zu einem *gentleman*.[413] Ja, zum Teil breitete sich in der Restaurationszeit in Eng-

---

Stewart, Sir Philip Sidney: a Double Life, London 2000, sowie Edward Berry, The Making of Sir Philip Sidney, Toronto 1998.
412 Simon Adams, A Puritan Crusade? The Composition of the Earl of Leicester's Expedition to the Netherlands 1585-86, in: ders. (Hg.), Leicester and the Court: Essays on Elizabethan Politics, Manchester 2002, 176-195.
413 Blair Worden, Roundhead Reputations: the English Civil War and the Passions of Posterity, London 2001, S. 39-64 über Edmund Ludlow, und S. 195-201

land eine betont anti-kirchliche Haltung aus, die bisweilen einherging mit dem bewußten und öffentlich inszenierten Verstoß der „restoration rakes" gegen die üblichen moralischen Konventionen.[414]

In katholischen Ländern wie Frankreich hatte sogar schon im frühen 17. Jahrhundert ein Libertinismus unter dem Adel an Einfluß gewonnen, der sich bewußt areligiös, wenn nicht gar atheistisch gab und mit einer hedonistischen Lebenshaltung einherging.[415] Das dezidiert heroische, individualistische Selbstverständnis des Adels befand sich ebenfalls in einem Spannungsverhältnis zu den Forderungen der Kirche, nahm allerdings nach etwa 1660 ab, da es zunehmend durch das Ideal des *honnête homme* ersetzt wurde, das auch christlich geprägt sein konnte.[416] Gerade in der zweiten Hälfte des 17. Jahrhunderts feierte im übrigen besonders in Deutschland, aber auch in anderen katholischen Ländern, die barocke Adelskirche in ihrer Verbindung von theatralischer Frömmigkeit, dynastischer Pfründenpolitik und weltlichem Prunk ihre größten Triumphe. Im deutschen Adel stiegen Dynastien wie die Schönborn aus eher bescheidenen Anfängen mittels einer geschickten Anhäufung von Bischofsmitren und Domherrenstellen nicht nur in den Reichsgrafenstand auf, sie erwarben auch ein enormes Vermögen.[417] Der westfälische Stiftsadel ebenso wie die katholische Reichsritterschaft im Rheinland und in Franken richteten ihre ganze Lebensführung darauf aus, einen Anteil an den wertvollen Pfründen der Domstifte zu erlangen. Die Kirche mit ihrer Hierarchie,

---

414 Geoffrey Ashe, The Hell-Fire Clubs: A History of Anti-Morality Stroud 2000; A. Bryson, From Courtesy to Civility: Changing Codes of Conduct in Early Modern England, Oxford 1998, S. 243–275.

415 Antoine Adam (Hg.), Les libertins au XVIIe siècle, Paris 1964; René Pintard, Le libertinage érudit dans la première moitié du XVIIe siècle, 2 Bände, Paris 1943.

416 Mark Bannister, Condé in Context: Ideological Change in Seventeenth-Century France, Oxford 2000, S. 66–76, bes. S. 75. Zum honnête homme siehe unten S. 222–225.

417 Sylvia Schraut, Das Haus Schönborn. Eine Familienbiographie, Katholischer Reichsadel 1640–1840, Paderborn 2005; Christophe Duhamelle, L'Héritage collectif. La noblesse d'église Rhénane, XVIIe–XVIIIe siècles, Paris 1998.

aber auch mit ihren Festen und ihrem Heiligenkult war auch deshalb im Leben dieser Familien allgegenwärtig, und auch Frauen wählten oft die geistliche „Laufbahn", indem sie in ein Nonnenkloster eintraten, womit sie ihrer Familie freilich auch die Kosten einer teuren Eheschließung ersparten.[418]

Auch die französische Kirche war im 17. und 18. Jahrhundert im wesentlichen eine Adelskirche, das heißt alle wichtigen Pfründen, vor allem die Bischofsstühle, befanden sich in der Hand des Adels. Allerdings war dieser Adel sehr viel heterogener als der deutsche Stiftsadel. Neben alten auf die Zeit vor 1400 zurückgehenden Familien des Schwertadels standen solche des Amts- oder auch des „Kirchturmsadels", also Familien, die als Inhaber städtischer Magistraturen aufgestiegen waren. Mit Ausnahme weniger exklusiver Domkapitel vor allem im Osten Frankreichs war die Herkunft der weiblichen Vorfahren kaum von Bedeutung, Mesalliancen hatten also keine Konsequenzen. Insgesamt befand sich allerdings der alte Adel im späten Ancien Régime auf dem Vormarsch. Während um 1700 nur etwa 50 % aller französischen Bistümer im Besitz von Klerikern waren, die aus Familien kamen, die schon mehr als 200 Jahre adlig waren, lag der entsprechende Anteil um 1790 bei 80 %, und bürgerliche Bischöfe, die um 1700 vielleicht noch gut 10 % des Episkopats gestellt hatten, gab es praktisch gar nicht mehr.[419] Diese Aristokratisierung der Kirche vollzog sich allerdings nicht in allen katholischen Ländern in gleicher Weise. In Süditalien, wo die Bistümer freilich meist klein und arm waren, stammten die Bischöfe eher selten aus etablierten Adelsfamilien – wobei die Definition des Adels hier ohnehin besondere Probleme aufwirft –, während an der Kurie in Rom der stadtrömische Adel und

---

418 Heinz Reif, Westfälischer Adel 1770–1860, Göttingen 1979, S. 117–122.
419 Norman Ravitch, Sword and Mitre: Government and Episcopacy in France and England in the Age of Aristocracy, Den Haag 1966, S. 69–70. Vergl. Michel C. Péronnet, Les Evêques de l'ancienne France, 2 Bände, Lille 1978, und Joe Bergin, The Making of the French Episcopate 1589–1661, New Haven, Conn. 1996 sowie John McManners, Church and Society in Eighteenth-Century France, 2 Bde., Oxford 1998, Bd. 1, S. 208–234.

die führenden Familien der nord- und mittelitalienischen Städte dominierte.[420]

Zur Adelskirche des Barockzeitalters gab es im protestantischen Bereich kein Gegenstück. Zwar wurden in Ländern wie England, in denen sich eine Episkopalstruktur gehalten hatte, kirchliche Karrieren für Söhne der *gentry* oder sogar des Hochadels im 18. Jahrhundert wieder attraktiver, da sie ein nunmehr doch relativ hohes und oft mehr oder weniger arbeitsfreies Einkommen versprachen, aber dies war eher eine Ausnahme. Im übrigen blieben Geistlichkeit und Adel durch eine erhebliche soziale Kluft getrennt, was freilich für den Pfarrklerus in katholischen Ländern auch galt, der daher oft die reichen adligen Pfründeninhaber mit Vorbehalten, wenn nicht mit Feindseligkeit betrachtete.

Diese Kluft zwischen dem Adel auf der einen Seite und der Geistlichkeit sowie den einfachen Gläubigen auf der anderen Seite wurde im späten 17. und im 18. Jahrhundert im Protestantismus freilich durch den Pietismus partiell überbrückt. Der Pietismus war eine undogmatische Erweckungsbewegung, die die erstarrten Frömmigkeitsformen der lutherischen Orthodoxie, aber auch des Calvinismus überwinden wollte und dazu eher auf den religiösen Enthusiasmus des Einzelnen und eine praktische Frömmigkeit als auf die Verbreitung theologisch korrekter Dogmen setzt. Neben die traditionellen Ortsgemeinden traten Konventikel von besonders eifrigen Anhängern der neuen Glaubensbewegung, die durch ihre Aktivitäten die Legitimität der Territorialkirchen in Frage stellten. Die Stände, das heißt der korporativ verfaßte landsässige Adel, und die städtischen Obrigkeiten standen dem Pietismus etwa in Brandenburg-Preußen zunächst in der Regel eher feindlich gegenüber, aber es gab prominente Ausnahmen und generell fand die Botschaft des Pietismus im „Dienstadel", der sich über seine Position in der Verwaltung oder im

---

420 Michael Papenheim, Karrieren in der Kirche. Bischöfe in Nord- und Süditalien, 1676–1903, Tübingen 2001. Zu Rom siehe auch Maria Antonietta Visceglia, (Hg.), La Nobiltà Romana in età moderna. Profili istituzionali e pratiche sociali, Rom 2001.

Heer definierte, oft einen erheblichen Widerhall. Auffällig war aber auch – außerhalb Preußens –, wie viele Reichsgrafen, etwa die Reuß in Thüringen oder die Grafen von Solms-Laubach und von Waldeck (1711 gefürstet) in Hessen, um 1700 den Pietismus protegierten. Carl Hinrichs hat dazu gemeint „ihre Stellung lag zumeist außerhalb der politischen Drucklinien und verband die Position eines unabhängigen Privatmannes mit der eines regierenden Herren, offenbar eine günstige Kombination für den sowohl ethisch rigorosen wie aktivistischen Geist des Pietismus."[421] Die Adligen, die sich der Bewegung anschlossen, führten oft eine doppelte Existenz. Im Kreise ihrer Glaubensgenossen verzichteten sie auf alle Abzeichen und Vorrechte ihres Status und fügten sich dem Gebot der Gleichheit innerhalb der Gemeinde, während sie nach außen hin weiter traditionelle Herrschaftsrechte ausübten und auch – wenn auch in gemäßigter Form und ohne allzu viel Prunk – standesgemäß auftraten. Man kann in den Wirkungen des Pietismus unter Umständen eine gewisse Verbürgerlichung des Adels sehen – der Kampf gegen die ostentative Betonung des eigenen Status und überhaupt gegen den traditionellen Begriff von ständischer Ehre ließe sich etwa so deuten –, doch die Forderung nach einer sittlichen Erneuerung des eigenen Standes war gar so neu für den Adel nicht, und konnte durchaus auch der Legitimation der eigenen gesellschaftlichen Position dienen. Dies galt noch ausgeprägter für das frühe 19. Jahrhundert, als der Pietismus in Adelskreisen zumindest in Preußen tendenziell zu einer Oppositionsbewegung gegen eine Amtskirche wurde, die immer mehr unter die Kontrolle eines büro-

---

421 Carl Hinrichs, Preußentum und Pietismus, Göttingen 1971, darin S. 174–215: Die Stellung des Adels zum Pietismus, hier S. 183; vergl. zur Rolle von Frauen im Pietismus auch Jutta Taege-Bizer, Pietistische Herrscherkritik und dynastische Herrschaftssicherung. Die „mütterlichen Vermahnungen der Gräfin Benigna von Solms-Laubach. In: Heide Wunder (Hg.), Dynastie und Herrschaftssicherung in der Frühen Neuzeit. Geschlechter und Geschlecht (Zeitschrift für Historische Forschung, Beiheft 28), Berlin 2002, S. 93–112.

kratischen Staates geriet, dessen liberale Politik beim Adel oft auf wenig Gegenliebe stieß.[422]

In England fand der Pietismus ein Gegenstück in den evangelikalen Erweckungsbewegungen des späten 18. Jahrhunderts, die unter anderem strengere sittliche Maßstäbe für das Verhalten der Oberschicht durchsetzen wollten, um so auch für die entfesselten Unterschichten ein Beispiel zu geben, sich aber auch eine Reform der Kolonialverwaltung bis hin zur Abschaffung der Sklaverei auf die Fahnen geschrieben hatten.[423] Der Einfluß dieser Erweckungsbewegung, für die etwa der Name der Clapham Sect stand (Clapham war eine Gemeinde in Südlondon, der auch der Sklavenbefreier William Wilberforce und der reformerische indische Generalgouverneur John Shore angehörten), auf das geistige und politische Klima der Epoche war beträchtlich, zumal viele Zeitgenossen in der Französischen Revolution die Antwort auf die Sittenlosigkeit und Dechristianisierung der französischen Aristokratie sahen. Eine intensive Frömmigkeit schien nun auch deshalb wieder eine standesgemäße Haltung für den Adel zu sein, weil die christlichen Kirchen als entscheidendes Bollwerk gegen die Revolution gesehen wurden; eine ähnliche Entwicklung hin zu einer stärker verinnerlichten Frömmigkeit läßt sich im übrigen, wie bereits betont, nach der Revolution auch im katholischen Stiftsadel in Deutschland beobachten.[424]

---

422 Christopher Clark, The Politics of Revival: Pietists, Aristocrats and the State Church in Early Nineteenth-Century Prussia, in: Larry E. Jones und James Retallack (Hg.), Between Reform, Reaction and Resistance. Studies in the History of German Conservatism from 1789 to 1945. Providence, Rhode Island 1993, S. 31–60.
423 Frank O'Gorman, The Long Eighteenth Century. British Political and Social History, 1688–1832, London 1997, S. 298 f; vergl. Christopher A. Bayly, Imperial Meridian: The British Empire and the World, 1780–1830, London 1989, S. 138–145.
424 Heinz Reif, Westfälischer Adel 1770–1860, Göttingen 1979, S. 435–449.

Der Pietismus und die protestantische Erweckungsbewegung des späten 18. Jahrhunderts mochten eine partielle Ausnahme sein, aber insgesamt waren die Konfessionskirchen, die aus der Reformation und katholischen Reform hervorgingen, doch genötigt, sich in vielfältiger Weise den bestehenden gesellschaftlichen Verhältnissen und damit letztlich auch den Wertvorstellungen des Adels anzupassen, wenn sie ihre Aufgabe in der Welt erfolgreich wahrnehmen wollten. Man mochte wohl gelegentlich dem adligen Sünder oder der Sünderin ins Gewissen reden, aber allzu laut und allzu öffentlich durften solche Mahnungen dann doch nicht erfolgen, wenn man die Gunst adliger Patrone nicht verlieren wollte und die bestehende soziale Ordnung durfte in der Regel nicht prinzipiell in Frage gestellt werden.[425] Waren diese Voraussetzungen freilich erfüllt, dann konnte der Einfluß der Kirchen auf den Adel und sein Selbstverständnis doch erheblich sein, und es erscheint bei aller berechtigten Skepsis gegenüber der These von der konfessionellen Sozialdisziplinierung plausibel, daß in bestimmten Phasen die Kirche auch auf dem Weg über die Erziehung einen erheblichen Einfluß auf adlige Wertvorstellungen und adliges Verhalten hatte, mochte es sich nun um die graduelle Zurückdrängung einer ungezügelten Gewalttätigkeit im späten 16. und 17. Jahrhundert, oder um die Begründung eines neuen Pflichtethos durch protestantische Erweckungsbewegungen, aber auch durch entsprechende Bestrebungen in der katholischen Kirche im 18. Jahrhundert handeln.

---

425 Siehe dazu etwa William Hunt, The Puritan Moment: The Coming of Revolution in an English County, Cambridge, Mass. 1983, S. 222 f, mit Bezug auf Konflikte zwischen puritanischen Geistlichen und der gentry vor 1640 in England.

## 6. Wirkungsfelder des Adels: Schlachtfeld und höfisches Parkett

Vom Ritter zum Militärunternehmer

Die neuere Forschung hat zu Recht betont, wie im Laufe der frühen Neuzeit ein Modell adligen Verhaltens, das eher durch heroischen Individualismus und eine starke, auch bis zur Gewaltanwendung in Streitigkeiten gehende habituelle Konfliktbereitschaft gekennzeichnet war, schrittweise ersetzt wurde durch ein verändertes Verhaltensideal, das eher Selbstdisziplin und die Kontrolle über die Affekte betonte.[426] Diese Selbstdisziplin wurde dem Adel nicht einfach von einer machtbewußten monarchischen Herrschaft auferlegt, sie entsprach vielmehr einem neuen Leitbild des Adels, der damit namentlich in einem Land wie Frankreich auf die Gefahr reagierte, sich in inneren Fehden und gewaltsamen Auseinandersetzungen selber aufzureiben. Ohne diese Bereitschaft des Adels, bestimmte Regeln der Selbstkontrolle zu akzeptieren, hätte sich der barocke Hof ebenso wenig entwickeln können wie die stehenden Heere des späten 17. und 18. Jahrhunderts. Trotz aller scheinbaren Gegensätze sind höfische Gesellschaft und Militär somit durch einen gemeinsamen Faktor verbunden; sie wurden beide im 17. Jahrhundert zu einem Experimentierfeld, auf dem der Adel sich selber neu erfand, nicht, indem er vom gewaltbereiten

---

426 David Parker, Class and State in Ancien Régime France: The Road to Modernity? London 1996, S. 148, und. S. 191–193; vergl. Stuart Carroll, Blood and Violence in Early Modern France, Oxford 2006, S. 311–329; siehe auch als Fallbeispiel Mark Bannister, Condé in Context: Ideological Change in Seventeenth-Century France, Oxford 2000.

Krieger zum domestizierten Höfling wurde, sondern indem er die Anpassung an die militärische Disziplin ebenso wie an die Regeln höfischer *politesse* nutzte, um seine soziale Position neu zu definieren und letztlich doch – wenn auch nicht ohne Einschränkungen seiner Autonomie – zu festigen. Im militärischen Bereich führte der Weg vom ritterlichen Krieger des Mittelalters zum professionalisierten Offizier des 18. Jahrhunderts allerdings vielfach über den Umweg des adligen Militärunternehmers, der unabhängiger Krieger und ein rational kalkulierender Anbieter von Gewalt als Ware gleichermaßen war.

Dabei war es war immer noch der Kriegsdienst – oder doch zumindest die Bereitschaft und Fähigkeit, dem Herrscher im Krieg zu dienen – und die Fähigkeit, Gewalt in politischen und persönlichen Auseinandersetzungen anzuwenden, die zu Beginn der Neuzeit den Status eines Adligen legitimierte. Nicht umsonst war schon die körperliche Erscheinung des Adligen durch einen gewissen „Gewalthabitus" gekennzeichnet, der auch im Umgang mit Standesgenossen oder sozial Unterlegenen bei Bedarf zur Schau gestellt wurde,[427] und noch bis weit in das 17. Jahrhundert hinein ließen sich Adlige auf Porträts im eigentlich obsolet gewordenen Harnisch des Ritters darstellen, mochten derartige Darstellungen auch zeitweilig in manchen Ländern in der Epoche des Humanismus an Beliebtheit verlieren.[428] Freilich war dies in hohem Maße eine spezifische Form der Selbstinszenierung, die nur noch begrenzt der Realität entsprach. Ähnliches galt auch für das Fortleben des Turniers, das allerdings als Vorbereitung für den Ernstfall des Krieges zumindest bis gegen Ende des 16. Jahrhun-

---

427 Siehe dazu auch Norbert Schindler, Habitus und Herrschaft. Zum Wandel der aristokratischen Herrschaftspraxis im 16. Jahrhundert, in: ders. (Hg.), Widerspenstige Leute. Studien zur Volkskultur in der Frühen Neuzeit, Frankfurt/M. 1992, S. 78–120.
428 Dazu für England David J. B. Trim, „Knights of Christ"?: Chivalric Culture in England, c. 1400–1559, in: David J. B. Trim und Peter J. Balderstone (Hg.), Cross, Crown, and Community. Religion, Government and Culture in Early Modern England, Oxford 2004, S. 77–112, hier S. 111.

derts doch seine Bedeutung behielt, zumal das traditionelle Lanzenstechen zu Pferde zunehmend durch Fußturniere ergänzt wurde.[429]

Das Lehensaufgebot des hohen Mittelalters hatte schon zu Beginn des 16. Jahrhunderts in den meisten Ländern seine Bedeutung als Kern der königlichen und fürstlichen Heere eingebüßt, auch wenn Länder wie Frankreich an der schweren Reiterei, die primär aus Adligen bestand, die gegen Sold und nicht als bloße Lehensleute dienten, als Hauptwaffe auf dem Schlachtfeld festhielten und diese Waffengattung sogar nach 1560 noch einmal verstärkten. Obsolet war die schwere Reiterei also vor dem Ende des 16. Jahrhunderts keineswegs geworden, obwohl Infanterieeinheiten aus Landsknechten in der militärischen Auseinandersetzung eine zunehmende Bedeutung erlangten.[430] Bei alledem gilt es zu bedenken, daß trotz der Bedeutsamkeit des Kriegsdienstes für den Adel dieser für die meisten einfachen Edelleute im 16. und frühen 17. Jahrhundert eher typisch für eine bestimmte Lebensphase war und keineswegs prägend für das Leben als ganzes. Dies sind zumindest die Befunde für Frankreich, wo während der Religionskriege wohl nur eine Minderheit von Adligen, vielleicht etwa 15 bis 20 %, über längere Zeit kontinuierlich in einer der kämpfenden Armeen dienten, auch wenn auf dem Höhepunkt der Auseinandersetzungen vielleicht an die 30 bis 35 % aller waffenfähigen adligen Männer im Felde standen.[431] Einen höheren, dauerhaften Mobilisie-

---

429 Ebd. S. 95 f, und David J. B. Trim, Introduction, in: ders. (Hg.), The Chivalric Ethos and the Development of Military Professionalism, Leiden/ Boston 2003, S. 1–38, mit der relevanten Literatur. Siehe auch Helen Watanabe-O'Kelly, Triumphall Shews. Tournaments at German-Speaking Courts in their European Context, 1560–1730, Berlin 1992.

430 James B. Wood, The King's Army: Warfare, Soldiers, and Society During the Wars of Religion in France, 1562–1576, Cambridge 1996, S. 119–145; vergl. David Potter, A History of France 1460–1560, Basingstoke 1995, S. 261, und Ronald S. Love, The Equestrian Army of Henry IV, 1585–1598, in: Sixteenth Century Journal 22 (1991), S. 513–533.

431 Dazu Jean-Marie Constant, Nobles et paysans en Beauce aux XVIé et XVIIé siècles, Lille 1981, S. 158 ff; James B. Wood, The Nobility of the Election of Bayeux, 1463–1666, Princeton, New Jersey 1980, S. 80–92, die beide betonen, daß nur etwa 15 bis 20 % der Adligen dauerhaft an

rungsgrad erreichten in Europa wohl nur Regionen wie etwa die schottischen *borders* oder die ungarisch-türkische Grenze, in denen der Krieg ununterbrochen den Alltag bestimmte. In Frankreich, das hier kaum eine Ausnahme dargestellt haben dürfte, betrachteten selbst noch zu Beginn des 17. Jahrhunderts viele Adlige die Militärkarriere als einen bloßen „rite de passage", als ein zeitweiliges Engagement, das ihren sozialen Status definierte und ihnen die notwendige Aura militärischer Leistungsfähigkeit verlieh, aber nicht die Bereitschaft voraussetzte, längerfristig das zivile Leben hinter sich zu lassen. Die relative Ineffizienz der französischen Armee vor 1660 hing wesentlich auch mit dieser Einstellung zusammen.[432]

Das begrenzte Engagement vieler Adliger in der Armee war jedoch auch dadurch bedingt, daß es eines nicht unerheblichen Vermögens bedurfte, um sich selbst und eine, sei es auch noch so kleine, Gefolgschaft für den Kriegsdienst auszurüsten, das konnten faktisch nur wenige Adlige. Letztlich wurde der professionelle und auf Dauer angelegte Kriegsdienst in vielen Teilen Europas, insbesondere in Mitteleuropa, vor allem zu einer Angelegenheit von Militärunternehmern, d. h. von Adligen, die auf eigene Kosten militärische Einheiten ausrüsteten und diese in der Hoffnung auf Gewinn ihrem eigenen

---

den Kampfhandlungen des späten 16. Jahrhunderts teilnahmen. Andererseits dienten allein im Heer des Königs gegen Ende der 1560er Jahre zwischen 10.000 und 15.000 Adlige, bei einer Maximalzahl von 80.000 männlichen waffenfähigen Adligen, von denen jedoch zwischen 30.000 und 40.000 Protestanten gewesen sein dürften. Da viele Adlige nur etwa ein Jahr in der Armee dienten und dann durch andere ersetzt wurden, kann man davon ausgehen, daß mindestens zwei Drittel aller Adligen zu unterschiedlichen Zeiten phasenweise Kriegsdienst leisteten (Wood, Army, [wie Anm. 430] S. 142–144).

432 David Parrott, Strategy and Tactics in the Thirty Years' War: The Military Revolution, in: Clifford J. Rogers (Hg.), The Military Revolution Debate: Readings on the Military Transformation of Early Modern Europe, San Francisco/Oxford 1995, S. 227–253, hier S. 241–243; ders., French Military Organization in the 1630s: the Failure of Richelieu's Ministry, in: Seventeenth-Century French Studies 9 (1987), S. 151–167; ders., Richelieu's Army: War, Government and Society in France, 1624–1642, Cambridge 2001, S. 313–365, bes. S. 317 und S. 364.

Herrscher, aber gegebenenfalls auch einem fremden Fürsten zur Verfügung stellten. Für Monarchen und Landesherren war es nicht unüblich, auch in Friedenszeiten eine Reihe solcher Militärunternehmer in ihren Diensten zu halten. Sie erhielten dann ein sogenanntes „Wartgeld" als „Räte und Diener von Haus aus" mit der Verpflichtung, im Kriegsfall eine gewisse Zahl von Truppen, etwa ein oder zwei Kompanien (einige Hundert Mann) oder auch ein ganzes Regiment, zu rekrutieren. Deutsche Landesfürsten verließen sich auf dieses Rekrutierungssystem, ebenso wie Spanien für die Ergänzung seiner in den Niederlanden kämpfenden Truppen durch fremde Söldner; aber auch andere Kriegsherren beschritten diesen Weg.[433]

In England wird das militärische Gefolgschaftswesen, das auf Dienstverträgen beruhte, dem Phänomen des spätmittelalterlichen *Bastard Feudalism* zugerechnet,[434] gewissermaßen einer Spätform des Lehenswesens, in dem Geldzahlungen an die Stelle der Belehnung mit Land und Ämtern treten. Hier hatte freilich schon Heinrich VII., der erste Tudor, nach 1485 das Recht von Adligen, eine bewaffnete Gefolgschaft zu unterhalten, die in Krisenfällen mobilisiert werden konnte, stark eingeschränkt. Die entsprechende Praxis wurde als *livery and maintenance* bezeichnet. Die Klienten eines Adligen trugen dessen *livery*, also einen Waffenrock, der mit seinen Insignien und seinem Wappen geschmückt war. Dennoch genehmigten auch die Tudors Adligen, die als hinreichend loyal galten, weiterhin ein militärisches Gefolge zu unterhalten. Sie taten dies schon deshalb, weil diese militärische Klientel des Adels im Kriegsfall, aber auch bei eventuellen inneren Unruhen, für die Krone unentbehrlich war. Es war bezeichnend, daß noch 1588, während des Angriffs der Armada auf England,

---

433 Fritz Redlich, The German Military Enterpriser and his Workforce: A Study in European Economic and Social History 2 Bde, Wiesbaden 1964–65, Bd. 1, S. 150–54; vergl. Friedrich Edelmayer, Söldner und Pensionäre: das Netzwerk Philipps II. im Heiligen Römischen Reich, München 2002.
434 John M. W. Bean, From Lord to Patron. Lordship in Late Medieval England, Manchester 1989, bes. S. 154–200; Kenneth B. MacFarlane, The Nobility of Later Medieval England, Oxford 1973.

der Kern der königlichen Streitkräfte, ein Heer von etwa 20.000 Mann, das die Königin persönlich schützen sollte, zu etwa 75 % aus Truppen bestand, die hohe Adlige unter ihren Gefolgsleuten und Pächtern rekrutiert hatten.[435]

In der zweiten Hälfte des 16. Jahrhunderts unterhielten hohe Adlige, also Mitglieder des Oberhauses, in der Regel Gefolgschaften von 60 bis 100 bewaffneten *retainers*, d. h. von Dienern, Vasallen und Klienten, die selber der *gentry*, dem niederen Adel, angehörten. Etwa ein Drittel dieser Gefolgsleute hatten freilich oft ohnehin eine Position im Hause respektive der Hofhaltung der jeweiligen *peer* inne; andere, die in Friedenszeiten nicht zu den *retainers* gehörten, konnten dennoch in Kriegszeiten mobilisiert werden, gelegentlich sogar noch, um Rechtsansprüche gegen verfeindete Adlige oder andere Gegner durchzusetzen.[436]

Zwar war England im Vergleich zu Frankreich im 16. Jahrhundert ein eher friedliches Land; Kriege wurden nach 1553 wenn überhaupt auf dem Kontinent oder in Irland geführt, und die Kriege gegen Schottland, die Heinrich VIII. und Eduard VI. begannen, hatten nur auf die nördlichen Grafschaften Englands eine unmittelbare Auswirkung. Aber wie eine neuere Untersuchung gezeigt hat, kann man dennoch nicht von einer allgemeinen Demilitarisierung des englischen Adels sprechen, dieser orientierte sich vielmehr weiter an kontinentaleuropäischen Vorbildern und versuchte, in den Kriegen, die auf dem Kontinent geführt wurden, militärische Erfahrung zu sammeln.[437] In England selbst machte sich der ebenfalls keineswegs ganz obsolete militärische Habitus des Adels in gewaltsamen Auseinandersetzungen bemerkbar, die zwar nun nicht mehr als regelrechte Fehden ge-

---

435 Penry Williams, The Tudor Regime, Oxford 1979, S. 128 f; vergl. Michael J. Braddick, State Formation in Early Modern England, 1550–1700, Cambridge 2000, S. 180–202.
436 Alison Wall, Power and Protest in England, 1525–1640, London 2000, S. 42 f.
437 Roger B. Manning, Swordsmen: the Martial Ethos in the Three Kingdoms, Oxford 2003, S. 18–50

führt wurden, aber etwa die Form von *poaching wars*, also von gewaltsamen Jagdexpeditionen in den Forsten und Wäldern eines Nachbarn, den man demütigen wollte, annahmen.[438] Noch zu Beginn des Bürgerkrieges, der von manchen Historikern in allerdings etwas übertriebener Form als Adelsaufstand dargestellt worden ist,[439] lebten diese militärischen Traditionen, die sich mit einem spezifisch aristokratischen Verständnis von Ehre verbanden, fort und nährten den Widerstand gegen den Monarchen ebenso wie das Engagement für den König gegen das Parlament.[440]

Fremd war England freilich das auf dem Kontinent namentlich in Mitteleuropa verbreitete unabhängige Militärunternehmertum von wohlhabenden Adligen. Solche Militärunternehmer, die je nach Nachfrage ganz unterschiedlichen Herren dienten und einmal in den Niederlanden für das katholische Spanien kämpften, um wenig später Truppen für einen lutherischen Fürsten zu rekrutieren, waren, wie schon betont, bis zu einem gewissen Grade ein spezielles Phänomen der deutschen und mitteleuropäischen Adelslandschaften, zu dem es allerdings beispielsweise auch in Italien Parallelen gab.[441] Auch schottische und irische Adlige, denen es leicht fiel, Söldner in der zahlreichen Bevölkerungsschicht zu rekrutieren, die am Rande des Existenzminimums lebte, und die überdies festgefügte Clan- und Verwandtschafts-

---

438 Manning. Swordsmen (wie Anm. 437), S. 144 und ders, Hunters and Poachers, A Cultural and Social History of Unlawful Hunting in England 1484–1640, Oxford 1988.

439 Vergl. John S. Adamson, The Noble Revolt. The Overthrow of Charles I, London 2007.

440 John S. Adamson, Chivalry and Political Culture in Caroline England, in: Kevin Sharpe und Peter Lake (Hg.), Culture and Politics in Early Stuart England. Basingstoke 1994, S. 161–198, bes. S. 178–193.

441 Zu Italien siehe Geoffrey Hanlon, The Twilight of a Military Tradition: Italian Aristocrats and European Conflicts, 1560–1800, London 1998; zu Deutschland siehe die Fallstudie über einen typischen Militärunternehmer des 16. Jahrhunderts: Gertrud Angermann, Der Oberst Georg von Holle, 1514–1576, Minden 1967.

strukturen für die militärische Mobilisierung nutzen konnten, betätigten sich als Militärunternehmer im großen Stil.[442]

In Deutschland besaßen nicht nur die Reichsritter, sondern auch die landsässigen Adligen etwa in Nordwestdeutschland im 16. Jahrhundert noch ein großes Maß an Unabhängigkeit. Überdies war hier die Konkurrenz zwischen den unterschiedlichen Fürsten groß genug, um einen offenen Markt für militärische Dienstleistungen zu schaffen. Anders sahen die Dinge nicht nur in England, sondern auch in Frankreich aus. Hier traten Adlige im 16. Jahrhundert weit weniger oft als in Deutschland als unabhängige Söldnerführer und Militärunternehmer auf. Dennoch zeigte die französische Armee, die sich theoretisch unter dem alleinigen Befehl des Monarchen befand, nach Beginn der Religionskriege 1562 rasch Auflösungserscheinungen. Ihren Kern bildeten die sogenannten *compagnies d'ordonnances*, kleine Einheiten schwerer Reiterei, die unter dem Befehl hoher Adliger standen, die meist auch andere königliche Ämter inne hatten, etwa als Gouverneur einer Provinz oder einer Festung. Die Reiter, die in diesen Einheiten dienten, stammten in der Regel selbst aus dem Adel und gehörten nicht selten zu den Klienten oder Verwandten des Kommandeurs, waren aber auch untereinander oft durch Bande des Blutes und der Freundschaft verbunden, ganz anders als die nicht-adligen Soldaten der Infanterieeinheiten.[443] Nach Ausbruch der kriegerischen Auseinandersetzungen setzten die Inhaber dieser Kompanien sie jedoch oft genug für ihre eigenen Ziele ein. Dies war nicht eigentlich überraschend, da die Krone ohnehin kaum dazu in der Lage war, die Truppen regelmäßig zu besolden, so daß die höheren Offiziere, obwohl sie nicht offiziell als Militärunternehmer auftraten, den Sold aus eigener Tasche vorstrecken mußten.[444]

---

442 Siehe Steve Murdoch (Hg.), Scotland and the Thirty Years' War, 1618–1648, Leiden 2001, und Robert A. Stradling, The Spanish Monarchy and Irish Mercenaries: The Wild Geese in Spain, 1618–1668, Dublin 1994.
443 Wood, Army (wie Anm. 430), S. 139.
444 Ebd., S. 151 f und Robert J. Knecht, The French Civil Wars, Harlow 2000, S. 21–25, S. 141. Vergl. zum Kontext auch Robert R. Harding,

Die französischen Religionskriege zeigen recht deutlich, wie von Adligen rekrutierte und kommandierte Einheiten eines königlichen Heeres unter ungünstigen Bedingungen in einem Bürgerkrieg rasch wieder zu den Gesetzen und den Praktiken der Adelsfehde zurückkehren konnten, mit allen Konsequenzen, die dies hatte, von weiträumigen Plünderungen bis hin zu persönlichen Rachefeldzügen, die nur mühsam als konfessionelle Auseinandersetzung kaschiert wurden.[445] Umgekehrt behaupteten sich das Ethos und die Wertvorstellungen des Rittertums bis weit in das 17. Jahrhundert hinein und konnten unter bestimmten Bedingungen, durchaus mäßigend auf die Kriegsführung einwirken.

Die Einschränkung von Ausschreitungen gegen die Zivilbevölkerung im niederländisch-spanischen Krieg seit den 1590er Jahren ist etwa auf die stärkere Präsenz von adligen Offizieren, die an die Stelle von reinen Berufssoldaten traten, zurückgeführt worden. Die eher ritterliche Haltung gegenüber dem Gegner fand auch in der Kunst ihren Widerhall; jedenfalls verherrlichte sie Velazquez in seinem berühmten Bild „Die Übergabe von Breda" (1634–35), die den spanischen Kommandeur Spinola zeigt, wie er 1625 mit freundschaftlich großzügiger Geste die Kapitulation des niederländischen Festungskommandanten entgegennimmt. Selbst im englischen Bürgerkrieg läßt sich ein Ehrenkodex feststellen, der die schlimmsten Exzesse verhinderte, obwohl dieser Kodex sich offenbar in Schottland und erst recht in Irland, wo die konfessionellen Gegensätze, die sich zudem noch mit ethnischen Konflikten verbanden, größer waren, als weitgehend unwirksam erwies.[446] Insgesamt bewährten sich die entsprechenden

---

Anatomy of a Power Elite: The Provincial Governors of Early Modern France, New Haven, Conn. 1978, bes. S. 75 f.

445 Diesen Aspekt betont Carroll, Blood and Violence (wie Anm. 426).

446 Fernando González de León, Soldados Platicos and Caballeros: The Social Dimension of Ethics in the Early Modern Spanish Army, in: Trim, Chivalric Ethos (wie Anm. 428), S. 235–268; Adamson, Chivalry and Political Culture (wie Anm. 440); Barbara Donagan, The Web of Honour: Soldiers, Christians and Gentlemen in the English Civil War, in: Historical

Verhaltensnormen auch in späteren Kriegen am ehesten im Verhalten gegenüber adligen Offizieren. Es kam im 18. Jahrhundert vor, daß ein siegreicher General seinem besiegten Gegner ein Porträt von sich schenkte, das ihn ganz im Sinne der Übergabe von Breda nicht in der Pose des Triumphierenden, sondern eher mit versöhnlichem Gestus als Standesgenossen und Waffenbruder darstellte.[447] So großzügig gab man sich gegenüber dem gemeinen Soldaten oder der Zivilbevölkerung nicht, obwohl auch hier im 18. Jahrhundert im Zeitalter der Kabinettskriege eine gewisse Domestizierung der Kriegsführung sichtbar wurde.[448]

Für die Zeit vor der Epoche der Kabinettskriege bleibt es erstaunlich, wie lange die Figur des *miles christianus,* des christlichen Ritters, ein Leitbild für den adligen Krieger blieb, auch wenn nun die Loyalität gegenüber den werdenden Nationalstaaten – und als solche wird man zumindest England und Frankreich und bis zu einem gewissen Grade auch Kastilien im späten 16. Jahrhundert klassifizieren können – an die Stelle des Kampfes für den christlichen Glauben trat. Freilich, im Zeichen der Konfessionsspaltung ließ sich beides, das Religiöse in Gestalt des Konfessionellen und die Loyalität gegenüber dem Staat, durchaus verbinden, und etwa der englische „revival of chivalry" unter Elisabeth I. stand unter solchen Vorzeichen. Wenn ein Prediger dem zweiten Earl of Essex (hingerichtet 1601), der sich sehr bewußt

---

Journal 44 (2001), S. 365–389, sowie auch dies., Codes of Conduct in the English Civil War, in: Past and Present 118 (1988), S. 65–95.
447 Martin Postle (Hg.), Joshua Reynolds and the Creation of Celebrity, London 2005, S. 19 f (Tafel. 15): Porträt von John Manners, Marquess of Granby. Das Porträt war für den Duc de Broglie gedacht, den Granby im Siebenjährigen Krieg bei Vellinghausen besiegt hatte.
448 Siehe dazu etwa Horst Carl, Okkupation und Regionalismus. Die Preussischen Westprovinzen im Siebenjährigen Krieg, Mainz 1993, S. 1–16; Matthew S. Anderson, War and Society in Europe of the Old Regime, 1618–1789, London 1998, S. 180–196; Jean Chagniot, Guerre et société à l'epoque moderne, Paris 2001, S. 164–177, und Martin Rink, Die noch ungezähmte Bellona – Der kleine Krieg und die Landbevölkerung in der frühen Neuzeit, in: Stefan Kroll und Kersten Krüger (Hg.), Militär und ländliche Gesellschaft in der frühen Neuzeit, Münster 2000, S. 165–190.

als ritterlicher Heerführer inszenierte und den elisabethanischen Kult des Rittertums für seine Zwecke zu nutzen wußte, mit Bezug auf die Offenbarung des Johannes dazu aufrufen konnte, sich an die Spitze des Kampfes gegen die Mächte der Finsternis zu setzen,[449] dann war dies zumindest ein Legitimationsangebot für jenes adlige Streben nach Ruhm und Ehre, das auch in der frühen Neuzeit das militärische Engagement von Magnaten wie Essex bestimmte.[450]

In der Realität des Krieges traten solche Überlegungen doch meist zurück, und namentlich in Auseinandersetzungen wie dem Dreißigjährigen Krieg dominierte das Geschäftskalkül der Militärunternehmer, die, selbst wenn sie sich zunächst an einen Herren und/oder eine Konfession gebunden fühlten – und das galt keineswegs für alle – doch genötigt waren, Gewinn und Verlust sehr genau zu berechnen, und dabei auch bereit sein mußten, den Dienst zu wechseln, wenn dies opportun erschien. Die Dauer der Kampfhandlungen und die Tatsache, daß so viele unterschiedliche Fürsten und Mächte in rasch wechselnden Konstellationen am Kriegsgeschehen beteiligt waren, begünstigte einen Typ des Kriegsunternehmers, der relativ unabhängig operierte und nicht mehr nur 2.000 oder 3.000 Mann, also etwa ein Regiment Infanterie, sondern unter Umständen mehrere Regimenter oder gar ganze Armeen rekrutierte. Deklassierte Adlige, jüngere Söhne oder die Repräsentanten von unbedeutenden Nebenlinien großer Fürstenhäuser stellten im frühen 17. Jahrhundert einen überproportional großen Teil der wichtigen Militärunternehmer, was nicht nur für Deutschland, sondern auch für Italien galt.[451] Das Mili-

---

449 George Gyffard, Sermons upon the Whole Book of Revelation, London 1596, Einleitung unter A 3 v.
450 Zu Essex, siehe Paul E. J. Hammer, The Polarisation of Elizabethan Politics. The Political Career of Robert Devereux, 2nd Earl of Essex, Cambridge 1999; vergl. Richard McCoy, The Rites of Knighthood: The Literature and Politics of Elizabethan Chivalry. Berkeley, Cal. 1989.
451 Hanlon, Twilight (wie Anm. 441), S. 254; vergl. Angelantonio Spagnoletti, Pròncipi italiani e Spagna nell' età barocca. Mailand 1996, S. 183–214, und für Oberitalien Walter Barberis, Le armi del principe. La tradizione

täruntermehmertum war ein riskantes und nicht immer profitables Geschäft, denn von einem hochrangigen Offizier wurde auch unabhängig von den Geldern, die er für den Unterhalt seiner Truppen ausgab, eine erhebliche finanzielle Großzügigkeit erwartet. Um Karriere zu machen war es wichtig, durch den Prunk, den man selbst im Feldlager entfaltete, aufzufallen, und entsprechend hoch war der Aufwand für Luxusgüter aller Art.[452] Auf der Habenseite standen allerdings nicht nur der potentielle finanzielle Gewinn – falls der Kriegsherr den vereinbarten Sold wirklich in voller Höhe auszahlte, konnte er erheblich sein – sondern auch Ruhm und Ehre und die Chance des sozialen Aufstiegs.[453] Obwohl letztlich Adlige aus alt-etablierten Familien, mochte es sich auch eher selten um den Chef des jeweiligen Hauses handeln, unter den Militärunternehmern insgesamt dominierten (sie besaßen auch eher jene Klientelnetzwerke, die für die Rekrutierung größerer Einheiten notwendig waren), findet sich in Deutschland und in Italien im späten 16. und im frühen 17. Jahrhundert auch der Typus des sozialen Aufsteigers nicht-adliger Herkunft gelegentlich unter den erfolgreichen Kommandeuren.[454] Eine nicht unbedeutende Rolle unter den europäischen Militärunternehmern spielten ebenfalls Angehörige der patrizischen Oberschicht Schwei-

---

militare sabauda, Turin 1988. In Deutschland bietet der Graf von Mansfeld, unehelicher Sohn eines gefürsteten kaiserlichen Feldherren ein Beispiel für diesen Typus siehe Felix Stieve, Ernst von Mansfeld, in: Sitzungsberichte der Akademie der Wissenschaften zu München, Philosophisch-historische Klasse 1890, Bd. 2 (1891), S. 507–548. Redlich, Enterpriser (wie Anm. 433), Bd. 1, S. 292–294.

452 Hanlon, Twilight (wie Anm. 441), S. 267.
453 Ebd. S. 261–263.
454 Zur Epoche des Dreißigjährigen Krieges siehe Georg Schmidt, Voraussetzungen oder Legitimation? Kriegsdienst und Adel im Dreißigjährigen Krieg, in Otto Gerhard Oexle und Werner Paravicini (Hg.), Nobilitas. Funktion und Repräsentation des Adels in Alteuropa, Göttingen 1997, S. 431–451. Vergl. aber auch Michael Kaiser, „Ist er vom Adell? Ja. Id satis videtur." Adlige Standesqualität und militärische Leistung als Karrierefaktoren in der Epoche des Dreißigjährigen Krieges. In: Franz Bosbach u. a. (Hg.), Geburt oder Leistung? Elitenbildung im deutsch-britischen Vergleich, München 2003, S. 73–90.

zer Städte wie Bern, Luzern, Solothurn und Freiburg/Fribourg, die ihre Herrschaft über die Landgebiete des jeweiligen Kantons nutzten, um dort Söldner zu rekrutieren und die sich im Laufe der frühen Neuzeit einen zunehmend aristokratischen Lebensstil zulegten.[455]

Nicht wenige der Militärunternehmer der frühen Neuzeit und besonders des Dreißigjährigen Krieges wechselten mehrmals ihren Dienstherren: So stand der 1641 gestorbene Hans Georg von Arnim-Boitzenburg – er entstammte einer wohlhabenden brandenburgischen Familie – sukzessive im Dienst der Schweden (vor 1615), der Polen, für die er gegen die Türken kämpfte, dann wiederum der Schweden und später des Kaisers, für den er abermals in Polen focht, um schließlich 1631 den Oberbefehl über die kursächsische Armee zu übernehmen, die er 1635 verließ, um gegen Ende seines Lebens ein weiteres Mal in kaiserliche Dienste zu treten.[456]

Einen Sonderfall stellt Albrecht von Wallenstein, der wohl bekannteste Militärunternehmer des Dreißigjährigen Krieges, dar. Auch ihm ging es nicht zuletzt um den sozialen Aufstieg. Aus dem böhmischen Adelsstand stieg er zum Herzog von Friedland (Friedland war ein Lehen der böhmischen Krone) und kurzfristig sogar zum Herzog von Mecklenburg, also zum Reichsfürsten, auf. Der Versuch, Politik auf eigene Faust zu machen, scheiterte freilich. Der Kaiser ließ seinen Generalissimus 1634 ermorden; ein Großteil seiner gewaltigen Besitzungen wurde eingezogen, obgleich die Familie Wallenstein/Waldstein sich im böhmischen Herrenstand, wenn auch ohne das Herzogtum Friedland und nur noch im Besitz des Grafentitels, bis 1918 behaupten sollte.[457] Wallenstein hatte auf dem Höhepunkt seiner Karriere an die 100.000 Mann kommandiert; das war sicherlich ungewöhnlich, aber unter ihm dienten zahlreiche Offiziere, die über längere Zeit hinweg nicht nur ein, sondern zwischen zwei und vier Regimentern gleichzeitig unter ihrem Kommando hatten und als Eigentümer

---

455 Peter Hoppe, Zum Luzerner Patriziat im 17. Jahrhundert, in: ders. und Kurt Messmer (Hg.), Luzerner Patriziat, Luzern 1976, S. 217–512, hier S. 381–390.
456 Redlich, Enterpriser (wie Anm. 433), Bd. 1, S. 183 f.
457 Golo Mann, Wallenstein, Frankfurt/M. 1971.

besaßen. Sie mußten sich natürlich im Kommando der Mehrzahl der Regimenter durch einen Oberstleutnant vertreten lassen. Erst Anfang der 1640er Jahre wurde es in der kaiserlichen Armee verboten, gleichzeitig mehrere Regimenter zu besitzen.[458]

Da die finanzielle Situation des Kaisers während langer Abschnitte des Krieges sehr ungünstig war, war in seiner Armee das Militärunternehmertum besonders ausgeprägt. Es findet sich aber in unterschiedlichen Formen auch in den meisten anderen Armeen der Zeit, selbst in den spanischen Truppen, deren Offiziere eigentlich zu Beginn des 17. Jahrhunderts in der Regel nicht mehr gewesen waren als königliche Amtsinhaber ohne ein eigenes unternehmerisches Interesse an der Einheit, die sie kommandierten. Dies galt zumindest für die in Kastilien und Aragon rekrutierten Regimenter, weniger für die, die außerhalb der Kernlande der Monarchie angeworben wurden oder ganz aus fremden Söldnern bestanden. Auch für Kastilien mußte dieses System jedoch schrittweise aufgegeben werden, da es nicht mehr finanziert werden konnte, und adlige Magnaten leisteten nun oft einen enormen Beitrag zur Rekrutierung und Ausrüstung der spanischen Truppen.[459] Nur Frankreich versuchte, dem Kriegsunternehmertum soweit es ging auszuweichen, da das Trauma der Religionskriege und der anschließenden periodischen Adelsaufstände dieses System als zu gefährlich erscheinen ließ, und ließ es offiziell nur für fremde, insbesondere deutsche oder Schweizer Einheiten, die in französischen Diensten standen und lange Zeit sogar den Kern der jenseits des Rheins kämpfenden Armee bildeten, zu. Die Kommandeure französischer Truppen besaßen in aller Regel kein Eigentumsrecht an ihrer Einheit, die daher auch jederzeit aufgelöst oder mit anderen Regimentern verschmolzen werden konnte. Faktisch hatten sie freilich doch erhebliche Summen aus eigener Tasche vorgestreckt, um Truppen zu rekrutieren und auszurüsten und ihr Offizierspatent in der Regel für

---

458 Redlich, Enterpriser (wie Anm. 433), Bd. 1, S. 289 f. und 22.
459 I. A. A. Thompson, War and Government in Habsburg Spain 1560–1620, London 1976, S. 103–159.

hohe Summen gekauft.[460] Oft versuchten die Offiziere, die erheblichen Kosten, die ihnen durch ihre militärische Karriere entstanden, dadurch zu reduzieren, daß sie einen großen Teil des Soldes und der Summen, die für den Unterhalt der Truppen gedacht waren, in ihre eigene Tasche fließen ließen, was wiederum in einem Absinken der Stärke der meisten Einheiten weit unter das Soll resultierte. Früher oder später konnte das zur Auflösung eines Regimentes oder einer Kompanie führen, aber das schreckte die Hauptleute und Obristen nicht, da sie glaubten, nach zwei oder drei Kampagnen genug militärischen Ruhm geerntet zu haben, und keine dauerhafte militärische Karriere anstrebten.[461]

## Die stehenden Heere des Ancien Régime und der Adel

In Frankreich gelang es der Krone seit den 1650er Jahren schrittweise den Dienst in der Armee zu professionalisieren. So wurden höhere Offiziere im Brigadekommandanten- oder Generalsrang seit 1675 zumindest in der Theorie primär nach dem Prinzip der Anciennität befördert und nicht mit Blick auf ihren Adelstitel.[462] Überdies wurden Ämter wie das des *colonel général de l'infanterie*, die es einzelnen Magnaten erlaubt hatten, umfassende landesweite Patronagenetzwerke in der Armee aufzubauen, abgeschafft oder in ihren Kompetenzen stark reduziert. Eine stärkere Kontrolle des Finanzgebarens der Offiziere durch zivile Militärintendanten und das Kriegsministerium schränkte die Möglichkeiten der Obristen und Hauptleute ein, in die eigene Tasche zu wirtschaften. Auch die umfassenden Plünderungen sowohl in Feindesland als auch in den Provinzen des eigenen Landes wurden nach und nach zurückgedrängt. Bis dahin war die Erhebung von exzessiven Kontributionen von der Zivilbevölkerung aber auch die

---

460 David Parrott, Richelieu's Army, Cambridge 2001, S. 225 ff.
461 Ebd. S. 361.
462 Dazu Art. ‚Officiers generaux' in Lucién Bely (Hg), Dictionnaire de l'ancien régime, Paris 1996, S. 928 f unter Bezug auf das *ordre de tableau* von 1675.

Ausplünderung ganzer Landstriche ein normaler Teil des Geschäftes der Militärunternehmer, aber eben auch jener französischen Kommandeure gewesen, die, obwohl rechtlich nicht Eigentümer ihrer Regimenter, sich doch in vielem so wie Militärunternehmer verhielten.[463] Die strengere Kontrolle über die militärischen Einheiten, die die zivilen Behörden jetzt ausübten, ließ eigentlich ein militärisches Kommando weniger einträglich werden als in der Vergangenheit, auch wenn dem im Prinzip eine regelmäßigere Zahlung der Gelder für Sold und Verpflegung gegenüberstand.

Dennoch suchte unter Ludwig XIV. ein sehr hoher Prozentsatz des Schwertadels, aber zum Teil auch der Söhne von Angehörigen der *noblesse de robe*, den Dienst in der Armee. Zu Tausenden übernahmen sie Offiziersstellen in den Regimentern des Königs und zahlten während der langen Kriege zwischen 1689 und 1714 einen enormen Blutzoll. Da Offiziere aus dem hohen und wohlhabenden Adel (der die für ein rasches Avancement notwendigen Offizierspatente kaufen konnte) schneller befördert wurden als solche aus dem Provinzadel oder bürgerlicher Herkunft, scheinen sie auch häufiger auf dem Schlachtfeld gefallen zu sein, da zu diesem Zeitpunkt auch Generäle ihre Truppen noch in exponierter Position in vorderster Reihe führten.[464] Eine angesehene amtsadlige Familie wie die Colberts schickte sieben Familienmitglieder in die Kriege des Königs, von denen nur drei überlebten.[465] In einigen französischen Provinzen, die wie die Gascogne oder der Osten des Landes eine lange militärische Tradition hatten, sandten unter Ludwig XIV. bis zu 90 % aller Familien, die einen Titel trugen, und immer noch etwa zwei Drittel der einfachen Adelsfamilien zumindest ein Familienmitglied als Offizier in die Ar-

---

463 John A. Lynn, How War Fed War: the Tax of Violence and Contributions during the Grand Siècle, in: Journal of Modern History 65 (1993), S. 286–310.
464 André Corvisier, La France et les guerres de Louis XIV, 1661–1697, in: ders. (Hg.), Histoire militaire de France, Bd. 1, Paris 1992, 415–448, hier S. 440.
465 Ebd. Vergl. Hervé Drévillon, 2 'Im pôt du sang. Le métier des armes sous Louis XIV, Paris 2005, S. 273–352.

mee, auch wenn der nationale Durchschnitt deutlich niedriger bei vielleicht etwa 50 % gelegen haben mag.[466] Das war wesentlich auch darauf zurückzuführen, daß es gerade der Dienst in der Armee war, der Statusansprüche legitimierte. Dieses hohe Engagement des Adels in der Armee hatte jedoch seinen Preis. Die Privilegierung des Adels und namentlich des Hochadels im Heer, vor allem bei hohen Kommandostellen, verlieh der Armee einen halbfeudalen Charakter, zumal Regimentsinhaber und andere Offiziere in ihren jeweiligen Einheiten immer noch erhebliche Möglichkeiten zur Ämterpatronage behielten, mochten diese auch nicht mehr so umfassend wie vor 1650/60 sein.[467]

Entscheidend für eine erfolgreiche Karriere in der Armee, die über die unteren Ränge wie Hauptmann oder Major hinausführte, war es, nach 1660 in Frankreich eine Zeitlang in den Gardeeinheiten des Königs, die im Frieden am Hofe Dienst taten, gedient zu haben. Deshalb waren die Offizierspatente in diesen Gardetruppen, die in der Regel dem hohen und höchsten Adel vorbehalten waren, auch außerordentlich teuer. Eine Position als Kapitän-Leutnant etwa in der *Gensdarmerie de France,* einer wichtige Gardeeinheit, kostete um 1690 130.000 livres, während man ein einfaches Infanterieregiment, das nicht zu den sogenannten prestigeträchtigen „alten" Regimentern gehörte, unter Umständen schon für 10.000 livres kaufen konnte. Der Richtpreis für ein normales Infanterieregiment lag seit 1690 bei 22.500 livres.[468] In jedem Fall blieb der Kauf und Verkauf von Offi-

---

466 John A. Lynn, Giant of the Grand Siècle. The French Army 1610–1715, Cambridge 1997, S. 261, und André Corvisier, Renouveau militaire et misères de la guerre, 1635–1659, in: ders. (Hg.), Histoire Militaire, Bd. 1 (wie Anm. 464), S. 353–382, hier S. 373–374. Vergl. ders., La France de Louis XIV, Paris 1979, S. 62.
467 Guy Rowlands, The Dynastic State and the Army under Louis XIV: Royal Service and Private Interest, 1661–1701, Cambridge 2002, S. 359.
468 Guy Rowlands, Louis XIV, Aristocratic Power and the Elite Units of the French Army, in: French History 13 (1999), S. 303–31, und ders., Dynastic State (wie Anm. 467), S. 341–347, und S. 154–156, vergl. S. 324–326; siehe auch Jean Chagniot, Mobilité sociale et armée (vers 1660–1760), in: Dix-septiéme Siècle 122 (1979), S. 37–49, hier S. 39, und ders., Guerre

zierspatenten (es gab daneben allerdings auch nichtkäufliche Positionen in der militärischen Hierarchie) und Regimentern in der französischen Armee bis weit ins 18. Jahrhundert hinein üblich, auch wenn die Preise offiziell eingefroren wurden. Trotz aller problematischen Begleiterscheinungen schien nur ein solches System sicherzustellen, daß die Offiziere auch wirklich über das Kapital verfügten, das notwendig war, um später ihre Einheiten auch zu unterhalten, denn ein Zuschußgeschäft konnte dies besonders in Krisenzeiten immer noch sein. Ebenso hielt sich das System der Vergabe von Positionen an Verwandte und Landsleute aus derselben Provinz durch die Regimentsinhaber und andere Offiziere. Selbst sehr entfernte Verwandte, die nur den Namen oder eine kaum verifizierbare gemeinsame Abstammung, die weit ins Mittelalter zurückreichte, mit dem Regimentskommandeur gemein hatten, konnten damit rechnen, gefördert zu werden, und nicht wenige Regimenter und ihr Offizierskorps waren über viele Jahrzehnte hinweg, ja zum Teil während des gesamten 17. und 18. Jahrhunderts, geprägt durch eine geringe Zahl von Familienverbänden.[469]

Trotz oder vielleicht auch wegen dieser starken Präsenz adliger Patronagepraktiken, die ja auch ihre Kohärenz verbürgten, galt die französische Armee um 1700 als die beste Europas, die größte war sie mit einer Stärke von ca. 350.000 Mann (während der Kriege der 1690er Jahre) ohnehin.[470] Sie wurde daher auch zum Vorbild für die anderen europäischen Armeen, in denen der Adel allerdings zum Teil schon deshalb eine etwas andere Position hatte, weil die Struktur der jeweiligen Adelsgesellschaft nicht dieselbe war. Relativ „adelsarme" Länder oder Staaten, in denen der heimische Adel zögerte, sich vorwiegend dem Kriegsdienst zu widmen, blieben wie schon im 16. und frühen 17. Jahrhundert weiterhin auf Adlige ausländischer Herkunft angewiesen, um genug Offiziere für ihre Truppen zu finden.

---

    et société à l'époque moderne, Paris 2001, S. 106. Zum 18. Jahrhundert: Marraud, Noblesse, S. 225–240.
469  Ebd.
470  Lynn, Giant (wie Anm. 466), S. 56–58.

Das galt etwa für die Republik der Niederlande oder Dänemark, zum Teil auch für Schweden, dessen Streitkräfte vor allem in der Großmachtzeit vor 1721 viele Ausländer anzogen, in gewissem Umfang aber auch für die Armee der Habsburgermonarchie. Die großen Magnaten der habsburgischen Kronlande standen dem aktiven Dienst in der Armee lange Zeit mit gewissen Vorbehalten gegenüber; sie zogen es vor, ihr Leben auf ihren Gütern oder bei Hofe zu verbringen. Jüngere Söhne hingegen, die nicht oder nicht voll erbberechtigt waren, konnten sich ja immer noch für eine Karriere in der Kirche entscheiden, die mindestens so prestigeträchtig war wie eine militärische Laufbahn. Da die Administration der habsburgischen Kronländer lange durch die Stände dominiert blieb, konnte es auch durchaus attraktiv erscheinen, in der regionalen Verwaltung ein Amt zu übernehmen, attraktiver jedenfalls als der Dienst in einer weit entlegenen Festung in Ungarn, in Italien oder den Niederlanden. Der niedere Adel war demographisch – außer in Ungarn, das aber in die Gesamtmonarchie nur unvollkommen integriert war – ohnehin relativ schwach und fühlte sich oft mehr der engeren Heimat als der Gesamtmonarchie verbunden. Man griff daher im Offizierskorps stark auf Ausländer respektive Adlige aus dem Reich – in den höheren Rängen waren auch die Nebenlinien reichsfürstlicher Dynastien oder die reichsgräflichen Geschlechter stark vertreten – und zu einem erheblichen Teil auch auf Bürgerliche zurück, die relativ unproblematisch nobilitiert werden konnten, auch wenn ihnen dies trotzdem nur einen begrenzten Zugang zur exklusiven Gesellschaft des etablierten alten Adels verschaffte, der sich durch die Zugehörigkeit zu den Landständen auszeichnete. In den landständischen Korporationen sah der Adel offenbar seine eigentliche Heimat, nicht in der Armee, und es gab durchaus angesehene Familien, die über Generationen hinweg kaum einen einzigen Offizier in ihren Reihen aufzuweisen hatten; dies wäre in Frankreich im späten 17. oder im 18. Jahrhundert oder im friderizianischen Preußen kaum denkbar gewesen.[471]

---

471 Frank Göse, Zum Verhältnis von landadliger Sozialisation zu adliger Militärkarriere. Das Beispiel Preußen und Österreich im ausgehenden 17. und

Nach 1740 versuchte man unter Maria Theresia den Dienst in der Armee attraktiver zu machen, etwa durch die Einrichtung von Militärakademien und Kadettenanstalten, wie sie seit der Mitte des 18. Jahrhunderts auch andernorts in größerer Zahl gegründet wurden, aber auch durch die stärkere Integration von hohen Offizieren in die höfische Gesellschaft; es war nunmehr zulässig, bei Hofe auch in Uniform statt in der traditionellen (spanischen) Hoftracht aufzutreten, eine wichtige Reform, durch die sich der Kaiserhof von nun an etwa vom französischen Hof unterschied. Der Nachfolger Maria Theresias, Josef II., der schon zu ihren Lebzeiten nach 1763 einen Großteil der Regierungsgeschäfte übernahm, ging auch dazu über, fast permanent Uniform zu tragen, wie es die Herrscher Preußens schon lange taten.

Die Wirksamkeit dieser Maßnahmen blieb dennoch relativ begrenzt; gerade die Tatsache, daß eine Offizierslaufbahn nun eine systematische Ausbildung verlangte und bis zu einem gewissen Grade zu einem normalen „Beruf" wurde, war nicht dazu angetan, die Vorbehalte des höheren Adels gegen den Militärdienst rasch verschwinden zu lassen.[472] Offiziere, die aus dem Reich oder aus dem Ausland stammten, nahmen in Österreich noch im späteren 18. Jahrhundert eine wichtige Position ein. Ein Beispiel dafür liefert der Feldmarschall Franz Moritz Graf von Lacy. Er stammte aus einer alten irischen katholischen Familie, die nach 1690 die Heimat hatte verlassen müssen: so wie viele andere irische und schottische Jakobiten. Über Frankreich war sein Vater nach Rußland ausgewandert, wo er eine baltendeutsche Adlige geheiratet hatte. Sein 1725 in Petersburg geborener Sohn war an der Ritterakademie zu Liegnitz in Schlesien ausgebildet worden. Im kaiserlichen Heer machte er wie andere irische und schottische Emigranten oder deren Abkömmlinge rasch Karriere und

---

18. Jahrhundert, in: Mitteilungen des Instituts für Österreichische Geschichtsforschung 109 (2000), S. 118–153, hier S. 147 f.

472 Michael Hochedlinger, Mars Ennobled: The Ascent of the Military and the Creation of a Military Nobility in Mid-Eighteenth-Century Austria, in: German History 17 (1999), S. 141–176; Göse, Sozialisation (wie Anm. 471), S. 118–153.

wurde während des Siebenjährigen Krieges 1758 zum Generalquartiermeister der kaiserlichen Armee ernannt und war in den folgenden Jahrzehnten, namentlich seit seiner Ernennung zum Präsidenten des Hofkriegsrates (1766) und zum k. k. Feldmarschall, maßgeblich an den Reformen des Heerwesens der Monarchie beteiligt.[473]

Zwar gab es auch in Preußen hohe Offiziere ausländischer (respektive nicht-preußischer deutscher) Herkunft, aber insgesamt war die Situation hier doch eine andere. Preußen gilt als klassisches Beispiel für eine vollständige Mobilisierung des Adels für den militärischen Dienst. Die prekäre finanzielle Lage vieler Rittergutsbesitzer nach dem Dreißigjährigen Krieg ließen ihnen ohne Zweifel einen Dienst in der Armee willkommen erscheinen, obgleich es dennoch mehrere Jahrzehnte dauerte, bis die etablierten und bedeutenderen Familien ihre Vorbehalte gegen eine Ausrichtung der gesamten Existenz auf die Offizierslaufbahn, die anfänglich durchaus noch bestanden, wirklich aufgaben.

Familien, die vor 1620 eine hegemoniale Stellung besessen hatten, zögerten oft, in landesherrliche Dienste zu treten, und bewirtschafteten lieber ihre Güter oder dienten im Ausland, eine Praxis, die dann freilich im 18. Jahrhundert namentlich der Soldatenkönig Friedrich Wilhelm I. (1713–40) zu unterbinden suchte. Nicht immer mit Erfolg, denn bis etwa 1740/50 übernahmen nicht wenige märkische Adlige Offiziersstellen im sächsisch-polnischen Heer und in der kursächsischen Verwaltung; erst unter Friedrich dem Großen änderte sich dies.[474] Seitdem

---

473 Edith Kotasek, Feldmarschall Lacy. Ein Leben für Österreichs Heer, Horn 1956.

474 Peter-Michael Hahn, Aristokratisierung und Professionalisierung. Der Aufstieg der Obristen zu einer militärischen und höfischen Elite in Brandenburg-Preußen von 1650 bis 1725, in: Forschungen zur Brandenburgischen und Preußischen Geschichte, Neue Folge 1 (1991), S. 161–208 bes. S. 194, 197; vergl. ders., Landesstaat und Ständetum im Kurfürstentum Brandenburg während des 16. und 17. Jahrhunderts, in: Peter Baumgart (Hg.), Ständetum und Staatsbildung in Brandenburg-Preußen, Berlin 1983, S. 41–79, bes. S. 67. Siehe auch Peter Bahl, Der Hof des Großen Kurfürsten. Studien zur höheren Amtsträgerschaft Brandenburg-Preußens, Cologne 2001, S. 145–180, und Frank Göse, Rittergut – Garnison – Residenz.

stellte sich nicht nur der Adel der Mark Brandenburg, sondern auch derjenige der anderen preußischen Kernprovinzen wie Pommern und Madgeburg immer mehr auf den Dienst im königlichen Heer ein. Um 1740 lag in der Kurmark der Anteil von Offizieren und ehemaligen Offizieren an der Gesamtzahl der erwachsenen männlichen Adligen bei etwa 32 %, in der Neumark bei 40 %; am Ende des 18. Jahrhundert lag die Durchschnittszahl für die Kurmark schon bei knapp 60 %, obwohl hier nur 15,9 % aller Adligen aktive Offiziere waren.[475] Die zunehmende Zahl von landlosen Adligen erklärt diese starke Orientierung auf eine Laufbahn in der Armee freilich auch. In anderen preußischen Provinzen wie Pommern und Minden, wo das Durchschnittseinkommen des Adels noch niedriger lag als in der Mark Brandenburg, war die Zahl von Adligen, die zumindest in einer bestimmten Lebensphase in der Armee Dienst taten, in der zweiten Hälfte des 18. Jahrhunderts noch höher und lag bei 70 bis 80 %.[476]

In der Forschung ist nachdrücklich darauf hingewiesen worden, wie stark das preußische Militärsystem mit der ostelbischen Sozialverfassung verknüpft gewesen sei. Der Gutsbesitzer, der die Herrschaft über seine erbuntertänigen Bauern ausübte, trat diesen, wenn sie über das sogenannte Kantonssystem für die Armee rekrutiert wurden, gewissermaßen in Gestalt des Offiziers nochmals gegenüber, und diese Doppelfunktion habe seine Autorität erheblich gestärkt, aber auch die starke Disziplin des preußischen Heeres überhaupt erst ermöglicht. In der Praxis dienten freilich nur wenige Rittergutsbesitzer als Offiziere in einem Regiment, das seine Soldaten im selben Landkreis aushob, in dem auch seine eigenen Güter lagen, und viele Offiziere waren ohnehin nicht selber Rittergutsbesitzer, sondern bestenfalls deren Söhne, oder besaßen vielleicht auch gar kein Land. Überdies hatten die Interventionen der Militärverwaltung und der

---

Studien zur Sozialstruktur und politischen Wirksamkeit des brandenburgischen Adels 1648–1763, Berlin 2005, S. 236–242.
475 Wolfgang Neugebauer, Zentralprovinz im Absolutismus, Brandenburg im 17. und 18. Jahrhundert, Berlin 2001, S. 119 f.
476 Wolfgang Neugebauer, Der Adel in Preußen im 18. Jahrhundert, in: Asch, Adel, S. 49–76, hier S. 69 f.

Militärgerichtsbarkeit, der nicht nur die Soldaten, sondern auch die für den Ersatz der Aktiven bereitstehenden sogenannten Enrollierten in bestimmtem Umfang unterstanden auch die Konsequenz, die Machtposition der Gutsherren in Streitfällen zu schwächen, mochte dies auch nicht intendiert sein. Dies konnte den Gusherren keineswegs willkommen sein.[477] Es gab jedenfalls durchaus Beispiele dafür, daß bäuerliche Untertanen, die in der Armee dienten, selbstbewußter gegenüber ihrem Herren auftraten, als dies sonst üblich war.[478]

Richtig bleibt freilich, daß in Preußen in Gestalt der sogenannten Kompaniewirtschaft – die Kompanien wurden von ihren Hauptleuten so verwaltet, daß sie die ihnen zur Verfügung stehenden Gelder auch zum eigenen Profit verwenden konnten, ohne daß das beanstandet wurde – Elemente des alten Militärunternehmertums auch noch im 18. Jahrhundert fortlebten. So wenig einerseits der preußische Offizier, der selber einer strengen Disziplin unterstand und für den es undenkbar gewesen wäre, den Dienst einfach zu quittieren und einem anderen Herren zu dienen, den adligen Gewaltunternehmern des 16. und frühen 17. Jahrhunderts glich, so gab es doch andererseits immer noch Traditionslinien, die ihn mit diesem älteren Typus

---

477 Otto Büsch, Militärsystem und Sozialleben im alten Preußen, 1713–1807, Frankfurt/M. 1981; vergl. aber Frank Göse, Zwischen Garnison und Rittergut. Aspekte der Verknüpfung von Adelsforschung und Militärgeschichte am Beispiel Brandenburg-Preußens, in: Ralf Pröve (Hg.), Klio in Uniform? Köln 1997, S. 109–142; sowie Peter H. Wilson, Social Militarization in Eighteenth-Century Germany, in: German History 18 (2000), S. 1–39, und Jürgen Kloosterhuis, Zwischen Aufruhr und Akzeptanz, Zur Ausformung und Einbettung des Kantonsytems in die Wirtschafts- und Sozialstrukturen des preußischen Westfalen, in: Bernhard Kroener und Ralf Pröve (Hg.): Krieg und Frieden, Militär und Gesellschaft in der frühen Neuzeit, Paderborn 1996, S. 167–190; ferner Heinrich Kaak, Soldaten aus dem Dorf, Soldaten im Dorf, Soldaten gegen das Dorf. Militär in den Augen der brandenburgischen Landbevölkerung 1725–1780, in: Stefan Kroll und Kersten Krüger (Hg.), Militär und Ländliche Gesellschaft in der frühen Neuzeit, Münster 2000, S. 297–326
478 William Hagen, Ordinary Prussians: Brandenburg Junkers and Villagers 1500–1800, Cambridge 2002, S. 471.

des adligen Kriegers verbanden, auch wenn die Loyalität gegenüber der Dynastie und dem Staat nun zu einem essentiellen Bestandteil des adligen Begriffes von Ehre geworden war.

Die preußische Armee galt in den Jahrzehnten vor der Französischen Revolution, wenn nicht sogar bis 1806, als die beste Europas, und andere Länder versuchten, ihre Struktur, zu der die absolute Dominanz des Adels innerhalb des Offizierskorps gehörte (Bürgerliche hatten in Friedenszeiten bestenfalls bei der Artillerie eine Chance, während die vornehmen Kavallerieregimenter ihnen nahezu vollständig verschlossen blieben), zu imitieren. Auf die Bemühungen, den Adel der Habsburgermonarchie stärker für den Dienst in der Armee zu mobilisieren, wurde bereits verwiesen, aber auch die intensive Debatte über eine Armeereform in Frankreich nach 1763, die sich mit einer Diskussion über die gesellschaftliche Rolle des Adels verband, ist in diesen Kontext einzuordnen.[479] Dabei sollte freilich nicht vergessen werden, daß die weitgehende Kongruenz von adliger Existenz und Offizierslaufbahn, die am Ende des Ancien Régime zumindest für eine Reihe preußischer Kernprovinzen zu konstatieren ist, keineswegs die europäische Norm darstelle. Die größere Zurückhaltung des erbländischen österreichischen Adels gegenüber einer Militärlaufbahn wurde bereits diskutiert, Gleiches galt auch für weite Teil des katholischen Adels in Deutschland, namentlich den nordwestdeutschen Stiftsadel, der die geistliche Karriere der militärischen eindeutig vorzog.[480] In England wiederum waren es eher jüngere Söhne, die zu Heer und Marine gingen, wobei für die Sprößlinge der einfachen *gentry* (unterhalb der Elite der *peers* und *baronets*) vor 1800 eine tendenziell sorgen- und risikofreie Tätigkeit als Geistlicher in der etablierten Kirche bei weitem attraktiver war als eine Laufbahn als Offizier. Das sollte sich erst im Laufe des 19. Jahrhunderts ändern.

---

479 Rafe Blaufarb, The French Army 1750–1820. Careers, Talent, Merit, Manchester 2002, S. 12–74; Claudia Opitz-Belakhal, Militärreformen zwischen Bürokratisierung und Adelsreaktion. Das französische Kriegsministerium und seine Reformen im Offizierskorps 1760–1790, Sigmaringen 1994.
480 Heinz Reif, Westfälischer Adel 1770–1860, Göttingen 1979, S. 51 f.

Meist besaßen für wohlhabende Landbesitzer, und das waren die erstgeborenen Söhne, die das Gros des Vermögens erbten, Parlament und Politik ohnehin eine größere Anziehungskraft als die Armee. Allenfalls an der britischen Peripherie in Schottland und beim oft wenig begüterten protestantischen Adel Irlands sahen die Dinge anders aus, und hier wirkte auch die relative Attraktivität des Dienstes in den Kolonien nach der Mitte des 18. Jahrhunderts stark. Der Adel definierte sich hier stärker als in England um 1800 als militärische Elite.[481]

In Italien schließlich war gerade im 18., ja zum Teil schon im späten 17. Jahrhundert eine deutliche Demilitarisierung des Adels festzustellen.[482] Umgekehrt gab es nicht wenige Armeen, die mit einem wesentlich geringeren Anteil adliger Offiziere auskamen als die preußische, wie etwa die bayerische, in der das Offizierskorps um 1806 nur zu knapp 50 %, nicht wie in Preußen zu etwa 90 % adlig war.[483] Allerdings blieb das Militär für den Adel weit über die Französische Revolution hinaus – mochte diese auch das Monopol des Adel in militärischen Führungspositionen nachhaltig in Frage gestellt haben – in den meisten Ländern eine überproportional wichtige Karriereoption. Dies galt um so mehr, da viele Ämter in der weltlichen und kirchlichen Verwaltung, die zuvor zum Teil in Gestalt mehr oder weniger bequemer Sinekuren eine Alternative zum Leben als Offizier geboten hatten, durch die Revolution und die Reformmaßnahmen der napoleonischen Epoche wegfielen. Im Militär, das zeigt das Beispiel Preußens, ließen sich adliges Standesbewußtsein und eine strikt leistungsbezogene Professionalität noch am ehesten verbinden, weitaus stärker als

---

481 Dominic Lieven, The Aristocracy in Europe 1815–1914, New York 1992, S. 184 f; vergl. F. M. L. Thompson, Aristocracy, Gentry and the Role of the Middle Classes in Britain 1750–1850, in: Adolf Maria Birke und Ludwig Kettenacker (Hg.), Bürgertum, Adel, und Monarchie, München 1989, S. 1–24, Zur Rolle der Schotten und Iren in der britischen Armee und in den Kolonien siehe Christopher A. Bayly, Imperial Meridian. The British Empire and the World, 1780–1830, Cambridge 1989, S. 127 und 135.
482 Zu Italien siehe Hanlon, Twilight (wie Anm. 441), S. 236–240.
483 Walter Demel, Der europäische Adel. Vom Mittelalter bis zur Gegenwart, München 2005, S. 85.

in der Zivilverwaltung oder gar in der Welt der Wissenschaft, die insgesamt dem Adel eher fremd blieb.[484]

## Ein Gegenentwurf zum adligen Krieger? Der Hof und das Ideal des Hofmannes

Auf den ersten Blick war kein Lebensentwurf dem des adligen Kriegers oder Offiziers so stark entgegengesetzt wie der des Hofmannes; Schlachtfeld und höfisches Parkett erscheinen als entgegengesetzte Pole adliger Existenz. Auf der einen Seite steht ein Adliger mit deutlich sichtbarem Gewalthabitus, der bereit ist, den eigenen Status mit der Waffe in der Hand und durch persönlichen Mut zu legitimieren, auf der anderen Seite ein Mensch, für den die Kontrolle der Affekte bis hin zur konsequenten Verstellung Priorität und für den die höfliche Konversation die Auseinandersetzung mit dem Schwert ersetzt hat. Indes waren die wenigsten männlichen Angehörigen des Hofadels im 17. und 18. Jahrhundert so unkriegerisch, wie es dieses überzeichnete Bild suggeriert, sowie auch andererseits nicht wenige höhere Offiziere sich durchaus bei Hofe zu bewegen wußten. Ohne diese Fähigkeit hätten sie kaum Karriere machen können, denn in Monarchien wie Frankreich war der Hof der Ort, an dem die Entscheidung über Erfolg oder Mißerfolg einer Karriere fiel, und es waren die am Hof stationierten Garderegimenter, in denen die meisten höheren Offiziere ursprünglich gedient hatten.

Der fürstliche Hof war schon im Mittelalter zumindest für Teile des Adels ein wichtiger Bezugspunkt gewesen.[485] Die höfische Kultur hatte die Kultur des Adels insgesamt mitgeprägt, und nicht wenige Adlige wurden in jüngeren Jahren etwa als Pagen am Hof eines großen Herren oder Fürsten erzogen, während Mädchen und junge Frauen einen

---

484 Lieven, Aristocracy (wie Anm. 481), S. 181–202.
485 Zum mittelalterlichen Hof siehe Werner Paravicini, Die Ritterlich-Höfische Kultur des Mittelalters, München 1994.

Platz im Gefolge der Herrscherin fanden. Indes, während im späten Mittelalter der Abstand zwischen der Hofhaltung eines Königs und eines hohen Adligen gradueller Natur gewesen war, so verschob sich nun die Balance. Während in Mitteleuropa, im Gebiet des Heiligen Römischen Reiches, die Reichsfürsten ihre eigenen Staatswesen aufbauten, mochten diese auch nicht souverän sein, und damit auch in ihrer Hofhaltung weiter mit dem Kaiser rivalisierten, wuchs in Westeuropa, in England, Spanien und Frankreich der Unterschied zwischen dem Königshof und den adligen Hofhaltungen beträchtlich. Auch der Stil der königlichen Selbstdarstellung in Kunst und Architektur folgte nun in dem Maße, wie er die absolute Ausnahmestellung der königlichen Dynastie und des Königs selber als Verkörperung der Nation betonte – besonders ausgeprägt in Frankreich seit Ludwig XIV. –[486] ganz anderen Gesetzen als den Regeln adliger Repräsentation. Überdies verloren die adligen Hofhaltungen ihre militärische Funktion, die sie im 16. Jahrhundert noch besessen hatten. Zahlenmäßig wurden sie kleiner, mochte es hier auch Ausnahmen geben, etwa in Frankreich die Hofhaltungen der Prinzen von Geblüt und in der Habsburgermonarchie die der gefürsteten Magnaten, der sogenannten neuen Fürsten, wie der Liechtenstein und Schwarzenberg, die bis weit ins 18. Jahrhundert hinein eine beträchtliche Größe behielten.[487]

In dem Maße, wie auch der hohe Adel zunehmend auf die königliche Patronage angewiesen war, die ihm Ämter, Jurisdiktionsrechte,

---

486 Die läßt deutlich werden Gerard Sabatier, Ikonographische Programme und Legitimation der königlichen Autorität in Frankreich im 17. Jahrhundert, in: Ronald G. Asch und Dagmar Freist (Hg.), Staatsbildung als kultureller Prozeß. Strukturwandel und Legitimation von Herrschaft in der Frühen Neuzeit, Köln 2005, S. 255–289.

487 Winkelbauer, Fürst und Fürstendiener, S. 365–367, zum Hofstaat des Fürsten Karl Eusebius von Liechtenstein im späten 17. Jahrhundert, der einen Stab von mehr als 220 Personen umfaßte. Auch die Prinzen von Geblüt in Frankreich unterhielten bis zur Revolution Hofhaltungen von beträchtlicher Größe, die in Paris dem Hof in Versailles durchaus Konkurrenz machten. Siehe dazu Antoine Lilti, Le Monde des Salons, Sociabilité et mondanité à Paris au XVIIIe siècle, Paris 2005, S. 76–78.

Land, Prozeßchancen, die Beteiligung an Steuerpachten und anderen Einkünften und nicht zuletzt Bargeld in Form von Pensionen zu verschaffen vermochte, wuchs auch die Bedeutung des Hofes, denn der Hof war der Ort, an dem um die Gunst des Monarchen gekämpft wurde. Hier konnte man die Freundschaft oder doch zumindest das Wohlwollen des Herrschers erlangen. Überdies war er die Börse, an der rivalisierende Ansprüche auf Rang und sozialen Status gegeneinander austariert und gegebenenfalls durch den Monarchen sanktioniert oder verworfen wurden; zumindest in den großen westeuropäischen Monarchien wie Spanien und Frankreich war die Anerkennung von Ansprüchen auf Rang und Ehre durch den Monarchen und die höfische Gesellschaft für ihre Durchsetzbarkeit seit dem 17. Jahrhundert unentbehrlich; selbst im England des 18. Jahrhunderts bewahrte sich der Hof für den Hochadel eine wichtige Funktion als Bühne für die Demonstration von Ranganspüchen, trotz eines schwer zu übersehenden Verlustes der Monarchie an politischer Macht.[488]

Es ist oft, auch schon von Zeitgenossen wie dem Engländer James Harrington, dessen Oceana nach dem Sturz der englischen Monarchie 1649 entstand, darauf hingewiesen worden, daß im Laufe des 16. und frühen 17. Jahrhunderts aus mehr oder weniger unabhängigen Feudalherren und ritterlichen Kriegern zunehmend Höflinge wurden, die ihr ganzes Leben auf den Erfolg bei Hofe ausrichteten und sich durch den finanziellen Aufwand, der mit dieser höfischen Existenz verbunden war, zunehmend ruinierten.[489] Dies ist sicherlich eine starke Vereinfachung eines sehr viel komplexeren Vorganges. Unbestreitbar ist freilich, daß das Lebensideal des Hofmannes, wie es Baldassare Castiglione (geb. 1478) erstmals in seinem „Cortegiano" zwischen

---

488 Hannah Smith, The Court in England 1714–1760, in: History 90 (2005), S. 23–41; vergl. dies., Georgian Monarchy, Politics and Culture 1714–1760, Cambridge 2006.
489 James Harrington, The Commonwealth of Oceana and a System of Politics, hg. von John G. A. Pocock, Cambridge 1992, S. 55: „of princes became courtiers, where there revenues, never to be exhausted by beef and mutton, were found narrow."

1513 und 1524 sichtbare Gestalt annehmen ließ, einen weitreichenden Einfluß auf die Adelskultur hatte. Zunächst galt das für Italien selber, wo die neuen höfischen Verhaltensnormen auch dazu beitrugen, die Distanz zwischen einer sich konsolidierenden aristokratischen Oberschicht und der städtisch-merkantilen Gesellschaft, der ursprünglich zumindest in Norditalien der Adel oft entstammte, zu vergrößern. Seit dem späten 16. und frühen 17. Jahrhundert entfaltete sich die Wirkung des Cortegiano aber zunehmend auch nördlich der Alpen.

Für Castiglione ist der perfekte Hofmann ein wahrer *uomo universale*, ein Mann von wahrhaft umfassenden Fähigkeiten: Er ist Krieger, versteht sich aber auch auf Musik und die Dichtkunst und verbindet das alles mit einer ausgeprägten humanistischen Bildung. Er muß die Damen – denn ihre Präsenz bei Hofe prägte die höfische Gesellschaft, wie Castiglione sie zeichnet, stark – für sich zu gewinnen wissen, und sich darauf verstehen, sich in einer Konversation durch seinen Scharfsinn und seinen Witz zu behaupten. Wichtiger als all dies ist aber, daß sein Verhalten und seine Erscheinung stets durch Eleganz und Anmut gekennzeichnet sind. Dies wiederum ist nur möglich, wenn er es versteht, den Eindruck zu vermeiden, als hätten ihn seine perfekten Manieren und die Brillanz seines Auftretens Anstrengungen gekostet. Durch eine Art von Nachlässigkeit muß er vielmehr dafür sorgen, daß sein Verhalten zu jedem Zeitpunkt spontan und natürlich erscheint, und nicht etwa einstudiert und als Resultat einer sorgsamen Berechnung wirkt.[490] Die von Castiglione als Ideal hingestellte „sprezzatura" – ein schwer zu übersetzendes Wort, dessen Bedeutung man vielleicht am ehesten mit den Begriffen Lässigkeit oder Nonchalance trifft, kann im weiteren Sinne des Wortes zu den Techniken der Verstellung gerechnet werden, auch wenn es sich hier nur um die Umsetzung alter Gebrauchsanweisungen der Rhetorik, die

---

490 Baldassare Castiglione, The Book of the Courtier, übers von Sir Thomas Hoby, hg. von William H. D. Rouse, London 1928, Buch I, § 26. Zur Castiglione vergl. Peter Burke, The Fortunes of the Courtier: The European Reception of Castiglione's Cortegiano, Cambridge 1995, und Manfred Hinz, Rhetorische Strategien des Hofmannes. Studien zu den italienischen Hofmannstraktaten des 16. und 17. Jahrhundert, Stuttgart 1992.

Kunstfertigkeit des Redners zu verbergen, im Milieu des Hofes handelte. Überdies spielt das „Arbeitsverbot der aristokratischen Selbstdefinition" eine gewisse Rolle, das hier ins Ästhetische übersetzt wird.[491] Zugleich suggeriert die Lässigkeit des Auftretens dem Beobachter, daß der Höfling noch sehr viel mehr zustande bringen könnte, wenn er sich denn anstrengen würde – was er aber nicht tut.[492] Die von Castiglione verlangte Lässigkeit, ja scheinbare Nachlässigkeit in Erscheinung und Auftreten, blieb lange über die Renaissance hinaus ein Merkmal einer aristokratischen Haltung, sie prägte auch noch die Lebensideale des französischen *honnête homme* – des weltgewandten Mannes von Ehre – und des englischen *gentleman*. Nichts Schlimmeres konnte es für den *honnête homme* oder den *gentleman* geben als Affektiertheit oder Pedanterie, die typischen Sünden des Aufsteigers, der sich mühsam die Umfangsformen der eleganten Gesellschaft angeeignet hatte und seine Umgebung in ostentativer Weise durch seine Fähigkeiten und sein Wissen zu beeindrucken suchte.[493]

In Frankreich – und die französische Hof- und Adelskultur beeinflußte nach 1600 die Lebenshaltung des Adels in ganz Europas mit der partiellen Ausnahme Englands und Spaniens – trat an die Stelle des italienischen *Cortegiano* der *honnête homme*, ein Begriff, der unter anderem durch Nicolas Farets *L' Honeste Homme, ou l'art de plaire à la cour* (1. Aufl. 1630) popularisiert wurde. Faret verwandte diesen Begriff auch deshalb, weil das Wort „courtisan" mittlerweile bereits einen pejorativen Beigeschmack hatte und mit Sittenlosigkeit und Intrigen assoziiert wurde. Faret und andere französische Autoren nahmen durchaus das von der gegenreformatorischen Kirche gepredigte Ideal der Selbstkontrolle und der Affektbeherrschung auf, aber diese Fähigkeiten sollten nun ihrerseits zur Grundlage einer erfolgreichen Karriere bei Hofe gemacht werden. Die Moralisierung des Höflings

---

491 Hinz, Rhetorische Strategien (wie Anm. 490), S. 126.
492 Ebd. S. 129; vergl. Jean-Louis Jam, Art. ‚Sprezzatura' in Alain Montandon (Hg.), Dictionnaire raisonné de la politesse et du savoir-vivre, Paris 1995, S. 847–854.
493 Mercedes Blanco, Art. 'Affectation', in: Montadon, Dictionnaire, S. 11–27

war daher eher eine oberflächliche, da sie mit dem Kampf um die Gunst des Herrschers nicht ohne weiteres verträglich war; für die weitere Wirkung des Lebensideals des *honnête homme* war es aber nicht unwichtig, daß es sich zunehmend vom Hof, für den es ursprünglich entwickelt worden war, ablöste. In den Pariser Salons, die in gewisser Weise einen Gegenpol zum Hof bildeten, wurde aus dem *honnête homme* ein vor allem ästhetisch geprägtes Lebensideal, das sich an den Idealen der Anmut und Eleganz orientierte. Die Ausgestaltung der eigenen Existenz zu einem Kunstwerk war die eigentliche Priorität.[494]

Das Ideal von *politesse*, das in den Salons der Hauptstadt propagiert wurde, war dabei letztlich auf eine Gesellschaft gleicher Gesprächspartner ausgerichtet und nicht auf die höfische Welt, in der Unterschiede des Standes und Ranges eine so große Rolle spielten.[495] Im Idealfall genügte der *honnête homme* sich selber und bedurfte des Hofes nicht, um seine Gaben zur Schau zu stellen, wie etwa der Chevalier de Meré, ein aus der Provinz stammender Adliger, um die Mitte des 17. Jahrhunderts betonte.[496] Das Ideal des *honnête homme* hatte viele Facetten, in der Praxis wichtig war aber vor allem die Tatsache, daß der französische Adel, der noch zu Beginn des 17. Jahrhunderts, anders als die urban-aristokratischen Eliten Italiens zur Zeit der Renaissance, für die Castiglione geschrieben hatte, weithin für seine Roheit bekannt gewesen war, sich unter dem Einfluß des Hofes, aber auch der Kirche und der städtischen Salons, höfisch-urbane Umgangsformen aneignete. Waren die französischen Adeligen des frühen 17. Jahrhun-

---

494 Hierzu und zum folgenden immer noch Maurice Magendie, La Politesse mondaine et les théories de l'honnêteté en France de 1600 à 1660, Paris 1925.
495 Daniel Gordon, Citizens without Sovereignty. Equality and Sociability in French Thought, 1670–1789. Princeton 1994, S. 96–100, und Dena Goodman, The Republic of Letters, Ithaca, New York 1994.
496 Magendie, Politesse (wie Anm. 494), S. 730 ff; Anette Höfer and Rolf Reichardt, ‚Honnêteté, Honnêtes gens', in: Rolf Reichardt u.a. (Hg.), Handbuch politisch-sozialer Grundbegriffe in Frankreich 1680–1820, Bd. 7, München 1986, S. 7–73.

derts oft noch stolz auf ihre mangelnde Bildung und stachen durch ihre ungehobelten Sitten hervor, die sich im brutalen Umgang mit Untergebenen genauso zeigten wie im sexuellen Bereich,[497] so setzte sich spätestens in der Epoche Ludwigs XIV. ein anderes Verhaltensideal durch. Das Streben nach persönlichem Ruhm fast um jeden Preis, das sich oft mit dem Ideal eines heroischen Lebens verband, trat in den Hintergrund. An seine Stelle trat das Bemühen um ein gewandtes Auftreten, und aus dem heroischen Krieger wurde ein „worldly gentleman who relied upon wit, grace and dissimulation to move with ease in society, pleasing all and offending no one."[498] Dies schloß aber dennoch keineswegs aus, daß Adlige weiterhin eine Karriere im Militär in der Hoffnung auf Prestige und Anerkennung verfolgten.

Vergleichbare Entwicklungen lassen sich auch in anderen europäischen Ländern feststellen. In England etwa wurde im 17. Jahrhundert vom *gentleman* zunehmend verlangt, daß er seinen Status nicht mehr primär durch seine militärischen Fähigkeiten, seinen „Gewalthabitus" und ein großes bewaffnetes Gefolge unter Beweis stellte, sondern durch ein elegantes Auftreten, eine zumindest für die Zwecke der Konversation ausreichende Bildung und im Idealfall auch durch ein gewisses Maß an Kunstverstand und -kennerschaft. Die Provinz mag dieses Ideal erst nach 1660 erreicht haben, aber in London und im Umkreis des Hofes wurde es schon zu Beginn des 17. Jahrhunderts maßgeblich.[499] Ein Höfling war der *gentleman* trotzdem noch

---

497 So erschien es zumindest der Epoche Ludwigs XIV. Siehe Dewald, Experience, S. 137-140.
498 Robert A. Schneider, Swordplay and Statemaking. Aspects of the Campaign against the Duel in Early Modern France, in: Charles Bright und Susan Harding (Hg.), Statemaking and Social Movements, Ann Arbor 1984, S. 265-296, hier S. 283; Guy Rowlands, The Ethos of Blood and Changing Values? *Robe, Epée* and the French Army, 1661-1715, in: Seventeenth-Century French Studies 19 (1997), S. 95-108.
499 Dazu Peter Borsay, the English Urban. Culture and Society in the Provincial town, 1660-1770, Oxford 1989, S. 257-308. Vergl. Anna Bryson, From Courtesy to Civility: Changing Codes of Conduct in Early Modern England, Oxford 1998.

weniger als der *honnête homme*, zu stark waren die Vorbehalte gegen die höfische Welt, nicht zuletzt unter entschiedenen Protestanten.

Man könnte in England sogar den Eindruck haben, jedenfalls für die Jahrzehnte nach 1688, daß hier die Ideale von *civility* und *politeness*, die sich zumindest in der öffentlichen Diskussion im frühen 18. Jahrhundert immer stärker durchsetzten, in einem anti-höfischen, zum Teil sogar republikanischen Milieu wurzelten. Nicht der Hof wurde hier das Vorbild für zivilisierte Geselligkeit, sondern eher eine von kommerziellen Interessen beherrschte urbane Gesellschaft.[500] Neuere Forschungen lassen freilich erkennen, daß auch in England ältere höfisch-aristokratische Verhaltensnormen lange nachwirkten. Dies wird etwa daran deutlich, daß für einflußreiche Autoren zu Beginn des 18. Jahrhunderts die Bereitschaft, die eigene Ehre im Duell zu verteidigen, geradezu ein Kennzeichen einer Gesellschaft war, die aus freien gleichberechtigten *gentlemen* bestand, da nur die Sanktion des Duells die gesellschaftliche Ordnung gegen Verstöße und Provokationen schützen konnte, wie man meinte.[501]

## Der Hof als Ort der Domestizierung des Adels?

Hof und Hofkultur werden oft als treibende Kräfte der Disziplinierung und Domestizierung der adligen Oberschichten gesehen. Der frühneuzeitliche Hof war sicherlich auch ein Instrument zur Integra-

---

500 Philip Carter, Polite 'Persons': Character, Biography and the Gentleman, in: Transactions of the Royal Historical Society, 6th Series, 12 (2002), S. 333–354 und Paul Langford, The Uses of Eighteenth-Century Politeness, ebd. S. 311–331, sowie Larry Klein, Shaftesbury and the Culture of Politeness, Cambridge 1984, und ders., The Political Significance of "Politeness" in Early eighteenth-Century Britain, in: Gordon J. Schochet (Hg.), Politics, Politeness and Patriotism, Washington D. C. 1993, S. 73–108.

501 Dazu jüngst Markku Peltonen, Politeness and Whiggism, 1688–1732, in: Historical Journal 48 (2005), S. 391–414, und ders., The Duel in Early Modern England: Civility, Politeness and Honour. Cambridge 2003, bes. S. 189–200.

tion des Adels in das monarchische Herrschaftssystem, jedenfalls dort, wo es tatsächlich gelang, den heimischen Adel in nennenswerter Anzahl an den Hof zu ziehen. Dies war keine Selbstverständlichkeit, denn in manchen deutschen Territorien dominierten im späten 17. und im 18. Jahrhundert am Hof eher Adlige, die nicht aus dem Lande selbst kamen, sondern aus anderen Regionen Deutschlands, aus den Reihen der Reichsgrafen oder auch aus dem Ausland, und die damit dem Hof vielleicht auch einen gewissen Glanz verliehen, deren Präsenz aber kaum eine entscheidende politische Wirkung innerhalb des Territoriums hatte.[502] Dort hingegen, wo die ausschlaggebenden heimischen Adelsfamilien wirklich am Hof präsent waren, wurden sie auf diese Weise bis zu einem gewissen Grade in den Herrschaftsprozeß eingebunden; in Frankreich etwa wurde im Laufe des 17. Jahrhunderts der „Kredit", den ein Adliger bei Hofe besaß, immer wichtiger. Im Vergleich dazu verlor der Rückhalt, den er bei seinen Klienten in der Provinz besitzen mochte, soweit er sich überhaupt noch die Mühe machte, die traditionellen Patronagenetzwerke zu pflegen, an Gewicht. Ohne einen entsprechenden Einfluß auf den Monarchen und die zentralen Verwaltungsinstanzen wäre letztlich jede lokale Machtstellung weitgehend wertlos gewesen.[503] In diesem Sinne könnte man tatsächlich von einer gewissen Domestizierung und Disziplinierung des Adels bei Hof sprechen, der es sich kaum noch leisten konnte, sich zur Demonstration seiner Unzufriedenheit unter lautem Protest in die Provinz, in den Kreis seiner Vasallen und Getreuen oder gar ins Ausland zurückziehen, wie dies im 16. und

---

502 Katrin Keller, Der Hof als Zentrum adliger Existenz? Der Dresdner Hof und der sächsische Adel im 17.und 18. Jahrhundert, in: Asch, Adel, S. 207-233; Aloys Winterling, Der Hof des Kurfürsten von Köln, 1688-1794. Eine Fallstudie zur Bedeutung „absolutistischer" Hofhaltung, Bonn 1986; Vergl. Göse, Rittergut (wie Anm. 474), S. 424, der darauf hinweist, daß der einheimische Adel nur eine Minderheit am Hof ausmachte.
503 Hervé Drévillon, La Monarchie des Lumiéres. Réforme ou utopie? 1715-1774, in: Joël Cornette u. Laurent Bourquin (Hg.), La monarchie entre Renaissance et Révolution 1515-1792, Paris 2000, S. 284-354, hier S. 304. Vergl. Mémoires et Lettres de François-Joachim de Pierre, Cardinal du Bernis, hg. von Frédéric Masson, Bd. 1, Paris 1878, S. 103.

frühen 17. Jahrhundert noch üblich gewesen war, denn das hätte letztlich den dauerhaften Verlust jeglichen Einflusses bedeutet und auch den Rang der Familie in der Adelshierarchie gefährdet. Erfolgte ein solcher Rückzug dennoch, dann war dies in der Regel eine endgültige Entscheidung, wie im Falle des Prinzen Eugen von Savoyen, eines Sohnes des französischen Prinzen von Soissons und einer Nichte des Kardinals Mazarin, unter Ludwig XIV. Der Prinz trat aus Enttäuschung über die begrenzten Karrierechancen in Frankreich, aber wohl auch aus Entrüstung über den Verlust der Position des Generalobristen der Schweizer Regimenter im französischen Heer, die seine Familie traditionellerweise beanspruchte, die Ludwig XIV. aber einem seiner natürlichen Söhne übertragen hatte, 1683 in kaiserliche Dienste.[504]

Auch andere hohe Adlige übernahmen unter Ludwig XIV. gelegentlich noch in fremden Heeren Kommandostellen oder verließen das Land unter Protest. Als Beispiel kann etwa der ehemalige Großalmosenier (grand âumonier) des Königs, Emmanuel Théodose de la Tour d'Auvergne, Cardinal de Bouillon,[505] dienen, der seine Familie als eine Dynastie sah, die den Bourbonen mindestens ebenbürtig, wenn nicht sogar durch Alter und Herkunft überlegen war, und unklug genug gewesen war, dies bei Hofe gelegentlich auch zu zeigen, was ihn in Ungnade hatte fallen lassen. 1710, mitten im Krieg gegen England und die Habsburger, verließ er seine Heimat. Adlige, die wie Bouillon offen rebellierten, konnten kaum hoffen, sich zu einem spä-

---

504 Katia Béguin, Louis XIV et l'aristocratie, in: Histoire, économie et société 19 (2000), S. 497–512, hier S. 511.
505 Dazu Martin Wrede, Zwischen Mythen, Genealogen und der Krone. Rivalisierende Familiengedächtnisse im französischen Hochadel des 17. Jahrhunderts: die Häuser Bouillon, Noailles und Bourbon, in: Zeitschrift für Historische Forschung 32 (2005), S. 17–43, bes. S. 35–39; Vergl. Jeroen Duindam, Vienna and Versailles: The Courts of Europe's Dynastic Rivals, 1550–1780, Cambridge 2003, S. 99. Siehe auch Rowlands, Army (wie Anm. 467), S. 361 zu den Prinzen Roche-sur-Yon und Conti, die 1685 nach Ungarn gingen. um gegen die Türken zu kämpfen. Sie verloren in Frankreich ihre Regimenter, die aufgelöst wurden.

teren Zeitpunkt mit dem König wieder auszusöhnen, wie dies in früheren Jahrzehnten noch möglich gewesen wäre, sondern mußten vielmehr lebenslang mit schärfsten Sanktionen rechnen, die unter Umständen ihre gesamte Familie trafen. Der König zögerte nicht, sie öffentlich zu demütigen und das Ansehen ihres Geschlechtes anzugreifen.[506]

Andererseits macht gerade ein Blick auf das Versailles Ludwigs XIV., das als klassisches Modell eines Hofes gilt, an dem der Adel immer mehr in eine dienende Stellung gegenüber dem Monarchen geriet und seine ganze Existenz darauf konzentrierte, die Anerkennung und Gunst des Monarchen zu erlangen, deutlich, wie ambivalent dieser Prozeß der Disziplinierung des Adel war. Wie neuere Forschungen betont haben, legte der Sonnenkönig zwar großen Wert auf den persönlichen Dienst des Adels bei Hof und machte insbesondere Entscheidungen über militärische Karrieren stark davon abhängig, ob jemand bei Hof als Amtsträger oder Höfling präsent war oder – was auf das gleiche hinauslief – in einem der Garderegimenter, die in Versailles stationiert waren, gedient hatte,[507] aber zugleich respektierte er weitgehend den Anspruch der etablierten Hochadelsfamilien auf die höchsten Ämter bei Hof und vergab diese nicht selten – gegen entsprechende Geldzahlungen – auch über die Lebenszeit des jeweiligen Inhabers hinaus schon an dessen Erben. Damit schränkte er naturgemäß seine eigenen Optionen und die seines Nachfolgers bei der Besetzung frei werdender Ämter stark ein, weitaus stärker als das an anderen Höfen wie in Wien üblich war. Umgekehrt sorgte er freilich durch eine wohl durchdachte Heiratspolitik dafür, daß keine Familienverbindungen entstanden, die allzu mächtig waren, sondern versuchte vielmehr, durch Konnubien mit seinen illegitimen Nachkommen die wichtigsten Familien des Hofadels an die Dynastie zu

---

506 Wrede, Familiengedächtnisse (wie Anm. 505).
507 Rowlands, Army (wie Anm. 467), S. 346 f

binden, aber zugleich auch ihre Prätentionen auf ein aus seiner Sicht erträgliches Maß zu reduzieren.[508]

Es ist oft, auch schon in der zeitgenössischen Memoirenliteratur, betont worden, wie intensiv Ludwig XIV. dabei das höfische Zeremoniell nutzte, um seine Gunst oder Ungunst zu zeigen, indem er etwa einzelnen Höflingen eine Vorrangstellung einräumte und sie anderen verweigerte; schon eine Einladung, ihm zu einem Ausflug in eine seiner Nebenresidenzen in der Umgebung von Versailles wie Marly zu folgen, in denen der Abstand zwischen dem Monarch und seiner Umgebung geringer war als in Versailles selber, konnte als große Auszeichnung empfunden werden.[509] All dies ist ohne Zweifel richtig, aber die sorgfältig differenzierte Markierung kleiner Unterschiede im sozialen Rang durch den König erfolgte innerhalb einer Adelsgesellschaft, deren Hierarchie insgesamt relativ stabil geworden war. Aufsteiger, die zu allmächtigen Favoriten oder Günstlingsministern wurden und aus dieser Position heraus selbst eine Stellung als Magnaten innerhalb des Hochadels für sich und ihre Familie aufzubauen suchten wie Richelieu oder Mazarin, gab es nach 1661 in dieser Form nicht mehr. Der Einfluß von Ministern wie Louvois oder Colbert war zwar groß und auch ihren Familien gelang ein durchaus spektakulärer sozialer Aufstieg, aber ihre Macht war nicht uneingeschränkt, und nach außen hin mußten sie doch wesentlich zurückhaltender auftreten als die beiden Kardinalminister der Jahre 1624–1661 oder die großen Favoriten des späten 16. Jahrhunderts.[510] Allenfalls der Aufstieg

---

508 Béguin, Aristocratie (wie Anm. 504), siehe auch Leonhard Horowski, Das Erbe des Favoriten. Minister, Mätressen und Günstlinge am Hof Ludwigs XIV. in: Jan Hirschbiegel und Werner Paravicini (Hg.), Der Fall des Günstlings, Tübingen 2004, S. 77–124; Duindam, Vienna and Versailles (wie Anm. 505), S. 118 und 98

509 So etwa das traditionelle Bild bei Jean-François Solnon, La Cour de France, Paris 1987, S. 315–372 oder auch bei Jean-Christian Petitfils, Louis XIV, Paris 1995, S. 444–454. Zur Herrschaft Ludwigs XIV. siehe jetzt auch Olivier Chaline, Le régne de Louis XIV. Paris 2005.

510 Dazu Horowski, Erbe der Favoriten (wie Anm. 508). Vergl. auch demnächst die Dissertation desselben Verfassers über den Hof Ludwigs XIV. die als Beiheft der Francia erscheinen wird.

der illegitimen Kinder des Monarchen zu vollberechtigten Mitgliedern des hohen Adels und faktisch zu Prinzen von Geblüt störte die erzielte Stabilität und wurde wohl auch nicht nur von dem stets sehr kritischen Herzog von Saint-Simon mit einer gewissen Verbitterung wahrgenommen, obwohl es gerade für diese Entwicklung genug mittelalterliche Vorbilder gab.[511]

Langfristig – über die Regierungszeit Ludwigs XIV. hinaus – nahm im übrigen im 18. Jahrhundert die Neigung des französischen Hofadels zu ständiger Präsenz am Hof wieder deutlich ab. Höfische Amtsträger begnügten sich damit, in den Wochen oder Monaten, in denen sie zum Dienst verpflichtet waren – da viele Ämter mehrere Inhaber hatten, dienten diese umschichtig und wechselten sich regelmäßig ab – in Versailles zu logieren. Im übrigen verbrachten sie ihre Zeit aber lieber im nahen Paris, von wo aus sie, wenn es geboten erschien oder bei Hof große Feste gefeiert wurden, jederzeit zur Residenz des Monarchen eilen konnten.[512] Von großer Bedeutung war es freilich, bei Hof überhaupt zugelassen zu werden. Zwar konnte jeder halbwegs anständig gekleidete Besucher sich das Schloß in Versailles ansehen und sogar zu bestimmten Zeiten die Appartements des Königs betreten, aber nur Angehörige des alten Adels konnten dem König förmlich vorgestellt werden. Sie hatten dann das Recht, in einer Kutsche des Königs an der Hofjagd teilzunehmen, und ihre Frauen küßte der König bei der Präsentation auf die Wange.

Ältere Regeln, die die Vergabe dieser Ehrenvorrechte, der sogenannten *honneurs de la cour*, betrafen, wurden unter Ludwig XV. 1759/60 abschließend kodifiziert. Im Prinzip konnten nur Adlige und deren Frauen, deren Familie schon vor 1400 dem zweiten Stand an-

---

511 Zu den Bastarden und der Reaktion des Herzogs von Saint-Simon auf dieses Phänomen siehe Emmanuel Le Roy Ladurie, Saint-Simon ou le systéme de la Cour, Paris 1997, S. 146–162, S. 154.
512 François Bluche, La vie quotidienne de la noblesse Française au XVIIIe siècle, Paris 1973, S. 86 vergl. auch Marraud, Noblesse, S. 102 f, der darauf hinweist, daß im wesentlichen nur die niederen Hofchargen und die einfachen Soldaten der Gardeeinheiten – auch diese waren meist adlig – durchgehend in Versailles lebten.

gehört hatten, dem König offiziell bei Hofe vorgestellt werden; einen solchen Nachweis konnten im 18. Jahrhundert kaum mehr als 10 % aller Adelsfamilien erbringen, obwohl es im Einzelfall mehr als genug Ausnahmen gab, so daß im übrigen auch 6 bis 7 % aller Familien der *noblesse de robe* in den Genuß der *honneurs de la cour* kamen.[513] Auch zahlreiche Adlige aus der Provinz versuchten, die *honneurs de la cour* zu erreichen. Die Spitze der französischen Adelsgesellschaft, die *ducs et pairs*, waren hingegen von einem solchen Nachweis dispensiert, und Familien, die sich das umkämpfte Privileg einmal gesichert hatten, sahen es oft nicht als erstrebenswert an, sich dauerhaft bei Hofe aufzuhalten.

Diejenigen Höflinge jedoch, die tatsächlich bei Hofe stärker präsent waren, nahmen im Laufe des 18. Jahrhunderts einen zunehmenden Einfluß auf die Besetzung der Ministerien und ganz allgemein auf die Verwaltung, bis schließlich um die Mitte des 18. Jahrhunderts prestigeträchtige Ministerien, wie das des Äußeren und des Krieges – die anderem Ministerposten galten oft nicht als ehrenvoll genug, um für Hochadlige geeignet zu sein – selber von Amtsträgern aus dem Hofadel besetzt wurden.[514] Für einen Einflußverlust des höfischen Adels spricht dies nicht gerade. Überhaupt wäre es ein Fehler anzunehmen, daß ein strenges Zeremoniell per se ein Mittel zur Disziplinierung des Adels war. Der spanische Hof etwa war unter den Habsburgern dafür bekannt, daß dort das Hofzeremoniell den Zugang zum Herrscher viel stärker beschränkte als in Versailles und vom

---

513 François Bluche, Les Honneurs de la Cour, 2 Bde., Paris 1957. Und ders., Les Magistrats du Parlement de Paris au XVIIIe siècle, Paris 1986, S. 244. Vergl. auch, Henri Carré, La noblesse de France et l'opinion publique au XVIIIe siècle, Paris 1920, S. 22–29, der darauf hinweist daß auch Karrieren in der Armee stark davon abhingen, ob man bei Hof repräsentiert war oder nicht.

514 Zum 18. Jahrhundert siehe Bernard Hours, Louis XV et sa cour. Le roi, l'étiquette et le courtisan, Paris 2002. Zur Besetzung der Ministerämter siehe auch Emmanuel Le Roy Ladurie, L'Ancien Régime, Bd. 2, 1715–1770, Paris 1991, S. 244 f, Siehe auch Drévillon, Lumiéres (wie Anm. 503), S. 300–309 zu den Hofparteien und zum Einfluß des Hofes, S. 301 zum Prestige der Ministerien.

Adel die allergrößte Ehrerbietung gegenüber dem Herrscher verlangte. Diese Regeln wurden im späten 17. Jahrhundert sogar noch verschärft. Gerade dies war jedoch eine Zeit schwacher Herrscher. Faktisch ging die Regierungsgewalt immer mehr in die Hand von Günstlingsministern über, die sich gerade in der Epoche Karls II., des letzten Habsburgers (1665–1700), als Sachwalter der kollektiven Interessen der Aristokratie verstanden. Dennoch bestanden sie auf einem rigorosen Zeremoniell, denn letztlich hing das Ansehen des Adels von dem der Monarchie selber ab.[515] Schon Castigliones Abhandlung über den Hofmann läßt sich als Versuch interpretieren, eine Fürstenherrschaft zu konstruieren, „deren Stärke aus ihrem vollkommenen Konsens mit der Elite erwächst". Weil der Herrscher selber adlige Werte verkörpert, kann der Hofmann ihm ohne Einschränkung dienen.[516] Was hier abstrakter Entwurf gewesen war, wurde in der spanischen Monarchie des späten 17. Jahrhunderts partiell Wirklichkeit, allerdings unter einem ausgesprochen schwachen Herrscher, der letztlich doch weitgehend von seiner Umgebung abhängig war.

Für einen Konsens mit dem höfischen Adel war diese Schwäche des Herrschers jedoch keineswegs eine notwendige Voraussetzung. Blickt man auf die österreichische Habsburgermonarchie, so war auch hier die Stellung des Hochadels bei Hofe nach 1648 durchaus stark, obwohl Leopold I. oder Joseph I. Monarchen waren, die es verstanden, ihre Autorität zu wahren. Auch hier schränkte ein striktes Zeremoniell, das den Kaiser von der Öffentlichkeit abschirmte, den Zugang zum Monarchen stark ein; aber dies hinderte den höfischen Adel keineswegs daran, die Bühnen des Hofes und der Residenzstadt Wien zu

---

515 Antonio Alvárez-Ossorio Alvariño, El favor real: líberalidad des príncipe y jerarquia de la república (1665–1700), in Chiara Continisio and Cesare Mozzarelli (Hg.), Repubblica e virtú: Pensiero politico e Monarchia Cattolica fra XVI e XVII secolo, Rome 1995, S. 393–453, bes. S. 433–436.
516 Gerrit Walther, Mit dem Fürsten sprechen. Adel und Absolutismus in Baldassare Castigliones „Buch vom Hofmann", in: Dieter Hein u. a. (Hg.), Historie und Leben. Festschrift für Lothar Gall zum 70. Geburtstag, München 2006, S. 391–400, hier S. 400.

nutzen, um vor allem seine eigenen Ansprüche auf Rang und Prestige wirksam in Szene zu setzen. Es war bezeichnend, daß die Stadt- und Gartenpaläste in und um Wien, die nach Ende der zweiten Türkenbelagerung von 1683 in großer Zahl entstanden, lange Zeit die eher altmodischen und wenig spektakulären kaiserlichen Residenzen zwar nicht durch ihre individuelle Größe, wohl aber durch den künstlerischen Anspruch der Architektur deutlich in den Schatten stellten; erst durch die Vollendung des Schlosses Schönbrunn Ende der 1740er Jahre sollte sich dies ändern. Dies war jedoch ein Umstand, der die Habsburger wenig irritierte, da sie sich auf die Loyalität des hohen österreichischen und böhmisch-mährischen Adels zwischen 1648 und 1740 weitgehend verlassen konnten – mit einer Adelsfronde war hier kaum zu rechen. Andreas Pečar, der Autor einer wichtigen Studie über den Wiener Hof, kommt am Ende zu dem Urteil: „Dabei bot der Kaiserhof den Adelsfamilien weitaus größere Möglichkeiten, ihre soziale Exklusivität durch ostentative Repräsentationsbemühungen zur Schau zu stellen, als es ihnen abseits des Kaiserhofes möglich gewesen wäre." Und: „Am Kaiserhof büßten die Angehörigen des Hochadels nicht ihre soziale und politische Führungsposition ein, sie konnten sie im Gegenteil noch weiter ausbauen."[517]

Der Blick auf den spanischen Hof im späten 17. Jahrhundert und auf Wien im frühen 18. Jahrhundert zeigt deutlich, daß die symbolische Überhöhung der monarchischen Autorität durch das Zeremoniell je nach politischem Kontext eine ganz unterschiedliche Bedeutung haben konnte; sie konnte tatsächlich einen absoluten Herrschaftsanspruch zum Ausdruck bringen – wie auch immer dann die Umsetzung dieses Anspruches in der Realität aussah –, sie konnte aber auch einfach der krönende Abschluß einer hierarchischen Sozialstruktur sein, in der der Adel dominierte, der aber eben deshalb doch noch der abschließenden Bestätigung seines Ranges durch eine höhere Autorität be-

---

517 Andreas Pečar Die Ökonomie der Ehre, Höfischer Adel am Kaiserhof Karls VI, Darmstadt 2003, S. 300 und 297; vergl. Mark Hengerer. Kaiserhof und Adel in der Mitte des 17. Jahrhunderts. Eine Kommunikationsgeschichte der Macht in der Vormoderne, Konstanz 2004.

durfte. In dieser Hinsicht war der Hof für eine aristokratische Gesellschaft im 17. und 18. Jahrhundert fast unentbehrlich geworden, selbst in Staaten, in denen das politische Gewicht der Monarchie deutlich geschwächt war, wie in England nach 1714. Auch hier suchte man jedoch den Hof auf, um den eigenen Rang vor der gesellschaftlichen Öffentlichkeit durch den Monarchen bestätigen zu lassen, wobei Georg I. und Georg II. von England allerdings auf die Empfindlichkeiten ihrer hochadligen Untertanen erhebliche Rücksichten in zeremoniellen Fragen nehmen mußten, wenn sie keine schwere politische Krise auslösen wollten. Um diese Bestätigung des eigenen Status am Hof zu erreichen, war eine permanente Präsenz freilich nicht erforderlich. Eher war ein Besuch bei Hof ein *rite de passage*, für adlige Debütantinnen etwa oder für Edelleute, die vor einer Grand Tour vom König Abschied nahmen.[518] Was hier in ausgeprägter Weise für den englischen Hof des 18. Jahrhunderts galt, war jedoch kein grundsätzlich neues Phänomen. Die Haltung großer Aristokraten zur höfischen Welt war von jeher durch eine gewisse Ambivalenz gekennzeichnet gewesen und blieb es auch im ausgehenden Ancien Régime. So bemerkte der Historiker Clarendon über den Earl of Arundel, der unter Karl I. von England zu den führenden Höflingen gehörte: „He resorted sometimes to the Court, because there onely was a greater man than himself; and went thither the seldomer, because there was a greater man than himself."[519]

---

518 Smith, The Court in England (wie Anm. 488).
519 Edward E. Hyde, Earl of Clarendon, in: ders., History of the Rebellion and Civil Wars in England, hg. von William Macray, 6 Bde., Oxford 1888, Bd. 1, I, § 118, S. 69.

# 7. Staatsbildung und adelige Selbstbehauptung

## Staatliche Autorität und Adelsmacht

Eine traditionelle Deutung sieht im Adel ganz allgemein den Gegner der Entstehung des modernen Staates. In der Tat konnte sich das Gewaltmonopol eines Monarchen wie etwa des Königs von Frankreich oder von England in der Regel nur unter Zurückdrängung regionaler und lokaler adliger Herrschaftsansprüche durchsetzen. Erst mußten die „overmighty subjects" besiegt und entmachtet werden, dann war es für den Monarchen möglich, seinem Willen auch außerhalb des Machtzentrums Geltung zu verschaffen. Dort hingegen, wo sich namentlich hohe Adlige – die sich dann am Ende ihre eigenen Staaten schufen – gegen das Königtum zu behaupten vermochten, wie in Deutschland im Mittelalter und in der Frühen Neuzeit, scheiterte der Staatsbildungsprozeß oder blieb bestenfalls unvollendet, denn nur unverbesserliche Optimisten werden das Heilige Römische Reich deutscher Nation im 17. oder 18. Jahrhundert als genuinen Staat bezeichnen wollen. Dennoch liegen die Dinge komplizierter als es dieses allzu einfache Bild suggeriert. Selbst im Heiligen Römischen Reich blieben die Landesherren, so groß ihre Konflikte mit dem Kaiser auch gelegentlich sein mochten, in aller Regel auf die Legitimierung ihrer Autorität durch Kaiser und Reich angewiesen. Galt dies schon für das Alte Reich, das in der Tat ein recht lockeres politisches Ordnungssystem mit allenfalls gering und fragmentarisch entwickelter Staatlichkeit darstellte, so galt dies um so mehr für die Monarchien Westeuropas von Kastilien über Frankreich bis zu England und Schottland. Eine Schwächung der Krongewalt etwa in Zeiten einer

Regentschaft oder im Falle einer umstrittenen Thronfolge konnte auch für die adligen Magnaten selber bedrohlich werden, denn bei gewaltsamen Auseinandersetzungen oder im Falle eines Bürgerkrieges konnten sie keineswegs damit rechnen, stets auf der Seite der Sieger zu stehen. Adelsrevolten richteten sich oft weniger gegen die Krone und ihre Autorität an sich als gegen den Einfluß übermächtiger Favoriten oder anderer unzureichend legitimierter Ratgeber am Hof oder aber gegen bestimmte königliche Maßnahmen, die Status und Ehre des Adels zu gefährden schienen.[520] Umgekehrt gab es genug Beispiele für Monarchien, die recht gut mit einer Schicht mächtiger Magnaten, die oft ganze Regionen dominierten, auszukommen verstanden, solange diese Magnaten grundsätzlich loyal gegenüber der Dynastie waren. Beispiele dafür bieten sowohl die spanischen Habsburger und ihre Regierungspraxis auf der iberischen Halbinsel und in Süditalien (siehe unten S. 249 f), als auch ihre österreichischen Vettern und ihr Verhalten gegenüber dem Herrenstand Böhmens, Mährens und Österreichs zwischen 1648 und 1740 (s. u. S. 266–268).

Eine solche Kooperation zwischen Krone und Hochadel setzte freilich in der Regel voraus, daß das jeweilige politische Ordnungssystem einigermaßen gefestigt und stabil war. Dort hingegen, wo jahrzehntelange Bürgerkriege oder Thronwirren diese Stabilität in Frage gestellt hatten – wie in England im 15. Jahrhundert während der sogenannten Rosenkriege oder in Frankreich während der Religionskriege ein Jahrhundert später –, reagierten Monarchen oft sehr viel nervöser auf adlige Machtansprüche. Das galt insbesondere dann, wenn individuelle Adelsfamilien damit drohten, eigene Ansprüche auf die Krone in Konkurrenz zur regierenden Dynastie zu erheben; eine Gefahr, die zum Beispiel in England unter den frühen Tudors nach 1485 durchaus als real gelten mußte, die aber auch in Frankreich in der Endphase der Religionskriege nach 1589 zeitweilig aktuell zu werden schien. Unter solchen Umständen konnte es dann sinnvoll erscheinen, die Position großer Adeliger eher zu schwächen oder gar zu zerstören und besonders gefährliche politische Gegner demonstrativ

---

520 Dazu Jouanna, Devoir, bes. S. 102–119.

zu demütigen, um sie vor ihren Anhängern bloßzustellen. Dennoch muß man sich davor hüten, solche Konflikte zwischen Krone und Hochadel als den Normalfall anzusehen oder anzunehmen, das Verhältnis zwischen königlicher oder fürstlicher Autorität und Adelsmacht sei ein Nullsummenspiel gewesen, in dem der Gewinn der einen Seite stets ein Verlust für die andere Seite gewesen sei. Tatsächlich profitierten viele Adelsfamilien vom Wachstum der Staatsgewalt und investierten gewissermaßen in diesen Prozeß, indem sie sich am Hof, im Militär und in der Verwaltung engagierten, oder auch im buchstäblichen Sinne des Worte, indem sie ihr Geld in Schuldverschreibungen der Krone anlegten.[521]

Wiederum anders stellte sich das Verhältnis der Masse des Adels, insbesondere des kleinen Landadels, zum Staatsbildungsprozeß dar. Gerade unter einfachen Landadligen war, zumindest in abgelegenen Regionen, die Neigung zu einer gewissen endemischen Gewalttätigkeit im 16. und zum Teil auch im frühen 17. Jahrhundert noch weit verbreitet. Katalonien innerhalb der spanischen Monarchie, die Auvergne in Frankreich und die schottischen Highlands respektive die Grenzregion zwischen England und Schottland bieten dafür alle gleichermaßen klassische Beispiele,[522] aber auch das Verhalten mancher

---

521 Anita M. Walker, The Politics of Honour. Henri IV and the Duke of Bouillon, 1602–1606, in: French History 14 (2000), S. 383–407. Gegen die These vom Nullsummenspiel: Ruth Mackay, The Limits of Royal Authority. Resistance and Obedience in Seventeenth-Century Castile, Cambridge 1999, S. 102.

522 Zu Spanien siehe Henry Kamen, Spain in the Later Seventeenth Century, 1665–1700, London 1980, S. 247; vergl. ders., Public Authority and Popular Crime. Banditry in Valencia 1660–1714, in: ders., Crisis and Change in Early Modern Spain, Aldershot 1993, Kap. IX.; zu Frankreich Arlette Lebigre, Les Grands Jours d'Auvergne, Paris 1976; Jean-Marie Constant, Nobles et paysans en Beauce aux XVIe et XVIIe siècles, Paris 1981, S. 294–99, 256–257 und Stuart Carroll, Blood and Violence in Early Modern France, Oxford 2006. Zu den schottischen Highlands Michael Lynch, James VI and the 'Highland Problem', in: Julian

Reichsritter in Deutschland entsprach zumindest bis zur Mitte des 16. Jahrhunderts oft diesem Muster. Nur ungern unterwarf man sich zunächst dem Territorialstaat oder auch dem dynastischen Großreich und seinen meist von bürgerlichen Juristen beherrschten Gerichten.[523] Besonders in Krisenzeiten lebte die alte Neigung zu Fehden, die der Durchsetzung von Rechts- und Statusansprüchen dienten, aber auch zu einem gewalttätigen Vorgehen gegen die bäuerliche Bevölkerung rasch wieder auf. In den Konflikten mit den Bauern ging es meist darum, Widerstand gegen zusätzliche Abgaben zu brechen, wenn nicht, wie in Kriegszeiten, das reine Beutemachen im Vordergrund stand. In Frankreich setzte erst Ludwig XIV. nach 1660 dieser „violence institutionalisée" wirklich ein Ende.[524] Auch in Deutschland führte der Ewige Landfriede, der im Reich 1495 verkündet wurde, keineswegs schlagartig zum Ende der Fehde. Bezeichnenderweise waren es gerade Adlige, die als Militärunternehmer im Dienst der Territorialfürsten, des Kaisers oder europäischer Monarchen standen, die die Fehdepraxis noch über Jahrzehnte bis in die 1540er Jahre hinein fortsetzten. Danach zog die große Mehrzahl der Adligen allerdings die Sicherheit, die ihnen die Rechtsordnung des Reiches und seiner Gerichte, aber auch der genossenschaftliche Zusammenschluß

---

Goodare und Michael Lynch (Hg.), The Reign of James VI, East Linton 2000, S. 208–227.

523 Horst Carl, Genossenschaft und Herrschaftsverdichtung. Zur politischen Kultur von Adelseinungen im Alten Reich, in: Ronald G. Asch und Dagmar Freist (Hg.), Staatsbildung als kultureller Prozeß. Strukturwandel und Legitimation von Herrschaft in der Frühen Neuzeit, Köln 2005, S. 405–427, bes. S. 414–420 mit weiterer Literatur. Siehe auch Alexander Jendorff und Steffen Krieb, Adel im Konflikt. Beobachtungen zu den Austragungsformen der Fehde im Spätmittelalter, in: Zeitschrift für Historische Forschung 30 (2003), S. 179–206, und Christine Reinle, Fehden und Fehdebekämpfung am Ende des Mittelalters. Überlegungen zum Auseinandertreten von „Frieden" und „Recht" in der politischen Praxis zu Beginn des 16. Jahrhunderts am Beispiel der Absberg-Fehde, ebd. S. 355–388.

524 Constant, Nobles et paysans (wie Anm. 522), S. 257; vergl. Carroll, Blood and Violence (wie Anm. 522), S. 305–329.

in den Korporationen der Reichsritterschaft gaben, gegenüber der Möglichkeit vor, auf eigene Faust vermeintliche Rechtsansprüche durchzusetzen.[525] Das Duell als Ausdruck des adeligen Anspruches, seine Ehre mit der Waffe in der Hand verteidigen zu können, überlebte freilich weitaus länger, ja nahm mit dem Ende der Fehde sogar erst seinen wirklichen Aufschwung.

Dennoch wäre es, dies muß noch einmal hervorgehoben werden, ein Fehler, das Verhältnis zwischen Adel und Staat primär als ein antagonistisches zu verstehen. Das Wachstum der Staatsgewalt bot einfachen Adligen zahlreiche Chancen, vor allem in Form der Offiziersstellen in den fürstlichen Heeren, zum Teil lockte aber auch die Zivilverwaltung mit leidlich einträglichen Posten, soweit man sich hier gegen die Konkurrenz bürgerlicher Eliten zu behaupten vermochte. Ob sich der Staatsbildungsprozeß gegen den Adel vollzog oder mit seiner Unterstützung, hing letzten Endes von den jeweils konkreten Bedingungen der politischen Entwicklung ab.

## Gewaltmonopol und Bürokratisierung oder Nutzung staatlicher Machtmittel durch den Adel?

Das im gesamteuropäischen Kontext auffälligste Phänomen in der Entwicklung des Staates im 16. Jahrhundert war das Entstehen neuer bürokratischer Strukturen, etwa von Ratsgremien mit klar umrissener Mitgliedschaft – bis dahin keine Selbstverständlichkeit – und rechtlich fixierten Kompetenzen, einer zumindest ansatzweise zentralisierten und professionalisierten Finanzverwaltung und einer stärkeren administrativen Durchdringung der regionalen und lokalen Herrschaftsräume, so unvollständig diese auch zunächst bleiben mochte.[526] Damit Hand in Hand ging der Aufstieg neuer Verwaltungseliten. Lag die Verwaltung mittelalterlicher Königreiche und Fürstentümer oft in

---

525 Carl, Genossenschaft und Herrrschaftsverdichtung (wie Anm. 523).
526 Dazu Wolfgang Reinhard, Geschichte der Staatsgewalt, München 1999, S. 141 ff.

der Hand von geistlichen Amtsträgern oder – auf der lokalen Ebene – von adligen Amtleuten, Vögten und Statthaltern, die eine ererbte Machtstellung eigenen Rechts vor Ort mit der Wahrnehmung der Interessen der Zentralgewalt verbanden, so entstand nun in den großen Königreichen Westeuropas, aber auch in den Territorialstaaten Mitteleuropas, eine Schicht in der Regel nicht-adliger laikaler Amtsträger und Beamter, die meist ein Universitätsstudium als Voraussetzung für ihre spätere Tätigkeit aufweisen konnten.[527] Der Aufstieg dieser gelehrten Räte und studierten Verwaltungsfachleute hing auch zusammen mit der stärkeren Verschriftlichung von administrativen Vorgängen und mit der zunehmenden Verbreitung des Römischen Rechts als Norm für die Rechtsprechung, die in Mitteleuropa besonders auffällig war.

Namentlich in Deutschland und Frankreich – weniger in Spanien oder Italien, wo die ländlichen und städtischen Eliten meist nicht streng voneinander getrennt lebten, wenn sie nicht überhaupt mehr oder weniger deckungsgleich waren – entwickelte sich zeitweilig eine erhebliche Spannung zwischen dem eingesessenen Adel und den neuen Verwaltungseliten. In einer Epoche, in der Adlige, soweit sie nicht die geistliche Laufbahn anstrebten, sich der akademischen Bildung und dem neuen Humanismus meist noch verschlossen, fiel es ihnen zunehmend schwer, mit bürgerlichen Amtsträgern und Räten zu konkurrieren, die den neuen Typus eines professionalisierten Beamten verkörperten. Um so größer war das Ressentiment gegen die sozialen Aufsteiger, die durch ihre juristischen Kenntnisse, aber zum Teil auch durch ihre Expertise in theologischen Streitfragen, die im konfessionellen Zeitalter alles andere als unbedeutend waren, den Adel in den Hintergrund drängten. Als es im Reich in den 1560er Jahren zu einer letzten großen regionalen Adelsrevolte, den sogenannten Grumbachschen Händeln, kam, die vor allem von der fränkischen Reichsritterschaft getragen wurde, richteten sich die Vorwürfe

---

527 Siehe dazu etwa Hilde de Ridder-Symoens, Training and Professionalization, in: Wolfgang Reinhard (Hg.), Power Elites and State Building, Oxford 1996, S. 149–172, mit weiterer Literatur.

der Ritter nicht zuletzt auch gegen die arroganten „doctores", die es wagten, über Adlige zu Gericht zu sitzen. Der Führer der Revolte, der Reichsritter Wilhelm von Grumbach, hatte angeblich gegenüber seinen Anhängern verkündet, wenn er Erfolg habe, „also dan würde ein Doctor und Bader in einem Grad stehen, und die Doctores und Schreiber nicht mehr das Regiment haben."[528]

Auch in Frankreich war zeitweilig die Entrüstung über die juristisch gebildeten Amtsträger der Krone, die sich als dem Adel überlegen ansahen, groß. Noch auf den Generalständen von 1614 - mittlerweile hatten die Käuflichkeit und Erblichkeit der meisten Ämter und Richterstellen die Grundlage für die Entwicklung der *noblesse de robe* als eigener Führungsgruppe gelegt –, wurden diese Vorwürfe erneut laut, zumal viele einfache Adlige den Eindruck hatten, der hohe Preis zahlreicher Ämter schließe sie von deren Erwerb aus.[529] Zumindest in einigen französischen Provinzen unterschieden sich die Angehörigen der *noblesse de robe* in ihrer Herkunft keineswegs durchgehend vom Schwertadel, aber der Lebensweg und damit auch die Wertvorstellungen waren doch ganz andere. Für den Schwertadel blieben neben der altadligen Herkunft der Kriegsdienst und eine militärische Laufbahn die entscheidenden Legitimationsgrundlagen ihrer sozialen Position.[530]

---

528 Friedrich Ortloff, Geschichte der Grumbachischen Händel, 4 Bde., Jena 1868-70, Bd. 4, S. 536; vergl. Volker Press, Wilhelm von Grumbach und die deutsche Adelskrise der 1560er Jahre, in: ders., Adel im Alten Reich. Gesammelte Vorträge und Aufsätze, hg. von Franz Brendle und Anton Schindling, Tübingen 1998, S. 383–420.

529 Jean-Marie Constant, Absolutisme et modernité, in: Guy Chaussinand-Nogaret u. a. (Hg.), Histoire des élites en France du XVIe au XXe siècle. L'honneur, le mérite, l'argent, Paris 1991, S. 145–216, hier S. 150 f.; Roger Chartier, La noblesse et les États de 1614. Une réaction aristocratique?, in: ders. und Denis Richet, Représentations et vouloirs politiques. Autour des États Généraux de 1614, Paris 1982, S. 125–145.

530 Ellery E. Schalk, From Valor to Pedegree. Ideas of Nobility in France in the Sixteenth and Seventeenth Centuries, Princeton, New Jersey 1986; James B. Wood, The Nobility of the Election of Bayeux, 1463–1666. Continuity through Change, Princeton, New Jersey 1980, S. 81–90; siehe

Das Lebensideal der gelehrten Juristen, die ihrerseits die ungebildeten Landadligen verachteten, wurde im 16. Jahrhundert noch weitgehend abgelehnt und namentlich während der Religionskriege entrüstete man sich auch in Frankreich, ähnlich wie in den 1560er Jahren in Franken, über die Juristen, die „anmaßend herumstolzieren und vorgeben alles zu wissen" oder die „Bettler, die gelehrten Räte, die nicht zögern, adlige Soldaten aufhängen zu lassen, auch wenn sie sich keines Vergehens schuldig gemacht haben".[531] Kaum zu übersehen ist, daß im Laufe des 16. Jahrhunderts in Frankreich die Zahl der königlichen Amtsträger drastisch zunahm – hatte es Anfang des 16. Jahrhunderts kaum mehr als 4.000 bis 5.000 Amtsträger gegeben, so waren es ein Jahrhundert später schon mehrere 10.000 und um 1665 45.000.[532] In Frankreich, wo der Ämterkauf besonders weit verbreitet war und stärker als anderswo die Chance des sozialen Aufstiegs bot, ergaben sich daraus naturgemäß zeitweilig auch spezifische Probleme im Verhältnis der Amtsträger zum Schwertadel, obwohl es durchaus Provinzen Frankreichs gab, in denen die juristisch gebildeten Beamten selbst aus den Kreisen des alteingesessenen Adels kamen.

In Deutschland standen in vielen Territorien im 16. Jahrhundert in den Ämtern adlige Vögte und Amtmänner neben nicht-adligen Finanz- und Justizbeamten, die einen Gutteil der Arbeit im Alltag zu erledigen hatten, aber in Fragen der Repräsentation der fürstlichen Herrschaft und in militärischen Belangen den Adligen den Vortritt zu lassen hatten.[533] Damit war formal der Führungsanspruch des Adels

---

    auch Constant, Nobles et paysans (wie Anm. 522), S. 158 und 175 f. Constant verweist darauf, daß im 16. Jahrhundert vor allem Aufsteiger den Dienst in der Armee suchten, um sich zu etablieren, später waren es eher ältere Familien, die über die notwendigen Verbindungen verfügten, um ihre Karriere zu erleichtern.

531  Jonathan Dewald, The Formation of a Provincial Nobility. The Magistrates of the Parlement of Rouen, 1499–1980, Princeton, New Jersey 1980, S. 107 f., nach zeitgenössischen Quellen von 1578 und 1589.

532  Constant, Modernité (wie Anm. 529), S. 148.

533  Dies wird etwa am Beispiel Württembergs deutlich, siehe dazu James Allen Vann, The Making of a State. Württemberg 1593–1793, Ithaca, New York 1984, und Walter Bernhardt, Die Zentralbehörden des Her-

respektiert. In den höheren Gerichten, etwa den territorialen Hofgerichten, aber auch im Reichskammergericht oder im Reichshofrat, die das Vorbild für die territorialen Spruchkammern abgaben, richtete man meist eine adlige neben einer gelehrten Richterbank ein, auch wenn die Gelehrten durch ihren Sachverstand in der Praxis oft ein gewisses Übergewicht besaßen.[534] Solche Maßnahmen trugen mit dazu bei, der Rechtsprechung Anerkennung beim Adel zu verschaffen.

In England gelang es der Krone, den Adel selbst für die Aufgabe der lokalen Friedenswahrung zu gewinnen, obwohl auch hier die Neigung, Konflikte gewaltsam, etwa in sogenannten „poaching wars", auszutragen, im 16. Jahrhundert durchaus noch anhielt (siehe oben, S. 199). Die entsprechenden Funktionen lagen in den Grafschaften vor allem in der Hand der *gentry*, die die Mitglieder der sogenannten *commission of the peace* stellte. Schon seit dem 14. Jahrhundert hatte der König in den Grafschaften eine kleine Zahl von lokalen Grundbesitzern mit der Ahndung von Vergehen jeder Art beauftragt, indem er ihnen durch eine jährlich erneuerte Kommission Jurisdiktionsbefugnisse übertrug. Die Mitglieder dieser Kommission wurden als *Justices of the Peace* bezeichnet. Im 16. und 17. Jahrhundert nahm nicht nur die Zahl dieser königlichen Kommissare zu (waren es im späten Mittelalter oft nur 12 oder 15 in jeder Grafschaft gewesen, so waren es nun 40 bis 50 und später nach 1600 zum Teil bis zu 100 oder mehr), sondern auch ihre Kompetenzen. Faktisch waren sie für die Durchsetzung aller Gesetze zuständig, vergaben Schanklizenzen für Gasthäuser, kümmerten sich um die Armenfürsorge, achteten darauf,

---

zogtums Württemberg und ihre Beamten, 1520–1629, 2 Bde., Stuttgart 1972.
534 Dazu für Deutschland Sigrid Jahns, Das Reichskammergericht und seine Richter. Verfassung und Sozialstruktur eines höchsten Gerichts im Alten Reich, Köln 2003; vergl. auch Christian Wieland, Adel zwischen territorialstaatlicher Integration und dem Drang nach Speyer. Bayern und die Reichsgerichtsbarkeit im 16. Jahrhundert, in: Anja Amend u. a. (Hg.), Gerichtslandschaft Altes Reich. Höchste Gerichtsbarkeit und territoriale Rechtsprechung, Köln 2007, S. 41–57; und Heinz Duchhardt, Reichsritterschaft und Reichskammergericht, in: Zeitschrift für Historische Forschung 5 (1978), S. 315–337.

daß Straßen und Brücken nicht verfielen, setzten die Höhe von Löhnen und gelegentlich auch von Preisen für Lebensmittel fest, schlichteten Streitigkeiten und bestraften alle strafrechtlich relevanten kleineren Vergehen. Schließlich waren sie seit der Reformation auch für die Verfolgung von Katholiken zuständig oder mitzuständig. Die Krone konnte freilich nur solche Personen zu Friedensrichtern ernennen, die in ihrer Grafschaft dank ihres Reichtums, ihrer Herkunft – dieser Faktor spielte im 16. Jahrhundert durchaus noch eine Rolle – und ganz allgemein dank ihres Ansehens über genügend natürliche Autorität verfügten. Umgekehrt konnte ein Fehlverhalten als Friedensrichter auch zum Ausschluß aus der Kommission führen. Dies stellte zwangsläufig einen sozialen Makel dar und gefährdete das Ansehen der betroffenen Familie, namentlich dann, wenn ihre Stellung innerhalb der *gentry*, etwa weil es sich um Aufsteiger handelte, nicht ganz unumstritten war.[535] Bezeichnend bleibt für England, daß sich hier jedenfalls auf der lokalen Ebene der Typus des juristisch gebildeten, von der Krone besoldeten und entsandten Amtsträgers nicht durchsetzen konnte. Der Jurist als professioneller Verwaltungsfachmann spielte in England keine große Rolle, auch wenn die *commissions of the peace* meist juristisch gebildete Kanzleischreiber (*clerks of the peace*) besaßen, und die Richter selber sich in ihrer Jugend oft gewisse Rechtskenntnisse an den *Inns of Court,* den Londoner Juristenkollegien, angeeignet hatten.[536]

Anders als in England können wir in Spanien im 16. Jahrhundert das Vordringen einer neuen Elite von akademisch gebildeten Amtsträgern, den sogenannten *letrados*, beobachten. Viele dieser *letrados* waren allerdings selber adliger Herkunft, auch wenn es sich im Fall des

---

535 Zu den Friedensrichtern Alison Wall, Power and Protest in England, 1525–1640, London 2000, S. 99–112, und Anthony Fletcher, Reform in the Provinces. The Government of Stuart England, New Haven, Conn. 1986.
536 Zur juristischen Bildung der justices siehe John Howes Gleason, The Justices of the Peace in England, 1558–1640. A Later Eirenarcha, Oxford 1969, S. 88–95.

Hochadels meist um jüngere Söhne handelte, die nur wenig oder gar keinen Landbesitz geerbt hatten und deshalb auf eine administrative Karriere angewiesen waren.[537] Die eigentlichen Träger hoher Adelstitel waren unter Philip II. vor allem in jenen Ratsgremien vertreten, die für die Außenpolitik und die Kriegsführung zuständig waren, etwa im Staatsrat, weniger in den anderen *consejos* und *juntas*, die für die innere Verwaltung und die Finanzen, aber auch für kirchliche Angelegenheiten zuständig waren.[538] Unter Karl V. und zum Teil auch noch unter Philip II. hatten hohe Adlige vielfach wichtige Kommandostellen in der Armee übernommen. Der Herzog von Alba, der über Jahrzehnte hinweg die Armeen des Kaisers und seines Sohnes in Deutschland, Italien und den Niederlanden kommandierte, ist dafür ein besonders prominentes Beispiel, aber auch der Kommandeur der Armada von 1588, der Herzog von Medina Sidonia, ließe sich in diesem Kontext nennen.[539] Gegen Ende des 16. Jahrhunderts zeichnete sich hingegen eine gewisse Demilitarisierung des hohen Adels ab, der von individuellen, allerdings immer noch wichtigen Ausnahmen abgesehen, nur noch ungern bereit war, persönlich in den Krieg zu ziehen, obwohl seine Rolle bei der Rekrutierung der königlichen Streitkräfte auf der lokalen Ebene im Laufe des 17. Jahrhunderts immer wichtiger wer-

---

537 So kamen zwischen 1621 und 1746 fast alle juristisch gebildeten Mitglieder des Rates von Kastilien zumindest aus dem niederen Adel und ca. 40 % sogar aus den höheren Adelsrängen, die zu den *caballeros* gerechnet werden können oder einen Titel trugen. Siehe I. A. A. Thompson, The Nobility in Spain, in: Scott, Nobilities, Bd. 1, S. 174–236, hier S. 204–5; Bartolomé Bennassar, Un siècle d'or espagnol, vers 1525-vers 1648, Paris 1982, S. 46–60; Richard L. Kagan, Students and Society in Early Modern Spain, Baltimore 1974; Jean-Marc Pelorson, Les Letrados, juristes castillans sous Philippe III. Recherches sur leur place dans la société, la culture et l'état, Poitiers 1980.
538 Dies und das Folgende nach Bennassar, Siècle (wie Anm. 537), S. 52–60.
539 Henry Kamen, The Duke of Alba, New Haven, Conn. 2004; Peter Pierson, Commander of the Armada. The Seventh Duke of Medina Sidonia, New Haven, Conn. 1989.

den sollte.[540] Dafür waren hohe Adlige – ihre Zahl hatte sich freilich seit dem Beginn des 16. Jahrhunderts von ca. 50 bis 60 Personen auf das Doppelte, wenn nicht gar auf das Dreifache erhöht[541] – nun sehr viel stärker in allen zentralen Ratsgremien der Monarchie und am Hof präsent, obwohl es in Spanien durchaus als akzeptabel galt, wenn ein Hochadeliger sein Leben ganz oder teilweise auf seinen Gütern und in seiner Heimatprovinz verbrachte und nicht bei Hofe erschien. Dies war nicht notwendigerweise mit einem Verlust an Prestige verbunden und wurde auch nicht als Geste des Protestes gegen den Monarchen gesehen wie etwa in Frankreich im 17. Jahrhundert.[542] In Spanien oder doch zumindest in Kastilien hatte sich im 16. Jahrhundert eine relativ gut funktionierende Zusammenarbeit zwischen Krone und hohem Adel herausgebildet, die für beide Seiten Vorteile brachte. Die Ämter, die die Krone außerhalb Kastiliens, nicht zuletzt auch in der Neuen Welt, zu vergeben hatte, etwa in Gestalt von prestigeträchtigen und höchst einträglichen Statthalterschaften wie in Neapel, Palermo und Mailand, festigten diese Zusammenarbeit, die erst durch die Krise der Monarchie Mitte des 17. Jahrhunderts unter Druck geriet und neu ausgehandelt werden mußte.

Für den sehr zahlreichen niedrigen Adel – die *hidalgos* –, aber auch für die mittleren Ränge der Elite, die *caballeros*,[543] war der Staatsdienst, sei es als Offiziere im Heer oder als zivile Amtsträger, gegebenenfalls mit akademischer Vorbildung, ebenfalls sehr attraktiv, jedenfalls galt

---

540 Bennassar, Siècle (wie Anm. 537), S. 58, vergl. Mackay, Limits (wie Anm. 521), S. 103–107; zum fehlenden Willen des Adels unter Philip IV. (in den 1630er und 40er Jahren), persönlich an der Verteidigung Spaniens teilzunehmen.
541 Joseph Pérez, La aristocracia castellana en el siglo XVI, in: Maria Carmen Iglesias (Hg.), Nobleza y Sociedad in la España Moderna, Bd. 1, Oviedo 1996, S. 53–72, hier S. 56.
542 Mackay, Limits (wie Anm. 521), S. 102
543 Pérez, La aristocracia castellana (wie Anm. 541), S. 54 definiert *caballeros* als diejenigen, die zu den Militärorden gehörten, zweitens die *señores de vasallos*, etwa Inhaber von Herrschaftsrechten über Städte, die nicht *grandes* und *titulos* waren und drittens diejenigen, die zur städtischen adligen Oligarchie gehörten.

dies für Kastilien, weniger vielleicht für die Länder der Krone Aragon (Katalonien, Valencia und Aragonien) mit ihrer anderen Adelsstruktur.[544] Ein königliches Amt oder ein Offizierspatent – beide Positionen öffneten auch den Zugang zu den angesehenen Ritterorden, deren Mitgliedschaft einer Nobilitierung oder einer Adelsbestätigung gleichkam – boten nicht zuletzt eine Garantie des eigenen sozialen Status, der namentlich im Falle der in Kastilien sehr zahlreichen Kleinadligen oft eher prekär war. Der Besitz von öffentlichen Ämtern und Ehrenstellungen war daher um so wichtiger.[545]

Wenn in Ostmitteleuropa, in Polen, Ungarn und Böhmen respektive den Ländern der Wenzelskrone (Böhmen, Mähren, Schlesien und der Lausitz), sich kein ähnlicher Prozeß der relativen Stärkung der Macht der Krone vollzog wie in Westeuropa, so war dies auch dadurch bedingt,[546] daß hier der Status eines Adligen weniger stark von der Bestätigung durch den Monarchen abhängig war. Der Besitz königlicher Ämter mochte zwar auch hier prestigeträchtig sein, doch solche Ämter waren entweder wie in Polen nur mit geringen Machtbefugnissen verbunden oder blieben eingebunden in das System der ständischen Selbstverwaltung auf lokaler und gesamtstaatlicher Ebene.[547]

---

544 Siehe dazu John H. Elliott, A Provincial Aristocracy. The Catalan Ruling class in the Sixteenth and Seventeenth Centuries, in: ders., Spain and its World, 1500–1700, New Haven, Conn. 1989, S. 71–91.
545 Juan Hernandéz Franco, Cultura y limpieza de sangre en la España moderna, Murcia 1996, S. 163–172.
546 Ungarn war freilich nach 1526/27 in drei Teil geteilt: Zentralungarn, das unter türkischer Kontrolle stand, die westlichen und nördlichen Landesteile, die sich unter der Kontrolle der Habsburger befanden, und Siebenbürgen, das als Großfürstentum von magyarischen Herrschern regiert wurde.
547 Dazu Joachim Bahlcke u.a. (Hg.), Ständefreiheit und Staatsgestaltung in Ostmitteleuropa. Übernationale Gemeinsamkeiten in der politischen Kultur vom 16.–18. Jahrhundert, Leipzig 1996, insbesondere die Beiträge von Edward Opalinski zu Polen von Václav Bůžek zu Böhmen, sowie die Einleitung von Gottfried Schramm, Polen – Böhmen – Ungarn. Übernationale Gemeinsamkeiten in der politischen Kultur des späten Mittelalters und der frühen Neuzeit, S. 13–38.

Für Westeuropa, und das galt partiell auch für Mitteleuropa, war im Gegensatz zu den östlichen Ständestaaten charakteristisch, daß adelige Ehre in steigendem Maße an den Dienst für den Monarchen respektive Fürsten oder für den Staat gebunden war. Dabei konnte die Loyalität gegenüber einem stärker unpersönlich konzipierten Staat langfristig natürlich auch in einen Gegensatz zur Loyalität gegenüber dem Herrscher als individueller Person treten, wie dies etwa in England im 17. Jahrhundert geschah, aber dies ändert nichts an dem Umstand, daß Ehre für die Beziehungen zwischen dem Fürsten und der adligen Führungsschicht nahezu die wichtigste Währung im Geschäft des Aushandelns von Herrschaft zwischen Monarch und privilegierten Untertanen wurde.[548]

Allerdings waren die im späten 16. und 17. Jahrhundert verbreiteten Adelsrevolten oft gerade eine Reaktion auf das von der Krone beanspruchte Monopol auf die Vergabe von Statusvorrechten. Das Grundproblem sowohl der französischen als auch der englischen Monarchie in dieser Epoche war, daß ihr Anspruch, soziale Statuskonflikte entscheiden zu können, im Widerspruch zur Vorstellung von einer natürlichen sozialen Hierarchie stand, die auch der Monarch zu respektieren habe. In Frankreich waren selbst adelige Magnaten und Prinzen von Geblüt faktisch auf eine sichtbare Anerkennung ihres Status durch die Krone angewiesen; sie mußten sich wie andere Adlige an dem Wettlauf um Ehren und Privilegien beteiligen. Wurde ihr Rang nicht durch Verleihung hoher Ämter, etwa als Gouverneure, oder durch andere Auszeichnungen anerkannt, gerieten sie nicht nur politisch, sondern auch sozial in der Adelshierarchie ins Abseits.[549] Die Adelsrevolte konnte dann der letzte Ausweg sein, um auf diese Weise die Anerkennung der eigenen Statusansprüche neu

---

548 Zur Bedeutung der Anerkennung von Statusansprüchen im Prozeß des „Aushandelns von Herrschaft" siehe jetzt Ronald G. Asch, „Honour in all parts of Europe will be ever like itself". Ehre, adlige Standeskultur und Staatsbildung in England und Frankreich im späten 16. und im 17. Jahrhundert. Disziplinierung oder Aushandeln von Statusansprüchen?, in Asch/Freist, Staatsbildung (wie Anm. 523), S. 353–379.
549 Jouanna, Devoir, S. 237–240.

mit der Krone auszuhandeln. Ansätze dazu gab es auch in England, obgleich dort solche Revolten im 16. Jahrhundert und zu Beginn des 17. Jahrhunderts meist schon im Anfangsstadium scheiterten.[550] Die Potenzierung staatlicher Macht im Laufe der frühen Neuzeit war nicht nur ein administrativer, militärischer und politischer, sondern auch ein kultureller Prozeß. Die Neudefinition sozialer Rollen und sozialer Ansprüche auf Anerkennung und Ehre war für den Wandel des frühmodernen Staates und für das Wachstum der Staatsgewalt von entscheidender Bedeutung. Adlige Magnaten wurden zunehmend von den Vorteilen und Vorrechten abhängig, die die Krone zu vergeben hatte, aber eben dies ließ sie andererseits nach Wegen suchen, den Monarchen auf die Anerkennung vermeintlich wahrer Tugend und edler Herkunft zu verpflichten.

Solche Bemühungen besaßen vor allem dort Erfolgschancen, wo sich der Monarch, etwa aus außenpolitischen Gründen und auf Grund einer strukturellen Finanzkrise, ohnehin in die Defensive gedrängt sah. Dann konnte es durchaus zu einer nachhaltigen Stärkung der Position des Hochadels kommen, wie im Fall der spanischen Monarchie. Die nach 1620 wiederaufgenommene beständige Kriegsführung gegen die Gegner des spanischen Reiches schuf finanzielle und administrative Belastungen, denen die staatlichen Strukturen nicht mehr gewachsen waren. Zunehmend wurden auf der iberischen Halbinsel ebenso wie in Süditalien staatliche Aufgaben „privatisiert", d. h., die Rekrutierung von Soldaten, die logistische Versorgung der Truppen, aber auch die Einziehung von Steuern und Abgaben und die Ausübung von Jurisdiktionsrechten wurden an lokale Magnaten übertragen. Allerdings ist dieser Prozeß der „Refeudalisierung", wie die Forschung betont hat, nicht einseitig als Zerfall staatlicher Autorität zu sehen, zumal er Hand in Hand ging mit einer wirtschaftlichen Krise des hohen Adels, der zwar in mancher Form von der Zusammenarbeit mit der Krone

---

550 Wall, Power and Protest (wie Anm. 535), S. 174–177; Paul E. J. Hammer, The Polarisation of Elizabethan Politics. The Political Career of Robert Devereux, 2nd Earl of Essex, Cambridge 1999, bes. S. 199–223, 235–241.

profitierte, aber durch die immer neuen Aufgaben auch stark finanziell belastet wurde. Der Hochadel verschuldete sich im Dienst des Königs und erwarb seinerseits königliche Schuldverschreibungen,[551] wurde dafür freilich auch vielfach entschädigt: Einerseits durch einen wirksamen Schutz vor seinen Gläubigern bis hin zu staatlich verfügten Zinssenkungen, andererseits durch die Überlassung von lokalen Hoheitsrechten, die sich meist mit dem Recht verbanden, in eigener Regie öffentliche Steuern einzuziehen.[552] 1637 zahlte etwa ein Drittel der Einwohner Kastiliens ihre Steuern nicht an den König, sondern an einen Hochadligen. Überdies zogen die adligen Herrschaftsbezirke zusätzlich Einwohner an, da die Bevölkerung hier meist niedriger besteuert wurde als in den Bezirken, die direkt der Krone unterstanden, namentlich in den Städten.[553] Noch drastischer verlief die Entwicklung in Süditalien, wo die spanische Krone – in ihrem Verhalten vergleichbar der Privatisierungsbegeisterung moderner demokratischer Regierungen – so ziemlich alles an Hoheitsrechten auf den Markt warf, was sich irgendwie kommerzialisieren ließ, und wo dementsprechend das Land außerhalb der größeren Städte weitgehend unter die nahezu uneingeschränkte Kontrolle der Aristokratie geriet.

---

551 Bezeichnend war etwa, daß einer der größten Magnaten Kastiliens, der Marquis von Leganes, am Ende des 17. Jahrhunderts ca. 40 % seines Einkommens auf Schuldverschreibungen der Krone bezog, vgl. Kamen, Spain (wie Anm. 522), S. 230–237.
552 Zu diesem Prozeß siehe I. A. A. Thompson, War and Government in Habsburg Spain 1560–1620, London 1976, vergl. auch Bartolomé Yun Casalilla, The Castilian Aristocracy in the Seventeenth Century. Crisis, Refeudalisation or Political Offensive?, in: ders. und I. A. A. Thompson (Hg.), The Castilian Crisis of the Seventeenth Century. New Perspectives on the Economic and Social History of Seventeenth-Century Spain, Cambridge 1994, S. 277–300.
553 I. A. A. Thompson, The Impact of War and Peace on Government and Society in Seventeenth-Century Spain, in: Ronald G. Asch und Martin Wrede (Hg.), Frieden und Krieg in der Frühen Neuzeit. Die europäische Staatenordnung und die außereuropäische Welt, München 2001, S. 161–79, hier S. 170; Juan E. Gelabert, Urbanisation and Deurbanisation in Castile, 1500–1800, in: Thompson/Yun Casalilla, Crisis (wie Anm. 552), S. 182–205, hier 197–201, bes. S. 199.

Allerdings bestand diese Aristokratie nicht nur oder vorwiegend aus alteingesessenen Familien, sondern auch aus Aufsteigern oder aus Adligen, die ursprünglich aus Norditalien oder aus Rom respektive dem päpstlichen Herrschaftsgebiet kamen; zum Teil handelte es sich auch um Dynastien, die in Norditalien als souveräne Fürsten herrschten, oder um deren Nebenlinien.[554] Oft waren es aber auch Bankiers, Steuerpächter und Heereslieferanten, die finanzielle Forderungen an die Krone vorweisen konnten und die nun mit einem Fürstentitel und der Stellung eines Feudalherrn belohnt wurden.[555] In etwas geringerem Umfang lassen sich solche Entwicklungen auch in Kastilien beobachten, obwohl Aufsteiger, die aus den Kreisen der Hochfinanz kamen oder Kaufleute waren, in Spanien sicherlich, anders als in Italien, die Ausnahme blieben.[556] Dennoch war der Hochadel auch in Kasti-

---

554 Angelantonio Spagnoletti, Prìncipi italiani e Spagna nell' età barocca, Mailand 1996, S. 129–178; vergl. zur Einbindung Süditaliens in ein polyzentrisches Patronagesystem, das auf Madrid, aber auch auf Rom ausgerichtet war, Guido Metzler, Die doppelte Peripherie. Neapel als römische Kolonie und als spanische Provinz, in: Wolfgang Reinhard (Hg.), Römische Mikropolitik unter Papst Paul V. Borghese (1605–1621) zwischen Spanien, Neapel, Mailand und Genau, Tübingen 2004, S. 179–334. Zum neapolitanischen Adel siehe ferner Maria Antonietta Visceglia, Un groupe social ambigu. Organisation, stratégie et représentations de la noblesse napolitaine, XVIe–XVIIIe siècles, in: Annales ESC 48 (1996), S. 167–211.

555 Luis A. Ribot García, La época del conde-Duque de Olivares y el Reino de Sicilia, in: John H. Elliott und Angel García Sanz (Hg.), La España del Conde Duque de Olivares, Valladolid 1990, S. 653–677; Francesco Benigno, Aristocrazia e stato in Sicilia nell'epoca de Filippo III, in: Maria Antonietta Visceglia (Hg.), Signori, patrizi, cavalieri nell'età moderna, Bari 1992, S. 76–93, bes. S. 86 f. Zu Mailand siehe A. Alvarez Ossorio Alvariño, Gobernadores, agentes y corporaciones. La corte de Madrid y el Estado de Milán (1669–1675), in Gianvittorio Signorotto (Hg.), L'Italia degli Austrias. Monarchia Cattolica e domini italiani nei secoli XVI e XVII, Mantua 1993, S. 183–288; zu Neapel Spagnoletti, Principi (wie Anm. 554), S. 129–154.

556 So Thompson, Nobility (wie Anm. 537), S. 191 f., vergl. Ignacio Atienza Hernández, ‚Refeudalisation' in Castile, in: Thompson und Yun Casalilla, Crisis (wie Anm. 552), S. 249–276.

lien eine Elite, die weitgehend im Dienst der Krone aufgestiegen war und ihre Privilegien letztlich nur zusammen mit der Krone verteidigen konnte. Die Delegation von immer mehr Rechten und Befugnissen an diese Elite ist also nicht einfach als Zerfall des Staates zu deuten.[557] Die kastilische Aristokratie – und ähnliches galt bis zu einem gewissen Grade auch für die entsprechenden Eliten in den peripheren Provinzen der spanischen Monarchie – zeigte aber, daß sie dazu in der Lage war, die Ressourcen des Staates für ihre eigenen Zwecke zu nutzen, auch wenn diese Politik enorme Investitionen verlangte und die Bereitschaft der Krone auch in schlechten Zeiten Kredite zu gewähren, deren Rückzahlung immer zweifelhafter wurde.

## Ein Sieg über den Adel? Der französische Absolutismus

Die Ausführungen über den Refeudalisierungsprozeß in Spanien werden gezeigt haben, daß sich hinter dem Schlagwort des Absolutismus sehr komplexe Wechselbeziehungen zwischen dem Staatsbildungsprozeß und dem Wandel der politischen Machtposition des Adels verbergen. Gerade im spanischen Fall kann diese Entwicklung gewiß nicht auf den einfachen Nenner eines Niedergangs der Aristokratie gebracht werden. Nun mag die schwere politische und finanzielle Krise, die die Fundamente des spanischen Weltreiches im 17. Jahrhundert erschütterte und letztlich seit ca. 1640 zu einem dauerhaften Niedergang des Landes führte, in gewisser Weise als ein Sonderfall betrachtet werden. Aber auch in anderen Staaten Europas stand die Idee einer absoluten Herrschaft des Monarchen einer Realität gegenüber, die eher durch einen komplizierten, stets neu auszuhandelnden Herrschaftskompromiß zwischen Monarchie und Eliten gekennzeichnet war, auch wenn sich die Gewichte nach 1650 und noch mehr im 18. Jahrhundert tendenziell zugunsten der politischen Zentralgewalt verschoben.

---

557 Casalilla, Aristocracy (wie Anm. 552), S. 285.

Besonders deutlich ist dies in Frankreich, das ja oft neben Preußen als das klassische Land des monarchischen Absolutismus gilt. In der ersten Hälfte des 17. Jahrhunderts war es hier zu harten Auseinandersetzungen zwischen den leitenden Ministern der Krone – den Kardinälen Richelieu und Mazarin – und den *grands*, den adligen Magnaten, gekommen. Insbesondere Richelieu, der zwischen 1624 und 1642 als leitender Minister des Königs amtierte, hatte nicht gezögert, politischen Widerstand rücksichtslos zu brechen, er sah sich freilich in den 1630er Jahren mit dem Problem konfrontiert, einen Krieg gegen das einstweilen noch militärisch überlegene Spanien führen zu müssen, um seine politischen Ziele durchzusetzen, der von großen Teilen der politischen Elite und der Kirche, aber auch von der Bevölkerung insgesamt abgelehnt oder doch zumindest nicht aktiv mitgetragen wurde. Entsprechend stark war die Opposition, die sich in Steuerrevolten ganzer Provinzen – die in manchen Fällen stillschweigend vom regionalen Adel unterstützt wurden – ebenso äußerte wie in Versuchen der *grands*, den verhaßten Minister durch Gewalt oder durch höfische Intrigen zu stürzen. Während es in der Vergangenheit während der Religionskriege und in den darauffolgenden Jahren aufständischen Adligen oft genug gelungen war, später wieder ihren Frieden mit der Krone zu machen, ging Richelieu sehr viel brutaler gegen seine Gegner vor. Henri de Montmorency etwa, Oberhaupt eines der vornehmsten Geschlechter Frankreichs, wurde 1632 öffentlich in Toulouse, wo er als Gouverneur des Languedoc seinen Amtssitz gehabt hatte, hingerichtet, nachdem er sich einem Aufstand angeschlossen hatte, an dessen Spitze der Bruder des Königs, der Herzog von Orléans, stand.[558]

Aber dem stehen andere Beispiele für eine erfolgreiche Zusammenarbeit des Kardinalministers mit großen Adligen wie etwa dem Prinzen von Condé gegenüber. Und im übrigen verhielt sich Richelieu in seiner Patronagepolitik und in dem Versuch, seine eigene Familie im

---

558 Yves-Marie Bercé, La Naissance dramatique de l'absolutisme, 1598–1661, Paris 1992, S. 134–139; Robert J. Knecht, Richelieu, London 1991, S. 49–63, bes. S. 56 f.

Hochadel zu etablieren, auch selbst ganz wie ein traditioneller Magnat. Generell respektierte Richelieu auch den Anspruch des Hochadels auf die wichtigsten Kommandos in der Armee, obwohl die Beziehungen zu den militärischen Oberkommandierenden nicht immer frei von Spannungen waren.[559] Diese Spannungen zwischen dem leitenden Minister – nunmehr Mazarin – und dem Adel steigerten sich erneut Ende der 1640er Jahre, als Frankreich trotz seiner Siege gegen die kaiserlichen und spanischen Armeen unaufhaltsam dem Staatsbankrott entgegen ging. In dieser Situation kam es zu einem Aufstand, der zunächst vom Amtsadel, der seine Privilegien und seine soziale Position bedroht sah, ausging, dem sich aber große Teile der Bevölkerung von Paris und anderer Städte und schließlich auch wichtige Gruppierungen des Schwertadels anschlossen. Zeitweilig trat einer der bis dahin erfolgreichsten Heerführer Frankreichs, der Prinz Condé, der Repräsentant einer wichtigen Nebenlinie der Bourbonen war, an die Spitze des Aufstandes. Ihm ging es freilich nicht darum, die Position der Krone zu schwächen, sondern er wollte seinen Einfluß innerhalb des Machtgefüges des monarchischen Staates, den er durch den leitenden Minister Mazarin – in seinen Augen ein ausländischer Emporkömmling – gefährdet sah, stärken. Condés Handeln zeigt, wie rasch sich in der Mitte des 17. Jahrhunderts der Wechsel von der Rolle des Höflings oder treuen Dieners der Krone zum Rebellen und Frondeur vollziehen konnte.[560]

Die Ziele der Fronde waren freilich zu widersprüchlich, um realisierbar zu sein, und die Aufstandsbewegung löste sich faktisch 1653 selbst auf. Mit Beginn der selbständigen Regierung Ludwigs XIV. (1661), die die Ära der Kardinalminister und Regentschaften, die in den 1620er Jahren begonnen hatte, beendete, gewann Frankreich jene Stabilität zurück, die es in der ersten Hälfte des 16. Jahrhunderts besessen hatte, die seit den Religionskriegen jedoch verloren gegangen

---

559 David Parrott, Richelieu, the Grands and the French Army, in: Joseph Bergin und Laurence Brockliss (Hg.) Richelieu and his Age, Oxford 1992, S. 135–173, hier S. 155–65.
560 Zur Fronde Michel Pernot, La Fronde, Paris 1994 und Orest Ranum, The Fronde. A French Revolution 1648–1652, New York 1993.

war. Es kann kein Zweifel darüber bestehen, daß sich nach 1660 in Frankreich ein politischer Zentralisierungsprozeß vollendete, der schon unter Richelieu eingesetzt hatte und der die Kontrolle der Krone über die Provinzen erheblich verstärkte. Auch war das stehende Heer, das Ludwig XIV. nun zur Verfügung stand – die größte und beste Armee Europas in dieser Epoche – ein zuverlässiges Instrument seiner Politik und leistete einen wesentlichen Beitrag dazu, den Adel in das monarchische Herrschaftssystem zu integrieren (siehe oben S. 207–212).

Der Charakter der Herrschaft Ludwigs XIV. läßt sich unterschiedlich darstellen und ist auch in der Forschung in den letzten Jahren höchst kontrovers gedeutet worden.[561] Auf der einen Seite wurde der Autoritätsanspruch der Krone in der Tat ins Absolute gesteigert, ein Anspruch, der im übrigen auch in der Ikonographie der Bildprogramme des Schlosses in Versailles und in dessen ganzer Anlage seinen Ausdruck fand.[562] Auf der anderen Seite nahm der König selbst bei der Vergabe von Ämtern an seinem Hof auf die erblichen Ansprüche der großen Adelsfamilien meist Rücksicht und sorgte dafür, daß die für eine spätere militärische Karriere so wichtigen Positionen in den königlichen Garderegimentern weitgehend dem höfischen Adel und den führenden Adelsgeschlechtern aus der Provinz vorbehalten blieben (siehe oben S. 228 f). Solange ein Adliger sich als politisch zuverlässig zeigte und sich dem Dienst bei Hofe oder in der Armee nicht verweigerte, konnte er damit rechnen, daß die Ansprüche seiner Familie auf Status und Ehre vom Monarchen weitgehend

---

561 Siehe dazu jetzt Joël Cornette, Figures politiques du Grand Siècle. Roi-état our état-roi?, in: ders. (Hg.), La Monarchie entre Renaissance et révolution, Paris 2000, S. 137–276; zur Debatte über den Absolutismus auch Fanny Cosandey und Robert Descimon, L'absolutisme en France. Histoire et Historiographie, Paris 2002.
562 Gerard Sabatier, Versailles ou la figure du roi, Paris 1999 und Thomas W. Gaehtgens (Hg.), L' image du roi de François Ier à Louis XIV, Paris 2006.

respektiert wurden.[563] In der Armee und im Kriegsdienst fanden überdies weite Kreise des Schwertadels jene Bestätigung ihrer sozialen Position, nach der sie von jeher gestrebt hatten. Daß sie sich durch den Dienst an der Front oder in fernen Garnisonen bis zu einem gewissen Grade ihrer Heimatprovinz entfremdeten und sich stärker auf den Hof und die Hauptstadt orientierten,[564] war freilich kaum zu übersehen und kam der administrativen Zentralisierung Frankreichs unter Ludwig XIV., so unvollkommen sie angesichts der sehr unterschiedlichen Rechtstraditionen und Steuerprivilegien der Provinzen auch bleiben sollte, ebenso entgegen wie die immer stärker werdende Dominanz der höfischen Kultur und ihrer Normen gegenüber regionalen kulturellen Traditionen.[565] Insgesamt entsprach aber der Bürokratisierungsprozeß unter Ludwig XIV. auch einem Bedürfnis des Schwertadels selber, schien er doch zu gewährleisten, daß die Verdienste und Leistungen einzelner Adliger nun objektiv meßbar wurden und überdies der Adelsstatus stärker als früher juristisch abgesichert war (vgl. oben S. 35 f zu den *recherches de noblesse*).[566]

Schwieriger waren phasenweise die Beziehungen der Krone zum Amtsadel, zur *noblesse de robe*, der freilich für die Funktionsfähigkeit des französischen Staates eine Schlüsselrolle zukam. Einerseits blieb

---

563 Roger Mettam, Power and Faction in Louis XIV's France, Oxford 1988, S. 203, und Katia Béguin, Louis XIV et l'aristocratie, in: Histoire, économie et société 19 (2000), S. 497-512.

564 Laurent Bourquin, Noblesse seconde et pouvoir en Champagne aux XVIe et XVIIe siècles, Paris 1994, S. 205-219.

565 Jean-François Dubost, Absolutisme et centralisation en Languedoc au XVIIe siècle, in: Révue d'Histoire moderne et contemporaine 37 (1990), S. 369-397; Robert A. Schneider, Public Life in Toulouse, 1463-1789. From Municipal Republic to Cosmopolitan City, Ithaca/London 1989, S. 255-257; vergl. William Beik, Absolutism and Society in Seventeenth-Century France. State Power and Provincial Aristocracy in Languedoc, Cambridge 1985, S. 316-328

566 Jay M. Smith, The Culture of Merit. Nobility, Royal Service, and the Making of Absolute Monarchy in France 1600-1789, Ann Arbor, Mich. 1996, bes. S. 132-140, 207.

es ein Strukturmerkmal des französischen Staates, daß die meisten Ämter der staatlichen Verwaltung, sowohl im Gerichtwesen als auch in der Finanzverwaltung, käuflich und oft auch erblich waren. In den 1660er Jahren gab es ca. 45.000 Ämter dieser Art, am Ende des Ancien Régime 1789 waren es an die 70.000.[567] Die vornehmsten dieser Ämter, zu Anfang des 18. Jahrhunderts etwa 4.000, nobilierten ihre Inhaber, entweder direkt bei Übernahme des Amtes oder aber im Laufe von zwei oder drei Generationen, so daß etwa der Enkel des ursprünglichen Käufers in den Adel aufsteigen konnte.

Dieses System brachte es mit sich, daß der König die meisten Amtsträger in der Verwaltung nicht frei ernennen konnte, sondern die entsprechenden Ämter vielmehr das private Eigentum ihrer Inhaber waren. Daß dies die Effizienz der Verwaltung nicht gerade steigerte, läßt sich leicht denken. Auf der anderen Seite ist nicht zu übersehen, daß Ludwig XIV. die Kompetenzen der *parlements*, der obersten Gerichtshöfe, die gewissermaßen die Speerspitze des gesamten Amtsadels und auch der übrigen Amtsträger, die ihr Amt gekauft oder geerbt hatten, darstellten, stark beschnitt und überdies den Amtsträgern immer neue finanzielle Lasten aufbürdete. Die *parlements*, insbesondere das wichtige *parlement* von Paris, verloren in den 1670er Jahren ihr traditionelles Recht, königliche Gesetze durch Verweigerung der Registrierung mit einem Veto zu belegen und der König nutzte die Angst der *noblesse de robe* vor dem Verlust ihrer Privilegien, um sie zu immer neuen Zwangsanleihen zu nötigen. Die Anleihen wurden zwar, außer in Krisenzeiten wie nach 1709, leidlich regelmäßig verzinst, nötigten die Amtsträger aber dazu, sich ihrerseits auf dem Kapitalmarkt hoch zu verschulden.[568]

---

567 William Doyle, Venality. The Sale of Office in Eighteenth-Century France, Oxford 1996, S. 59f.
568 John J. Hurt, Louis XIV and the Parlement. The Assertion of Royal Authority, Manchester 2002, S. 67–86; vergl. aber Mark Potter, Corps and Clienteles. Public Finance and Political Change in France 1688–1715, Aldershot 2003, S. 42–48, der betont, daß die Eigentumsrechte der Amtsinhaber an ihren Ämtern unter Ludwig XIV. deutlich gestärkt wurden.

Überdies sank der Marktwert staatlicher Ämter seit etwa 1690, also in einer Zeit, als die permanente Kriegsführung Ludwigs XIV. gegen fast alle größeren europäischen Mächte über einen Zeitraum von fast 25 Jahren die Fundamente der Staatsfinanzen drastisch untergrub, bis 1715 in vielen Fällen um bis zu 50%.[569] Dies war auch auf den Funktionsverlust vieler Ämter und die Schaffung zahlreicher neuer *offices* zurückzuführen. Erst in der zweiten Hälfte des 18. Jahrhunderts erholten sich die Preise für viele Ämter deutlich, wobei ein Vergleich zum Preisniveau des 17. Jahrhunderts wegen des bis ca. 1720 stark schwankenden Edelmetallgehaltes des *livre* allerdings nicht einfach ist.[570] Dennoch blieb der Amtsadel gegenüber dem König unter Ludwig XIV. weitgehend loyal, auch wenn sich nach 1710 die Anzeichen der politischen Unruhe mehrten.[571] Ludwig XIV. belastete die Amtsinhaber zwar mit immer neuen finanziellen Forderungen und nahm ihnen ihre politischen Mitspracherechte, aber das grundsätzliche Prinzip der Erblichkeit der Ämter stellte er nicht in Frage. Der amerikanische Historiker William Doyle hat daher festgestellt: „Louis XIV, in other words, while exploiting venality to the limit, never threatened the fundamental conditions and institutions which made it work."[572]

Mochte die Regierungszeit Ludwigs XIV. für die *noblesse de robe* herbe finanzielle Verluste und eine unübersehbare Einbuße an politischer Macht gebracht haben, die nach 1715 allerdings schrittweise revidiert werden konnte, so festigte sich dennoch ihr sozialer Status.[573]. Ehen von Angehörigen führender Familien des alten Schwertadels

---

569 Hurt, Louis XIV (wie Anm. 568), S., 108–111.
570 Doyle, Venality (wie Anm. 567), S. 196–238.
571 Hurt, Louis XIV (wie Anm. 568), S. 111–117.
572 Doyle, Venality (wie Anm. 567), S. 57. Potter, Corps and Clienteles (wie Anm. 568) kommt zu ähnlichen Ergebnissen.
573 David D. Bien, Offices, Corps and a System of State Credit. The Uses of Privilege under the Ancien Régime, in: Keith Michael Baker u. a. (Hg.), The French Revolution and the Creation of Modern Political Culture, 4 Bde., Bd. 1: The Political Culture of the Old Regime, Oxford 1987, S. 89–114; vergl. auch Potter, Corps and Clienteles (wie Anm. 568), S. 158–181.

und insbesondere des Hofadels mit Frauen aus der *noblesse de robe* waren am Ende des 17. Jahrhunderts und erst recht im Laufe des 18. Jahrhunderts nicht mehr ungewöhnlich,[574] auch wenn der Zugang zum Hof dem Amtsadel nur zögernd und zunächst nur in Ausnahmefällen eingeräumt wurd; aber dies galt für die Masse des Provinzadels ja auch.[575] Überdies stieg die Bedeutung der Amtsträger der *noblesse de robe* im politischen und sozialen Leben der französischen Provinzen. In dem Maße, wie die höheren Ränge des Schwertadels ihrer Heimat den Rücken kehrten, um am Hof präsent zu sein oder in der Armee zu dienen, waren es die *parlements* und die anderen Jurisdiktions- und Verwaltungskörperschaften, die den König in der Provinz vertraten, mochten sie ihre Funktionen nun auch unter Aufsicht der vom König mit kommissarischen Vollmachten entsandten Intendanten ausüben.[576] Die *robins* legitimierten ihre Statusansprüche ganz wesentlich auch aus ihrer Funktion als Vertreter des Königs und hatten somit durch ihr gestiegenes Sozialprestige Anteil am Wachstum der Staatsgewalt.[577]

Im übrigen hatten sie ebenso wie große Teile des wohlhabenderen Schwertadels ein unmittelbares Interesse an der Entwicklung des Staates und seiner Zahlungskraft; nicht nur weil sie Geld in ihre Ämter investiert hatten, sondern auch, weil sie zu den Gläubigern des Königs gehörten. Die mächtigen Finanziers, die als Steuerpächter und Bankiers die fiskalischen Ressourcen der Krone kontrollierten, liehen sich das notwendige Geld nicht selten in Kreisen des Amtsadels

---

574 Marraud, Noblesse, S. 202–212.
575 Siehe oben S. 231 und François Bluche, Les Honneurs de la Cour, 2 Bde., Paris 1957.
576 James B. Collins, The State in Early Modern France, Cambridge 1995, S. 138 f., 147; vergl. ders., Classes, Estates and Order in Early Modern Brittany, Cambridge 1994, S. 14: "The king did not want to destroy these elites or to eliminate their power; he could not want such a thing, because his power rested on their power. He wanted their power to emanate from him, rather than from some independent source."
577 Zu den finanziellen Mechanismen siehe William Beik, Absolutism (wie Anm. 565), S. 245–278.

oder des reichen Hochadels, manche waren sogar kaum mehr als Strohmänner für einzelne Hochadlige. Die Monarchie hing daher finanziell von eben jenen sozialen Schichten ab, deren politischen Einfluß sie zurückzudrängen schien.[578] Diese Situation erklärt auch, warum Ludwig XIV. zögerte, fundamentale Privilegien des Adels in Frage zu stellen, namentlich die Steuerfreiheit.

An anderer Stelle ist bereits darauf hingewiesen worden, daß auch der Hof des Sonnenkönigs nicht einfach als Instrument der Domestizierung des Adels gesehen werden kann (siehe oben, S. 228 f). Hinter den Kulissen behielten die alten Hochadelsfamilien, die in den höheren Offiziersrängen der Armee ja ohnehin dominierten, einen erheblichen Einfluß. Die Minister, die bis zur Mitte des 18. Jahrhunderts in aller Regel aus der *noblesse de robe*, nicht aus den Reihen des Schwertadels, stammten, waren gut beraten, sich um Rückendeckung unter den Höflingen des Königs zu bemühen. Dies galt schon für die letzten beiden Regierungsjahrzehnte Ludwigs XIV., wie Leonhard Horowski jüngst gezeigt hat,[579] noch viel stärker aber für die Zeit nach 1715, auch wenn die Zeiten, in denen große Magnaten ihre regionale Klientel in den Provinzen gegen den Herrscher mobilisieren konnten, endgültig der Vergangenheit angehörten, und auch die höchsten und wohlhabendsten Adligen in der Politik nur dann etwas galten, wenn sie bei Hofe Einfluß besaßen.[580]

---

578 Daniel Dessert, Argent, pouvoir et sociéte au Grand Siècle, Paris 1984, S. 367 und S. 341–368.
579 Leonhard Horowski, Das Erbe des Favoriten. Minister, Mätressen und Günstlinge am Hof Ludwigs XIV, in: Jan Hirschbiegel und Werner Paravicini (Hg.), Der Fall des Günstlings, Tübingen 2004, S. 77–124 siehe demnächst auch den Druck der Dissertation von Horowski.
580 Hervé Drévillon, La monarchie des Lumières. Réforme ou utopie?, in: Joël Cornette (Hg.), La Monarchie entre Renaissance et Révolution, 1715–1774, Paris 2000, S. 283–353, hier S. 304 f.

## Die Entwicklung in Nord- und Mitteleuropa

Wenn die Herrschaft Ludwigs XIV. es verdient, absolutistisch genannt zu werden, ein nicht unproblematischer Begriff, so war es doch ein Absolutismus der inneren Widersprüche, der seine Grundlagen in einer Gesellschaftsordnung der Privilegien und ererbten Statusansprüche hatte, die zwar im Einzelfall relativiert oder suspendiert, aber kaum als ganze aufgehoben werden konnten, wenn man nicht die Fundamente der Monarchie selber untergraben wollte. Sehr viel radikaler waren zeitweilig die Eingriffe in die Rechte des Adels in den beiden skandinavischen Königreichen Dänemark und Schweden. Auch hier stellen jedoch die finanziellen Bindungen zwischen dem monarchischen Staat und seinen Gläubigern – ähnlich wie in Spanien und Frankreich – auf der einen Seite und die Abhängigkeit von Teilen des Adels von staatlichen Besoldungen und Pensionen auf der anderen Seite einen Schlüssel für das Verständnis der Beziehungen zwischen Monarchie und Adel dar.

Dänemark war wie Spanien, nur in kleinerem Maßstab, eine klassische „composite monarchy", ein dynastisches Großreich, das aus unterschiedlichen Königreichen und Fürstentümern bestand. So herrschte der dänische König auch über Norwegen, über die Herzogtümer Schleswig und Holstein (von denen letzteres zum Heiligen Römischen Reich gehörte), über Island und bis zur Mitte des 17. Jahrhunderts auch noch über die Inseln Gotland und Ösel vor der schwedischen respektive der estländischen Küste. Wie Spanien erlebte Dänemark, das um 1600 den Ostseeraum noch weitgehend dominiert hatte, im 17. Jahrhundert einen starken Niedergang. Das Scheitern des Eingreifens in den Dreißigjährigen Krieg in Deutschland (1625–29) und danach eine Reihe verlustreicher und außerordentlich harter Kriege gegen den Rivalen Schweden, die 1658 zur Abtretung der wichtigen Provinz Schonen (im heutigen Südschweden) führten, erschütterten das Gefüge der dänischen Monarchie und führte zu einer starken Verschuldung der Krone.

Die wichtigsten Gläubiger der Krone waren jedoch eher Bürgerliche – vor allem Kopenhagener Großkaufleute – als adlige Grundbesitzer. Diese bürgerlichen Großkaufleute mußten ein starkes Interesse daran haben, daß 1660, nach dem Ende des Krieges gegen Schweden, der zum Verlust Schonens und damit auch zum Wegfall der Einnahmen aus den einträglichen Sundzöllen (die zum Kammergut der Krone gehörten) geführt hatte, die Zahlungsfähigkeit des Staates erhalten blieb. Als sich Friedrich III. 1660 anschickte, die alteingesessenen adligen Familien politisch zu entmachten, besaß er daher die Rückendeckung der Städte in der dänischen Ständeversammlung ebenso wie die der politisch loyalen Geistlichkeit. Bis dahin war Dänemark von einer relativ kleinen adligen Elite dominiert worden. Um 1660 handelte es sich um lediglich 131 Familien, zu denen etwa 1500 Personen (einschließlich der Frauen und Kinder) gehörten, etwa 0,25 % der Bevölkerung des Königreichs Dänemark ohne Schonen und die Nebenlande der Krone, wie insbesondere Schleswig und Holstein.[581] Dänemark war bis 1660 eine Wahlmonarchie und über den sogenannten Reichsrat hatte der Adel einen bestimmenden Einfluß auf die Politik ausüben können. Jetzt jedoch wurde er entmachtet, der Reichsrat wurde aufgelöst, das Land wurde eine Erbmonarchie und eine Art von Verfassung, die sogenannte Lex Regia von 1665, die bis 1848 in Kraft bleiben sollte, sanktionierte die absolute Autorität des Königs. Friedrich III. hatte sich bei seiner Revolution von oben auch auf die Armee stützen können, deren Offiziere oft Ausländer oder Männer bürgerlicher Herkunft waren. Diejenigen Offiziere, die dem alten Adel entstammten, hatten in der Armee hingegen Normen und Werte akzeptiert, die auf den Staatsdienst ausge-

---

581 Knud J. V. Jespersen, The Rise and Fall of the Danish Nobility, in: Scott, Nobilities, Bd. 2, S. 41–70, hier 45; vergl. Peter Brandt, Von der Adelsmonarchie zur Königlichen „Eingewalt". Der Umbau der Ständegesellschaft in der Vorbereitungs- und Frühphase des dänischen Absolutismus in: Historische Zeitschrift 250 (1990), S. 33–72. Die Zahlen bei Brandt, S. 43, der für ca. 1650, also vor dem Verlust Schonens, von 154 Familien mit 1760 Mitgliedern ausgeht.

richtet waren und in einem Gegensatz zur alten Adelsfreiheit standen.[582]

Nach 1660 entstand in Dänemark ein neuer Dienstadel aus Beamten und Offizieren. Die Krone ging mit Nobilitierungen zumindest zeitweilig recht großzügig um, überdies waren nicht wenige Adlige ausländischer, insbesondere deutscher Herkunft. Die Schaffung neuer Titel (Graf und Baron), die es in der Vergangenheit nicht gegeben hatte, machte den Rang in der Adelshierarchie noch stärker von der Gunst des Königs und vom Dienst für den Staat abhängig. Eine ausgeprägte numerische Zunahme des Adels blieb jedoch aus, da viele alte Familien ausstarben.[583]

Wie in Dänemark war auch in Schweden in der ersten Hälfte des 17. Jahrhunderts die Machtposition des alteingesessenen Adels stark, auch wenn die schwedische Agrarverfassung, die den meist freien Bauern deutlich mehr Rechte gab als in Dänemark, hier eine andere Ausgangsposition schuf. Doch auch in Schweden besaß der aristokratisch dominierte Reichsrat in der Politik großes Gewicht. Ähnlich wie in Dänemark war in Schweden im Laufe des 17. Jahrhunderts ein stehendes Heer entstanden, dessen Offiziere sich aus dem inländischen ebenso wie in immer stärkerem Maße aus dem ausländischen Adel rekrutierten. Anders jedoch als Dänemark hatte Schweden dank einer Reihe von spektakulären militärischen Erfolgen seit den 1620er Jahren territorial expandieren können und war insbesondere durch die Regelungen des Westfälischen Friedens von 1648 zu einer regionalen Großmacht aufgestiegen. Der Adel oder zumindest wichtige Teile des Adels hatten von diesem Aufstieg ganz wesentlich profitiert. Für ihre Dienste hatten sie Landdotationen erhalten, und als Offiziere beanspruchten sie ihren Anteil an den Kontributionen, die in den

---

582 Gunnar Lind, Den Dankse Adel og den Militære Revolution, in: Per Ingesman und Jens Villiam Jensen (Hg.), Riget, Magten og æren. Den Danske Adel 1350–1660, Aarhus 2001, S. 576–603.
583 Jespersen, Rise and Fall (wie Anm. 581), S. 48–63.

während der Kampfhandlungen besetzten Gebieten erhoben wurden, und an der Kriegsbeute, die in die Hände der schwedischen Truppen fiel. Als Schweden in den 1670er Jahren eine Reihe militärischer Niederlagen erlitt und die neu erworbene Großmachtstellung ins Wanken geriet, waren daher auch diejenigen Kreise des Adels von dieser Krise betroffen, die von der territorialen Expansion profitiert hatten.

Das erklärt, warum Karl IX., als er Anfang der 1680er Jahre daran ging, die Kroneinkünfte zu vergrößern, um das stehende Heer finanzieren zu können, auch in Kreisen des Adels Rückendeckung fand, obwohl die 1680-82 verwirklichten Reformen in erheblichem Umfang zu Lasten adliger Landbesitzer gingen. Durch sogenannte Reduktionen zog die Krone das Domänenland, das sie seit Beginn des Jahrhunderts an den Adel veräußert hatte, zu einem großen Teil wieder ein. Für viele Adelsfamilien war das mit schmerzlichen finanziellen Verlusten verbunden. Aber die Zahl derjenigen, die auf ihren Sold als Offizier angewiesen waren oder als Gläubiger der Krone bei einem Staatsbankrott selber ruiniert worden wären, war so groß, daß die Reduktionen dann doch den notwendigen Rückhalt fanden.[584] Wie der dänische Adel wurde der schwedische Adel auch durch Nobilitierungen und die Einwanderung ausländischer Adelsfamilien aus einer Aristokratie von Landbesitzern zu einem Dienstadel. Dies ging jedoch anders als in Dänemark auch mit einer erheblichen numerischen Vermehrung des Adels einher. Während es in Schweden um 1650 nur ca. 1.000 erwachsene Adlige gegeben hatte – von denen schon damals ca. 50 % aus ausländischen oder neu nobilitierten Familien stammten – lebten um 1700 in Schweden ca. 2.500 Adlige, von denen nun 80 % zu neuen Familien gehörten.[585]

---

584 Michael Busch, Absolutismus und Heeresreform. Schwedens Militär am Ende des 17. Jahrhunderts, Bochum 2000, S. 76–107; vergl. Anthony F. Upton, Charles IX and Swedish Absolutism, Cambridge 1998, S. 68 f, und ders., The Riksdag of 1680 and the Establishment of Royal Absolutism in Sweden, in: English Historical Review 102 (1987), S. 281–308.

585 Busch, Absolutismus (wie Anm. 584), S. 95 f und S. 512; vergl. Ingvar Elmroth, För kung och fosterland. Studier i den svenska adelns demografi och offentliga funktioner 1600–1900, Lund 1981.

Sowohl in Dänemark als auch in Schweden wurde die politische Entwicklung auch dadurch mitbestimmt, daß der alteingesessene Adel zahlenmäßig sehr klein war und daher relativ leicht durch Ausländer und Nobilitierte beiseite gedrängt werden konnte. In Schweden erwies sich der neue Dienstadel freilich als durchaus selbstbewußt und übernahm mit der Zeit das Ethos der alten ständischen Elite. Als die schwedische Großmachtstellung um 1720 zusammenbrach, büßte die Krone an Autorität ein und die vom Adel dominierte Ständeversammlung, der Reichstag, bestimmte nun bis ins späte 18. Jahrhundert wesentlich die Politik des Landes.[586]

Daß eine Elite, die ihren Aufstieg und ihre Machtstellung in wesentlichem Umfang der regierenden Dynastie verdankte, durchaus Selbstbewußtsein entwickeln und auch traditionelle ständische Freiheitsrechte verteidigen konnte, zeigt sich aber auch am Beispiel der Habsburgermonarchie. 1620 war hier der Versuch der böhmischen Stände, die sich mit oppositionellen protestantischen Kräften in Mähren, Schlesien und Oberösterreich sowie in Ungarn verbunden hatten, die Habsburger zu stürzen und sie durch eine andere Dynastie zu ersetzen, gescheitert. Ein Großteil der einheimischen Familien verlor seinen Besitz und nicht wenige Adlig büßten für den Aufstand sogar mit ihrem Leben.[587] Die ältere tschechische Geschichtsschreibung hat die Schlacht am Weißen Berg, in der die Armee der böhmischen Stände 1620 geschlagen wurde, als den Beginn einer über 200jährigen absolutistischen Zwangsherrschaft der Habsburger und als das Ende der selbständigen politischen Existenz der tschechischen Nation dargestellt. Die neuere Forschung hat diese Bild jedoch erheblich relativiert.[588]

---

586 Upton, Swedish Nobility (wie Anm. 584), S. 32–39.
587 Zum böhmischen Aufstand und seinen Folgen, siehe Thomas Winkelbauer, Ständefreiheit und Fürstenmacht. Länder und Untertanen des Hauses Habsburg im konfessionellen Zeitalter, 2 Bde., Wien 2003, Bd. 1, S. 88–100.
588 Zur Forschungslage siehe jetzt zuletzt die Sammelrezension von Thomas Winkelbauer, Ein neues Standardwerk zur Geschichte der böhmischen Aristokratie im 16. und 17. Jahrhundert, in: Zeitenblicke 4 (2005),

Zwar wechselte in der Tat etwa die Hälfte des Adelslandes nach 1620 den Besitzer, ein Drittel des Adels mußte ins Exil gehen[589] und die adlige Führungsschicht war nach dem Dreißigjährigen Krieg zumindest in ihren oberen Rängen viel stärker als früher auf die Gesamtmonarchie und nicht mehr auf die engere Heimat ausgerichtet. Dennoch blieb die Verwaltung Böhmens und Mährens weitgehend in der Hand eines Kreises von Familien, die schon vorher im Lande ansässig gewesen waren und zum Kern der alten adligen Elite gehört hatten, auch wenn nun Loyalität gegenüber der Dynastie und das katholische Bekenntnis eine selbstverständliche Voraussetzung für jede Karriere waren. So gehörten von den 36 Personen, die zwischen 1627 und 1705 in Böhmen eines der obersten Landesämter bekleideten, nur vier nicht zu einer der Familien, die bereits vor 1620 in Böhmen ansässig gewesen waren, und 19 der 36 Amtsträger gehörten zu Geschlechtern, die schon um 1500 Mitglieder des „alten" Herrenstandes, der Elite der Magnaten, gewesen waren.[590]

Das war freilich auch dadurch bedingt, daß nach 1648 die dem Rang nach vornehmsten Adligen, die Herzöge und (neuen) Fürsten an der Landesverwaltung selten teilnahmen.[591] Sie zogen den Dienst bei Hofe vor, wenn sie sich nicht für das Leben eines unabhängigen Herren auf ihren Gütern und Besitzungen entschieden, eine Entscheidung, die bis weit ins frühe 18. Jahrhundert hinein noch durchaus im Rahmen des Üblichen lag.[592] Als hoffähig galten allerdings

---

Nr. 2 (www.zeitenblicke.historicum.net/2005/4/winkelbauer, 17. Juni 2005)); Winkelbauer stellt hier die Arbeiten von Thomás Knoz über „Die Besitzungen Karls des Älteren von Zerotin nach der Schlacht am Weißen Berg, Brünn 2001" und „Die Konfiskationen nach der Schlacht am Weißen Berg. Der Verlauf in Mähren, mitteleuropäischen Zusammenhänge, allgemeine Aspekte, ungedr. Habil. Schrift, Universität Brünn 2004, im Druck", sowie Peter Mat'a, „Die Welt der böhmischen Aristokratie, 1500–1700, Prag 2004" (Originaltitel jeweils in Tschechisch) vor.

589 Winkelbauer, Ständefreiheit (wie Anm. 588), Bd. 1, S. 101–103
590 Winkelbauer Standardwerk, Absatz 25 nach Mat'a.
591 Winkelbauer, Standardwerk, Absatz 14.
592 Petr Mat'a, Der Adel aus den böhmischen Ländern am Kaiserhof 1620–1720. Versuch eine falsche Frage richtig zu lösen, in: Václav Bůžek und

auch etliche der böhmischen und mährischen Grafen, die über genügend Besitz und die notwendigen Verbindungen verfügten.[593] Eine Karriere bei Hofe oder in der Landesverwaltung war oft durch vorherige Darlehen an den Kaiser vorbereitet worden. Nicht wenige der großen Aristokraten Böhmens und Österreichs waren zwischen 1650 und 1700 und zum Teil auch noch im 18. Jahrhundert zugleich die wichtigsten Gläubiger des Kaisers. Die Parallele zu Frankreich und anderen Staaten ist auffällig.[594]

Daß der Prozeß der Intensivierung und Rationalisierung von Herrschaft in der Habsburgermonarchie zwischen 1648 und 1740 in weiten Bereichen eher auf der Ebene der ausgedehnten adligen Grundherrschaften als auf der Ebene der gesamtstaatlichen Verwaltung stattfand,[595] macht schon die Zahl der Beamten deutlich. Selbst 1762, als schon eine Reihe von Reformen im Sinne einer stärkeren Zentralisierung durchgeführt worden waren, gab es in den böhmisch-österreichischen Erblanden der Habsburger (ohne Tirol und die Vorlande) nur rund 7.500 kaiserliche Beamte, von denen etwa 5.000 in Niederösterreich, also in Wien und der Umgebung der Hauptstadt,

---

Pavel Král (Hg.), Šlechta v habsburské monarchii a císařský dvůr (1526–1740), Budweis 2003, S. 191–233, bes. S. 227–232. Siehe auch Petr Mat'a, Landstände und Landtage in den böhmischen und österreichischen Ländern 1620–1740. Von der Niedergangsgeschichte zur Interaktionsanalyse, in: ders. und Thomas Winkelbauer (Hg.), Die Habsburgermonarchie 1620 bis 1740. Leistungen und Grenzen des Absolutismusparadigmas, Stuttgart 2006, S. 345–400.

593 Vaclav Bůžek und Petr Mat'a, Wandlungen des Adels in Böhmen und Mähren im Zeitalter des „Absolutismus" (1620–1740), in: Asch, Adel, S. 287–322, hier S. 302–04.

594 Winkelbauer, Standardwerk (wie Anm. 588), Abs. 20 und Jean Bérenger, Finance et absolutisme autrichien dans le second moitié du xviie siècle, Paris 1975; James van Horn Melton, The Nobility in the Bohemian and Austrian Lands, 1620–1780, in: Scott, Nobilities, Bd. 2, S. 110–143, bes. S. 124.

595 So auch van Horn Melton, Nobility, S. 126–134; vergl. Thomas Winkelbauer, Sozialdisziplinierung und Konfessionalisierung durch Grundherren in den österreichischen und böhmischen Ländern im 16. und 17. Jahrhundert, in: Zeitschrift für Historische Forschung 19 (1992), S. 317–339.

tätig waren, während fast 12.000 Amtsträger im Dienste des Adels, der kirchlichen Grundherren und der Städte und weitere 1.500 im Dienst der Stände standen.[596] Da der Adel jedoch nach 1648 als loyal gelten konnte, kam auch der Ausbau seiner lokalen Herrschaftsrechte, der gerade in Böhmen und Mähren oft auf Kosten der bäuerlichen Bevölkerung und der kleineren Städte erfolgte, in gewisser Weise der Kohärenz der Monarchie zugute. Erst nach 1748, als die zeitweilige Kooperation der böhmischen Magnaten mit den Wittelsbachern, die die Habsburgermonarchie zerstören wollten, während des Österreichischen Erbfolgekrieges das Vertrauensverhältnis zwischen den Habsburgern und ihren mächtigsten Untertanen erschüttert hatte, fand im Zuge der sogenannten Haugwitzschen Reformen eine stärkere Einschränkung ständischer Rechte auf der regionalen und lokalen Ebene, etwa durch die Einrichtung von Kreisämtern unter landesherrlicher Kontrolle, statt. Diese Reformen hatten auch das Ziel, die Steuereinkünfte deutlich zu steigern, doch erst nach dem Siebenjährigen Krieg, also nach 1763, wurde der ständische Einfluß auf der lokalen Ebene wirklich systematisch zurückgedrängt (siehe unten, S. 289 f).[597]

Anders als Böhmen und Mähren und – in allerdings geringerem Umfang auch das Herzogtum Österreich – war die Kernprovinz der preußischen Monarchie, Brandenburg, keine Adelslandschaft, die durch große Latifundien geprägt war.[598] Die meisten der ca. 260 Adelsfamilien, die vor 1620 in der Mark lebten, wirtschafteten auf Gutshöfen, die sich nicht allzu sehr von einem großen Bauernhof unterschieden.

---

596 Walter Demel, Reich, Reformen und sozialer Wandel 1763–1806 (Gebhardt Handbuch der Deutschen Geschichte 12), Stuttgart 2005, S. 248, Anm. 86.
597 Dazu Franz A. J. Szabo, Kaunitz and Enlightened Absolutism, 1753–1780, Cambridge 1994, S. 73–112; vergl. Mat'a/Winkelbauer, Habsburgermonarchie (wie Anm. 592), bes. die Beiträge von Michael Hochedlinger und Thomas Winkelbauer zu Heer und Finanzen.
598 Edgar Melton, The Prussian Junkers, 1600–1786, in: Scott, Nobilities, Bd. 2, S. 71–109, hier S. 75–77. Siehe auch Frank Göse, Rittergut – Garnison – Residenz. Studien zur Sozialstruktur und politischen Wirksamkeit des brandenburgischen Adels 1648–1763, Berlin 2005.

Nur eine kleine Spitzengruppe von etwa 15–25 Familien ragte über diese Masse des Adels hinaus. Angehörige dieser Familien dominierten im 16. Jahrhundert in den Landständen, aber auch am kurfürstlichen Hof, und diese Spitzenschicht des Adels konnte sich die fortifikatorische Modernisierung ihrer mittelalterlichen Burgen ebenso leisten wie eine teure Universitätsausbildung für ihre Söhne. Im 16. Jahrhundert traten sie oft als Geldgeber für den Landesherren auf, der ihnen im Gegenzug lokale Ämter und seine Domänen verpfändete.[599] Die Machtstellung der Landesherren war relativ schwach.

Dies sollte sich erst nach dem Dreißigjährigen Krieg ändern: Viele Adlige waren durch den Krieg ruiniert worden. Die Mark hatte Bevölkerungsverluste von je nach Region zwischen 40 und 60 % erlitten, in manchen Kreisen waren 1648 sogar nur noch 10 % der Vorkriegsbevölkerung ansässig.[600] Der Verfall der Getreidepreise, die Zerstörung von Gutshäusern und von Bauernhöfen, vor allem aber auch der Mangel an Arbeitskräften, stellten viele Adlige vor enorme wirtschaftliche Probleme. In dieser Situation war der ständische Widerstand gegen den Ausbau der landesherrlichen Autorität gering. Auf dem Landtag von 1652 – dem letzten eigentlichen Plenarlandtag, der in der Mark Brandenburg abgehalten wurde – gelang es dem Großen Kurfürsten, Steuerbewilligungen durchzusetzen, die ihn langfristig vom Konsens der Stände bei der Erhebung der Abgaben unabhängig machten. Im Gegenzug sicherte der Kurfürst dem Adel den Schutz seiner lokalen Herrschaftsrechte zu und damit die Möglichkeit, die Gutsherrschaft, die sich mit hohen Fronverpflichtungen der Bauern verband, weiter auszubauen (siehe oben, S. 57–59).[601]

---

599 Hierzu und zum folgenden Peter-Michael Hahn, Struktur und Funktion des brandenburgischen Adels im 16. Jahrhundert, Berlin 1979.
600 Wolfgang Neugebauer, Zentralprovinz im Absolutismus. Brandenburg im 17. und 18. Jahrhundert, Berlin 2001, S. 63.
601 Wolfgang Neugebauer, Die Hohenzollern, Bd. 1: Anfänge, Landesstaat und monarchische Autokratie bis 1740, Stuttgart 1996, S. 154–156, und Christopher Clark, Iron Kingdom. The Rise and Downfall of Prussia, 1600–1947, Cambridge, Mass. 2006, S. 61–64.

Es handelte sich also um einen klassischen Herrschaftskompromiß, bei dem der Kurfürst freilich eindeutig der stärkere Verhandlungspartner war, da die wirtschaftliche Lage der meisten Adligen noch über Jahrzehnte hinaus recht prekär blieb. Nach 1648 waren zunächst viele Schlüsselpositionen in der brandenburgisch-preußischen Zentralverwaltung und am Hof in der Hand von ausländischen Adligen. Oft handelte es sich um Adlige reformierter Konfession. Auffälligerweise wurden die landesfremden Familien jedoch in der preußischen Zentralprovinz Brandenburg relativ rasch integriert. Sie erwarben Rittergüter und heirateten in die einheimischen Familien ein, die wirtschaftlich zu schwach waren, um ihre Exklusivität zu verteidigen, veränderten damit aber auch das Profil der adligen Elite und ihre Haltung zur Landesherrschaft.[602] Diese stellte sich im Laufe der Jahrzehnte immer mehr auf den Staatsdienst – vor allem den Dienst in der Armee – ein, der im 18. Jahrhundert zur beherrschenden Lebensform des preußischen Adels werden sollte.

Die Könige betrieben allerdings bis weit ins 18. Jahrhundert hinein keineswegs eine durchgehend adelsfreundliche Politik. Friedrich Wilhelm I. etwa nahm auf adlige Empfindlichkeiten und Interessen wenig Rücksicht. Unter ihm gab es auch erste Versuche, die lokale Gerichtsbarkeit der Gutsherren einzuschränken.[603] Als adelsfeindlich wurde jedoch vor allem die Entscheidung des Königs empfunden, ab 1717 nicht nur in Brandenburg, sondern auch in den meisten anderen Provinzen die Lehensverfassung aufzuheben. Damit unterlag der adlige Besitz erstmals generell einer – allerdings eher bescheidenen – Besteuerung, und der Schutz vor der Zersplitterung der Güter, den das Lehensrecht geboten hatte, drohte wegzufallen. Mehr noch, der König ließ jetzt exakte Vasallentabellen aufstellen, die Angaben über den Besitz und die sonstigen wirtschaftlichen Verhältnisse enthielten.

---

602 Göse, Rittergut (wie Anm. 598), S. 51–64, 424–426 dort auch Vergleiche mit Mecklenburg und Kursachsen.
603 Neugebauer, Zentralprovinz (wie Anm. 600), S. 153; zur Gerichtsbarkeit des Adels siehe auch William Hagen, Ordinary Prussians. Brandenburg Junkers and Villagers 1500–1800, Cambridge 2002, S. 423–523, eine aufschlußreiche Detailstudie.

Wie in anderen europäischen Staaten sah man in diesem Einbruch der staatlichen Datenerhebung und der Statistik in das, was man bislang als Privatsphäre angesehen hatte, eine gefährliche Bedrohung, wohl nicht zuletzt mit Blick auf eine später einzuführende stärkere Besteuerung. Die ökonomischen Geheimnisse der eigenen Familie wollte man nicht preisgeben.[604] Die Magdeburgische Ritterschaft klagte sogar vor dem Reichshofrat, einem der beiden höchsten Reichsgerichte, gegen den König. Mit der Zeit glätteten sich die Wogen jedoch wieder, zumal der König auch bereit war, innerhalb gewisser Grenzen notleidende Adlige wirtschaftlich zu unterstützen. Es war jedoch erst sein Sohn Friedrich II., der nach 1740 eine prononcierte Adelsschutzpolitik betrieb und etwa den Erwerb von Rittergütern durch Bürgerliche weitgehend verbot. Auch versuchte er durch Einrichtung einer eigenen ritterschaftlichen Kreditkasse, verschuldete Adlige vor dem Ruin zu retten. In der Praxis scheint jedoch die Erleichterung der Kreditaufnahme die Verschuldung der Güter nach 1763, als eine starke Bodenspekulation einsetzte, eher noch gesteigert zu haben.[605] Die Zahl landloser Adeliger nahm zu und auch in der preußischen Zentralprovinz Brandenburg setzte seit der Mitte des 18. Jahrhunderts eine starke Urbanisierung des Adels ein.

Festzuhalten gilt, daß sich in Brandenburg-Preußen der Adel dem Staatsbildungsprozeß nach anfänglichen Widerständen zwischen 1648 und der Mitte des 18. Jahrhunderts besonders stark anpaßte und von diesem Prozeß auch langfristig profitierte. In der Zivilverwaltung konnte er freilich keine so starke Stellung erlangen wie in der Armee: Unterhalb der eigentlichen Spitzenpositionen, deren Inhabern auch repräsentative Aufgaben zukamen und die schon deshalb dem Adel vorbehalten blieben – von denen es allerdings in der gesamten Mo-

---

604 Frank Göse, Das Verhältnis Friedrich Wilhelms I zum Adel, in: Friedrich Beck und Julius H. Schoeps, (Hg.), Der Soldatenkönig Friedrich Wilhelm I. in seiner Zeit, Potsdam 2003, 99–138, hier bes. S. 100–108; vergl. Göse, Rittergut (wie Anm. 598), S. 181–211.
605 Neugebauer, Zentralprovinz (wie Anm. 600), S. 160–165; vergl. Fritz Martiny, Die Adelsfrage in Preußen vor 1806 als politisches und soziales Problem. Erläutert am Beispiele des kurmärkischen Adels, Stuttgart 1938.

narchie ohnehin nur einige Hundert gab, im Vergleich zu mehreren Tausend Offiziersstellen – waren die Ämter eher in der Hand von Neunobilitierten oder von Bürgerlichen.[606]

Daß der Adel sich überhaupt in der Verwaltung halten konnte, verdankte er der Tatsache, daß er bereit war, sich wie die Bürgerlichen regelrechten Laufbahnprüfungen zu unterwerfen, die ab 1737 eingeführt wurden und ab 1770 allgemein verbindlich wurden.[607] Während sich in anderen Territorien bei den adligen Amtsträgern ein gewissermaßen antibürokratisches und antibürgerliches „Dienstethos" noch lange hielt, konnte sich der preußische Adel eine solche Haltung nicht mehr leisten. Namentlich für die Adligen geistlicher Territorien, die gewissermaßen kleine Adelsrepubliken waren, war hingegen das Aktenstudium und die regelmäßige Arbeit in der Kanzlei auch noch im späten 18. Jahrhundert eine Qual, die man gerne den Bürgerlichen überließ. Ein gelegentlicher Besuch der wichtigsten Sitzungen der administrativen Gremien erschien den adligen Räten durchaus als hinreichend.[608] Mit einer solchen Haltung wäre man in Preußen auch als Adliger im 18. Jahrhundert kaum noch durchgekommen. Dennoch konnte auch hier die Haltung des Adels zum Staat ambivalent sein, und viel hing davon ab, in welcher Rolle man sich befand, ob man in einer gegebenen Situation als Amtsträger agierte oder als Inhaber lokaler Herrschaftsrechte.[609] Die Verbundenheit gegenüber der eigenen Heimatprovinz und ihren ererbten Rech-

---

606 Rolf Straubel, Beamte und Personalpolitik im altpreußischen Staat. Soziale Rekrutierung, Karriereverläufe, Entscheidungsprozesse (1763/86–1806), Potsdam 1998, S. 176, Anm. 287.
607 Ebd., S. 80–90.
608 Christine van den Heuvel, Beamtenschaft und Territorialstaat. Behördenentwicklung und Sozialstruktur der Beamtenschaft im Hochstift Osnabrück 1550–1800, Osnabrück 1984, S. 188 f. Zu einem ähnlichen Phänomen im Hochstift Münster siehe Marcus Weidner, Landadel in Münster 1600–1760. Stadtverfassung, Standesbehauptung und Fürstenhof, 2 Bde., Münster 2000, Bd. 1, S. 278.
609 Dazu Neugebauer, Der Adel in Preußen im 18. Jahrhundert, in: Asch, Adel, S. 49–76.

ten blieb namentlich an der Peripherie der preußischen Monarchie, wie etwa in Ostpreußen, groß.

Diese Widersprüchlichkeit der Haltung zum Staat, dem man nicht selten den eigenen Aufstieg verdankte, der aber auch die adlige Autonomie bedrohen konnte, galt noch stärker für den außerpreußischen deutschen Adel, der nicht selten mehr als einem Territorium durch Besitz und Ämter, aber auch durch Verwandtschaft und Klientelbeziehungen verbunden war. Nicht ungewöhnlich war dabei der Typus des Adligen, der in seiner eigenen Heimat mit Nachdruck die ständischen Rechte verteidigte, im Ausland aber, wo er in erster Linie Amtsträger, Minister oder Offizier war, vor allem als Vertreter der fürstlichen Autorität und einer bürokratischen Reformpolitik auftrat.[610] Die norddeutsche Adelsfamilie Bernstorff bietet dafür ein gutes Beispiel. Andreas Gottlieb von Bernstorff (gest. 1726) diente als Minister Georg Augusts von Hannover, der 1714 englischer König wurde, kämpfte aber zugleich als Führer der mecklenburgischen Stände gegen alle Versuche des dortigen Herzogs, seine Macht zu stärken, und dies nicht ohne Erfolg.[611] Spätere Angehörige der Familie spielten eine wichtige Rolle als hohe Amtsträger und Minister in Dänemark, wo die Stände weitgehend entmachtet waren, wußten sich aber zugleich den ständischen Traditionen ihrer eigenen Heimat, Hannover und Mecklenburg, weiter verbunden. Dies hinderte sie andererseits nicht daran, auf jene Landjunker, die einen engeren Horizont als sie selber hatten, mit Verachtung herabzublicken. So be-

---

610 Hubertus Neuschäfer, Die Doppelrolle des Adels als Gutsbesitzer und Staatsdiener, in: Christian Degn und Dieter Lohmeier (Hg.), Staatsdienst und Menschlichkeit. Studien zur Adelskultur des späten 18. Jahrhunderts in Schleswig-Holstein und Dänemark, Neumünster 1980, S. 103–126, hier bes. S. 108–112.

611 Zu den Ständekämpfen in Mecklenburg siehe auch Hans-Joachim Ballschmieter, Andreas Gottlieb von Bernstorff und der Mecklenburgische Ständekampf (1680–1720), Köln 1962 und jetzt auch Sigrid Jahns, „Mecklenburgisches Wesen" oder absolutistisches Regiment? Mecklenburgischer Ständekonflikt und neue kaiserliche Reichspolitik (1658–1755), in Paul-Joachim Heinig u. a. (Hg.), Reich, Regionen und Europa in Mittelalter und Früher Neuzeit (FS Peter Moraw), Berlin 2000, S. 323–351.

merkte Andreas Gottlieb der Jüngere von Bernstorff 1746 über eine Versammlung der mecklenburgischen Stände, dort seien „die Unordnung, der Tumult, das Geschrei ... unbeschreiblich. Wenn man ihnen nicht den Schädel mit wiederholten Axthieben zerschlägt, kann die Vernunft keinen Eingang bei ihnen finden; die vierfüßigen Tiere sind weniger dumm als unsere Landjunker, wenn ein falscher Bruder sie in Harnisch gebracht hat."[612] Ein bürgerlicher Adelskritiker hätte nicht schärfer urteilen können. Mehr denn je war der Adel Mitte des 18. Jahrhunderts zu einer sozialen Gruppe geworden, die zutiefst heterogen war, heterogen nicht nur mit Blick auf Vermögen und Rang – solche Unterschiede hatte es in dem meisten Adelslandschaften immer schon gegeben –, sondern auch mit Blick auf die Nähe zur Macht und auf die innere Einstellung zum bürokratischen Staat, die freilich im Einzelfall und je nach Interessenlage auch bei ein und derselben Person stark schwanken konnte.

---

612 Aage Friis, Die Bernstorffs, Bd. 1: Lehr- und Wanderjahre. Ein Kulturbild aus dem Deutsch-Dänischen Adels- und Diplomatenleben im achtzehnten Jahrhundert, Leipzig 1905, S. 346.

## 8. Ausblick: Der Adel am Ende des Ancien Régime

### Adelskritik und Adelskrise im 18. Jahrhundert

Im Frühjahr 1763 brachte der zukünftige Regent der Habsburgermonarchie und Nachfolger Franz Stephans als Herrscher über das altehrwürdige Heilige Römische Reich seine Zukunftsvisionen zu Papier. Zwar war Joseph II. damals erst 22 Jahre alt, aber die hier festgehaltenen Gedanken sollten in seiner späteren Politik immer wiederkehren, daher war es bedeutsam, daß er seine „Träumereien" mit einem Frontalangriff auf den Adel eröffnete. Sein oberstes Prinzip werde es sein, so schrieb er „Die Großen herabzusetzen und ärmer zu machen", denn es sei nicht sinnvoll, daß es „kleine Könige" und „reiche Untertanen" gebe, „die in Wohlstand leben, ohne sich darum zu sorgen, was aus dem Staat wird". Daher müsse man dem Adel deutlich höhere Steuern auferlegen und sein monopolartiges Anrecht auf alle höheren Ämter im Staat aufheben, denn „damit ein Edelmann dem Staat dient, und das auch noch in sehr mittelmäßiger Weise, muß man ihn in Gold bezahlen; damit ein Präsident bereit ist, seinen Namen zur Verfügung zu stellen, ohne selber im Dikasterium zu arbeiten und dreimal pro Woche drei Stunden lang dort zu sitzen, um seine Sekretäre schreiben zu lassen, benötigt er zehn oder zwölftausend Gulden." Damit müsse Schluß gemacht werden, damit der Weg frei sei für die wahrhaft gewissenhaften und talentierten Staatsdiener; wenn das mit dem Verzicht auf einen glänzenden Hof verbunden sei, so sei das doch durchaus zu verschmerzen, denn eine aufwendige Hofhaltung sei ohnehin nur eine Geldverschwendung.[613]

Das waren harte Worte, und es waren nicht nur Worte, denn die tatsächliche Politik des Kaisers folgte, als er allein regierte, in den 1780er Jahren diesen Maximen durchaus. Adelskritik von monarchischer Seite mochte es auch in früheren Zeiten gegeben haben; Friedrich Wilhelm I. von Preußen etwa, der Soldatenkönig, kann kaum als besonderer Adelsfreund gelten, und auch manch ein spätmittelalterlicher Monarch wie etwa der erste Tudor, Heinrich VII. von England (reg. 1485–1509), begegnete dem Adel seines Landes mit tiefem Mißtrauen. Dennoch war die Situation im späten 18. Jahrhundert neu, denn es erschien jetzt als durchaus denkbar, die Sozialordnung selber, auf der die Hegemonie des Adels beruhte, grundsätzlich zu verändern. Die Reformprojekte Josephs II. kamen einer solchen Politik zeitweilig zumindest nahe, auch wenn sie gerade dadurch dann auch weitgehend scheiterten.[614]

Der Rationalismus der Aufklärung, den Joseph II. selber verkörperte, war den ererbten Privilegien des Adels, die aus dieser Perspektive oft funktionslos erscheinen mußten, nicht günstig. Das geistige Klima namentlich der zweiten Hälfte des 18. Jahrhunderts drängte den Adel schrittweise in die Defensive. Ein neues Leistungsdenken sah Ämter und Offizierspatente nicht mehr in erster Linie als Fundament eines sozialen Status, der Ehre und Würde verlieh, aber auch im Idealfall nur denen verliehen werden sollte, die diese Eigenschaften bereits in

---

613 Harm Klueting (Hg.), Der Josephinismus. Ausgewählte Quellen zur Geschichte der theresianisch-josephinischen Reformen, Darmstadt 1995, Nr. 33: Die „Rêveries" Josephs II., hier S. S. 78–80.
614 Zum Josephinismus siehe Helmut Reinalter, Der Josephinismus, Frankfurt/M. 1993, und Peter Hersche, Muße und Verschwendung. Europäische Gesellschaft im Barockzeitalter, 2 Bde., Freiburg 2006, Bd. 2, S. 989–1028.

irgend einer Form mitbrachten.[615] Vielmehr zählten nun exakt oder scheinbar exakt meßbare Fähigkeiten, die gegebenenfalls durch Prüfungen nachweisbar sein mußten, ein Prinzip, das Preußen für seine Verwaltung schon 1735 ansatzweise eingeführt hatte und 1770 zur allgemeinen Regel erhob, der sich grundsätzlich auch Adlige zu unterwerfen hatten.[616] Es gibt sogar Indizien dafür, daß der Adel selbst das neue Ideal einer objektiven Messung persönlicher Leistungen, die nun auch wichtiger waren als die Verdienste der Vorfahren, bis zu einem gewissen Grade verinnerlichte, bis hin zum Eintreten für eine Hierarchie innerhalb des eigenen Standes, die diesen neuen Kriterien gerecht wurde. So zumindest hat etwa schon vor Jahren Chaussinand-Nogaret die *cahiers des doléances* des Zweiten Standes, die 1789 anläßlich der Einberufung der Generalstände entstanden, gedeutet. Am Ende habe es in Frankreich vor der Revolution keine „bourgeois gentilshommes" mehr gegeben, bürgerliche Aufsteiger, die sich wie Adlige verhielten oder so wirken wollten, sondern nur noch „gentilshommes bourgeois", verbürgerlichte Adlige.[617]

Eine gewisse Tendenz zur Verbürgerlichung des Adels – oder zumindest bestimmter Teile des Adels – mag im späten 18. Jahrhundert tatsächlich feststellbar sein, und dies nicht nur in Frankreich. Dazu wären nicht nur ein quasi bürgerliches auch stupide Büroroutine nicht mehr scheuendes Pflichtethos adliger Amtsträger zu rechnen, sondern auch Wandlungen des Verhaltens, die eher Familie und persönliche Beziehungen betreffen, wie z. B. ein Kult intimer Freundschaft unter Gleichaltrigen, die bewußt kein primär politisches Zweckbündnis

---

615 Hervé Drévillon. La monarchie des Lumières: réforme ou utopie?, in: Joël Cornette (Hg.), La Monarchie entre Renaissance et Révolution, 1715–1774, Paris 2000, S. 283–353, hier S. 320.

616 Rolf Straubel, Beamte und Personalpolitik im altpreußischen Staat. Soziale Rekrutierung, Karriereverläufe, Entscheidungsprozesse (1763/86–1806), Potsdam 1998, S. 80–90.

617 Chaussinand-Nogaret, Noblesse, S. 60–63; vergl. Jay M. Smith, Nobility Reimagined. The Patriotic Nation in Eigteenth-Century France, Ithaca, New York 2005.

war.[618] Dennoch gehen die provokanten Thesen Chaussinand-Nogarets wohl doch über das empirisch Verifizierbare hinaus. Zwar bestand die Masse gerade des ärmeren Adels in Frankreich im späten 18. Jahrhundert und namentlich in der kritischen Situation des Jahres 1789 auf der essentiellen Gleichheit aller Adligen – Unterschiede des Vermögens aber auch der traditionellen Adelshierarchie wurden damit relativiert – aber außerhalb der größeren Städte und des Hofes stand man den Ideen der Aufklärung doch eher skeptisch gegenüber und verlangte die Rückkehr zu einem korporativ verfaßten Adel, der über seine Zusammensetzung autonom entschied, so wie es, wie man glaubte, bis ins 16. Jahrhundert der Fall gewesen war; für eine durchgehende Verbürgerlichung des Adels spricht das nicht unbedingt.[619]

Vielmehr glaubt man auch dort, wo man eher bereit war, sich auf die Aufklärung einzulassen, nicht selten, ihre Ideen zur Legitimation der eigenen Standesinteressen nutzen zu können. Die Erkenntnisse der neu entstehenden Wissenschaft der Biologie, für die in Frankreich etwa ein Name wie der von Georges Louis Leclerc, Comte de Buffon (gest. 1788), stand, schienen zu beweisen, daß Charakter und Fähigkeiten eines Menschen durch seine Herkunft bestimmt wurden; eine Ansicht, die der Adel auf seine Weise schon immer vertreten hatte.[620] Da war es dann nur konsequent, wenn in Frankreich kurz vor der Revolution noch Verordnungen erlassen wurden, die es Bürgerlichen

---

618 Heinz Reif, Westfälischer Adel 1770–1860. Vom Herrschaftsstand zur regionalen Elite, Göttingen 1979, S. 268; Dieter Lohmeier, Der Edelmann als Bürger. Über die Verbürgerlichung der Adelskultur im dänischen Gesamtstaat, in: Christian Degn und Dieter Lohmeier (Hg.), Staatsdienst und Menschlichkeit. Studien zur Adelskultur des späten 18. Jahrhundert in Schleswig-Holstein und Dänemark, Neumünster 1980, S. 127–150, hier bes. S. 139.
619 Figeac, L'Automne, S. 289–292; Vergl zur Problematik der Verbürgerlichung des Adel im deutschen Kontext auch Ewald Frie, Adel und bürgerliche Werte, in: Hans-Werner Hahn und Dieter Hein (Hg.), Bürgerliche Werte um 1800, Köln 2005, S. 394–414.
620 Pierre Serna, Der Adelige, in: Michel Vovelle (Hg.), Der Mensch der Aufklärung, Frankfurt/M. 1996, S. 42–97, hier S. 88–90.

und Neunobilitierten erschweren sollten, in der Armee Karriere zu machen. Die militärische Laufbahn sollte dem alten Schwertadel, vor allem den Söhnen des wenig vermögenden Landadels, vorbehalten bleiben, auch wenn es diesem weiterhin schwer fiel, sich gegen die übermächtige Konkurrenz wohlhabender Nobilitierter auf der einen und des reichen und mächtigen Hochadels auf der anderen Seite, der die höheren Positionen in der Armee vom Obristen an aufwärts weitgehend monopolisierte, zu behaupten.[621]

Auch andere wissenschaftliche Erkenntnisse, oder was man dafür hielt, schienen die Weltanschauung großer Teile des Adels zu bestätigen. Bewies die Physiognomik, wie sie u. a. von Lavater entwickelt wurde, nicht, daß das Äußere, der Gesichtsausdruck und die körperliche Haltung, auf deren Kultivierung der Adel seit der Renaissance besonderen Wert gelegt hatte, ein Ausdruck des wirklichen Charakters war?[622] Von anderer Seite wurden freilich dem Adel gerade seine – wie es schien – gekünstelte, von den Gesetzen der höfischen Gesellschaft geprägte Gestik und Mimik, die mit dem neuen Kult der Aufrichtigkeit und der Gefühlsinnigkeit schwer zu vereinbaren waren, vorgeworfen.[623] Damit wurde gerade die über Generationen betriebene Selbstformung, die bis ins Körperliche ging, zu einem Gegenstand der Adelskritik.

Hier wird ein weiteres Mal deutlich, daß der Adel auch dort, wo er glaubte, die Tendenzen der Epoche auf seiner Seite zu haben, mehr als je zuvor mit fundamentalen Herausforderungen konfrontiert

---

621 Rafe Blaufarb, The French Army 1750–1820. Careers, Talent, Merit, Manchester 2002, S. 12–74; Claudia Opitz-Belakhal, Militärreformen zwischen Bürokratisierung und Adelsreaktion. Das französische Kriegsministerium und seine Reformen im Offizierskorps, 1760–1790, Sigmaringen 1994; siehe auch Smith, Nobility Reimagined (wie Anm. 617), S. 120 ff.
622 Serna, Der Adelige (wie Anm. 620), S. 91.
623 Angelika Linke, Das Unbeschreibliche, Zur Sozialsemiotik adeligen Körperverhaltens im 18. und 19. Jahrhundert, in: Eckart Conze und Monika Wienfort (Hg.), Adel und Moderne, Deutschland im europäischen Vergleich im 19. und 20. Jahrhundert, Köln 2004, S. 247–268, bes. S. 249–257.

war; dies galt nicht zuletzt für den allmählichen, aber letztlich unaufhaltsamen Wandel sozialer und politischer Strukturen. Der traditionelle Anspruch des Adels auf soziale Autorität und Status stützte sich ganz wesentlich auch auf seine autonomen Herrschaftsrechte; diese aber wurden im Laufe des 18. Jahrhunderts zunehmend durch die staatliche Bürokratie und die Gerichtsbarkeit der Territorialherren ausgehöhlt, mit sicherlich erheblichen regionalen Unterschieden, die jedoch nichts an der allgemeinen Tendenz zu ändern vermochten. Mochte auch der Absolutismus gerade auf der lokalen Ebene oft mehr Idee als Wirklichkeit sein, an der stärkeren Präsenz der Vertreter der Zentralgewalt auch noch in der kleinsten Stadt oder selbst auf dem Dorfe konnte es keinen Zweifel geben. Nicht nur ein Steuersystem, das nun tendenziell mit seinen Forderungen auch vor den Privilegierten nicht mehr Halt machte, sondern die immer stärkere Präsenz des staatlich kontrollierten Militärapparates auf dem flachen Lande bedeutete hier einen wesentlichen Einschnitt, auch dann, wenn dieser Militärapparat vom Adel selbst dominiert wurde, wie etwa in Preußen und in vielen anderen Ländern (vgl. oben, S. 213–216). Die Einführung etwa eines Konskriptionssystems nach preußischem Muster in der von Joseph II. mitregierten Habsburgermonarchie in den 1770er Jahren brachte nicht nur viele Mißstände zu Tage, die der Zentralverwaltung bislang verborgen geblieben waren, wie das enorme bäuerliche Elend, das die Fähigkeit der Bauern, für das Heer Fuhrdienste zu leisten, ebenso beschränkte wie ihre Eignung als Soldaten; sie gab mit den Anstoß für die weitreichenden Agrarreformen der folgenden Jahre, die die Herrschaftsposition des Adels in Frage stellten.[624]

---

624 Michael Hochedlinger, Austria's Wars of Emergence. War, State and Society in the Habsburg Monarchy 1683–1797, London 2003, S. 295; vergl. auch ders., Der gewaffnete Doppeladler. Ständische Landesdefension, Stehendes Heer und „Staatsverdichtung" in der frühneuzeitlichen Habsburgermonarchie, in: Peter Mat'a und Thomas Winkelbauer (Hg.), Die Habsburgermonarchie 1620–1740. Leistungen und Grenzen des Absolutismusparadigmas, Stuttgart 2006, S. 217–250, sowie ders., Rekrutierung – Militarisierung – Modernisierung. Militär und ländliche Ge-

Dabei war in anderer Hinsicht gerade die Entwicklung der landwirtschaftlichen Erträge dem Adel eher günstig. Das 18. Jahrhundert war besonders in seiner zweiten Hälfte durch eine ausgesprochene Agrarkonjunktur, also durch erhebliche Steigerungen der landwirtschaftlichen Erzeugerpreise, gekennzeichnet. Davon profitierte der grundbesitzende Adel erheblich, insbesondere dort, wo er eine ausgedehnte Eigenwirtschaft betrieb wie in Ostmitteleuropa oder wo es ihm zumindest gelang, die Pachterträge entsprechend zu steigern, wie z. B. in England. Allerdings auch dort, wo die Agrarkonjunktur dem Adel zu Gute kam, sah er sich mit dem Problem konfrontiert, daß Land und Rittergüter nun gerade wegen der steigenden Getreidepreise zunehmend zu einem wirtschaftlichen Spekulationsobjekt wurden; sie wechselten, wie z. B. im ostelbischen Deutschland, zum Teil in kurzer Zeit und zu überhöhten Preisen ihren Besitzer; die Bindung der bäuerlichen Bevölkerung an den jeweiligen Inhaber des Rittergutes lockerte sich auf diese Weise naturgemäß.[625] Überdies zwang gerade die günstige Agrarkonjunktur in Verbindung mit den steigenden Preisen für Land den Adel im 18. Jahrhundert zunehmend zu einem Wirtschaftshandeln, das stärker als in der Vergangenheit nach rein zweckrationalen Gesichtspunkten ausgerichtet war; die Steigerung des eigenen Einkommens mußte im Vordergrund stehen. Die sogenannte „reaction féodale" in Frankreich, also der Versuch, zum Teil längst vergessene herrschaftliche Rechte wieder zu beleben, um die Einkünfte zu steigern, ist in diesem Kontext zu sehen. Sie mag von der älteren Forschung in ihren Ausmaßen deutlich überschätzt

---

sellschaft in der Habsburgermonarchie im Zeitalter des Aufgeklärten Absolutismus, in: Stefan Kroll und Kersten Krüger (Hg.), Militär und ländliche Gesellschaft in der früher Neuzeit, Münster 2000, S. 327–375.

625 Hans-Ulrich Wehler, Deutsche Gesellschaftsgeschichte, Bd. 1, Vom Feudalismus des Alten Reiches bis zur Defensiven Modernisierung der Reformära 1700–1815, München 1987, S. 85–91 (mit Bezug auf Preußen) und S. 150 f.

worden sein,[626] aber es bleibt die Tatsache, daß in der zeitgenössischen Öffentlichkeit der Eindruck entstand, der Adel wolle obsolete Rechte in absurder Weise wieder zur Geltung bringen. Einer der populärsten Angriffe auf den traditionellen Adelshochmut – populär allerdings in hohem Maße auch in Kreisen des aufgeklärten Adels selber –, das bald vertonte Theaterstück „Figaros Hochzeit" von Beaumarchais (1778), das 1784 uraufgeführt wurde, griff gerade dieses Thema auf.[627]

Solche Angriffe mochten sich auf einen wirklichen oder vermeintlichen Neofeudalismus beziehen, aber auch dort, wo der Adel sich nur von einem rationalen wirtschaftlichen Interessenkalkül leiten ließ, konnte ein profitorientiertes Wirtschaftshandeln die Beziehungen zu den Pächtern und zur bäuerlichen Bevölkerung belasten. Es ließ für eine die ererbte Loyalität der Untertanen festigende patriarchalische Fürsorge nicht immer allzu viel Raum oder verschob diese in Richtung auf die stärker abhängigen und leichter zu kontrollierenden Landarbeiter, wie in Ostelbien Ende des 18. Jahrhunderts.[628]

Auch nahm die Zahl bürgerlicher Land- und Rittergutsbesitzer selbst dort zu, wo diese offiziell vom Besitz eines adligen Gutes ausgeschlossen waren, wie etwa in Preußen. Mit Entsetzen blickten zumindest in Deutschland die Verfechter ständischer Exklusivität im 18. Jahrhundert auf die sich daraus ergebende Möglichkeit, daß frisch Nobilitierte oder gar Bürgerliche eine Aufnahme in die ritterschaftlichen Korporationen anstreben könnten. Ein Osnabrücker Rittergutsbesitzer, der kaiserliche Feldmarschall von Moltke, ging 1755 sogar soweit zu schreiben, wenn die Grenzen zwischen Bürgertum und Adel verwischt würden, so könne er auf keinen Fall „mit von der partie sein". Er würde dann lieber „das emigrandum vor die handt neh-

---

626 Jean Gallet, Seigneurs et paysans en France, 1600–1793, Rennes 1999, S. 208–214; vergl. J. Q. C. Mackrell, The Attack on ‚Feudalism' in Eighteenth-Century France, London 1973.
627 Timothy C. W. Blanning, The Culture of Power and the Power of Culture. Old Regime Europe, 1660–1789, Oxford 2002, S. 432 f.
628 Edgar Melton, The Decline of Prussian Gutsherrschaft and the Rise of the Junker as Rural Patron, in: German History 12 (1994), S. 286–307.

men, dann ich mein herkhommen umb keinen schatz in der weldt, wie hoch er auch seyen möchte, nicht dargebe."[629]

Solche Verfechter adliger Exklusivität sahen sich jedoch noch mit einem anderen Problem konfrontiert. Fast überall wuchs die Zahl von Adligen, die zwar alle Vorrechte ihres Standes beanspruchten, jedoch selbst nur noch wenig Land besaßen, oder vielleicht sogar ganz landlos waren, da sie etwa als jüngere Söhne nicht oder nicht uneingeschränkt erbberechtigt waren oder aus verarmten Familien stammten. Sie mußten sich als Offiziere oder Beamte durchschlagen, falls sie nicht als Angehörige der etablierten Kirche Versorgung als Inhaber kirchlicher Pfründen fanden – eine Karriere, die jedoch nur in katholischen Ländern und in England wirklich attraktiv war. Die Existenz eines relativ großen besitzlosen, oder doch zumindest vergleichsweise armen Adels untergrub längerfristig das Prestige des gesamten Standes, gab aber auch den Anstoß für weitreichende Reformvorschläge, wie die Forderung nach einer weitgehenden Öffnung des Wirtschaftslebens für den Adel und nach der Schaffung einer „noblesse commerçante", wie sie in Frankreich seit der Mitte des 18. Jahrhunderts erhoben wurde (siehe unten, S. 292–294).[630]

In Deutschland dachten manche auch daran, sich an das Vorbild der englischen *gentry* anzulehnen, die durch ein strenges Primogeniturerbrecht geprägt war, das sich hier freilich mit dem faktischen Ausscheiden der jüngeren Söhne aus der Statusgruppe ihrer Vorfahren verband, wenn es ihnen nicht gelang, sich auf eigene Faust das notwendige Vermögen zu verschaffen, um ihre sozialen Ansprüche

---

629 Niedersächsisches Staatsarchiv Osnabrück, Dep. 1 b, Nr.. 176, Brief Moltkes aus Wien vom 21. Juni 1755. Vergl. Ronald G. Asch, „Wie die Fledermäuse"? Die Osnabrücker Ritterschaft im 18. Jahrhundert, in: Niedersächsisches Jahrbuch 75 (2003), S. 161–184. Vergl. zu diesen Fragen auch Barbara Stollberg-Rilinger, Vormünder des Volkes? Konzepte landständischer Repräsentation in der Spätphase des Alten Reiches, Berlin 1999, S. 152–188.

630 Zu Preußen siehe Friedrich Martiny, Die Adelsfrage in Preußen vor 1806, Stuttgart 1938; Reinhart Koselleck, Preußen zwischen Reform und Revolution, 3. Aufl. Stuttgart 1981, S. 80–91.

aufrechtzuerhalten. Ein solches Erbrecht hätte den jeweiligen Erben eine soziale und wirtschaftliche Position gesichert, die sie davor bewahrte, zu einem bloßen „Nominal-Adel" zu werden.[631] Von anderer Seite wurden gegen Ende des 18. Jahrhunderts Vorschläge vorgebracht, es sei an der Zeit, eine neue Elite zu schaffen, die bürgerliche Notabeln vom akademisch gebildeten Beamten bis hin zum reichen Gewerbetreibenden oder Grundbesitzer mit dem Adel verbinden müsse.[632]

Für den verarmten Landadel oder gar den landlosen Adligen ohne sonderliche Talente oder Bildung war in dieser Elite freilich kein Platz mehr. Nur wohlhabende Adlige, die dazu in der Lage waren, vom Wirtschaftswachstum des 18. Jahrhunderts zu profitieren, konnten im Gegensatz zu den einfachen „Krautjunkern" ohne Schaden für ihre soziale Position auf mancherlei Standesvorrechte verzichten. Ihr Reichtum und ihr politischer Einfluß sicherten ihnen in jedem Fall eine herausragende Stellung. In diesen Kreisen war daher, zumindest in Frankreich, die Tendenz auch sehr viel größer, sich gegenüber den Ideen der Aufklärung zu öffnen und selbst mancherlei radikalen Angriffen auf die bestehende Gesellschaftsordnung mit einem gewissen spielerischen Wohlwollen, das nicht immer frei von einer frivolen Lust am eigenen Untergang war – solange dieser nicht wirklich ein-

---

631 Friedrich August Ludwig von der Marwitz, Von den Ursachen des Verfalls des preußischen Staates. In: Friedrich Meusel, Friedrich August Ludwig von der Marwitz. Ein märkischer Edelmann im Zeitalter der Befreiuungskriege. 2 Bde., Berlin 1913, Bd. II,2, S. 57–100, hier S. 73–75. Vergl. Ewald Frie, Friedrich August Ludwig von der Marwitz 1777–1837. Biographien eines Preußen, Paderborn 2001. Zur Vorbildfunktion Englands siehe auch Robert v. Friedeburg, Das Modell England in der Adelsreformdiskussion zwischen Spätaufklärung und Kaiserreich, in: Heinz Reif (Hg.), Adel und Bürgertum in Deutschland, Bd. 1: Entwicklungslinien und Wendepunkte im 19. Jahrhundert, Berlin 2000, S. 29–50.
632 August Wilhelm Rehberg, Über den deutschen Adel, Göttingen 1803; vergl. Elisabeth Fehrenbach, August Wilhelms Rehbergs Adelskritik und sein Reformbestreben im Königreich Hannover, in: Winfried Speitkamp und Hans-Peter Ullmann (Hg.), Konflikt und Reform. Festschrift für Helmut Berding, Göttingen 1997, S. 151–167.

trat und ein bloßes Gedankenexperiment blieb – zu begegnen (vgl. oben, S. 161 f). Bezeichnenderweise fand in diesen Kreisen, selbst ein egalitär gesinnter Aufklärer wie Rousseau durchaus seine Gönner.[633] Als 1789 das Ancien Régime zusammenbrach, gab es sogar Adlige die versuchten, sich an die Spitze der revolutionären Bewegung zu stellen. Die Beispiele reichen hier von dem liberalen Monarchisten Lafayette über den bereits deutlich radikaleren Mirabeau wie zu jenem provenzalischen Marquis d'Antonelle, dessen Leben der französische Historiker Pierre Serna vor einigen Jahren eine wichtige Studie gewidmet hat.[634]

Bis zur offenen Unterstützung der Revolution gingen außerhalb von Frankreich nur relativ wenig Adlige, die auch eher Außenseiter bleiben, wie der im radikal aufklärerischen Illuminatenbund aktive Freiherr von Knigge, aber Befürworter weitgehender Reformen gab es auch anderswo.[635] Man kann dazu mit gewissen Einschränkungen etwa den Fürsten Kaunitz rechnen, der auf die Innenpolitik der Habsburgermonarchie nach 1763 einen maßgebenden Einfluß ausübte. Stärker noch trat hier in den 1770er Jahren der böhmische Statthalter Karl Egon von Fürstenberg, der aus einer Nebenlinie des süddeutschen Fürstenhauses stammte, als Advokat radikaler Agrarreformen hervor.[636] Jedenfalls wäre es ein Fehler zu meinen, der Adel hätte sich insgesamt den Tendenzen der Zeit entgegengestellt. Dies galt weder für die Politik noch für die wirtschaftliche Entwicklung. Eine direkte oder indirekte Beteiligung des Adels an großen wirtschaftlichen Un-

---

633 Dazu Marraud, Noblesse, S. 491–504 (S. 492 und 487 zu Rousseau), und 436–453, zu den Bibliotheken.
634 Dazu Guy Chaussinand-Nogaret, Mirabeau, Stuttgart 1988 und Pierre Serna, Antonelle, Aristocrate révolutionnaire, 1747–1817, Paris 1997.
635 Anke Bethmann und Gerhard Dongowski, Adolph Freiherr von Knigge an der Schwelle zur Moderne: ein Beitrag zur politischen Ideengeschichte der deutschen Spätaufklärung, Hannover 1994.
636 Franz. A. J. Szabo, Kaunitz and Enlightened Absolutism 1753–1780, Cambridge 1994, dort auch S. 171 zu Karl Egon von Fürstenberg. Vergl. Karl Grünberg, Die Bauernbefreiuung und die Auflösung der gutsherrlich-bäuerlichen Verhältnisse in Böhmen, Mähren undSchlesen, 2 Bde. Leipzig 1894.

ternehmungen wie insbesondere an Bergwerken oder an großen Handelsgesellschaften, die etwa im Kolonialhandel tätig waren, hatte es immer gegeben, aber zumindest in Westeuropa, in England und Frankreich war hier im 18. Jahrhundert eine Tendenz zu erkennen, solche Aktivitäten zu verstärken, um damit von der wirtschaftlichen Entwicklung zu profitieren. Rückständig war der Adel also im 18. Jahrhundert keineswegs, vielmehr verstanden es nicht wenige Vertreter dieses Standes sogar sich an die Spitze jener Entwicklungen zu setzen, die im 18. Jahrhundert weithin als Fortschritt galten.[637]

Dennoch war kaum zu übersehen, daß der Adel im 18. Jahrhundert unter einen doppelten Druck geriet. Zum einen sah er sich der Konkurrenz durch ein Bürgertum ausgesetzt, das zwar oft genug durchaus noch nach Adelstiteln strebte, aber nicht mehr ohne weiteres bereit war, wie in der Vergangenheit die sozialen und kulturellen Normen des zweiten Standes ungefragt zu übernehmen; zum anderen stellte sich immer nachhaltiger die Frage, ob der Herrschaftskompromiß mit dem Adel, auf dem bis dahin die Macht des monarchischen Staates wie auch die gesellschaftliche Position des Adels beruht hatten, Bestand haben würde, oder ob nicht schrittweise dieser Staat die Privilegien des zweiten Standes reduzieren wenn nicht gar aufheben würde.

## Der Angriff auf die adeligen Privilegien: die Steuerpolitik

Der entscheidende Punkt war hier vor allem die Frage der Besteuerung. Der Finanzbedarf der großen europäischen Staaten wuchs im 18. Jahrhundert exponentiell, vor allem nach 1740, als die Jahre eines relativen Friedens, die nach 1714 zunächst die europäische Politik geprägt hatten, vorüber waren. Am ehesten gelang es noch Großbritannien, seine Staatseinnahmen kontinuierlich zu steigern. Die enor-

---

637 Lukowski, Nobility, S. 82–92; vergl zu Frankreich, Julian Swann, The French Nobility, 1715–1789, in Scott, Nobilities, Bd. 1, S. 142–173, hier S. 157 f.

men Militärausgaben der neuen Großmacht wurden im 18. Jahrhundert nicht zuletzt durch eine Landsteuer finanziert, die auch *gentry* und *peerage* traf, auch wenn nach 1720 namentlich in Friedenszeiten die indirekten Steuern und Zölle einen deutlich größeren Anteil zu den Einkünften des Staates beitrugen.[638] In den meisten kontinentaleuropäischen Ländern ließen sich die Erträge der indirekten Steuern weniger leicht steigern, als in England mit seinem enormen Außenhandel und seiner kommerzialisierten Wirtschaft.[639] Anders als England war selbst Frankreich vor 1789 noch ganz weitgehend ein Agrarland, und dies galt für Spanien, die Habsburgermonarchie und Preußen noch sehr viel stärker. Damit war eine dauerhafte Steigerung der Einnahmen eigentlich noch am ehesten durch eine Erhöhung der Steuern auf Grund und Boden zu gewährleisten, und zwar eine Erhöhung, die auch das in Land bestehende Vermögen der privilegierten Schichten, also des Adels und Klerus aber auch der städtischen Oberschicht, soweit diese ebenfalls Steuerprivilegien besaß, einbezog. Dezidiert vertraten einen solchen Standpunkt vor allem seit den 1750er Jahren die Physiokraten, eine Schule von Philosophen und Nationalökonomen, die im Land die Quelle allen Wohlstandes sahen. Sie traten für eine Einheitssteuer auf Land jeder Art ein, die die wichtigste, wenn nicht sogar tendenziell auf Dauer die einzige Grundlage für die Finanzierung der Staatsausgaben bilden sollte.[640]

Solche Doktrinen stellten einen fundamentalen Angriff auf die Steuerprivilegien des Adels, aber auch der anderen bislang weitgehend von den direkten Steuern befreiten Gruppen der Gesellschaft dar. Besorgnis mußten solche Pläne bei den Betroffenen aber nicht nur deshalb erwecken, weil sie altebalierte Vorrechte antasteten, son-

---

638 John V. Beckett, Land Tax or Excise: the Levying of Taxation in Seventeenth- and Eighteenth-Century England, in: English Historical Review 100 (1985), S. 285–308; vergl. John Brewer, The Sinews of Power. War, Money and the English State, 1688–1789, London 1989, S. 95–101
639 Jack. A. Goldstone, Revolution and Rebellion in the Early Modern World, Berkeley, Cal. 1991, S. 196–225.
640 Helmuth Reinalter (Hg.), Lexikon zum Aufgeklärten Absolutismus in Europa, Köln 2005, S. 472–477, mit weiterer Literatur.

dern auch weil erstmals der Versuch gemacht wurde, durch Anlage genauer Kataster das in Land bestehende Vermögen aller Grundbesitzer genau festzuhalten. Bis dahin hatte der Staat sich weitgehend auf die Selbstveranlagung der Steuerzahler verlassen müssen, wenn es ihm denn überhaupt gelang, Adel und Privilegierte zu besteuern.[641]

In manchen Teilen Europas wie in Norditalien gab es ältere Verzeichnisse des Grundsbesitzes aller Eigentümer und so gelangten im Herzogtum Mailand nach Vorarbeiten, die schon 1718 einsetzten, die Arbeiten an einem Kataster schon 1748–55 zum Abschluß. Dieser Kataster wurde hier zur Grundlage einer einheitlichen Steuer auf alles Land, die seit den 1760er Jahren erhoben wurde.[642] Derartiges war anderswo allerdings nur schwer durchzusetzen. In Kastilien scheiterte ein entsprechender Versuch 1749 ebenso wie die geplante „unica contribución" (Einheitssteuer) am Widerstand der Privilegierten.[643] Das französische Beispiel zeigt allerdings, daß auch ohne einen nationalen Kataster die Besteuerung des Adels sich schrittweise steigern lassen konnte. Einen ersten Schritt in diese Richtung hatte bereits Ludwig XIV. getan. 1695 entschloß er sich, eine nach Stand und Status abgestufte Kopfsteuer einzuführen, die auch die privilegierten Schichten traf, die sogenannte „capitation". 1710, während der Krise des Spanischen Erbfolgekrieges, trat dann eine 10-prozentige allgemeine Einkommensteuer hinzu. Zwar wurde sie in Friedenszeiten später wieder abgeschafft, aber 1749 dann in etwas modifizierter Form als sogenannte „vingtième" (also eine ursprünglich 5-prozentige Steuer auf das Einkommen, die aber zum Teil mit einem Zuschlag von 20 % und überdies in Krisenzeiten mit dem dreifachen Hebesatz erhoben

---

641 Zu diesem Kontext für Frankreich Michael Kwass, Privilege and The Politics of Taxation in Eighteenth-Century France. Liberté, Egalité, Fiscalité, Cambridge 2000. S. 275 f.
642 M. S. Anderson, The Italian Reformers, in: Hamish Scott (Hg.). Enlightened Absolutism. Reform and Reformers in Later Eighteenth-Century Europe, Basingstoke 1990, S. 55–74, hier S. 61–63.
643 J. A. Armillas Vicente and C. E. Corona Baratech (Hg.), La España des las reformas hasta el final del reinado de Carlos IV (Historia General de España y América, Bd. X,2), 2. Aufl. Madrid 1990, S. 207 f and 373 f.

wurde, so daß sie an die 18 % betrug) doch permanent. Neuere Untersuchungen haben gezeigt, daß es dem Adel zwar zunächst gelang, die Steuerlast abzuwälzen, was in anderer Form auch für die städtischen Oberschichten galt, die ähnlich privilegiert waren, aber daß dies doch im Laufe des 18. Jahrhunderts deutlich schwieriger wurde. Namentlich seit den 1770er Jahren wurden die Selbsteinschätzungen, auf denen die Steuerveranlagungen beruhten, immer genauer von königlichen Beamten überprüft, so daß sich dann vor der Revolution selbst für mächtige Landbesitzer immerhin eine reale Steuerbelastung von an die 10 % (auf ihr Einkommen aus Grund und Boden) ergab.[644] Damit war letztlich die Sonderstellung des Adels im Steuersystem doch ernsthaft in Frage gestellt, und die zunehmende Opposition gegen die ihrem Anspruch nach absolute Monarchie, die sich gerade in Frankreich in den letzten Jahrzehnten des Ancien Régime bemerkbar machte und in den mächtigen *parlements* einen Rückhalt fand, war sicherlich zu einem guten Teil durch den schleichenden Abbau fiskalischer Privilegien mitbedingt.

Ähnliche Wege beschritten auch andere Herrscher wie etwa Maria Theresia und Joseph II. von Österreich. Schon Maria Theresia hatte hier nach dem Österreichischen Erbfolgekrieg, also nach 1748, damit begonnen, auch das sogenannte Dominikalland, die vom Adel selbst bewirtschafteten Güter, zu besteuern, und diese Lasten wurden schrittweise erhöht. Joseph II. verfügte in den 1780er Jahren, daß die Abgaben an die Grundherren – ob nun in Geld oder in Natura geleistet, wobei grundsätzlich die Umwandlung aller Naturalabgaben und Frondienste in Geld angestrebt war – 17 % des Bruttoertrages eines bäuerlichen Betriebes nicht überschreiten sollten, weitere 12 % sollten dann in die Staatskasse fließen.[645] Angesichts der Tatsache, daß die Grundherren bislang oft Abgaben von 30 % und mehr des Bruttoertrages erhalten hatten, stellte dies faktisch eine stillschwei-

---

644 Kwass, Privilege (wie Anm. 641), S. 92–95 und 104 f.
645 Helmut Feigl, Landwirtschaft und Grundherrschaft unter dem Einfluß des Physiokratismus, in: Erich Zöllner (Hg.) Österreich im Zeitalter des aufgeklärten Absolutismus, Wien 1983, S. 84–102, S. hier S. 98–101.

gende Enteignung der Gutsherren und Grundbesitzer dar. Entsprechend heftig war der Widerstand, der hinter den Kulissen von vielen Beamten unterstützt wurde. Da auch die Bauern mit den Maßnahmen nicht zufrieden waren, die ihnen nicht weit genug gingen, scheiterten die Reformen vollständig und mußten wieder aufgehoben werden. Zum Teil hatte sich im Kampf gegen die Reformen – und das galt vor allem für die peripheren Teile der Habsburgermonarchie wie Ungarn und das 1772 annektierte Galizien – auch ein neuer adliger Konstitutionalismus formiert, denn nur in einer ständischen Verfassung sah man einen Schutz gegen die Wiederholung derartiger Experimente, ein Gedanke, der auch großen Teilen des französischen Adels 1789 nicht fremd war.[646]

Das Scheitern der Josephinischen Reformpolitik verdeutlicht freilich auch, wie stark am Ende die Position des Adels in Ost- und Ostmitteleuropa auch noch um 1790 war. Als es nach 1806–07 doch zu Bauernbefreiungen kam, wurde hierbei meist wie in Preußen auf die Interessen des Adels weitgehend Rücksicht genommen; die Entschädigung für die aufgehobenen Frondienste fiel mehr als großzügig aus. Dennoch wurde auch dieser Eingriff in die traditionelle Agrarverfassung von konservativen Adligen als ein Verfassungsbruch gesehen, und energisch berief man sich auf die ererbten ständischen Rechte, mochten auch gerade in vielen preußischen Provinzen die Landtage seit 150 Jahren nicht mehr zusammengetreten sein.[647]

## Strukturelle Veränderungen des Adels im 18. Jahrhundert

Eine so starke Stellung wie in Ostelbien und Ostmitteleuropa besaß der grundbesitzende Adel freilich nicht überall; selbst in Spanien, wo die großen adligen Latifundien sich durchaus vergleichen konnten

---

646 Roman Rodolsky, Untertan und Staat in Galizien. Die Reformen unter Maria Theresia und Joseph II., Mainz 1992, S. 240–243; vergl zu Ungarn Éva H. Balácz, Hungary and the Habsburgs, 1763–1800. An Experiment in Enlightened Absolutism, Budapest 1997, S. 230–240.
647 Frie, Marwitz (wie Anm. 631), S. 333–341.

mit dem Großgrundbesitz der böhmisch-mährischen Magnaten, die die Adelsgesellschaft der Habsburgermonarchie dominierten, ging der politische Einfluß dieser Schicht in der zweiten Hälfte des 18. Jahrhunderts deutlich zurück. Die wichtigen Ministerien und königlichen Ämter waren weitgehend in der Hand von Aufsteigern aus dem niederen Adel oder der städtischen Oberschicht. Durch eine großzügige Nobilitierungspolitik, von der nicht nur Beamte und Offiziere profitierten, sondern auch Kaufleute und Manufakturbesitzer, relativierte die Krone die Bedeutung der älteren Adelstitel ebenso wie die des „natürlichen" Adels, den die zahlreichen einfachen Hidalgos für sich in Anspruch nahmen. Viele Angehörige dieser Schichten konnten ihren Status vor allem im Norden Kastiliens mit seiner traditionell hohen Adelsdichte nicht mehr halten und waren nur noch einfache Untertanen. Es vollzog sich in Spanien eine Neudefinition des Adels nach Leistung und Wohlstand. Da es faktisch keine exklusiven und mächtigen Adelskorporationen gab, die den geadelten Aufsteigern den Zutritt in der Weise hätten verwehren können, wie es in der Habsburgermonarchie zum Teil bis 1848 die Adelskurien der Landstände taten,[648] besaß die Krone hier durchaus die Möglichkeit, den Adel neu zu definieren, und eben dies geschah im Sinne einer meritokratischen Adelsidee.[649] Zugleich begannen in Kastilien die wohlhabenden adligen Grundbesitzer, ihren Besitz zunehmend nach den Prinzipien eines modernen Agrarkapitalismus zu verwalten. Auf diese Weise ergaben sich auch deutliche Interessenkonvergenzen mit der neuen Elite bürgerlicher Notabeln, die sich dann im 19. Jahrhundert verfestigen sollten.[650] In Spanien wurde der Wandel des Adels freilich dadurch begünstigt, daß der alte Hidalgo-Adel mit seinem überzogenen

---

648 Siehe William D. Godsey, Jr., Adelsautonomie, Konfession und Nation im österreichischen Absolutismus, ca. 1620–1848, in: Zeitschrift für Historische Forschung 33 (2006), S. 197–239
649 I. A. A. Thompson, The Nobility in Spain, in Scott, Nobilities, Bd. 1, S. 174–236, hier S. 228.
650 Christian Windler, Lokale Eliten, seigneurialer Adel und Reformabsolutismus in Spanien (1760–1808): Das Beispiel Niederandalusien, Stuttgart 1992, S. 459.

Ehrbegriff zu Recht oder Unrecht für die wirtschaftliche Rückständigkeit des Landes verantwortlich gemacht wurde und überdies die zahlreichen ärmeren Hidalgos kaum hoffen konnten, sich unter den neuen Bedingungen zu behaupten, denn klare rechtliche Ansprüche auf einen bestimmten Status hatten sie nie besessen.

Hier verhielten sich die Dinge in Frankreich deutlich anders, denn durch die *recherches de noblesse* und die Überprüfung von Adelstiteln durch die Finanzgerichte, die nach 1729 an ihre Stelle getreten waren, mochten sie auch noch so unvollständig sein, herrschte hier eine Adelsdefinition vor, die den juristisch überprüfbaren und einklagbaren Anspruch auf den sozialen Status betonte. Reformer wie der Abbé Coyer, der Autor einer einflußreichen Schrift über die „noblesse commerçante", mochten eine größere Flexibilität fordern, um reichen Kaufleuten und Gewerbetreibenden den Weg in den Adel zu öffnen und um gleichzeitig dem ärmeren Adel die Möglichkeit zu geben, sein Geld ohne Statusverlust mit Handelsgeschäften zu verdienen, aber große Teile des französischen Adels, namentlich in der Provinz, befürchteten bei einer solchen Relativierung der Grenzen zwischen Adel und Nicht-Adel ihren Status gänzlich zu verlieren.[651] Für sie sprach 1756 der Chevalier d'Arcq, der mit Vehemenz die Vorrechte des Adels, das traditionelle Handelsverbot, aber auch die Pflicht des Adels zum Militärdienst betonte. Bezeichnenderweise konnte sich aber auch d'Arcq keinen Adel mehr vorstellen, der sich nicht durch den Dienst für einen Staat, der mehr war als die Person des Königs und die Dynastie, obwohl sie diesen Staat verkörpten, legitimierte. Er schrieb: „le gentilhomme est citoyen avant d'être noble".[652] Auch Autoren wie d'Arcq glaubten, den Adel nur noch als eine patriotische Elite, die im Dienst des Staates stand, rechtfertigen zu können. Für den Landedelmann, der nur seinen Besitz verwaltete, oder den in der

---

651 Gabriel-François Abbé Coyer, La noblesse commerçante, London 1756; vergl. für Deutschland, Johann H. Justi, Der handelnde Adel, dem der kriegerische Adel entgegengesetzt wird, Göttingen 1756.
652 Philippe-Auguste de Sainte-Foy, Chevalier D'Arcq. La Noblesse militaire opposée à la noblesse commerçante, Amsterdam 1756, S. 192 f.

Stadt lebenden adligen Rentier ohne militärische Funktion hatten sie wenig übrig.[653]

Nicht nur in Frankreich wurde im späten 18. Jahrhundert der Gegensatz zwischen einem relativ wohlhabenden Adel, der am städtischen Leben und einer neuen Form der Konsumkultur teilnahm, und einem verarmten Landadel, der sich nur auf die Vergangenheit berufen konnte, um seine Stellung zu rechtfertigen, immer größer. Diese beiden unterschiedlichen Adelsgruppierungen orientierten sich am Ende auch an ganz unterschiedlichen Ideen und politisch-sozialen Werten.[654] Der arme Adel hatte gegen Ende des Ancien Régime zwar bessere Überlebenschancen als in der Vergangenheit, sah sich aber gleichzeitig damit konfrontiert, daß die Existenz als bloßer Landedelmann ohne großen Besitz, ohne Zugang zur vornehmen höfischen oder städtischen Welt und – jedenfalls in Frankreich – oft auch ohne die Möglichkeit, eine in der Regel kostspielige militärische Laufbahn einzuschlagen, zunehmend an Prestige verlor.

Mehr denn je zeichnete sich in Frankreich vor 1789 ein Konflikt zwischen rivalisierenden Adelsdefinitionen ab, der verschärft wurde durch die Versuche zu einer Reform der Laufbahnstruktur der Armee. Diese Reformen suchten einerseits bürgerliche oder nobilitierte Aufsteiger vom Dienst als Offiziere in der Armee weitgehend auszuschließen, formalisierten andererseits aber auch den seit jeher informell bestehenden Vorrang des Hochadels und insbesondere der bei Hof präsentierten Familien vor dem Provinzadel bei der Besetzung der Positionen als Regimentskommandeur und aller höheren Chargen, verschärften damit aber die schon seit langem bestehenden Spannungen innerhalb der adligen Elite. Diese Spannungen waren für den Ausbruch der Revolution anfänglich mindestens ebenso wichtig

---

653 Zu der Debatte über die „noblesse commerçante" und das Gegenideal der „noblesse militaire" siehe jüngst Smith, Nobility (wie Anm. 617), S. 104–142. Zu Deutschland Barbara Stollberg-Rilinger, Handelsgeist und Adelsethos. Zur Diskussion um das Handelsverbot für den deutschen Adel vom 16. bis zum 18. Jahrhundert, in: Zeitschrift für Historische Forschung 15 (1988), S. 273–315.
654 Figeac, L'Automne, S. 262.

wie die oppositionelle Haltung bürgerlicher Kreise gegenüber dem etablierten System von Privilegien; zumindest erschwerten sie einen Einsatz der Armee gegen die Revolution.[655]

Der Konflikt zwischen unterschiedlichen Adelsdefinitionen wurde in Frankreich vor der Revolution, so schien es zumindest aus der Sicht der Forschung lange Zeit, verschärft durch die Spannungen zwischen dem Adel und einer aufstrebenden Bourgeoisie, die ihr Streben nach Aufstieg gebremst sah. Neuere Forschungen lassen dieses Urteil allerdings doch zweifelhaft erscheinen, denn faktisch blieb der Aufstieg in den Adel in Frankreich auch im 18. Jahrhundert möglich.[656] In größeren Städten, in denen wichtige Gerichte und Verwaltungsinstitutionen ihren Sitz hatten, deren Amtsträger oft die Möglichkeit hatten, den Adelsrang zu erlangen, dürften bis zu 40 % der adeligen Familien ihren Status erst im 18. Jahrhundert erworben haben, und die Zahl derjenigen, die einen Ursprung nachweisen konnten, der ins Mittelalter zurückreichte, war verschwindend gering. Auf dem flachen Lande abseits der größeren Städte mögen die Dinge sich anders verhalten haben und nur 15 oder 20 % gehörten dem Kreis jener an, deren Familien vor 1700 noch bürgerlich gewesen waren. Doch bleibt es unwahrscheinlich, daß für ganz Frankreich die Zahl

---

655 Rafe Blaufarb, Nobles, Aristocrats and the Origins of the French Revolution, in: Robert M. Schwartz und Robert A. Schneider (Hg.), Tocqueville and Beyond, Essays on the Old Regime in Honor of David D. Bien, Newark, New Jersey 2003, S. 86–110, und ders., The French Army (wie Anm. 621), S. 12–74, bes. S. 42; mit dem Hinweis darauf, dass von 942 Familien, die zwischen 1760 und 1790 bei Hofe präsentiert wurden, 462, in der Regel reiche Aufsteiger, einen Dispens erhielten, der sie von der Notwendigkeit befreite, den Ursprung ihres Adelstitels vor 1400, wie es eigentlich den Vorschriften entsprach, nachzuweisen.
656 Hierzu Michael P. Fitzsimmons, New Light on Aristocratic Reaction in France, in: French History 10 (1996), S. 418–431; vergl. David Bien, Art. „Aristokratie", in: François Furet u. Mona Ozouf (Hg.), Kritisches Wörterbuch der Französischen Revolution, 2 Bde., Frankfurt/M. 1996, Bd. 2, S. 998–1020 sowie William Scott, From Social to Cultural History, in: Peter R. Campbell (Hg.), The Origins of the French Revolution, Basingstoke 2006, S. 112–138.

der Geschlechter mittelalterlichen Ursprung mehr als 30 % des gesamten Adels ausmachte, da selbst in der eher konservativen Bretagne dieser Prozentsatz nicht übertroffen wurde.[657] Allerdings gilt es auch zu bedenken, daß der Anteil von Adligen an der gesamten Bevölkerung zwischen 1660 und 1789, soweit sich dies feststellen läßt, eher zurückging. Obwohl der zweite Stand daher gegenüber Aufsteigern offen blieb, war der Aufstieg in den Adel schwieriger als im 16. und frühen 17. Jahrhundert und konnte das Aussterben alter Familien nicht vollständig kompensieren (vgl. oben, S. 50 f); somit blieb die Zahl wohlhabender bürgerlicher Familien, deren Wunsch auf einen Adelstitel unerfüllt blieb, vor 1789 größer als etwa im späten 16. Jahrhundert; ein Faktor, der manche Spannungen der vorrevolutionären Epoche erklären mag, zumal der Versuch, Bürgerliche und Nobilitierte von einer militärischen Laufbahn auszuschließen, diese Spannungen noch steigerte.[658]

Im Gegensatz zu Frankreich erscheint England im 18. Jahrhundert oft als das Musterbild eines Landes, das von einer gegenüber Aufsteigern weitgehend offenen Elite regiert wurde, die zudem bereit war, sich den politischen Werten einer wachsenden Mittelschicht anzupassen.[659] Auch hier ist allerdings Vorsicht angebracht. Es war in England gerade im 18. Jahrhundert, wenn man genug Geld hatte, nicht allzu schwer, sich ein Landgut zu kaufen und damit in die *gentry* aufzusteigen. Gentleman konnte sich in dieser Epoche ohnehin fast jeder bessere Ladenbesitzer nennen.[660] Aber gehörte man damit wirklich dazu? Das war so klar nicht, denn die wirkliche Macht, vor allem

---

657 Figeac, L'automne, S. 61 und 111.
658 Ebd. S. 296–301 und 96–100.
659 Paul Langford, A Polite and Commercial People: England 1727–1783, Oxford 1992, S. 690.
660 Penelope Corfield, The Rivals: Landed and other Gentlemen, in Nigel Harte and R. Quinault (Hg.) Land and Society in Britain, 1700–1914, Manchester 1996, S. 1–33; siehe auch François-Joseph Ruggiu, Les élites et les villes moyennes en France et en Angleterre, XVIIe–XVIIIe siècles, Paris/Montreal 1997, S. 50–58.

auch in der Politik, lag in der Hand einer Elite, die sehr viel kleiner war als die *gentry* insgesamt. Dies waren die wirklich reichen Landbesitzer, die auch über ein Sozialprestige verfügten, das sich – sowenig die englische Gesellschaft des 18. Jahrhunderts nach exakten Adelsnachweisen und Stammtafeln fragte – von der Herkunft doch nicht ganz trennen ließ.

Eine jüngere Untersuchung hat gezeigt, daß es eine begrenzte und nach 1700 eher abnehmende Zahl von rund 800 Familien gab, die immer wieder Parlamentsabgeordnete stellten und auch andere wichtige Ämter für sich in Anspruch nahmen. Innerhalb dieser Elite können überdies rund 160 bis 170 „grandee" Familien identifiziert werden, die im Zeitraum zwischen 1660 und 1945 überproportional viele Parlamentsabgeordnete stellten und überdies Sitze im House of Lords und im Kabinett und andere Auszeichnungen – zu denen auch das prestigeträchtige Amt des Lord Lieutenant in den Grafschaften gehörte – erlangten. Von diesen Familien, deren Einfluß auf die Politik gerade im 18. Jahrhundert besonders groß war, hatten rund 90 % zumindest ihre Zugehörigkeit zur *gentry* und damit auch die Basis für ihre lokale Machtstellung vor dem Ende des 16. Jahrhunderts erlangt, meist (in 70 % aller Fälle) sogar schon im Mittelalter, auch wenn sie zum Teil erst später in den Kreis der Magnaten und der *peerage* vorstießen. Nur sehr wenige dieser wirklich mächtigen Familien waren somit im 18. Jahrhundert tatsächlich Aufsteiger, und selbst in den unteren Rängen der parlamentarischen Elite waren solche Aufsteiger auch und gerade zwischen 1720 und 1780 immer eine Minderheit. Allenfalls der Bürgerkrieg und die politischen und demographischen Krisen der Jahre 1680–1720 hatten zeitweilig zu einer stärkeren Fluktuation geführt. Es blieb aber sehr viel leichter, in die unteren Ränge der politisch-sozialen Elite aufzusteigen als in den Kreis der großen Magnaten.[661]

---

661 Elie Wasson, Born to Rule: British Political Elites, Stroud 2000, S. 45 f und 57–92, bes. S. 61–64; vergl. Michael W. McCahill, Open Elites. Recruitment to the French Noblesse and the English Aristocracy in the Eighteenth Century, in: Albion 30 (1998), S. 599–629. Siehe ferner Law-

Unter diesen Umständen wird es nicht verwundern, daß England im späten 18. Jahrhundert nicht nur für bürgerliche Adelsreformer, sondern auch für viele Adlige selber zum bewunderten Vorbild wurde. In Frankreich etwa gab es vor 1789 in Paris einflußreiche Adelskreise, die geradezu von einer Anglomanie besessen waren,[662] und auch konservativ gesinnte Adlige in Deutschland sahen zum Teil, wie bereits betont (oben, S. 284), im englischen Primogeniturerbrecht das probateste Mittel, die gefährdete Position des Adelsstandes wieder zu festigen und seine Homogenität wieder herzustellen. Daß England fast als einziges europäisches Land – sieht man von Rußland und Sizilien ab – von der Französischen Revolution gänzlich unberührt blieb (deren Ausläufer das stets gefährdete Irland freilich doch erreichten und die dortige *Ascendancy* für lange Zeit von ihren patriotischen Idealen kurierte), machte es als Vorbild für den kontinentaleuropäischen Adel nach 1815 um so interessanter.[663]

Schon vor 1789 unterschied sich die Position eines englischen Gentleman deutlich von der eines kontinentaleuropäischen Landedelmannes. Anders als der Status eines Standesgenossen auf dem Kontinent konnte die Position eines englischen *squire* nur schwer

---

rence Stone and Jean C. Fawtier Stone, An Open Elite? England 1540–1880, Oxford 1984.

662 Marraud, Noblesse, S. 495, mit Bezug auf die Memoiren des Comte de Segur. Vergl. auch Louis-Philippe Comte de Ségur, The Memoirs and Anecdotes of the Count de Ségur, übers. von Gerard Shelley, London 1928, S. 66, über den Viscomte de Lauragais, einen fanatischen Anglophilen, der sogar Pferderennen nach englischem Vorbild einführte. Siehe zu Lauragais und seiner Lehre von den unterschiedlichen Pferderassen, von denen die edelstem gewissermaßen einen biologischen Adel unter den Tieren bildeten, auch Nicole de Blomac, Élites et généalogie au XVIIIe siècle: le cheval de course, cheval de sang, la naissance d'un nouveau concept en France, in: Revue d'Histoire Moderne et Contemporaine, 36 (1989), S. 497–507.

663 Siehe zum Einfluß Englands auf die Adelskultur des 19. Jahrhunderts auch Elie Wasson, Aristocracy and the Modern World, Basingstoke 2006, S. 93 f. Zu England als Vorbild für eine freiheitliche, aber dennoch vom Adel dominierte Verfassung siehe auch Heinz Duchhardt, Stein. Eine Biographie, Münster 2007, S. 41–43.

durch die großzügige Nobilitierungspolitik eines Monarchen entwertet werden, und zugleich besaß die *gentry*, gerade weil verarmte Familien oder jüngere Söhne, die den Mangel an ererbtem Vermögen nicht anderweitig zu kompensieren vermochten, rasch aus der Oberschicht ausschieden, eine in Lebensstil und Kultur sichtbar werdende Homogenität, die den adligen Eliten des Kontinents oft fehlte.[664] Faktisch ließ sich das englische Vorbild jedoch nur schwer auf den Kontinent übertragen. In Frankreich etwa lag für die wirtschaftlich und politisch überlebensfähigen Teile des Adels die Zukunft nach 1804 letztlich in einer engen Verbindung mit bürgerlichen oder unter Napoleon nobilitierten Funktionseliten.[665] Ansätze dazu gab es auch in Deutschland, doch setzten weite Teile des Adels solchen Entwicklungen das Konzept eines exklusiven „Uradels" entgegen, der freilich in Wirklichkeit nach deutlich anderen Prinzipien definiert war als denen der traditionellen ständischen Gesellschaft, wie sich schon an der zunehmenden Vernachlässigung der weiblichen und sogar zum Teil der nicht-namensgleichen (also einem anderen Hause angehörenden) männlichen Vorfahren bei der Einordnung einer Familie in die Statushierarchie zeigte.[666] Der Adel mochte hier seinem Selbstverständnis nach Erinnerungsgemeinschaft bleiben, aber es war eine auf

---

664 Siehe dazu auch McCahill, Open Elites (wie Anm. 661).
665 Wolfgang Mager, Von der Noblesse zur Notabilité. Die Konstituierung der französischen Notabeln im Ancien Régime und die Krise der absoluten Monarchie, in: Hans-Ulrich Wehler (Hg.), Europäischer Adel 1750–1950 (Geschichte und Gesellschaft, Sonderheft 13), Göttingen 1990, S. 260–285; Natalie Petiteau, Élites et mobilités: la noblesse d'Empire au XIXe siècle (1808–1914), Paris 1997; Claude-Isabelle Brélot, La noblesse rêinventée: nobles de Franche-Comté de 1814–1870, 2 Bde, Paris 1992, und Gordon K. Anderson, Old Nobles and Noblesse d'Empire: In Search of a Conservative Interest in Post-Revolutionary France, in: French History 8 (1994), S. 149–166.
666 William Godsey, Jr., Vom Stiftsadel zum Uradel. Die Legitimationskrise des Adels und die Entstehung eines neuen Adelsbegriffs im Übergang zur Moderne, in: Anja Victorine Hartmann u. a. (Hg.), Eliten um 1800. Erfahrungshorizonte, Verhaltensweisen, Handlungsmöglichkeiten, Mainz 2000, S. 371–391.

neuen Fundamenten konstruierte Erinnerungsgemeinschaft, die sich vielleicht gerade deshalb in Mitteleuropa ebenso wie in England bis zu Beginn des 20. Jahrhunderts in der Konkurrenz zu anderen Eliten zu behaupten vermochte.[667]

---

667 Zum Adel im 19. Jahrhundert siehe Wasson, Aristocracy (wie Anm. 663); Dominic Lieven, The Aristocracy in Europe 1815–1914, New York 1992; Heinz Reif, Adel im 19. und 20. Jahrhundert (EDG 55), München 1999, und Hamish M. Scott, Conclusion: the Continuity of Aristocratic Power, in: Ders. (Hg.), The European Nobilities in the Seventeenth and Eighteenth Centuries, 2 Bde., 2. Aufl. Basingstoke 2007, Bd. 2, Northern, Central and Eastern Europe, S. 377–399. Siehe jetzt aber auch Ewald Frie, Adel um 1800. Oben bleiben, in: http://www.zeitenblicke.de/2005/3/Frie., (13.12.2005), der zum Schluß kommt, daß „Adeligkeit" im Lauf des 19. Jahrhunderts zunehmend zu einer „Metapher" für einen bestimmten Lebensstil respektive eine spezifische Selbststilisierung geworden sei.

# LITERATUR UND QUELLEN

## Allgemeines

Asch, Ronald G. (Hg.), Der europäische Adel im Ancien Régime. Von der Krise der ständischen Monarchien bis zur Revolution (1600–1789), Köln 2001.

Ders., „Honour in all parts of Europe will be ever like itself". Ehre, adlige Standeskultur und Staatsbildung in England und Frankreich im späten 16. und im 17. Jahrhundert. Disziplinierung oder Aushandeln von Statusansprüchen?, in: ders. und Dagmar Freist (Hg.), Staatsbildung als kultureller Prozess. Strukturwandel und Legitimation von Herrschaft in der Frühen Neuzeit, Köln 2005, S. 353–379.

Ders., Nobilities in Transition. Courtiers and Rebels in Britain and Europe c. 1550–1700, London 2003.

Babel, Rainer und Werner Paravicini (Hg.), Grand Tour. Adeliges Reisen und Europäische Kultur vom 14. bis zum 18. Jahrhundert, Ostfildern 2005.

Brunner, Otto, Adeliges Landleben und europäischer Geist, Salzburg 1959.

Burke, Peter, The Fortunes of the Courtier. The European Reception of Castiglione's *Cortegiano*, Cambridge 1995.

Bush, Michael L., The European Nobility, Bd. 1: Noble Privilege, Manchester 1983.

Ders., The European Nobility, Bd. 2: Rich Noble, Poor Noble, Manchester 1988.

Carl, Horst und Martin Wrede (Hg.), Zwischen Schande und Ehre. Erinnerungsbrüche und die Kontinuität des Hauses in der europäischen Adelskultur der frühen Neuzeit, Mainz 2008.

Castiglione, Baldassare, Der Hofmann, übers. von Albert Wesselski, Berlin 1996.

Castiglione, Baldassare, The Book of the Courtier, hg. von Daniel Javitch, New York 2002.

Clark, Samuel, State and Status. The Rise of the State and Aristocratic Power in Western Europe, Cardiff 1995.

Conrads, Norbert, Ritterakademien der Frühen Neuzeit. Bildung als Standesprivileg im 16. und 17. Jahrhundert, Göttingen 1982.

Cooper, John P., Patterns of Inheritance and Settlement by Great Landowners from the Fifteenth to the Eighteens Centuries, in: Jack Goody u. a. (Hg.), Family and Inheritance. Rural society in Western Europa 1200-1800, Cambridge 1976, S. 192-327.

Demel, Walter, Der europäische Adel. Vom Mittelalter bis zur Gegenwart, München 2005.

Dewald, Jonathan, The European Nobility, 1400-1800, Cambridge 1996.

Duindam, Jeroen, Vienna and Versailles. The Courts of Europe's Dynastic Rivals, 1550-1780, Cambridge 2003.

Elias, Norbert, Die höfische Gesellschaft, Frankfurt/Main 2002.

Grell, Chantal und Arnaud Ramière de Fortanier (Hg.), L'éducation des jeunes filles nobles en Europe, XVIIe-XVIIIe siècles, Paris 2004.

Isenburg, Wilhelm Karl zu, Frank Freytag zu Loringhoven und Detlev Schwennicke (Hg.), Europäische Stammtafeln. Stammtafeln zur Geschichte der europäischen Staaten, Bd. 1-5, Marburg, 1953-1978; Neue Folge Bd. 1-16, Marburg 1980-1995.

Kiernan, Victor G., The Duel in European History, Oxford 1989.

Labatut, Jean-Pierre, Les noblesses européennes da la fin du XVe siècle à la fin du XVIIIe siècle, Paris 1978.

Lubinski, Axel und Jan Peters (Hg.), Gutsherrschaftsgesellschaften im europäischen Vergleich, Berlin 1997.

Lukowski, Jerzy, The European Nobility in the Eighteenth Century, Basingstoke 2003.

Meyer, Jean, Noblesses et pouvoirs dans l'Europe d'ancien régime, Paris 1973.

Montandon, Alain (Hg.), Dictionnaire raisonné de la politesse et du savoir-vivre, Paris 1995.

Oexle, Otto G. und Werner Paravicini (Hg.), Nobilitas. Funktion und Repräsentation des Adels in Alteuropa, Göttingen 1997.

Raber, Karen und Treva J. Tucker (Hg.), The Culture of the Horse. Status, Discipline and Identity in the Early Modern World, Basingstoke 2005.

Reden-Dohna, Armgard von und Ralf Melville (Hg.), Der Adel an der Schwelle des bürgerlichen Zeitalters, 1780-1860, Stuttgart 1988.

Reinhard, Wolfgang (Hg.), Power Elites and State Building, Oxford 1996.

Scott, Hamish M. (Hg.), The European Nobilities in the Seventeenth and Eighteenth Centuries, 2 Bde., 1. Aufl. London 1995 (2. Aufl. Basingstoke 2006).

Serna, Pierre, Der Adelige, in: Michel Vovelle (Hg.), Der Mensch der Aufklärung, Frankfurt/Main 1996, S. 42-97.

Trim, David J. B. (Hg.), The Chivalric Ethos and the Development of Military Professionalism, Leiden/Boston 2003.

Walther, Gerrit, Adel und Antike. Zur politischen Bedeutung gelehrter Kultur für die Führungselite der Frühen Neuzeit, in: Historische Zeitschrift 266 (1998), S. 359–385.

Wasson, Elie, Aristocracy and the Modern World, Basingstoke 2006.

Wehler, Hans-Ulrich (Hg.), Europäischer Adel 1750–1950, Göttingen 1990.

Yun Casalilla, Bartolomé (Hg.), European Aristocracies and Colonial Elites. Patrimonial Management Strategies and Economic Development, 15th-18th Centuries, Aldershot 2005.

Zmora, Hilay, Monarchy, Aristocracy and the State in Europe, 1300–1800, London 2001.

## Mitteleuropa
(Hl. Römisches Reich sowie Niederlande, Böhmen und Mähren)

Aalbers, Jan und Maarten Prak (Hg.) De Bloem der Natie. Adel en patriciaat en de Nordelijke Nederlanden, Amsterdam 1987.

Adel im Wandel. Politik, Kultur, Konfession, 1500–1700, Niederösterreichische Landesausstellung, Rosenburg 1990, hg. vom Amt der Niederösterreichischen Landesregierung, Wien 1990.

Andermann, Kurt und Sönke Lorenz (Hg.), Zwischen Stagnation und Innovation. Landsässiger Adel und Reichsritterschaft im 17. und 18. Jahrhundert, Sigmaringen 2005.

Ders. (Hg.), Zwischen Nicht-Adel und Adel, Stuttgart 2001.

Arndt, Johannes, Das niederrheinisch-westfälische Grafenkollegium und seine Mitglieder (1653–1806), Mainz 1991.

Asch, Ronald G., Noble Corporations and Provincial Diets in the Ecclesiastical Principalities of the Holy Roman Empire, c. 1648-1802, in: Maija Jansson (Hg.), Realities of Representation. State Building in Early Modern Europe and European America, Basingstoke 2007, S. 93–111.

Ders., „Wie die Fledermäuse"? Die Osnabrücker Ritterschaft im 18. Jahrhundert, in: Niedersächsisches Jahrbuch 75 (2003), S. 161–184.

Bastl, Beatrix, Tugend, Liebe, Ehre. Die adelige Frau in der Frühen Neuzeit, Wien 2000.

Bei der Wieden, Brage, Außenwelt und Anschauungen Ludolf von Münchhausens, Hannover 1993.

Beisel, Karl, The Bavarian Nobility in the Seventeenth Century, A Sociopolitical Study, New York 1969.

Burgermeister, Johann Stephan, Graven- und Ritter-Saal. Das ist Gründliche Vorstellung und Ausführung, welcher gestalt des H. Röm. Reichs-Grafen, Herren und die andere Reichsritterschaft bei des H. Röm. Reichs dreyen namhaften Veränderungen gegen- und beyeinander gestanden, Ulm 1715.

Bůžek, Vaclav und Petr Mat'a, Wandlungen des Adels in Böhmen und Mähren im Zeitalter des „Absolutismus" (1620–1740), in Asch, Adel, S. 287–322.

Degn, Christian und Dieter Lohmeier (Hg.), Staatsdienst und Menschlichkeit. Studien zur Adelskultur des späten 18. Jahrhunderts in Schleswig-Holstein und Dänemark, Neumünster 1980.

Demel, Walter, Struktur und Entwicklung des bayerischen Adels von der Mitte des 18. Jahrhunderts bis zur Reichsgründung, in: Zeitschrift für Bayerische Landesgeschichte 61 (1998), S. 295–345.

Diefenbacher, Michael, Stadt und Adel – Das Beispiel Nürnberg, in: Zeitschrift für die Geschichte des Oberrheins 141 (1993), S. 51–69.

Duhamelle, Christophe, L'héritage collectif. La noblesse d'èglise rhénane, XVIIe et XVIIIe siècles, Paris 1998.

Düsselder, Heike (Hg.), Adel auf dem Lande. Kultur und Herrschaft des Adels zwischen Weser und Ems, Cloppenburg 2004.

Endres, Rudolf (Hg.), Adel in der Frühneuzeit. Ein regionaler Vergleich, Köln 1991.

Ders., Adel in der Frühen Neuzeit, München 1993.

Ders., Adel und Patriziat in Oberdeutschland, in: Winfried Schulze (Hg.), Ständische Gesellschaft und soziale Mobilität, München 1988, S. 221–238.

Evans, Robert J. W. und Trevor V. Thomas (Hg.), Crown, Church and Estates. Central European Politics in the Sixteenth and Seventeenth Centuries, Basingstoke 1991.

Ders., The Making of the Habsburg Monarchy, 1550–1700, Oxford 1979.

Flügel, Axel, Bürgerliche Rittergüter. Sozialer Wandel und politische Reform in Kursachsen (1680–1844), Göttingen 2000.

Frank zu Döfering, Karl Friedrich von, Standeserhebungen und Gnadenakte für das Deutsche Reich und die österreichischen Erblande bis 1805, 4 Bde., Senftenegg 1967–1974.

Frie, Ewald, Adel und bürgerliche Werte, in: Hans-Werner Hahn und Dieter Hein (Hg.), Bürgerliche Werte um 1800, Köln 2005, S. 393–414.

Ders., Friedrich August Ludwig von der Marwitz, 1777–1837. Biographien eines Preußen, Paderborn 2001.

Von Friedeburg, Robert, Das Modell England in der Adelsreformdiskussion zwischen Spätaufklärung und Kaiserreich, in: Heinz Reif (Hg.), Adel und Bürgertum in Deutschland, Bd. 1: Entwicklungslinien und Wendepunkte im 19. Jahrhundert, Berlin 2000, S. 29–50.

Gallandi, Johannes (Hg.) Altpreußisches Adelslexikon, Lieferung 1–4, Königsberg 1926–1935.

Godsey, William, Jr., Nobles and Nations in Central Europe. Free Imperial Knights in the Age of Revolution, 1750–1850, Cambridge 2004.

Ders., Vom Stiftsadel zum Uradel. Die Legitimationskrise des Adels und die Entstehung eines neuen Adelsbegriffs im Übergang zur Moderne, in: Anja Victorine Hartmann u. a. (Hg.), Eliten um 1800. Erfahrungshorizonte, Verhaltensweisen, Handlungsmöglichkeiten, Mainz 2000, S. 371–391.

Ders., Adelsautonomie, Konfession und Nation im österreichischen Absolutismus, ca. 1620–1848, in: Zeitschrift für Historische Forschung 33 (2006), S. 197–239.

Göse, Frank, Rittergut – Garnison – Residenz. Studien zur Sozialstruktur und politischen Wirksamkeit des brandenburgischen Adels 1648–1763, Berlin 2005.

Ders., Zum Verhältnis von landadliger Sozialisation zu adliger Militärkarriere. Das Beispiel Preußen und Österreich im ausgehenden 17. und 18. Jahrhundert, in: Mitteilungen des Instituts für Österreichische Geschichtsforschung 109 (2000), S. 118–153.

Hagen, William W., Ordinary Prussians. Brandenburg Junkers and Villagers 1500–1800, Cambridge 2002.

Hahn, Peter-Michael, Struktur und Funktion des brandenburgischen Adels im 16. Jahrhundert, Berlin 1979.

Ders., Fürstliche Territorialhoheit und lokale Adelsgewalt. Die herrschaftliche Durchdringung des ländlichen Raumes zwischen Elbe und Aller (1300-1700), Berlin 1989.

Ders. und Hellmut Lorenz (Hg.), Formen der Visualisierung von Herrschaft. Studien zu Adel, Fürst und Schloßbau vom 16. bis zum 19. Jahrhundert, Potsdam 1998.

Hassenpflug-Elzholz, Eila, Böhmen und die böhmischen Stände in der Zeit des beginnenden Zentralismus. Eine Strukturanalyse der böhmischen Adelsnation um die Mitte des 18. Jahrhunderts, München 1982.

Hengerer, Mark (Hg.), Adel im Wandel. Oberschwaben von der Frühen Neuzeit bis zur Gegenwart, 2 Bde., Ostfildern 2006.

Hersche, Peter, Die deutschen Domkapitel im 17. und 18. Jahrundert, 3 Bde., Bern 1984.

Hochedlinger, Michael, Mars Ennobled. The Ascent of the Military and the Creation of a Military Nobility in Mid-Eighteenth Century Austria, in: German History 17 (1999), S. 141–176.

Hudemann-Simon, Calixte, La noblesse luxembourgeoise au XVIIIe siècle, Paris 1985.

Hufschmidt, Anke, Adlige Frauen im Weserraum zwischen 1570 und 1700, Status – Rollen – Lebenspraxis, Münster 2001.
Janssens, Paul, L'évolution de la noblesse belge depuis la fin du moyen âge, Brüssel 1998.
Justi, Johann Heinrich, Der handelnde Adel, dem der kriegerische Adel entgegengesetzt wird. Zwey Abhandlungen über die Frage, ob es der Wohlfarth des Staats gemäß sey, daß der Adel Kaufmannschaft treibe?, Göttingen 1756.
Kaak, Heinrich und Martina Schattkowsky (Hg.), Herrschaft. Machtentfaltung über adligen und fürstlichen Grundbesitz in der Frühen Neuzeit, Köln 2003.
Keller, Katrin und Josef Matzerath (Hg.), Geschichte des sächsischen Adels, Köln 1997.
Keller, Katrin, Hofdamen. Amtsträgerinnen im Wiener Hofstaat des 17. Jahrhunderts, Wien 2005.
Klein, Thomas, Die Erhebungen in den weltlichen Reichsfürstenstand 1550–1806, in: Blätter für deutsche Landesgeschichte 122 (1986), S. 137–192.
Klingenstein, Grete, Der Aufstieg des Hauses Kaunitz. Studien zur Herkunft und Bildung des Staatskanzlers Wenzel Anton, Göttingen 1975.
Kollmer, Gert, Die schwäbische Reichsritterschaft zwischen Westfälischem Frieden und Reichsdeputationshauptschluß. Untersuchungen zur wirtschaftlichen und sozialen Lage der Reichsritterschaft in den Ritterkantonen Neckar-Schwarzwald und Kocher, Stuttgart 1979.
Küppers-Braun, Ute, Frauen des hohen Adels im kaiserlich-freiweltlichen Damenstift Essen (1605–1803). Eine verfassungs- und sozialgeschichtliche Studie, Münster 1997.
Labouvie, Eva (Hg.), Adel in Sachsen-Anhalt. Höfische Kultur zwischen Unternehmertum, Repräsentation und Familie, Köln 2007.
Lampe, Joachim, Aristokratie, Hofadel und Staatspatriziat in Kurhannover. Die Lebenskreise der höheren Beamten an den kurhannoverschen Zentral- und Hofbehörden 1714–1760, 2 Bde., Göttingen 1963.
Lansius, Thomas, Consultatio de praerogativae certamine, quod est inter milites et literatos, in: ders., Mantissa Consultationum et Orationum, Tübingen 1656, S. 38 ff.
Lüpkes, Vera und Heiner Borggrefe (Hg.), Adel im Weserraum um 1600. Katalog (Schriften des Weserrenaissance-Museums Schloß Brake 9), Berlin 1996.
MacHardy, Karen, War, Religion and Court Patronage in Habsburg Austria, Basingstoke 2002.
Dies., Cultural Capital, Family Strategies and Noble Identity in Early Modern Habsburg Austria 1579–1620, in: Past and Present 163 (1999), S. 36–75.

Marwitz, Friedrich August Ludwig von der, Von den Ursachen des Verfalls des preußischen Staates, in: Friedrich Meusel, Friedrich August Ludwig von der Marwitz. Ein märkischer Edelmann im Zeitalter der Befreiungskriege, 2 Bde., Berlin 1913, Bd. II, 2, S. 57–100.

Mat'a, Petr, Landstände und Landtage in den böhmischen und österreichischen Ländern (1620–1740). Von der Niedergangsgeschichte zur Interaktionsanalyse, in: ders. und Thomas Winkelbauer (Hg.), Die Habsburgermonarchie 1620 bis 1740. Leistungen und Grenzen des Absolutismusparadigmas, Stuttgart 2006, S. 345–400.

Ders., Der Adel aus den böhmischen Ländern am Kaiserhof 1620–1720. Versuch eine falsche Frage richtig zu lösen, in: Václav Bůžek und Pavel Král (Hg.), Šlechta v habsburské monarchii a císařský dvůr (1526–1740), Budweis 2003, S. 191–233.

Mauerer, Esteban, Südwestdeutscher Reichsadel im 17. und 18. Jahrhundert. Geld, Reputation, Karriere. Das Haus Fürstenberg, München 2001.

Mensema, Albertus Jan, Jos Mooijweer und Jean Cornelis Streng (Hg.), De Ridderschap van Overijssel. Le Métier du Noble, Zwolle 2000.

Morsel, Joseph, La noblesse contre le prince. L'espace social des Thüngen à la fin du moyen âge, Franconie, c. 1250–1525, Stuttgart 2000.

Nierop, Henk, The Nobility of Holland. From Knights to Regents, 1500–1650, Cambridge 1993.

Pleticha, Eva, Adel und Buch. Studien zur Geisteswelt des fränkischen Adels am Beispiel seiner Bibliotheken, Neustadt/Aisch 1983.

Press, Volker und Dietmar Willoweit (Hg.), Liechtenstein. Fürstliches Haus und staatliche Ordnung, Vaduz/München 1987.

Ders., Adel im Alten Reich, Tübingen 1998.

Ders., Adel, Reich und Reformation, in: Ders, Das Alte Reich. Ausgewählte Aufsätze, hg. von Johannes Kunisch, Berlin 1997, S. 329–378.

Redlich, Fritz, The German Military Enterpriser and his Workforce. A Study in European Economic and Social History, 2 Bde., Wiesbaden 1964–65.

Rehberg, August Wilhelm, Über den deutschen Adel, Göttingen 1803.

Reif, Heinz, Westfälischer Adel 1770–1860, Göttingen 1979.

Ders., Adel im 19. und 20. Jahrhundert, München 1999.

Rogalla von Bieberstein, Johannes, Adelsherrschaft und Adelskultur in Deutschland, 3. Aufl. Frankfurt/Main 1998.

Rössler, Hellmuth (Hg.), Deutscher Adel 1430–1555, Darmstadt 1965.

Ders., (Hg.), Deutscher Adel 1555–1740, Darmstadt 1965.

Ders. (Hg.), Deutsches Patriziat, 1430–1740, Limburg/Lahn 1968.

Rupprecht, Klaus, Ritterliche Herrschaftswahrung in Franken. Die Geschichte der von Guttenberg im Spätmittelalter und zu Beginn der Neuzeit, Neustadt a. d. Aisch 1994.

Schneider, Joachim, Spätmittelalterlicher deutscher Niederadel. Ein landschaftlicher Vergleich, Stuttgart 2003.

Schraut, Sylvia, Das Haus Schönborn. Eine Familienbiographie. Katholischer Reichsadel 1640–1840, Paderborn 2005.

Schubert, Ernst, Adel im ausgehenden 18. Jahrhundert. Nordwestdeutsche Edelleute und süddeutsche Reichsritter im landesgeschichtlichen Vergleich, in: Joseph Canning und Hermann Wellenreuther (Hg.), Britain and Germany Compared. Nationality, Society and Nobility in the Eighteenth Century, Göttingen 2001, S. 141–230.

Spangenberg, Cyriacus, Adelsspiegel. Historischer ausführlicher Bericht, was Adel sey und heisse, 2 Teile, Schmalkalden 1591.

Spiegel, Beate, Adliger Alltag auf dem Lande, Münster 1997.

Stannek, Antje, Telemachs Brüder. Die höfische Bildungsreise des 17. Jahrhunderts, Frankfurt/Main 2001.

Strohmeyer, Arno, Konfessionskonflikt und Herrschaftsordnung. Widerstandsrecht bei den österreichischen Ständen (1550–1650), Mainz 2006.

Ulrichs, Cord, Vom Lehnhof zur Reichsritterschaft. Strukturen des fränkischen Niederadels am Übergang vom späten Mittelalter zur frühen Neuzeit, Stuttgart 1997.

Walther, Gerrit, Abt Balthasars Mission. Politische Mentalitäten, Gegenreformation und eine Adelsverschwörung im Hochstift Fulda, Göttingen 2002.

Weidner, Marcus, Landadel in Münster, 1600–1760. Stadtverfassung, Standesbehauptung und Fürstenhof, 2 Bde., Münster 2000.

Wieland, Christian, Adel zwischen territorialstaatlicher Integration und dem Drang nach Speyer. Bayern und die Reichsgerichtsbarkeit im 16. Jahrhundert, in: Anja Amend u. a. (Hg.), Gerichtslandschaft Altes Reich. Höchste Gerichtsbarkeit und territoriale Rechtsprechung, Köln 2007, S. 41–57.

Ders., Selbstzivilisierung zur Statusbehauptung. Untersuchungen zum Verhältnis von adligen Lebenswelten und Rechtssystem am bayerischen Beispiel im 16. Jahrhundert, in: Geschichte und Gesellschaft 33 (2007), S. 326–349.

Winkelbauer, Thomas, Fürst und Fürstendiener. Gundaker von Liechtenstein, ein österreichischer Aristokrat des konfessionellen Zeitalters, Wien 1999.

Ders., Der Adel in Ober- und Niederösterreich in der Frühen Neuzeit. Versuch eines Literaturüberblicks, in: Opera Historica 2 (1992), S. 13–33.

Ders., Ständefreiheit und Fürstenmacht. Länder und Untertanen des Hauses Habsburg im konfessionellen Zeitalter, 2 Bde, Wien 2003.

Wißgrill, Franz Carl, Schauplatz des landsäßigen Nieder-Oestereichischen Adels vom Herrn- und Ritterstande von dem 11. Jahrhundert an bis aus unsere Zeiten, 5 Bde., Wien 1794–1824.

Zmora, Hilay, State and Nobility in Early Modern Germany. The Knightly Feud in Franconia, 1440–567, Cambridge 1997.

## Frankreich

Chevalier d'Arcq, Philippe-Auguste de Sainte-Foix, La Noblesse militaire opposée à la noblesse commerçante, Amsterdam 1756.
Bedos-Rezak, Brigitte, Anne de Montmorency. Seigneur de la Renaissance, Paris 1990.
Béguin, Katia, Les Princes de Condé. Rebelles, courtisans et mécènes dans la France du grand siècle, Paris 1999.
Dies., Louis XIV et l'aristocratie, in: Histoire, économie et société 19 (2000), S. 497–512.
Beik, William, Absolutism and Society in Seventeenth-Century France. State Power and Provincial Aristocracy in Languedoc, Cambridge 1985.
Belleguise, André, Traité de la noblesse suivant les prejugez, rendus par les commissaires deputez pour la verification des titres de noblesse en province, Toulouse 1688.
Billacois, François, Le duel dans la société française des XVIe-XVIIe siècles. Essai de psychologie historique, Paris 1986.
Blaufarb, Rafe, The French Army 1750–1820. Careers, Talent, Merit, Manchester 2002.
Bluche, François, Les Magistrats du Parlement de Paris au XVIIIe siècle, Paris 1986.
Bohanan, Donna, Crown and Nobility in Early Modern France, Basingstoke 2001.
Boltanski, Ariane, Les ducs de Nevers et l'état royal. Genèse d'un compromis (ca. 1550–1600), Genf 2006.
Bourquin, Laurent, Noblesse Seconde et Pouvoir en Champagne aux XVIe et XVIIe siècles, Paris 1994.
Ders., La noblesse dans la Fance moderne (XVIe–XVIIIe siècles), Paris 2002.
Ders., Les nobles, la ville et le roi. L'autorité nobiliaire en Anjou pendant les guerres de Religion (1560–1598), Paris 2001.
Brioist, Pascal, Hervé Drévillon und Pierre Serna, Croiser le fer. Violence et culture de l'épée dans la France moderne (XVIe–XVIIIe siècle), Seyssel 2002.
Carré, Henri, La noblesse de France et l'opinion publique au XVIIIe siécle, Paris 1920.
Carroll, Stuart, Blood and Violence in Early Modern France, Oxford 2006.

Ders., Noble Power During the French Wars of Religion, Cambridge 1998.
Chaussinand-Nogaret, Guy u. a. (Hg.), Histoire des élites en France du XVIe au XXe siècle, Paris 1991.
Ders., La Noblesse au XVIIIe siècle. De la féodalité aux lumières, Brüssel 1984.
Collins, James B., Classes, Estates and Order in Early Modern Brittany, Cambridge 1994.
Constant, Jean-Marie, La vie quotidienne de la noblesse française aux XVIe-XVIIe siècles, Paris 1985.
Ders., Nobles et paysans en Beauce aux XVIème et XVIIème siècles, Paris, Diss. Phil. 1978.
Ders., Les structures sociales et mentales de l'annoblissement. Analyse comparative d'études récentes XVIe–XVII siècles, in: Bernard Guillemain (Hg.), L'annoblissement en France XVe–XVIIIe siècles, Bordeaux 1985, S. 37–67.
Coquery, Natacha, L'hotel aristocratique. Le marché du luxe à Paris au XVIIIe siècle, Paris 1998.
Cornette, Joël, Les nobles et la foi. Du siècle des réformes au siècle de l'état absolu, in: Société, culture, vie religieuse aux XVIe et XVIIe siècles (Association des Historiens Modernistes, Bulletin 20), Paris 1995, S. 139–196.
Coyer, Gabriel-François, La noblesse commerçante, London 1756.
Crouzet, Denis, Charles de Bourbon, Connétable de France, Paris 2003.
Ders., (Hg.), Les gestes ensemble de la vie du preulx chevalier Bayard par Symphorien Champier, Paris 1992.
Descimon, Robert, Chercher de nouvelles voies pour interpréter les phénomènes nobiliaires dans la France moderne. La noblesse „essence" ou rapport social?, in : Revue d'histoire moderne et contemporaine 46 (1999), S. 5–21.
Ders., The Birth of the Nobility of the Robe. Dignity versus Privilege in the Parlement of Paris, 1500–1700, in: Michael Wolfe (Hg.), Changing Identities in Early Modern France, Durham, North Carolina 1997, S. 95–123.
Devyer, André, Le sang epuré. Les préjugés de race chez les gentilshommes français de l'Ancien Régime (1560–1720), Brüssel 1973.
Dewald, Jonathan, Aristocratic Experience and the Origins of Modern Culture, France 1570–1715, Berkeley, Cal. 1993.
Ders., Pont-St.-Pierre 1398–1789. Lordship, Community and Capitalism in Early Modern France, Berkeley, Cal. 1987.
Ders., The Formation of a Provincial Nobility. The Magistrates of the Parlement of Rouen, 1499–1610, Princeton, New Jersey 1980.
Doyle, William, Venality. The Sale of Office in Eighteenth-Century France, Oxford 1996.
Duma, Jean, Les Bourbon-Penthièvre, 1678–1793, Paris 1995.

Ellis, Harold, Boulainvilliers and the French Monarchy. Aristocratic Politics in Early Eighteenth-Century France, Ithaca, NY 1988,

Figeac, Michel, L'automne des gentilshommes. Noblesse d'Aquitaine, noblesse française au siécle des Lumières, Paris 2002.

Ders., La douceur des lumières. Noblesse et art de vivre en Guyenne au XVIIIe siècle, Paris 2001.

Foisil, Madeleine, Le Sieur de Gouberville. Un gentilhomme normand au XVIe siècle, Paris 1981.

Ford, Franklin L., Robe and Sword. The Regrouping of the French Aristocracy after Louis XIV, Cambridge, Mass. 1953.

Forster, Robert, The Nobility of Toulouse in the Eighteenth Century. A Social and Economic Study, Baltimore 1960.

Gallet, Jean, Seigneurs et paysans en France, 1600–1793, Rennes 1999.

Grell, Chantal und Arnaud Ramière de Fortanier (Hg.), Le second ordre. L'idéal nobiliaire. Hommage à Ellery Schalk, Paris 1999.

Haddad, Elie, Nobles Clienteles in France in the 16th and 17th Centuries. A Historiographical Approach, in: French History 20 (2006), S. 75-109.

Harding, Robert R., Anatomy of a Power Elite. The Provincial Governors of Early Modern France, New Haven, Conn. 1978.

Hours, Bernard, Louis XV et sa cour. Le roi, l'étiquette et le courtisan, Paris 2002.

L'identité nobiliaire. Dix siècles de métamorphoses IXe-XIXe siècles, hg. von der Université du Maine, Le Mans 1997.

Jouanna, Arlette, Le devoir de révolte. La noblesse française et la gestation de l'État moderne, 1559–1661, Paris 1989.

Dies., Ordre social, mythe et hiérarchies dans la France du XVIe siècle, Paris 1977.

Kwass, Michael, Privilege and the Politics of Taxation in Eighteenth-Century France. Liberté, Egalité, Fiscalité, Cambridge 2000

Labatut, Jean-Pierre, Les ducs et pairs de France au XVIIe siécle. Paris 1972.

Leferme-Falguières, Frédérique, Les courtisans. Une société de spectacle sous l'ancien régime, Paris 2007.

Lilti, Antoine, Le Monde des Salons, Sociabilité et mondanité à Paris au XVIIIe siècle, Paris 2005.

Loyseau, Charles, Traicte des ordres et simples dignitez, in: ders., Cinq livres du droict des offices avec le livre des seigneuries et celuy des ordres, Paris 1614.

Marraud, Mathieu, La Noblesse de Paris au XVIIIe Siècle, Paris 2000.

Maza, Sarah C., Servants and Masters in 18th-Century France, Princeton, New Jersey 1983.

Dies., The Myth of the French Bourgeoisie. An Essay on the Social Imaginary 1750–1850, London 2003.

McCahill, Michael W., Open Elites. Recruitment to the French Noblesse and the English Aristocracy in the Eighteenth Century, in: Albion 30 (1998), S. 599–629.

Meyer, Jean, La Noblesse Bretonne au XVIIIe siècle, 2 Bde., 2. Aufl. Paris 1988.

Ders., La noblesse française à l'époque moderne (XVIe–XVIIIe siècles), Paris 1991.

Motley, Mark, Becoming a French Aristocrat. The Education of the Court Nobility, 1580–1715, Princeton, New Jersey 1990.

Nassiet, Michel, Parenté, noblesse et états dynastiques, Paris 2000.

Ders., Noblesse et pauvreté. La petite noblesse en Bretagne, XVe–XVIIIe siècles, Banalec 1993.

Neuschel, Kirsten, Word of Honour. Interpreting Noble Culture in Sixteenth-Century France, Ithaca, NY 1989.

Parker, David, Class and State in Ancien Régime France. The Road to Modernity?, London 1996.

Pelzer, Erich, Der elsässische Adel im Spätfeudalismus. Tradition und Wandel eine regionalen Elite zwischen dem Westfälischen Frieden und der Revolution (1648–1790), München 1990.

Pontet, Josette, Michel Figeac und Marie Boisson (Hg.), La noblesse de la fin du XVIe au début du XXe siècle - un modèle social?, 2 Bde., Anglet 2002.

De la Roque, Gilles André, Seigneur de la Lontiere, Traité de la noblesse et de ses differentes especes, Paris 1678.

Rowlands, Guy, The Dynastic State and the Army under Louis XIV. Royal Service and Private Interest, 1661–1701, Cambridge 2002.

Ruggiu, François-Joseph, Les élites et les villes moyennes en France et en Angleterre, XVIIe–XVIIIe siècles, Paris 1997.

Russell Major, John, From Renaissance Monarchy to Absolute Monarchy. French Kings, Nobles and Estates, Baltimore 1994.

Saffroy, Gaston, Bibliographie généalogique, héraldique et nobiliaire de la France des origines à nos jours. Imprimés et manuscrits, 2 Bde., Paris 1968–1970.

Salvadori, Philippe, La chasse sous l'Ancien Régime, Paris 1996.

Schalk, Ellery, From Valor to Pedigree. Ideas of Nobility in France in the Sixteenth and Seventeenth Centuries, Princeton, New Jersey 1986.

Smith, Jay M., Nobility Reimagined, The Patriotic Nation in Eighteenth-Century France, Ithaca, New York 2005.

Ders., The Culture of Merit. Nobility, Royal Service, and the Making of Absolute Monarchy in France 1600–1789, Ann Arbor, Mich. 1996.

Swann, Julian, Provincial Power and Absolute monarchy. The Estates General of Burgundy, 1661–1790, Cambridge 2003.
Vaissière, Pierre de, Gentilshommes campagnards de l'ancienne France. Étude sur la condition, l'état social et le moeurs de la noblesse de provinces du XVIe au XVIIIe siècles, Paris 1903.
Vulson de la Colombiére, Marc, Le Vray Théâtre d'honneur et de la chevalerie, Paris 1648.
Wood, James B., The Nobility of the Election of Bayeux, 1463–1666, Princeton, New Jersey 1980.
Wrede, Martin, Code, Konzept und Konjunkturen des Rittertums in der französischen Hofkultur des 17. Jahrhunderts, in: Geschichte und Gesellschaft 33 (2007), S. 350–374.
Ders., Zwischen Mythen, Genealogen und der Krone. Rivalisierende Familiengedächtnisse im französischen Hochadel des 17. Jahrhunderts. Die Häuser Bouillon, Noailles und Bourbon, in: Zeitschrift für Historische Forschung 32 (2005), S. 17-43.

## Britische Inseln

Adams, Simon, Leicester and the Court. Essays on Elizabethan Politics, Manchester 2002.
Adamson, John S., Chivalry and Political Culture in Caroline England, in: Kevin Sharpe und Peter Lake (Hg.), Culture and Politics in Early Stuart England, Basingstoke 1994, S. 161–198.
Arnold, Dana (Hg.), The Georgian Country House, Stroud 1998.
Barnard, Toby und Jane Fenlon (Hg.), The Dukes of Ormonde 1610–1745, Woodbridge 2000.
Barnard, Toby, A New Anatomy of Ireland. The Irish Protestants 1649–1770, New Haven, Conn. 2003.
Batho, Gordon, Landlords in England, 1500–1640, B: Noblemen, Gentlemen and Yeomen, in: Christopher Clay (Hg.), Rural Society. Landowners, Peasants and Labourers, 1500–1750 (Chapters from the Agrarian History of England and Wales, Bd. 2) Cambridge 1990, S. 41–71.
Beckett, John V., The Aristocracy in England, 1660–1914, Oxford 1986.
Ders., The Rise and Fall of the Grenvilles, Dukes of Buckinghams and Chandos, 1710–1921, Manchester 1994.
Bernard, George (Hg.), The Tudor Nobility, Manchester 1992.
Black, Jeremy, Italy and the Grand Tour, New Haven, Conn. 2003.
Brown, Keith M., Noble Society in Scotland. Wealth, Family and Culture from Reformation to Revolution, Edinburgh 2000.

Bryson, Anna, From Courtesy to Civility. Changing Codes of Conduct in Early Modern England, Oxford 1998.

Cannon, John, Aristocratic Century. The Peerage of Eighteenth-Century England, Cambridge 1984.

Chamberlayne, Edward, Anglie Notitia or the Present State of England, London 1669.

Chaney, Edward, The Evolution of the Grand Tour, London 1998.

Christie, Christopher, The British Country House in the Eighteenth Century, Manchester 2000.

Cliffe, John T., The Yorkshire Gentry. From the Reformation to the Civil War, London 1969.

Ders., The Puritan Gentry. The Great Puritan Families of Early Stuart England, London 1984.

Cogswell, Thomas, Home Divisions. Aristocracy, the State and Provincial Conflict, Manchester 1998.

Cokayne, George E. (Hg.), The Complete Peerage of England, Scotland and Ireland, neu hg. von Vicary Gibbs, Herbert Arthur Doubleday u. a., 14 Bde., London 1910–1959.

Corfield, Penelope, The Rivals. Landed and other Gentlemen, in: Nigel Harte und Roland Quinault (Hg.) Land and Society in Britain, 1700–1914, Manchester 1996, S. 1–33.

Coward, Barry, The Stanleys. Lord Stanley and Earls of Derby, 1385–1672, Manchester 1983.

Cust, Richard, Catholicism, Antiquarianism and Gentry Honour. The Writings of Sir Thomas Shirley, in: Midland History 23 (1998), S. 40–70.

Eales, Jacqueline, Puritans and Roundheads. The Harleys of Brampton Brian and the Outbreak of the English Civil War, Cambridge 1990.

Girouard, Mark, Life in the English Country House, London 1980.

Habakkuk, Hrothgar J., Marriage, Debt and the Estates System. English Landownership, 1650-1950, Oxford 1994.

Ders., The Rise and Fall of English Landed Families, 1600–1800, in: Transactions of the Royal Historical Society, 5th Series, 29 (1979), S. 187–207, und 30 (1980), S. 199–221.

Hammer, Paul E. J., The Polarisation of Elizabethan Politics. The Political Career of Robert Devereux, 2nd Earl of Essex, Cambridge 1999.

Heal, Felicity und Clive Holmes, The Gentry in England and Wales 1500–1700, Basingstoke 1994.

Holles, Gervase, Memorials of the Holles Family, 1493-1656, hg. von Alfred Cecil Wood (Camden Society, Third Series, LV), London 1937.

Howell, David W., Patriarchs and Parasites. The Gentry of South-West Wales in the Eighteenth Century, Cardiff 1986.

James, Francis G., Lords of the Ascendancy. The Irish House of Lords and its Members, 1600–1800, Dublin 1995.

James, Mervyn, Society, Politics and Culture. Studies in Early Modern England, Cambridge 1986.

Jackson-Stop, Gervase u. a. (Hg.), The Fashioning and Functioniong of the British Country House, Washington, D. C. 1989.

Jenkins, Philip, The Making of a Ruling Class. The Glamorgan Gentry, 1640-1790, Cambridge 1983.

Jones, John Gwynfor, The Welsh Gentry. Images of Status, Honour and Authority, Cardiff 1998.

Lardy, Michèle, L'éducation des filles de la noblesse et de la gentry en Angleterre au XVIIe siècle, Berlin 1994.

Lodge, John (Hg.), The Peerage of Ireland, neu hg. v. Mervyn Archdall, 7 Bde., Dublin 1789.

Manning, Roger B., Swordsmen. The Martial Ethos in the Three Kingdoms, Oxford 2003.

McCoy, Richard, The Rites of Knighthood. The Literature and Politics of Elizabethan Chivalry, Berkeley, Cal. 1989.

Miller, Helen, Henry VIII and the English Nobility, Oxford 1986.

Paul, Sir James B. (Hg.), The Scots Peerage, 9 Bde., Edinburgh 1904–1914.

Peltonen, Markku, The Duel in Early Modern England. Civility, Politeness and Honour. Cambridge 2003.

Questier, Michael, Catholicism and Community in Early Modern England. Politics, Aristocratic Patronage and Religion, c. 1550–1640, Cambridge 2006.

Rosenheim, James M., The Emergence of a Ruling Order. English Landed Society, 1650-1750, Harlow 1998.

Segar, William, Honor, Military and Civill, Contained in Foure Bookes, London 1602.

Smith, Sir Thomas, De Republica Anglorum, hg. von Mary Dewar, Cambridge 1982.

Spring, Eileen, Law, Land and Family. Aristocratic Inheritance in England, 1300–1800, Chapel Hill, N. C. 1993.

Stater, Victor L., Noble Government. The Stuart Lord Lieutenancy and the Transformation of English Politics, Athens, Ga. 1994.

Ders., Duke Hamilton is Dead! A Story of Aristocratic Life and Death in Stuart Britain, New York 1999.

Stone, Lawrence und Jeanne C. Fawtier Stone, An Open Elite? England 1540–1880, Oxford 1984.

Stone, Lawrence, The Crisis of the Aristocracy, 1558–1641, Oxford 1965.

Swatland, Andrew, The House of Lords in the Reign of Charles II, Cambridge 1996.

Tillyard, Stella, Aristocrats. Caroline, Emily, Louisa and Sarah Lennox, 1750–1832, New York 1995.
Wall, Alison, Power and Protest in England, 1525–1640, London 2000.
Wasson, Elie, Born to Rule. British Political Elites, Stroud 2000.
Whyman, Susan, Sociability and Power in Late-Stuart England. The Cultural World of the Verneys, 1660–1720, Oxford 1999.

## Ostmitteleuropa und Skandinavien

Bahlcke, Joachim und Hans-Jürgen Bömelburg (Hg.), Ständefreiheit und Staatsgestaltung in Ostmitteleuropa. Übernationale Gemeinsamkeiten in der politischen Kultur vom 16.–18. Jahrhundert, Leipzig 1996.
Bahlcke, Joachim, Ungarischer Episkopat und Österreichische Monarchie. Von einer Partnerschaft zur Konfrontation, 1686–1790, Stuttgart 2005.
Bogucka, Maria, The Lost World of the Sarmatians. Custom as Regulator of Polish Social Life in the Early Modern Times, Warschau 1996.
Brandt, Peter, Von der Adelsmonarchie zur Königlichen „Eingewalt". Der Umbau der Ständegesellschaft in der Vorbereitungs- und Frühphase des dänischen Absolutismus, in: Historische Zeitschrift 250 (1990), S. 33–72.
Busch, Michael, Absolutismus und Heeresreform. Schwedens Militär am Ende des 17. Jahrhunderts, Bochum 2000.
Frost, Robert, The Nobility of Poland-Lithuania, 1569–1795, in: Scott, Nobilities, Bd. 2, S. 183–222.
Gates-Coon, Rebecca, The Landed Estate of the Esterházy Princes. Hungary during the Reforms of Maria Theresia and Joseph II, Baltimore 1994.
Jensen, Jens Villiam (Hg.), Riget, magten og æren. Den Danske Adel 1350–1660, Aarhus 2001.
Jespersen, Knud J. V., The Rise and Fall of the Danish Nobility, in: Scott, Nobilities, Bd. 2, S. 41–70.
Lukowski, Jerzy, Liberty's Folly. The Polish-Lithuanian Commonwealth in the Eighteenth Century, 1697–1795, London 1991.
Neugebauer, Wolfgang, Standschaft als Verfassungsproblem. Die historischen Grundlagen ständischer Partizipation in ostmitteleuropäischen Regionen, Goldbach 1995.
Petersen, E. Ladewig, The Crisis of the Danish Nobility, 1580–1660, Odense, 1967.
Upton, Anthony F., The Swedish Nobility, 1600–1772, in: Scott, Nobilities, Bd. 2, S. 11–40.
Weczerka, Hugo, (Hg.), Stände und Landesherrschaft in Ostmitteleuropa in der frühen Neuzeit, Marburg 1995.

## Iberische Halbinsel und Italien

Amelang, James S., Honored Citizens of Barcelona. Patrician Culture and Class Relations, 1490–1714, Princeton, New Jersey. 1986.

Angiolini, Francesco, Les noblesses italiennes à l'époque moderne. Approches et interprétations, in: Révue d'Histoire Moderne et Contemporaine 45 (1998), S. 66–88.

Astarita, Tommaso, The Continuity of Feudal Power. The Carriciolo di Brienza in Spanish Naples, Cambridge 1992.

Atienza Hernández, Ignacio, Aristocratia, poder y riqueza en la España moderna. La casa de Osuna, siglos XV–XIX, Madrid 1987.

Boutier, Jean, Construction et anatomie d'une noblesse urbaine. Florence à l'epoque moderne, 2 Bde., Paris 1988.

Casey, James, Early Modern Spain. A Social History, London 1999.

Chauchadis, Claude, La loi du duel. Le code du point d'honneur dans l'Espagne des XVIe–XVIIe siècles, Toulouse 1997.

Dominguez-Ortiz, Antonio, Las Clases privilegiadas en la España del antiguo regimen, Madrid, 1973.

Donati, Claudio, L'idea di nobiltà in Italia, secoli XIV–XVIII. Rom 1995.

Ders., The Italian Nobilities in the seventeenth and eighteenth Centuries, in: Scott, Nobilities, 2. Aufl. Bd. 2, S. 286–321.

Ders., The Profession of Arms and the Nobility in Spanish Italy. Some Considerations, in: Thomas James Dandelete und John A. Marion (Hg.), Spain in Italy. Politics, Society and Religion 1500–1700, Leiden 2007, S. 299–324.

Garcia Hernán, David, La nobleza en la España moderna, Madrid 1992.

Ders., La aristocracia en la encrucijada. La alta nobleza y la Monarquía de Felipe II, Cordoba 2000.

Gorges, Jean-Gérard u. a. (Hg.), Hidalgos et Hidalguía dans l'Espagne des XVIe–XVIIIe siècles, Paris 1989.

Hanlon, Gregory, The Twilight of a Military Tradition. Italian Aristocrats and European Conflicts, 1560–1800, London 1998.

Hernández, Mauro, Forging Nobility. The Construction of a Civic Elite in Early Modern Madrid, in: Urban History 27 (2000), S. 165–188.

Hersche, Peter, Italien im Barockzeitalter, Köln 1999.

Hunecke, Volker, Der venezianische Adel am Ende der Republik, 1646–1797, Tübingen 1995.

Iglesias, Maria Carmen (Hg.), Nobleza y Sociedad in la España Moderna, 3 Bde., Oviedo 1996–99.

Jago, Charles, The Influence of Debt on the Relations between Crown and Aristocracy in Seventeenth-Century Castile, in: Economic History Review 26 (1973), S. 216–236.

Labrot, Gérard, Baroni in città. Residenze e comportamenti dell' aristocrazia napoletana, 1530–1740, Neapel 1979.

Lindorfer, Bianca Maria, Kampf gegen Windmühlen. Der niederere Adel Kastiliens in der frühen Neuzeit, München 2004.

Litchfield, Robert B., Emergence of a Bureaucracy. The Florentine Patricians, 1530–1790, Princeton, New Jersey 1986.

Moreno de Vargas, Bernabé, Discursos de la nobleza de España, Madrid 1621.

Postigo Castellanos, Elena, Honor y privilegio en la corona de Castilla. El Consejo de las ordenes y los caballeros de hábito en el siglo XVII, Almazán 1988.

Reinhardt, Volker, Die großen Familien Italiens, Stuttgart 1992.

Spagnoletti, Angelantonio, Prìncipi italiani e Spagna nell' età barocca, Mailand 1996.

Ders., Stato, aristocrazie e Ordine di Malta nell' Italia moderna, Rom 1988.

Thompson, I. A. A., The "Crisis of the Aristocracy" in Seventeenth-Century Castile, in: Past and Present 84 (1979), S. 60–90.

Ders., The Nobility in Spain, in: Scott, Nobilities, Bd. 1, S. 174–236.

Visceglia, Maria Antonietta (Hg.), La Nobiltà Romana in età moderna. Profili instituzionali e pratiche sociali, Rom 2001.

Dies., (Hg.), Signori, patrizi, cavalieri nell'età moderna, Bari 1992.

Dies., Un groupe social ambigu. Organisation, stratégie et représentations de la noblesse napolitaine, XVIe–XVIIIe siècles, in: Annales ESC 48 (1996), S. 167–211.

Weber, Christoph, Senatus Divinus. Verborgene Strukturen im Kardinalskollegium der frühen Neuzeit (1500-1800), Frankfurt/Main 1996.

Windler, Christian, Lokale Eliten, seigneurialer Adel und Reformabsolutismus in Spanien (1760-1808). Das Beispiel Niederandalusien, Stuttgart 1992.

Yun Casalilla, Bartolomé, Sobre la transicion al capitalismo en Castilla. Economia y sociedad en Tierra de Campos, 1500-1830, Salamanca 1987.

Ders., The Castilian Aristocracy in the Seventeenth Century. Crisis, Refeudalisation or Political Offensive?, in I. A. A. Thompson und Bartolomé Yun Casalilla (Hg.), The Castilian Crisis of the Seventeenth Century. New Perspectives on the Economic and Social History of Seventeenth-Century Spain, Cambridge 1994, S. 277–300.

# ORTS- UND PERSONENREGISTER

Alba, Herzog von siehe Álvarez de Toledo
Álvarez de Toledo y Pimentel, Fernando, Herzog von Alba (1507–1582) 245
Arcq, Philippe-Auguste de Sainte-Foy, Chevalier de (1721–95) 292
Arnim-Boitzenburg, Hans Georg von 205
Asturien 24
Aubigné, Françoise de, Marquise de Maintenon (1535–1719) 156
Bayern 26, 33, 169
Beaumarchais, Pierre Augustin Caron de (1732–99) 161, 282
Bentheim, Ernst Wilhelm, Graf von 104 f
Bernstorff, Andreas Gottlieb von d. Jg. 274
Bernstorff, Andreas Gottlieb von (gest. 1726) 273
Bernstorff, Familie 273
Bodin, Jean (1529–1596), 97
Böhmen 153, 170, 236, 247, 265
Borromeo. San Carlo 181
Boulainvilliers, Henri, Marquis de (1658–1722) 14 f, 47
Bourbon, Gaston de, Herzog von Orleans (1608–60) 253

Bourbon, Henri de, Prinz von Condé (gest. 1646) 253
Bourbon, Louis de, Prinz von Condé (1621–1668) 254
Bourbonen, Dynastie 28
Boyen, Hermann von (1771–1848) 146
Brandenburg 54, 57, 59, 184, 214, 268–270
Braunschweig (Herzogtum) 136
Breda 201 f
Bretagne 23, 60, 82 f, 295
Burgund 60
Cascogne 208
Castiglione, Baldassare, Graf von Novellata (1478–1529) 8, 148, 208, 220–222, 232
Chateaubriand, François-René, Vicomte de (1768–1848), 83 f
Chur 39
Cicero, Marcus Tullius 141, 149
Clapham 190
Colbert, Jean-Baptiste, Marquis de Seignelay (1619–1683), 35, 208
Coligny, Gaspard de 179
Condé, Prinzen von siehe Bourbon
Coyer, Grabiel-François, Abbe (1707–1782), 292
Della Casa, Giovanni (1503–1558), 114

Devereux, Robert, 2nd Earl of Essex (1566–1601) 122, 202f
Dietrichstein, Familie 54
Dudley, Robert, Earl of Leicester (1532–1588) 121 f, 186
Eduard VI., König von England 198
Elisabeth I., Königin von England 121 f, 202
Elyot, Thomas 148
Esterhazy, Familie 124
Faret, Nicolas (1596–1646) 222 f
Fénelon, François de Salignac de la Mothe-Fénelon, (1651–1715), 158
Florenz 37 f
Forchtenstein (Burgenland) 124
Franken 33, 39, 87, 187
Franz I. Stephan, Kaiser 275
Friedrich d. Gr., König von Preußen 271
Friedrich III., König von Dänemark 262
Friedrich Wilhelm I., König von Preußen 53, 213, 270, 276
Friedrich Wilhelm, der Große Kurfürst 269
Frischlin, Nikodemus (1547–90) 133–135
Fürstenberg, Karl Egon von, Oberstburggraf zu Prag 285
Galen, Bernhard von, Bischof von Münster 104
Gascogne 23
Genua 37
Georg I., König von England 234, 273
Georg II., König von England 234
Gordon of Gordonstoun, Sir Robert 99
Gotland 261
Göttingen 154
Grumbach, Wilhelm von (1503–1567), 241
Guise, Familie 121, 177–179
Guzmán, Alonso Pérez de, Herzog von Medina Sidonia (gest. 1619) 245
Hackney 155
Halle a. d. S. 154
Hannover 273
Hardenberg, Familie 136
Harrington, James (1611–1677) 220
Heidelberg 145, 137
Heinrich IV., König von Frankreich 180 f
Heinrich VII., König von England 197, 276
Heinrich VIII., König von England 198
Hessen 183 f, 190
Hildesheim 169
Hoberg, Wolf Helmhard von (1612–1688) 171 f
Howard, Thomas, Earl of Arundel (1585–1646) 142, 234
Hutten, Ulrich von (1488–1523) 168
Hyde, Edward, 1st Earl of Clarendon (1609–1674), 234
Ingolstadt 137
Jones, Inigo (1573–1652) 159
Joseph I., Kaiser 232
Joseph II., Kaiser 69, 212, 275 f, 280, 289
Joyeuse, Henri de, Comte du Bouchage (1563–1608) 180
Kantabrien 24
Karl I., König von England 8, 159, 234

Karl II. von England 232
Karl IX. von Schweden 264
Karl V., Kaiser, König von Spanien 245
Kaunitz-Rietberg, Wenzel-Anton, Reichsfürst von (1711–1794), 285
Knigge, Adolph Freiherr von (1752–96) 285
La Noue, François de (1531–1591) 145
La Roque, Gilles André de 26
La Tour, Emmanuel Théodose de, Cardinal de Bouillon 227
Laclos, Pierre-Ambroise-François Choderlos de (1741–1803) 161
Lacy, Franz Moritz Graf von (1725–1801) 212
Lago Maggiore 181
Languedoc 253
Lausitz 247
Leclerc, Georgs-Louis, Comte de Buffon (gest. 1788) 278
Leiden 154
Leipzig 154
Leopold I., Kaiser 232
Liechtenstein, Familie 219
Liechtenstein, Gundaker, Fürst von 102 f
Liechtenstein, Karl, Fürst von 103
London 129, 133, 137, 155, 224
Lothringen, Herzöge von 28 f, 74, 177
Louvois, François-Michel Le Tellier, Marquis de (1641–1691) 229
Loyseau, Charles (1566–1627), 25, 35
Lucca 37

Ludwig XIII., König von Frankreich 156, 181
Ludwig XIV. König von Frankreich 2, 35, 161, 219, 224, 228, 230, 238, 254–261, 288
Magdeburg, Herzogtum 214
Mailand 41, 46, 246, 288
Maintenon, Madame, siehe Aubigné
Maria Theresia, Königin von Ungarn und Böhmen, 69, 212, 289
Marly 229
Marwitz, Friedrich August Ludwig von der (1777–1837), 284
Mazarin, Jules (Giulio Mazarino), Kardinal (1602–1661) 229, 254
Mecklenburg 57, 273
Medici, Familie 28, 38
Medici, Maria von, Königinwitwe von Frankreich 147
Medina Sidonia, Herzog von, siehe Guzmán
Metz 177
Minden 214
Moltke, Philipp Ludwig von (gest. 1780) 282
Montmorency, Anne de (1492–1567), Connétable von Frankreich 74
Montmorency, Henri, Herzog von (gest. 1632) 253
Moritz der Gelehrte, Landgraf von Hessen 183
Möser, Justus (1720–1794) 27
Münchhausen, Christian von (gest. 1643) 66
Münchhausen, Ludolf von (1570–1640), 140, 142
Münster 129, 169

Münsterland 106
Müntzer, Thomas 134
Napoleon, Kaiser von Frankreich 3
Neapel (Königreich und Stadt) 41, 65, 99, 106, 128, 246
Neumark 214
Nevers, Charles de Gonzague, Herzog von (1580–1637), 180
Niederösterreich 17, 136
Normandie 83
Oberösterreich 17, 265
Orleans, Herzog von, siehe Bourbon
Osnabrück (Stadt und Hochstift) 169, 282
Ostpreußen 90, 273
Osuna, Herzöge von 55, 76
Padua 153
Palermo 246
Paris 82, 142, 147, 223, 230, 254
Philipp II., König von Spanien 245
Philipp IV. König von Spanien 46
Pisa 37
Pluvinel, Antoine de (1555–1620) 147
Pommern 57, 214
Pommersfelden 123
Reuß, Grafen von 190
Reynolds, Joshua (1723–1792) 160
Rheinland 39, 187
Richelieu, Armand-Jean du Plessis, Herzog von, Kardinal (1585–1642) 229, 253 f
Rom 251
Rouvroy, Louis de, Herzog von Saint-Simon (1675–1755) 2, 230
Sachsen 39 f
Saint-Cyr 156
Saumur 153

Savoyen, Eugen Franz, Prinz von Savoyen-Carignan (1663–1736) 227
Schierl von Schierendorff, Christian Julius 69
Schlesien 212, 247, 265
Schleswig-Holstein 261 f
Schönborn, Familie 122–124, 187
Schönbrunn 233
Schonen 261 f
Schwarzenberg, Fürsten von 219
Sedan 153
Selnecker, Nikolaus (1530–1592) 164 f
Sénac de Meilhan, Gabriel (1736–1803) 1, 13
Shore, John, 1st Baron Teignmouth (1751–1834) 191
Sidney, Sir Philip (1554–1586) 185
Siebenbürgen 70
Siegen 145
Siena 37 f
Sinclair, George, 4th Earl of Caithness, 110
Sinclair, John, Master of Caithness 110
Sizilien 41, 128
Solms-Laubach, Grafen von 190
Sörö 145
Spinola, Ambrosio (Doria), Marques de los Balbases (1569–1630) 201
St. Denis 177
St. Petersburg 212
Starhemberg, Bartholomäus von 108
Stewart, Francis, 1st Earl of Bothwell (1562–1612), 149–151
Straßburg 39
Teschen 103

Teschen, Elisabeth Lukretia Herzogin von 102 f
Thüringen 190
Tirol 39, 267
Touchet, Mervin, 2nd Earl of Castlehaven (1593–1631), 100 f
Toulouse 253
Trient 39
Tübingen 144
Urfée, Honoré d' 141
Ursu, Nicola (1731–85) 70
Valencia 41
Valois, Dynastie 28
Van Dyck, Sir Anthony 8
Van Zelst, Gertrud 104 f
Velázquez, Diego Rodríguez de Silva y Velázquez 201
Versailles 82, 156, 228, 230 f, 255
Villeroy, Herzöge von 29
Wagner, Markus (1528–1597), 135
Waldeck, Grafen und Fürsten von 190
Wallenstein, Albrecht von, Herzog von Friedland (1583–1634) 205 f
Wentworth, Thomas, 1st Earl of Strafford (1593–1641) 101 f
Weserraum 106 f, 113, 141
Westfalen 27 f, 39, 187
Wien 123, 129, 139, 232 f, 267
Wilberforce, William (1759–1833) 191
Wittelsbacher 268
Xenophon 147